国家出版基金项目
NATIONAL PUBLICATION FOUNDATION

中国社会科学院近代史研究所中华民国史研究室

总编 李 新

中华民国史

第八卷

（1932—1937）

上

周天度　郑则民　齐福霖　李义彬　等著

中 华 书 局

"一二八"淞沪抗战中的中国炮兵。

"一二八"淞沪抗战中的中国步兵。

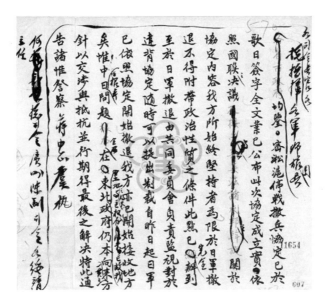

蒋介石在淞沪停战电报稿上的修改手迹。

日军杀害中国抗日义士。

二十九军大刀队为民众表演。

1934年夏，南京学生游行要求抗战。

蒋介石视察庐山军官训练团。

新生活运动宣传画。

国民党军在第五次"围剿"中修筑的碉堡。

闲暇时的红军士兵。

长征前的红军。

南京浦口列车编组站。

1935 年，梅兰芳访欧归国。

国民政府高官拜祭中山陵。

救国会领导人参加上海抗日游行。

参加 1936 年柏林奥运会的中国足球队。

1936 年 10 月，在上海举行的鲁迅葬礼。

西安事变后蒋介石与下属合影。

1937 年四川旱灾中的灾民。

中国农村的梯田。

长江上的纤夫。

目　录

前　言

　　本卷内容起自1932年淞沪抗战，迄至1937年"七七"事变，共计五年半时间。主要叙述这一阶段的民国政治、军事与外交，也涉及财政、金融、经济、教育及科学。

　　1931年"九一八"事变发生后，由于国民党和东北当局采取不抵抗政策，东北三省迅速沦亡。1932年初，日本为了转移国际社会对其侵略中国东北和策划成立伪满洲国的视线，并打击上海的抗日活动，又在上海挑起战争，布防淞沪的十九路军奋起抵抗，"一二八"抗战爆发。此时正值宁粤合作，汪精卫出任行政院长，与蒋介石联合执政。鉴于对日本侵略东北的不抵抗政策遭到全国人民的反对，上海又是国民政府的经济中心，国民党不愿重蹈"九一八"事变的覆辙。汪精卫提出"一面抵抗，一面交涉"的方针，获得蒋介石的赞同，对十九路军抗战给予了支持，随后派第五军参战，给日本侵略军以沉重打击。但同时蒋介石和汪精卫为了不使战争持久扩大，又积极谋求妥协。在英美等国的调停下，中日双方举行上海停战谈判，签订了屈辱的《淞沪停战协定》。随即日本便如愿以偿地在东北成立了伪满洲国。

　　在"一二八"抗战前，国民党即先后发动了三次"剿共"战争。淞沪抗战爆发后，由于当时中国共产党临时中央在王明"左"倾机会主义路线统治下，强调反对日本侵略的同时，必须进行推翻国民党的斗争；对蒋光鼐、蔡廷锴等爱国将领和十九路军做了错误的分析判断，将他们视为反动的反革命的军阀势力，没有能够建立广泛的抗日民族统一战线，失去了联合抗日的机会。而国民党更视中共为心腹之患，淞沪抗战一结束，立即调集军力进行第四次"剿共"战争。

　　日本早就制定了灭亡中国的计划,侵占东北三省后,又于1933年3月进占热河,进而大举进攻长城各口。华北危在旦夕,中国守军在长城沿线与日军展开激战,予以重创。由于国民党"攘外必先安内"的错误政策指导,长城抗战最终未能坚持,而与日本签订了妥协屈辱的《塘沽协定》。

　　1935年日军越过长城,开始入侵华北,制造事端,挑起冲突,迫使国民党认可了后来日本所指称的"何梅协定",并签订了《秦土协定》。中国在华北的军事力量从此大大削弱,华北几乎成为非武装地带。紧接着,日本便以军事力量为后盾,策动华北"自治",企图使包括河北、察哈尔、绥远、山东、山西在内的华北五省脱离中国,变成第二个伪满洲国。在此亡国灭种的惨祸迫在眉睫的危急时刻,在国民党内部,除了汪精卫等极少数亲日派分子主张继续"忍辱求全",妥协退让外,包括蒋介石在内的国民党上层领导人物都采取了较强硬的立场,迫使日本分离华北的阴谋未能得逞。

　　华北事变向中国人民再次敲响了警钟,引起一切不愿做亡国奴的人们的严重关注,知识分子尤为敏感。处于华北前线的北平学生发出了"华北之大,已经安放不下一张平静的书桌了"的沉痛呼声,为挽救危亡而奋起救国,发起了"一二九"学生爱国运动。与此同时,上海知识界人士也发起救国运动,成立上海文化界救国会。他们发表救国宣言,痛切地指出:"'以土事敌,土不尽,敌不餍。'在这生死存亡间不容发的关头,肩负指导社会使命的文化界,再也不能苟且偷安,而应当立刻奋起,站在民众的前面领导救国运动!"1936年1月28日成立包括文化界、妇女界、职业界、大学教授等组成的上海各界救国联合会,随后又与全国各地的救亡组织联系成立了全国各界救国联合会。全救会要求国民党改变"先安内后攘外"的错误政策,停止一切内战,全国各党派团结一致,抵御外侮,制定共同抗敌纲领,建立一个统一的抗敌政权。从此打破了"九一八"事变和"一二八"抗战时期蓬勃发展的群众抗日运动被压制后的沉寂状态,南北救国运动进入一个狂飙突起的新时期,对于后来推动抗日战争的进程具有重大意义。

　　30 年代初,蒋介石基本结束了军阀混战割据局面,初步统一了中国后,总揽兵权,控制全局,"创造了全盛的军事时代"。1933 年,从国民党内部分裂出来的抗日民主派李济深、陈铭枢和黄琪翔在福建发动抗日反蒋的事变,但在蒋介石的军事进攻和分化瓦解相结合的压力下,很快归于失败。1936 年,广东陈济棠和广西李宗仁、白崇禧,为了保存其两广的半独立状态,同时受抗日救亡运动的影响,又打着"出兵抗日"的旗号,发动反蒋的"六一"事变,旋被蒋介石的分化收买所挫败。

　　1932 年—1933 年蒋介石发动的第四次"围剿"苏区的战争失败后,接着又倾全力对中央苏区进行第五次大规模的"围剿"战争,暂时取得了胜利,红军经历长征艰辛退处西北一隅。由于华北事变后中日矛盾进一步上升,民族危机加重,抗日救国运动的开展,1935 年国民党第五次全国代表大会前后,蒋介石及国民党的内外政策开始有了一些变化,抗日倾向增长,对日外交趋向强硬,并有效地抗击了日本和伪蒙军对绥远的进攻,其"安内攘外"的政策有所淡化,但并没有完全放弃。1936 年 11 月,正当上海救国运动蓬勃发展的时候,国民党开始进行镇压,逮捕了全国各界救国联合会的负责人沈钧儒等七人,投入苏州狱中,是为著名的"七君子"事件。

　　国民党的"安内攘外"政策,从一开始就遭到许多爱国民主人士的反对。特别是华北事变后,要求国民党改弦更张,团结一致,共御外侮,挽救危亡的呼声日益高涨。这也影响到国民党一些上层人物和高级将领政治态度的改变,张学良的思想转变就具有典型意义。张学良 1934 年从欧洲回国后,接受了蒋介石"剿共"的任务。但他在两年多的"剿共"内战中一再失利,损兵折将,开始省悟到追随蒋继续进行内战,不但于国不利,对自己也没有出路。在中国共产党抗日民族统一战线政策和抗日救亡运动的影响下,他终于由"安内攘外"政策的拥护者,转而成为它的反对者。他暗中与中共和红军进行联络。张学良几次向蒋介石诤谏,恳请他认清形势,改变政策,停止内战,释放上海被捕爱国领袖,共同抗日,遭到蒋的严厉申斥拒绝后,终于被"逼上梁山",联合杨虎城走上了兵谏的道路,于1936年12月12日发动了震惊中外的西安事变。

西安事变无疑对蒋介石也是一副清醒剂。他开始认识到内战不可能再继续进行下去,团结一致抗日,是不可逆转的历史潮流;如不放弃"安内攘外"政策,就无法继续维持其统治,因而不得不同意"停止剿共,联共抗日",并保证"停止内战,集中国力,一致对外",释放爱国领袖,西安事变因此得以和平解决。接着国民党召开五届三中全会,讨论国共关系、对日政策等问题。和平统一,抗日救国,开放民众运动,实行民主宪政,聚集人才,保护救国运动,成为与会中委们的共识和一致呼声;并做出了相应的有关决议,显示出与共产党重新合作的意向。此次全会是国民党内外政策基本转变的开始,标志着国民党已从十年内战、独裁和对日妥协,开始转向联合中共及其他社会政治力量走共同抗战的道路。

然而,历史是在曲折中前进的。国民党虽已开始由内战向抗战方面的转变,但并没有彻底转变,尤其是对人民群众的抗日救国运动继续采取压制迫害的政策。国民党没有完全履行蒋介石在西安事变后的几项承诺,反而扣押了送蒋回京的张学良,准备向西安发动军事进攻;并以"危害民国"罪对"七君子"提起公诉,随后江苏高等法院又两次开庭审理,企图定罪。

华北事变后国内政治格局的上述变化,促使中国共产党在政策上进行调整,这种调整反过来又影响政局的转变。1935年中共发表了"八一宣言",确立了建立抗日民族统一战线的方针,随后国共两党代表通过多种渠道秘密接触,就停止内战、合作抗日问题进行谈判。1936年下半年中共开始放弃反蒋的方针,由"抗日反蒋"改为"逼蒋抗日"。西安事变发生后,中共派周恩来等前往调解,对西安事变的和平解决,停止内战,起了重大作用。国民党五届三中全会前夕,中共中央为争取实现停止内战,促进国共两党重新合作,迅速对日作战,致电国民党中央,要求将停止内战,集中国力,一致对外等定为国策;并相应作了重大的让步,提出在全国范围内停止推翻国民政府之武力暴动方针,苏维埃政府改名为中华民国特区政府,红军改名为国民革命军,直接受南京中央政府与军事委员会之指导等四项保证。此后国共第二次合作的商谈便积极进行,并于抗战爆发后不久达成合作协议。与此同时,中苏也签订了互不侵犯条约。在蒋介石的干预下,"七君子"也被保释出狱。这样就在政治上为实现全国上下团结一致对日抗战,争取最后胜利准备了条件。

国民政府为了稳固政权,在其成立的头十年特别是后六七年中,在财政、金融和经济以及教育、科学方面也做了不少工作,取得一定成效。

在财政金融方面,初步建立起现代化的财政管理制度。在关税方面进行改革,实施海关行政改革和关税自主政策。关税自主政策实施后,在一定程度上保护了国内市场,促进了民族工商业和国民经济的发展。特别是1933年重订的第三个国定税则,对国内工业发展所需要的机械、机具、化学产品、工业原料等进口货物维持低税率,而对于洋货轻工业品则实行高关税,更进一步刺激了国内民族工业的发展。进口关税的提高,相应缩小了中国的外贸逆差。关税收入的增加,使政府财政困难得到一定程度的缓解,并提供了较为充足的资金改革税制,为废除厘金和其他苛捐杂税提供了财政基础和物质条件。

国民政府整理货币与废两改元的实施,是中国币制现代化进程中的一个重要步骤。它既起到统一货币、发展经济和便利人民的作用,又有利于中央银行纸币的推行,为实行法币制度奠定了基础。1935年实施的法币改革,是中国货币金融史上的重大变革,对坚持抗战起了保证作用。实施法币政策后,经济形势大为好转。

国民政府为了发展经济,1935年设立资源委员会,进行工业建设;1936年创设全国经济委员会。全国经济委员会在公路建设、水利建设、农业建设、棉业统制、蚕丝改良及卫生设施六个方面的工作成绩较为显著。在发展国营经济,加强军工方面的建设,增强国防实力的同时,从清理整顿与奖励两方面扶持民营企业,对工业生产起到一定的推动作用,使工业生产在艰难曲折的道路上有所发展。

由于国民政府在财政、金融与经济方面采取了一系列革新措施,1936年是旧中国经济发展水平最高的一年,工业、商业、农业较前都有较大幅度的增长。但是,中国经济发展的这一势头,不幸被日本帝国主义的全面侵华战争破坏了。

为了改变我国教育和科学落后的状况,促进国家经济和文化的发展,并增强国力,以抗御外侮,国民党内一些有识之士对教育和科学事业的发展,也给予较大的关注。国民政府把推进最低限度之教育,提高全国基本文化水平,作为发展教育的重点,教育主管部门对初等教育给予较多重视,在30年代初中期发展较快。对普通中学则主要着力于巩固、整顿、提高。职业教育则是发展最快的教育门类。为了实现"教育救国"的理想,在民间涌现了一种倡导乡村教育的潮流,一些教育家做了不少工作,有一定的影响。国民政府对高等教育采取巩固、整顿的方针,发展速度缓慢,远远无法适应社会经济发展的需要。由于连年战乱,军费开支浩大,教育经费严重不足,是困扰大学教育的一个基本问题。

在学术研究方面,国民政府设立了中央研究院作为全国最高学术机关。中央研究院成立后,在经费异常支绌的情况下,筚路蓝缕,开拓前进,为中国科学事业的进步和发展做出了有益的贡献。它使我国科学逐渐摆脱了单纯介绍西方科学成就的局面,开始有了自己的研究成果,其中有的达到世界水平;并且积累了经验,培养了不少人才。除中央研究院外,还成立有北平研究院等研究机构和学术团体。但是,由于中国学术发展的基础过于薄弱,30年代前后,中国科学技术研究水平总体说还是落后的。

本卷由于撰写人员的流动和其他任务诸原因,从拟订提纲、收集材料到完成书稿,时间前后共历八年。在此期间,著者利用海峡两岸整理出版的有关资料,翻阅了大量的报刊资料和部分外文资料,以及相当一部分尚未公布的档案、日记和回忆录。并吸收了现有的某些研究成果,力求写得比较符合历史真实。书中如有不妥之处,敬希读者批评指正。

参加本卷编写的各人分担章节如下:

周天度　前言

第一章第一节至第六节(与张北根合作)

第五章第三节、第四节

第六章第二节、第五节

第七章第一节第五目

第八章第一节至第三节

郑则民　第二章第三节、第四节

第三章

第四章

第六章第三节第一目

齐福霖　第一章第七节

第二章第一节、第二节

第五章第一节、第二节

第十章

李义彬　第五章第五节

第六章第一节、第三节第三目、第四节

第七章(其中第一节第五目为周天度所写)

第八章第四节

董长芝　第九章

黄道炫　第十一章

张北根　第一章第一节至第六节(与周天度合作)

第六章第三节第二目

本卷由周天度主编。提纲初稿为周天度、郑则民、齐福霖共同草拟。在编写过程中周天度对部分章节提纲做了较多的增减变动;初稿写成后,又对全书做了文字加工修改,统一体例,核对部分史实,改正了其中某些差错,补充了个别材料,并最后定稿。王述曾看了大部分初稿。李新审阅了全书。郑则民前期做了组织工作，看了部分章节初稿。王士花翻译了部分日文资料。复旦大学历史系教授何碧辉协助抄录了上海公安局档案资料。香港中国文化史研究所郑会欣博士帮助复印了当地 1935 年《中兴报》资料，并核对了《明报》上所载有关张学良的回忆材料。日本广岛大学教授水羽信男复印了部分日文资料。在编写过程中，中国社会科学院近代史所领导和图书资料室给予许多支持和帮助，还得到中央档案馆、中国第二历史档案馆、中宣部图书馆、国家图书馆、首都图书馆、北京大学图书馆、中国科学院图书馆、上海市公安局档案室、大连市图书馆、福建省图书馆及档案室、香港大学图书馆、台北"国史馆"等单位的大力支持。中国建设银行信托投资公司对本书写作予以支持。中华书局的领导对本书的编辑出版多有贡献，特别是陈铮先生仔细审阅书稿，提了许多好的修改意见。在此谨向他们表示衷心的感谢。

第一章 "一二八"淞沪抗战和伪满洲国的成立

第一节 日本发动淞沪战争的阴谋

一 打击上海的抗日活动

1932年初,日本帝国主义制造"一二八"事变,发动侵略中国上海的战争,遭到中国军队的英勇反击。这场战争是中华民族反对日本侵略的自卫战争,史称"一二八"淞沪抗战。

"一二八"事变的爆发有着深刻的政治背景。"其远因为东北事件。盖国民哀东北之沦亡,起而作杯葛运动,以经济绝交促暴日军阀之觉悟,弱小民族之心理,亦可悲矣。上海为中国之最大商埠,我国经济之重心地也,杯葛运动一足以号召全国,再则足以制岛国人民之死命"①。"故日人处心积虑,欲谋取缔我排日运动者久矣"②。

1931年7月万宝山事件发生后,日本帝国主义在朝鲜迫害华侨,中国民众对此不胜愤慨。7月13日上海各界群众召开反日援侨大会,成立反日援侨委员会,揭开了上海反日和抵制日货运动的序幕。"九一八"事变后,上海开展了轰轰烈烈的抗日运动,沉重地打击了日本在上海的贸易。1930年上海每月平均进口总额的29%来自

---

① 蔡廷锴、蒋光鼐、戴戟:《淞沪战斗详报》,中华书局1933年版,第7页。
② 战地新闻社编印:《十九路军抗日战史》,战地新闻社1932年版,第1页。

日本商品,而1931年12月降到3％。中国沿海和长江一带的日本航运业遭到很大打击,其中"日清轮船公司"的轮船全部停航。就主要行业而言,计有125家日本人经营的工厂,从1931年10月开始不得不缩短开工时间或全部停工。到11月底,80％的工厂关闭,12月底达到90％。"这样一来,上海的日本商人从1931年7月到1932年3月底,遭受损失的总额据说高达四千一百二十万四千日元"①。

　　上海是日本对华经济侵略的最大据点,20世纪30年代初,它成为日本在华最大的贸易、航运及制造业中心。商贸方面,日本三菱、三井等商业垄断企业,大都在上海设有经营机构,日本商号遍及上海商业部门中。航运方面,日本在上海港占有十个码头,仅次于英国而占第二位。上海是日本在华纺织工业的中心基地,日资纺织厂就有30家。上海的抗日活动使日本政府、侨民、日本驻华外交机构和日本驻上海的海军陆战队极度恐慌。1931年10月5日,日本政府召开内阁会议,就中国中部及南部的"排日运动"商讨对策。会议"结果决定由外务省向国民政府提出强硬之警告,至派舰问题,由外相与海相主持之"②。日本驻华公使重光葵奉政府训令于10月11日向国民政府提出"抗议",称中国政府实施排日教育,默许排日运动,"特别在最近敌视日本计划并实行报复的排日异常盛行之中部及南部,排日暴动时有大爆发之可能",并威胁说,如中国政府采取袖手旁观的态度,"中日两国间将有最不幸之重大结果发生"③。

　　重光葵后来回忆说:"上海的日本人看到日军在满洲采取强硬态度,消除了满洲的排日运动,也维护了日本的利益,他们认为采用同样

---

　　①　[日]关宽治、岛田俊彦:《满洲事变》,王振锁等译,上海译文出版社1983年版,第366页。

　　②　《民国日报》1931年10月6日社论:《反来严重抗议——暴日对东南十数省进攻之先兆》。

　　③　《异哉日反向我抗议》,《民国日报》,1931年10月6日。

的手段在上海也会成功。"①"九一八"事变后,他们于 10 月 11 日、10 月 27 日、11 月 1 日、12 月 6 日连续在沪召开侨民大会,通过宣言和决议,以强硬的措辞声称要惩罚"暴戾"的中国。日侨并多次寻衅闹事,如殴打华人,枪击岗警,撕毁标语,打碎商店玻璃。1932 年 1 月 9 日,上海《民国日报》在报道 8 日朝鲜人李泰昌在东京樱田门外狙击天皇的事件时,使用了"不幸只炸副车"②的词句。日侨认为这是一起严重的"不敬"报道事件,要求日本驻沪总领事村井仓松向上海市长吴铁城提出"抗议"。12 日,村井向吴铁城提出"抗议",要求更正,道歉,处罚责任者,并保证以后不再发生类似事件。

重光葵还说:"上海也有陆海军的骨干或青年军官组成的团体在活动,这些人与极端强硬派沟通起来好像要发动什么事端,正在频繁地活动。"③由于 1931 年 12 月组成的日本犬养新内阁一再声明对中国要采取强硬的政策,这"对于上海的日本人有如火上浇油"④。

日本海军陆战队进驻上海闸北后,选中三友实业社作为挑衅目标。在"日僧事件"前夕,日本海军军务局同意了陆战队柴指挥官的计划,即"奇袭北站附近之排日运动的团体根据地,并将其占领,予以封锁,借此消灭排日运动的根据地"⑤。三友实业社之所以被日军选为挑衅目标,原因是"该厂自去年万宝山案发生,及日本侵占东三省之事后,全体工友激于爱国热忱,自行组织义勇军,按日操练,极为认真,颇为日人所嫉恨。而该厂所出三角牌毛巾,因品质精良,将日人在三友厂邻近之东华

---

① 天津市政协编译委员会编译:《重光葵外交回忆录》,知识出版社 1982 年版第 78 页。

② 《满洲事变》,第 367 页。

③ 天津市政协编译委员会编译:《重光葵外交回忆录》,知识出版社 1982 年版第 78 页。

④ 天津市政协编译委员会编译:《重光葵外交回忆录》,知识出版社 1982 年版第 78 页。

⑤ 天津市政协编译委员会编译:《重光葵外交回忆录》,第 79—80 页。

纱厂所出之铁锚牌毛巾销路,均被三角牌所夺去,是以日人对于该厂恨之已久"①。"于是,看到了这种情况的日本军部,乃反而抓住了恶化的对日感情,以'保护侨民'为借口,在上海制造一次骚动,好把倾注在东北方面的国际视线转移到上海来"②。

二　转移国际社会的视线

日本侵略者在中国东南沿海长江口附近的淞沪地区发动这场战争,直接目的是为了转移国际社会对其侵略中国东北和策划成立伪满洲国的视线。

日本发动侵略中国东北的"九一八"事变,在国际上引起了强烈的反响。国联理事会作出三次决议,要求日本撤军,绝大多数会员国对中国表示同情。美国不是国联成员,但对国际事务有重大影响力,当日本侵占锦州后,国务卿史汀生发表"不承认主义"的照会,对日本施加压力。日本在国际社会中陷于孤立,这引起日本政府和军部的不安,因此急欲在中国其他地方制造事端,以便转移国际社会对其侵略中国东北的关注。

日本帝国主义占领中国东北后,以何种形式来统治这块殖民地,是日本必须立即决定的问题。"九一八"事变发生后4天,即9月22日,日本关东军参谋部就制定了《满蒙问题解决方案》,确定建立以末代皇帝溥仪为元首,领土包括东北四省及蒙古,受日本操纵的新政权。根据这个方案,关东军一手准备将溥仪挟持到东北,一手在东北各省拼凑伪政权,并阴谋在上海挑起事端。日本驻上海领事馆武官辅助官兼上海特务机关长田中隆吉应关东军高级参谋板垣征四郎大佐的电召,10月1日前往沈阳。板垣告诉田中:"我们下一步的行动要占领哈尔滨,使满洲独

---

① 《在引翔港焚烧三友工厂》,《民国日报》,1932年1月21日。

② ［日］古屋奎二:《蒋总统秘录》第8册,台北"中央日报社"1976年译印,第134页。

立。我们已派土肥原大佐去接溥仪来。如果我们办成了,国联要大吵一番,东京政府将感到头痛。我要请你在上海搞点事,以转移各国的注意力。当你们引起骚动的时候,我们将拿下满洲。"田中保证完成任务,并说他"正在训练一个极好的间谍,能在上海收买中国的闹事者,来发动这场假战争"①。田中所说的间谍就是川岛芳子②。板垣从关东军的特务经费中提取二万日元交给田中使用。由天皇裕仁的文官党羽木户辛一、近卫文麿、牧野显声等人组成的"十一人俱乐部"也参与策划了"一二八"事变。该组织主张日本在完成对中国东北的征服前,需要有一个"思考间歇"期,以便应付国内外的许多问题。在此时期,日本需要在上海制造一场"假战争"。"九一八"事变后不久,近卫在"十一人俱乐部"会议上通报说:"关东军准备在上海搞一个转移视线的行动,这样可给国联一个满足它要促成和平的愿望的机会,从而'给国联留些面子'。"③

国联决定组成调查团派往中国和日本作实地调查。1932年1月,调查团正式成立。日本乃计划在国联调查团赴中国东北前,扶持伪满洲国成立,迫使国联承认既成事实。1月4日,关东军司令本庄繁同幕僚拟订出具体方案,决定派板垣回国汇报。该方案决定"满洲国"最迟在3月上旬,即国联调查团到达东北之前成立。板垣得到天皇裕仁的破格接见,并留在东京协助制订"假战争"的作战计划。与此同时,日本陆军省、海军省和外务省1月6日根据参谋本部的意图,共同制定出与关东军方案基本一致的《中国问题处理纲要》,其中规定东北从中国主权下分离出来成为一个"国家",其政治、经济、国防、交通、通讯等受日本的控制,由日本人参与该"国家"中央和地方的行政。10日,板垣和

---

① 〔美〕戴维·贝尔加米尼:《日本天皇的阴谋》上册,商务印书馆1984年版,第585页。

② 川岛芳子原名金璧辉,清肃亲王善耆之女,自幼为日本浪人川岛浪速收为养女,女扮男装,充当日本帝国主义间谍,抗战胜利后被处决。

③ 〔美〕戴维·贝尔加米尼:《日本天皇的阴谋》上册,商务印书馆1984年版,第579页。

参谋本部安排好了发动"假战争"的准备。他在东京致电在上海的田中："'满洲事变'按预计发展,但中央有人因列强反对仍持怀疑态度,请利用当前中日间紧张局面进行你策划之事变,使列强目光转向上海。"①田中接电后,将二万日元的特务经费交给川岛芳子,让她具体策划事件。13日,板垣携带《中国问题处理纲要》返回沈阳。于是,关东军加紧了在东北建立伪满洲国的活动。

上海是西方列强在华投资集中、商业利益丰厚的地方。列强在这里的经济、政治关系错综复杂。上海如果爆发战事,将引起国际社会的高度关注,特别是与上海关系十分密切、对国际事务有重大影响力的英、美、法等国,必将介入其中,这样日本就可以乘国际视线转向上海之机,在中国东北放胆侵略,扶持傀儡政权出台。

三　"日僧事件"

蔡廷锴等指出:"一二八"事变的"近因完全为暴日军阀蚕吞中国之支动作。日僧事件及抵货运动不过如中村失踪及满铁被毁,为其同一自然之导火线耳。"②

"日僧事件"是由田中隆吉和川岛芳子精心策划的,目的在于促使海军迅速出兵。

田中后来承认:"上海有一个叫做三友实业公司的毛巾工厂。这个公司是非常共产主义的、排日的,是排日的根据地,就托她(指川岛芳子——引者)'巧妙地利用这个公司的名义来杀死日莲宗的化缘和尚。'"③

---

①　[美]戴维·贝尔加米尼:《日本天皇的阴谋》上册,商务印书馆1984年版,第608页。

②　《淞沪战斗详报》,第7—8页。

③　复旦大学历史系:《日本帝国主义对外侵略史料选编(1931—1945)》,上海人民出版社1975年版,第50页。

日莲宗是 13 世纪兴起于日本的一支佛教流派,近世分为左右两翼。上海日莲宗山妙法寺和尚天崎启升是日本日莲宗极右翼代表人物、海军特务、"血盟团"盟主井上日召的弟子。"血盟团"主张搞恐怖暗杀活动,发动政变"改造"政府,推动日本法西斯化的进程,为此同海军激进分子相勾结,企图发动武装政变。由于作为政变骨干的海军青年军官大部分随舰队调往上海,因而不得不推迟国内行动计划,井上日召遂派天崎启升以化缘为名,到上海与日本海军继续保持联系,一旦上海事情结束,即刻着手国内政变。田中隆吉想"牺牲"与日本海军关系密切的天崎启升,借以激起海军的愤怒,挑起日中冲突,达到既转移国际视线,又镇压上海抗日活动的一箭双雕的目的。在田中隆吉的助手宪兵大尉重藤千春的煽动下,1932 年 1 月 18 日,天崎启升、水上秀雄和佛教徒后藤芳平、黑岩浅次郎、藤村国吉五人举行宗教仪式的寒中修行,途经杨树浦马玉山路三友实业社时,故意寻衅闹事,同该厂工人义勇军发生冲突,"当时流浪到上海的日本浪人立即跑去拔刀相助,发生了争端"[1]。这些浪人实际上是重藤千春和川岛芳子操纵的上海"日本人在华青年同志会"成员,他们埋伏在既定地点,待时机成熟时出击,结果日僧三人被殴伤,一人伤重身亡。

19 日,村井仓松就"日僧事件"向上海市政府提出口头抗议,要求缉凶,并保留其他要求条件。

20 日凌晨 2 时 40 分,重藤千春在田中隆吉的指使下,指挥上海"日本人在华青年同志会"的 32 名暴徒,携带枪械、刺刀等武器和硝磺、煤油等引火物,潜赴三友实业社工厂,纵火焚烧毛巾工场厂房,并打死公共租界华捕一人,打伤二人。田中深信"这样一来,日华之间必然引起冲突"[2]。当日下午 1 时,在田中隆吉的煽动下,约一千余名日侨以"日僧事件"为借口,在公共租界蓬路日侨俱乐部召开第四次侨民大会,

---

① 《重光葵外交回忆录》,第 81 页。
② 《日本帝国主义对外侵略史料选编(1931—1945)》,第 50 页。

决议："吁请帝国陆海军立即增兵，并要求驻上海的帝国官府（总领事及海军陆战队）采取强硬手段。"①嗣赴日本驻上海领事馆及海军陆战队游行请愿，陆战队指挥官鲛岛具重海军大佐向狂热的日侨保证："为在万一的情况下保护侨民的生命财产和行使自卫权，我们将决心采取果断措施。而且现有兵力不足，随时准备增兵。"②散会后，日侨在虬江路和北四川路一带闹事，殴打行人，撕毁标语，捣毁商店多家。

田中隆吉眼看着暴动化的状况而暗自高兴，加紧工作，一方面向日本公使馆及"支那派遣军"游说出兵的重要性，一方面进行侧面活动，以手枪胁迫"三井物产"的上海分公司负责人致电东京三井财阀负责人团琢磨，请其主张出动日军。"盖出于三井财阀的派兵要求，是可以促使日本政府拿出决心的一张王牌"③。

21日上午，村井仓松见吴铁城，就日人纵火、击杀华捕事件表示遗憾，声明将缉拿纵火的日本浪人，同时递交关于"日僧事件"的书面抗议，并提出四项要求："（一）市长须对总领事表示道歉之意；（二）加害者之搜查、逮捕、处罚，应迅即切实实行；（三）对于被害者五名须予以医药费及抚慰金；（四）关于排侮日之非法之越轨行动，一概予以取缔，尔其应将上海各界抗日救国会以及各种抗日团体及时解散之。"吴铁城口头答复说，"第二项关于伤害罪之处分，中国律有明文，自当依法办理，一、三两项亦可考虑，惟第四项事关民众运动，其在法律以内者，无权取缔，如有非法行动自当依法制裁。"村井态度强硬，对于第四项尤为坚持，声称若不接受将采取自由行动④。日第一遣外舰队司令盐泽幸一少将同日在上海各日报发表声明，称："上海市长对于日本提出要求，若非予以

---

①　［日］参谋部：《满洲事变作战经过概要》第1卷，中华书局1981年版，第134页。

②　《满洲事变》，第369页。

③　《蒋总统秘录》第8册，第139—140页。

④　中央档案馆等编：《日本帝国主义侵华档案资料选编·"九一八"事变》，中华书局1988年版，第529—530页。

满意答复,并将要求各项立即实行,则海军司令官决采相当手段,以保护日本帝国之权利。"①鲛岛具重表示,如日领要求中国上海当局"解散抗日团体等条件无圆满答复,即派兵占领南市、闸北及高昌庙之兵工厂"②。日本外务省举行会议,决定要乘此机会,消灭中国"国内以抗日为目的的一切抗日团体为先决条件",并命令村井要求中国当局道歉、赔偿、惩凶,并保证不会再有抗日运动③。

日本海军陆战队极力给中日之间紧张的局势火上浇油,22日派人持函前往上海《民国日报》社,就该报21日为三友实业社事件刊载的《日浪人藉陆战队掩护,昨日在沪肆意横行》一文,指为故意破坏日本陆战队名誉,要求"(一)主笔来队提出公文陈谢;(二)揭载半张大的谢罪文;(三)保证将来不再发生此种事情;(四)罢免直接责任记者",限23日午前5时答复,并威胁道:"若不承认,莫怪也。"④23日下午3时,日侨一千五百余人又在蓬路日侨俱乐部召开大会。日陆战队派军车载运三十余名日军,在途中各车站警戒。俱乐部门口张贴《每日新闻》、《日日新闻》两日文报刊,对《民国日报》颇多指摘。与会者大多数主张日军自由行动,结果一致请村井向上海市政府严重交涉。在日方的压迫下,租界工部局劝告该报停刊,结果《民国日报》于27日被迫关门。

为进一步扩大事态,23日田中隆吉和川岛芳子策划在日本驻华公使重光葵在上海的官邸放火,以制造借口。23日、24日,日大队军舰及海军陆战队士兵陆续抵达上海,形势更趋紧张。24日,村井以海军实力为后盾,向吴铁城提出:"如果在相当时期之内得不到满意答复,则保留采取必要行动之权。"⑤

---

①　《国新社22日东京电》,《民国日报》,1932年1月23日。

②　《日本帝国主义侵华档案资料选编·"九一八"事变》,第531页。

③　华振中、朱伯康编:《十九路军抗日血战史》,神州国光社1947年版,第72—73页。

④　《日海军陆战队突向本报提出四项要求》,《民国日报》,1932年1月23日。

⑤　《蒋总统秘录》第8册,第142页。

　　25 日,村井谒见吴铁城,询问就"日僧事件"提出的抗议何日可得到答复,并说日侨态度愤激,若不从速解决,如有意外发生,应由上海市政府负责。27 日,村井向上海市政府发出最后通牒,对所提 4 项要求,限 24 小时以内(28 日下午 6 时前)答复,否则日陆战队将采取其所认为必要的手段,以实现其要求。同时,为防备中方不接受要求,盐泽下达了有关行使武力的命令。在日方的压力下,吴铁城 28 日下午 1 时 45 分复文村井,表示全盘接受其四项要求。村井对此表示满意。

　　尽管如此,日海军当局发动战争的决心早就下定,战争已不可避免。

四　日海军与陆军争功

　　日本轻易地占领了"满洲"一事,进一步煽起了它侵略中国的野心,特别是日本陆军在"满洲"的"辉煌"成功,及其取得的庞大临时军费,深深地刺激了经常与陆军对立的日本海军,海军也企图在"属手它的势力范围以内"的上海伺机蠢动。同时,上海当时的紧张局势,更加刺激了日本海军的这种野心①。日本海军则因为要与其在东三省占领我国土地,屠杀我国民众的陆军争功,"更欲使上海事变扩大,进图占领闸北、引翔、吴淞各区,以作日本的租界地"②。"对海军来说,上海发生事端确实是天赐良机,它试图利用这一机会粉碎第十九路军,以威武赫赫之名炫耀帝国海军的存在"③。

　　日本政府既让海军在上海放手行动,海军便决定以武力解决上海

---

　　①　日本历史学研究会编,金锋等译:《太平洋战争史》第 1 卷《九一八事变》,商务印书馆 1959 年版,第 123 页。

　　②　《十九路军抗日血战史》,第 71 页。

　　③　《满洲事变》,第 376 页。

事件的方针和增兵上海。1月22日,日本政府开会,"决定立取适切手段,由大角(岑生)海相相机处置之"①;"如中国政府不解散各处抗日团体,及取缔各处抗日运动,即将采用平时封锁办法,将沿海口及长江各埠封锁"②。"此外,重光葵特别为了此事觐见日皇,考虑上海局势,决议以应付上海事件之紧急计划悉听海相主持,并商定一切事端,悉由驻华日舰队司令盐泽及驻沪日海军官负责解决"③。

25日,日本海军省首脑与外务省首脑联合举行会议,"协议如中国方面不表示诚意,不实行日本之要求,决以实力务期要求之贯彻,并协议万一时的具体方策"。26日,海军省召开最高级会议,"决定在一二日中发挥实力,其方法如下:(一)驻沪兵力如不足,可遣第二舰队,(二)就地保护留沪日侨,(三)自吴淞至上海航路由日海军保护,(四)在吴淞口外拘留一切华籍轮船,(五)加派军舰到南京、汉口、广州、汕头、厦门等埠,并使浪人同时暴动"④。26日,海军次官左近司政三中将对陆军炮兵监畑俊六中将表示:"陆军在满洲大显了身手,这次在南边轮到海军了。""陆战队并非昔日之陆战队,有两千人,有野炮和装甲车,没问题。"⑤

日海军的战争准备得到了天皇裕仁的许可和批准。26日,裕仁的最高军事会议在参谋总长闲院宫(载仁亲王)的主持下,训令在上海的盐泽"行使自卫权利"⑥。

27日,日海军省发表声明称:"至于上海事件,国民政府对于日本合理妥当之要求,毫无诚意,不肯承认,据最近情报,并以正式军队与日本为敌。日本海军深望中国停止此种行为,如国民政府不加反省,立即

---

① 《日联社22日东京电》,《民国日报》,1932年1月23日。
② 《日本帝国主义侵华档案资料选编·"九一八"事变》,第529页。
③ 《十九路军抗日血战史》,第65页。
④ 《十九路军抗日血战史》,第73页。
⑤ 《满洲事变》,第375—376页。
⑥ 《日本天皇的阴谋》上册,第612页。

制止不法行为,日本为自卫计,必采取适当措施,以保护日侨及维护既得权益,以期万无遗憾。"①

为发动战争,日海军大量增兵上海。1931年10月,海军陆战队在上海有908人,停泊日舰五艘。"日僧事件"发生后,1932年1月21日由日本吴军港向上海派出巡洋舰"大井号"和第十五驱逐队(驱逐舰四艘),运载第一特别海军陆战队457人和大批军火,23日、24日分批抵达上海。24日,由旅顺出发的日航空母舰"能登吕号"也驶抵上海。26日,日本从佐世保军港急调第一水雷战队(巡洋舰旗舰"夕张号"率第二十二、二十三、三十驱逐队,共有十二艘驱逐舰),运载佐世保镇守府第二特别海军陆战队468人,28日午后抵沪。26日,又由佐世保加调战机六架援沪。至此,日本在上海共集结了二十四艘军舰,二十余架飞机,1833名海军陆战队队员及三四千名武装日侨。

28日,日海军省下令航空母舰"加贺号"、"凤翔号",巡洋舰"那珂号"、"由良号"、"阿武隈号"及水雷舰四艘开赴上海。

日海军陈兵上海,发动淞沪战争的决心下定。在25日召开的由各国驻沪武官组成的租界防备委员会会议上,鲛岛具重说,当日本不得不采取行动时,可由盐泽幸一少将预先向租界工部局要求发出戒严令②。28日上午7时30分,盐泽照会各国驻沪武官,称中国对日本的要求无满意答复,日军将于次日晨有所行动。租界防备委员会9时30分开会,决定下午4时发布戒严令,并划定各国警戒区域,其中规定日军负责苏州河以北,北江西路以东,东至杨树浦,沿淞沪铁路一带防卫。盐泽本日下午对《纽约时报》特派员阿本德说,今天即使中国接受日本的最后通牒,日本也要为维护闸北的秩序和那里的6000名侨民而派遣陆

① 《抗日战史·"一二八"淞沪作战》,台北"国防部"史政编译局1970年版,第6页。
② 《满洲事变》,第373页。

战队。"陆军必须保卫我们在满洲的权益。上海没有陆军,所以海军在上海就必须负起同样的任务"①。晚 9 时,日陆战队士兵以虹口、杨树浦为作战根据地,积极进行战斗部署。

战争如箭在弦,蓄势待发。但日海军发动淞沪战争的战略目标是有限的。上海与东北不同:东北原属日本的势力范围,上海则是国际性大都市。占领上海,势必导致与英、美、法等国的正面冲突,日海军对此是有所顾忌的。从实力上看,日海军陆战队仅有一千八百余人,而驻防上海及其周围的中国十九路军达三万余人,双方力量悬殊。日海军不具备向南京国民政府统治中心的长江以南地区挑起大规模战争的条件。因此,日海军发动淞沪战争的具体目标是要求十九路军后撤 20 公里,至南翔以西地区。

第二节　国民政府的对策

一　"一面抵抗,一面交涉"政策的提出

"一面抵抗,一面交涉"政策源于 1931 年 10 月蒋介石、胡汉民、汪精卫在上海发起的和平会议。这次会议就外交政策达成妥协:一、实行统一外交,对外交涉由南京中央负责,广州不办外交;二、如果日军来攻,应该抵抗,用武力来对付它,不要不抵抗;三、不主张对日宣战;四、不主张退出国联②。

"九一八"事变爆发后,蒋介石和国民政府囿于"攘外必先安内"的基本政策,坚持"不抵抗主义",结果丧师失地,国难深重,全国抗日潮流高涨,"不抵抗主义"遭到猛烈抨击,走入死胡同,国民党内部对日政策

---

① 《满洲事变》,第 375 页。
② 《汪精卫报告·国民党中央政治会议第二十四次临时会议速记录》,中国第二历史档案馆藏。

发生纷争。11 月初锦州、天津事件后,国民党当局指导思想开始从"不抵抗"向"一面抵抗,一面交涉"过渡。以戴季陶为委员长的特种外交委员会 11 月间向国民党中政会提出《处理时局之根本方针》的报告,就对日政策提出三项建议:"第一,中国无论如何,决不先对日宣战;第二,须尽力维持各国对我之好感;第三,须尽力顾虑实际利害,但至万不得已时,虽在军事上为民意而牺牲,亦所不恤,惟必须筹划取得真实之牺牲代价。"①蒋介石和国民党中政会完全同意这个建议。

　　12 月初,汪精卫对外界发表谈话称:"至于应付目前外交办法,兄弟以为有八个字'一面抵抗,一面交涉'。""这次日本的举动,正如强盗明火打劫一般,我们如果遇着强盗入室,唯一的方法,便是一面向他迎头痛击,一面鸣笛报警,协同捉拿。"②

　　锦州失陷后,孙科内阁外长陈友仁主张对日宣战。这一对日外交新政策显然不符合暂时下野的蒋介石的心思。1932 年 1 月 11 日,蒋介石在奉化武岭学校发表《东北问题与对日方针》的演讲,提出"不绝交、不宣战、不讲和、不订约"的对日方针。他说:"我国外交方略尚未用尽,国力自卫,毫未充实,反与日本首先绝交与宣战,而实与日本以恣行无忌口实,不仅自失其国联盟约、非战公约与九国公约之权利……而且与中国以破坏公约、破坏和平之责任,如此中国诚陷于万劫不复之地。"③"不绝交、不宣战"是针对抵抗而言的,即在不绝交、不宣战的前提下进行有限度的、局部的抵抗;"不讲和、不订约"是针对交涉而言的,即在不讲和、不订约的前提下,与日本进行交涉,寻求妥协。

　　18 日,蒋介石和汪精卫在杭州会谈,否定了孙科、陈友仁的外交政策,同意汪精卫的"一面抵抗,一面交涉"的主张。晚上,蒋介石招待汪

---

① 《革命文献》第 35 辑,第 1228 页。

② 《汪精卫在沪接见首都各校代表》,《申报》,1931 年 12 月 7 日。

③ 蒋介石:《东北问题与对日方针》,《时事新报》,1932 年 1 月 21—23 日。

精卫和孙科就餐,即席表示:"余不入京,则政府必贸然与日本绝交,绝无通盘计划,妄逞一时血气,孤注一掷,国必亡灭。"①他离杭赴京前对新闻记者说:"余无特殊之主张,汪先生之主张即为余主张。"②

"日僧事件"后,蒋介石谈到对日方针时说:"若国际之约束无效,交涉之结果不利,日本帝国主义复怙恶不悛,非完成其侵略压迫之野心不止,则我亦惟本不屈服之决心,始终不与之妥协,而且朝野一致,作最大努力之抵抗。"③

23日下午,蒋介石、汪精卫、孙科在南京召开紧急会议,讨论对日方案。晚上,孙科、何应钦、朱培德等在励志社商谈应付目前外交问题。对日应否绝交问题,国民政府政要连日交换意见,均趋慎重,汪、蒋一致主张"先行安内,方可攘外"。24日,陈友仁因其对日绝交主张未蒙国民党中央采纳,向孙科提出辞职。同日,蒋介石、汪精卫等在励志社举行中政会特委会,讨论对日绝交问题,主张仍采妥协政策。会议认为陈友仁外交政策,基于隔阂国情,徒为孤注一掷,故决定不采用,对陈提出的辞职不予挽留。28日,汪精卫在国民党中政会上作报告,全面申述外交问题的原则。"一面抵抗,一面交涉"正式成为国民政府的对日政策。同日,中政会决定接受孙科辞去行政院长职务,以汪精卫继任。

"一二八"事变前夕,南京当局确定了"一面抵抗,一面交涉"为处理上海问题的指导思想。

蒋介石虽然在"九一八"事变时实行对日不抵抗政策,但若日本在中国最大的工商业都市和全国经济中心,也是国民政府财政和税收的主要来源地,并且毗邻首都南京的上海发动战争,南京当局是不会不对日抵抗的,否则,一旦日本扼死其经济命脉和占领其心脏部位,蒋介石的统治根基将会丧失。因此,日军如在淞沪滋事,中国必予抵抗。早在

---

① 《蒋总统秘录》第8册,第132页。
② 《民众三日刊》第1卷第28期,1932年1月24日。
③ 《蒋主席讲对日方针》,《中央日报》,1932年1月23日。

"九一八"事变之初,南京国民政府就有此决心。"九一八"事变后,鉴于日军在中国各处挑衅,国民政府判断日本有可能"以兵力与日侨自由行动,利用各种手段,捣乱长江,破坏我之金融基础,而置首都于兵力威吓之下,希图造成从前江宁条约的形势"①,决定如果日军在上海发动进攻,即予回击。1931 年 9 月 22 日,熊式辉参谋长向蒋介石请求对策谓:"淞沪为通商巨埠,日舰驻泊甚多,交涉万一不能迅速解决,日方扩大行动,对我要塞、兵工厂及重要各机关实行威胁或袭击时,我陆海军究如何行动?"蒋答复说:"应正当防范,如日军越轨行动,我军应以武装自卫可也。"②10 月 6 日,日舰大举来沪,且有即日在华界登陆的报道。蒋介石指示上海市长张群:"日本军队如果至华界挑衅,我军警应预定一防御线,集中配备,俟其进攻,即行抵抗。"③1932 年 1 月 23 日记者采访接替张群的新任上海市长吴铁城,问:"如果日人不顾一切而大举骚扰,则市长之意以为如何?"吴答:"此事中央政府早有命令,如果有人侵入内地领土,决采正常防卫。"④24 日,记者在南京中央党部问汪精卫:"如暴日不顾国际公理,万一有占领上海之企图,将取何态度?"⑤汪表示当然抵抗。

　　但南京当局又担心抵抗弄不好会引发中日间的全面战争,破坏其"攘外必先安内"的基本政策。因此,在淞沪战争爆发前,南京当局考虑只要日本在上海的挑衅不超过武力侵占上海,不进逼首都南京的限度,在上海即使妥协退让,也要尽量避免冲突。

　　1 月 22 日,蒋介石、汪精卫在南京召集孙科、何应钦等商讨内外方

---

①　戴季陶:《特种外交委员会对日政策报告书》,1931 年 11 月,李云汉编:《九一八事变史料》,台北正中书局 1977 年版,第 325 页。

②　国民党中央党史委员会编:《中华民国重要史料初编——对日抗战时期》绪编(一)[以下简称《绪编》(一)],台北 1981 年版,第 285、286 页。

③　《蒋主席致张群市长指示上海防务电》,《绪编》(一),第 290 页。

④　《上海市长吴铁城对日交涉经过之谈话》,《革命文献》第 36 辑,第 1428 页。

⑤　《汪精卫谈为自卫当然抵抗》,《中央日报》,1932 年 1 月 26 日。

针,吴铁城向会议报告日人在沪暴乱情况,蒋仍坚持"先安内后攘外"的主张①。23 日,蒋、汪和孙科再次商讨对日政策,"蒋、汪两氏咸主先行安内,方可攘外"。会议决定命令吴铁城制止民众抗日,"由军政部长何应钦将第十九路军于五日内调离上海,派宪兵第六团接防"②。同日下午,吴铁城同蔡廷锴、戴戟讨论,认为若不接受村井的第四项要求,日海军陆战队必然有所行动,决定如果陆战队侵入华界,准备予以抵抗,并致电国民政府请求对策。行政院长孙科与汪精卫、蒋介石立即详商应付上海事件的办法,结果"佥主我方应以保全上海经济中心为前提,对日方要求只有采取和缓态度,应即召集各界婉为解说,万不能发生冲突,致使沪市受暴力夺取。至不得已时,可设法使反日运动表面冷静,或使秘密化,不用任何团体名义,俾无所借口"③。国民党中央先后派张静江等一批大员到沪,向上海市政府传达旨意:应以和缓手段避免冲突,让上海得以保全。

在国民党中央及国民政府三令五申下,上海市当局"本中央保全上海经济中心,隐忍避免冲突之原则,筹思缓和应付之办法"。25 日晚,吴铁城邀集上海各界谈话,"莫不要求保全地方,请由市政府、市党部明令将各界抗日会严加取缔,一面由民众团体响应自动解散,然后据以答复日领,则中央及地方双方均能顾及"④。考虑国民党中央及上海地方各界的要求,上海市政府决定完全满足村井 21 日提出的要求。

27 日下午,吴铁城同何应钦、司法院代院长居正、国民党中央秘书长叶楚伧、前上海市长张群等人在市政府商量对策,决定避免冲突,接受村井所提全部要求。南京当局对此表示首肯。当晚 11 时,上海市政府密令公安局、社会局会同各区所取消上海各界抗日救国会及其分会。

① 《国闻周报》第 9 卷第 6 期。
② 邱国珍:《十九路军兴亡史》,台北文海出版社影印本,第 30—31 页。
③ 《日本帝国主义侵华档案资料选编·"九一八"事变》,第 531 页。
④ 《上海市政府呈中央当局电》,《革命文献》第 36 辑,第 1430—1431 页。

28 日,国民政府向上海市政府传达命令:"一切抗日团体,概行取消。"①上海市政府遵命取消了各抗日团体。下午 1 时 45 分吴铁城复文村井,表示全盘接受其 4 项要求。

南京当局为缓和事态,派非战斗部队宪兵第六团接替十九路军在闸北的防务,以缓冲其间,希望中日两军不发生冲突。该团 27 日晚 8 时在南京上车,28 日正午抵达真如。

二　十九路军布防京沪

中国十九路军自发起来抵御日军对上海的侵略。

十九路军是一支具有光荣革命历史的军队。它源于粤军第一师第四团。1920 年 11 月,孙中山回到广州后创建粤军三个师,任命陈铭枢为粤军第一师第四团团长(师长为邓铿),蒋光鼐、蔡廷锴和戴戟等分任副团长、警卫团营长、营长等职。1922 年北伐,该团任先锋,屡建战功。是年夏攻克江西赣州。6 月陈炯明叛乱,进攻江西的北伐军全部回师攻韶关不克,转入赣南。陈铭枢痛国事之不可为,离职赴宁学佛。1923 年陈炯明败退东江,孙中山回粤主政,任命陈铭枢为粤军第一旅旅长,募兵两个团,其中蒋光鼐为第二团团长,蔡廷锴和戴戟等人在该团中分任营、连长。全团下级干部多由原粤军第一师第四团调用。1925 年夏,第一旅奉命改为国民革命军第四军第十师(陈铭枢为师长),即以原粤军第一旅蒋光鼐团为基础,扩编为第二十八、第二十九和第三十团,蒋光鼐任副师长,蔡廷锴任第二十八团团长,戴戟任第三十团团长。1926 年夏,国民革命军北伐,第十、十二师在汀泗桥、贺胜桥战役中建立奇勋,第十师并且攻下武昌,第四军被誉为"铁军"。是年冬,第十师扩编为国民革命军第十一军,国民政府擢升陈铭枢为第十一军军长兼

---

① 《何应钦 1932 年 1 月 28 日致上海市政府电》,国民政府军事机关档案,中国第二历史档案馆藏。

武汉卫戍司令,下辖第十、二十四、二十六师,蒋光鼐为副军长兼第十师师长;戴戟为第二十四师师长,蔡廷锴为副师长。

1927年春,宁汉分裂,陈铭枢、蒋光鼐、戴戟等人相继离开武汉,第十一军军长由张发奎兼任,蔡廷锴为第十师师长。是年秋,蔡廷锴率第十师脱离张发奎,由江西进入福建,复由陈铭枢统率,重组第十一军,蒋光鼐仍为副军长,戴戟任参谋长,下辖第十、第二十四和第二十六师,第十师师长仍由蔡廷锴担任。1928年春第十一军由闽回粤,补充兵员,第二十六师师长改为戴戟。1929年春,国民党中央召开编遣会议,第十一军缩编为1个师和1个独立旅,蒋光鼐为广东编遣区第三师师长,戴戟为副师长兼第八旅旅长,蔡廷锴为第二独立旅旅长。是年秋,奉国民党中央统一番号令,改广东编遣区第三师为第六十一师,第二独立旅为第六十师。1930年夏,第六十、六十一师奉国民党中央之命北上参加中原大战,蒋光鼐为十九路军总指挥,负责指挥第六十师和第六十一师。此为十九路军名称之由来。后蔡廷锴任十九路军军长兼第六十师师长、戴戟任第六十一师师长。1931年4月,与南京对立的第八路军总指挥陈济棠用武力驱逐拥护蒋介石的广东省政府主席陈铭枢。6月,陈铭枢离粤入赣,被南京国民政府特任为"剿匪"军右翼集团军总司令,参加对红军的第二次"围剿"。11月,将十九路军集中江西吉安,扩编第七十八师,师长为区寿年;第六十一师师长戴戟因病辞职休养,以该师旅长毛维寿升任;第六十师师长为沈光汉;蔡廷锴擢升十九路军军长。蒋光鼐因病住沪,总指挥一职由蔡廷锴代理。十九路军军部随之成立。陈铭枢由于与这支部队有着悠久的历史关系,成为十九路军的政治领袖。

"九一八"事变发生前夕,国民党第三次"围剿"被红军打破。在江西兴国的高兴圩一战,十九路军损失两千余人,军部险些被歼。十九路军非蒋介石嫡系部队,自国民党1927年叛变革命后一直被蒋利用充作内战的工具,辱没了自己光荣的历史,而且实力受损。"九一八"事变发生后,十九路军政治态度发生了变化,9月19日便提出"团结一致打倒日本"的口号。在中国共产党和红军"中国人不打中国人"、"枪口一致对外"的号召下，全体官兵三万余人在赣州宣誓反对内战和团结抗日。

9月下旬，蒋介石将与粤系势力有深久历史关系的陈铭枢请到南京，商议由陈赴广州调解京粤之争，为表示和解的诚意，蒋答应调十九路军卫戍京沪。9月30日，国民政府任命陈铭枢为京沪卫戍司令。10月，时值京粤政要集会于上海讨论整理内政问题，十九路军由赣调至京沪承担卫戍任务，以增进京粤相互间的信任。11月，十九路军奉令全部（总兵力3.35万人）到达京沪路沿线，部署如下：卫戍司令长官公署及总指挥部驻南京；第六十师驻苏州、无锡、常州、丹阳；第六十一师驻南京、镇江；第七十八师驻上海、吴淞、昆山、嘉定。十九路军参谋长戴戟自12月起任淞沪警备司令。

十九路军调到京沪线以后，第七十八师被指定担任原由财政部税警团承担的淞沪卫戍任务。该部到达后，其第一五五旅分驻南市、吴淞、真如；第一五六旅第四团驻南翔，第五团及旅部驻嘉定，第六团驻太仓。闸北的防地暂时仍由税警团担任，直到1932年1月6日由驻太仓的第一五六旅第六团接替，第六团第三营驻闸北，第一、第二营驻大场。1月11日，第一五六旅旅部由嘉定移至大场。13日，驻南翔的第四团接防吴淞；驻嘉定的第五团除派一个营警戒浏河外，其余向南翔及大场推进；第一五五旅，除依旧警戒南市外，其余警卫虹桥及漕河泾，旅部在真如。两旅的地境以铁道为界，线上属第一五五旅。

十九路军调防淞沪一带后，在上海民众抗日宣传的影响下，坚定了为中华民族图生存、为中国军人争人格的决心。但由于调沪不久，情况生疏，对于日军的真正侵略意图一时还看不清楚。国民政府又未向其提供任何有关的情报，该军在战争爆发前两周才从自己所得的情报中判断日军的侵略已不可避免，所以直到1月15日以后才开始进行应战部署。

蒋光鼐、蔡廷锴、戴戟决定在原十九路军淞沪前线防地进行抵抗。他们分析认为：我军如退出上海，不论在真如、南翔或昆山取抵抗线，实际等于不抵抗；上海为各国通商大埠，我军在原地抵抗，可希望因英、美、法各国利害的冲突，减少敌人的横暴行为；我军军械比日军差，应利用街市作战，以减少敌人飞机大炮的威力。该决定得到国民政府行政院副院长陈铭枢的赞同。

1月19日，蔡廷锴、蒋光鼐召集上海驻军官长座谈，商定："（一）最近日军或有骚扰，我军须无形的戒备。（二）万一有事发生，第一线兵力之配备若干，区寿年师最低限度死守五天。（三）各防区赶紧构筑工事，后方各驻地亦须预选抵抗线。（四）六十、六十一两师增援时，须于战斗开始后五日内到达上海附近。（五）对上海租界决定态度。（六）由明（廿）日起，各部官兵除因公外，一律不准在租界住宿。"①

为鼓舞士气，23日陈铭枢、蒋光鼐、蔡廷锴、戴戟发表《告十九路军全体官兵同志书》，表示："我们不要感觉我们物资敌不过人，我们要以伟大牺牲精神来战胜一切，我们必定能操胜算，我们必定能救中国。"②蔡廷锴、戴戟等还致电南京当局，表示"决在上海附近抵抗。即使牺牲全军，亦非所顾"③。同日，十九路军在龙华警备司令部召开驻上海部队营长以上干部紧急军事会议。蒋光鼐、蔡廷锴、戴戟等发言，表达与日本侵略者决一死战的决心。会议讨论了抗击日军入侵的计划。晚上7时发出密令，作出部署："七十八师第一五六旅担任京沪铁道以北至吴淞宝山之线扼要占领阵地，第一五五旅担任京沪铁道线（含铁道）以南至虹桥、漕河泾之线（南市龙华之团即在原地）扼要占领阵地。吴淞要塞司令率原有部队固守该要塞，并切与附近要塞之友军确取联络。

---

① 《蔡廷锴自传》（上），黑龙江人民出版社1982年版，第273—274页。

② 上海社会科学院历史研究所编：《"九一八"——"一二八"上海军民抗日运动史料》，上海社会科学出版社1986年版，第187页。

③ 《革命文献》第36辑，第1430页。

铁道炮队及北站之宪兵营归七十八师第六团团长张君嵩指挥。丹阳六十师之黄团限明二十四日开至南翔附近待令,余沈师、毛师为总预备队在原地候命。各区警察及保卫团受各该地军队高级指挥官指挥。""总指挥部军部移驻真如,警备司令部仍暂驻龙华。"①第一五六旅旅长翁照垣接上级命令后,下令:"一、第四团在吴淞、宝山一带地区,构筑强固工事而死守之。二、第五团除留一连在浏河担任警戒外,其余即集结于大场,并派驻一营进驻江湾附近,对该方面严密警戒。三、第六团在大场之两营,务推进至闸北,扼要占领阵地,严密戒备。其余遵照命令办理"②。第四、第五团遵照命令积极部署。驻大场的第六团两个营抵达闸北后,全团从淞沪线上的北站起,沿宝山路、虬江路、中兴路、天通庵路、青云路等各路口,至八字桥止,构筑防御工事,并预定该地带为第一道防线,由会文路至宋公园路之线为第二道防线。

24 日,蔡廷锴等人抵达苏州,在花园饭店召集十九路军驻苏州高级将领沈光汉、李盛宗等举行紧急会议。蔡廷锴在会上表明十九路军抗战的决心,并传达解释了 23 日发出的密令。参加会议的将领一致表示反对不抵抗和拥护团结抗日。23 日、24 日会议以后,十九路军各部基本上完成了战略战术的部署,准备随时打击来犯之敌。24 日,第六十师第一一九旅第一团开抵南翔附近待命。至 25 日,十九路军依 23 日命令大体上部署完妥。25 日,第七十八师司令部由南翔进驻真如。蔡廷锴和十九路军总部部分人员也抵达真如。

正当十九路军积极备战之际,蒋介石、何应钦等人却要求十九路军撤退至后方南翔一带,以避免与日军发生冲突,遭到蔡廷锴拒绝。24 日,何应钦赶到上海,在法租界张静江公馆召见蔡廷锴,要求十九路军"于最短期间,撤防南翔以西地区,重新布防"。蔡廷锴义正词严地

---

① 上海社会科学院历史研究所编:《"九一八"——"一二八"上海军民抗日运动史料》,第 187 页、第 192 页。

② 翁照垣:《淞沪血战回忆录》,申报馆 1933 年印,第 13 页。

驳道:十九路军驻地"均是我国领土,也不接近日寇地区,要撤退,殊无理由"①。为表示抗日的坚定决心,28日蒋光鼐、蔡廷锴和戴戟发表《敬告淞沪民众书》,内称:"绝不使日兵在中国土地及淞沪万国具瞻之范围扰及我安居,损及我一草一木。"②但何应钦仍于28日电令第一五六旅第六团将闸北一带防务移交宪兵第六团接收,俟防务交替完毕,即移驻真如或南翔附近。蒋光鼐、蔡廷锴、戴戟接电后,晚11时在龙华召集十九路军全体军官会议。"席间多数军官均极愤慨,誓愿一死。既而因外交形势已转缓和,双方冲突或可幸免,决计遵令办理"③。晚8时,翁照垣接到第六团团长张君嵩的报告,宪兵第六团已有一个营到达真如,因为接防太晚,加上宪兵兵力不敷分配,已经用电话商定宪兵第六团29日拂晓再来接防。同时侦知已有大批日军舰及陆战队士兵抵沪,形势急迫,因此翁照垣令第六团继续严密警戒,不要因即将换防而放松警惕。晚11时10分,戴戟以电话令第七十八师:"敌人欲乘我七十八师第六团与宪兵第六团交替防务之际向我袭击,企图占领闸北","由区师长令翁旅长照垣驰赴闸北巡视。着第六团进入阵地,第五团固守原地,相继策应第六团。由翁旅长督饬在闸北之宪兵保卫团警择地戒备,并令黄旅长固转饬第一团监视黄浦江之敌舰,第二团严密警戒沪西"④。同时令第一一九旅第一团由南翔推进真如策应。翁照垣接到命令后随即下令:"第六团应即进入阵地,严密戒备。其他各团应在原地准备。"⑤张君嵩得令后一面准备移交,一面施行严密的戒备。第六团各营依令进入阵地:第一营附步兵炮一排安置在虬江路、广东路、西宝兴路各路口;第二营附步兵炮一排安置在横浜路、天通庵路、江湾路、青云路各路口;第三营派一个连在宝山路协同北站的宪兵一个连及铁

---

① 《蔡廷锴自传》(上)第275页。

② 《"九一八"——"一二八"上海军民抗日运动史料》,第194页。

③ 韦息予编著《沪战纪实》,开明书店1932年印行,第9页。

④ 《淞沪战斗详报》,第25—26页。

⑤ 《淞沪血战回忆录》,第20页。

道炮队防守北站,其余三个连集结于太阳庙路嘉郡会馆,为团预备队。第一五六旅第六团有一千余人,加上公安警察大队的两个中队和宪兵一个连,驻守闸北的我军总兵力约有一千七百人。

第三节　淞沪抗战经过

一　闸北抗战

1月28日晚11时5分,上海市公安局接到村井的一封信,内附盐泽致吴铁城及上海市公安局局长公告各一件,"希望中国方面,应将闸北方面所有中国军队及其敌对设施从速撤退"①。日本军事当局发出这项布告的时间是晚11时5分,吴铁城直至晚11时25分才接到该项布告的副本,而日军五分钟后就挑起了战争。诚如翁照垣所说:"这里面的用意是极明了的:就是恐怕中国的当局一例的接受他们的要求,使他们没有进兵占领的机会。"②

当晚11时10分,日海军陆战队数十人乘摩托车,携手提式机关枪,占领陆战队附近的天通庵车站。11时30分,日军以天通庵车站为据点,分三路全线进攻闸北第六团防线:一路从天通庵车站入天通庵路,抄京沪铁路上海车站北路之后;一路由吟桂路口日本小学校出发,沿该路西进,旋转入横浜路,与前一路相策应;一路由虬江路直扑北站。各路日军均有四五百人,以装甲车为前导,两侧由摩托车和手提机关枪作掩护,向我军阵地发起冲锋。翁照垣一方面令第六团丝毫不可示弱,另一方面令第五团准备增援。第一五六旅第六团依令向日军展开反击。双方发生激战,日军第一次猛烈的冲锋未能奏效,我军沉着应战,击毙日军三百余人,伤数百人。为抵御日军的第二次冲锋,翁照垣调驻

①　《绪编》(一),第422页。
②　《淞沪血战回忆录》,第16页。

江湾附近的第五团第二营推进至江湾前面劳动大学附近,并由该营派出一个连至八字桥,对日军作佯攻之势,作为牵制,同时掩护在天通庵路、青云路一带的第六团第二营的左翼。十九路军总部接到报告后,蒋光鼐、蔡廷锴、戴戟三人星夜步行经北新泾到达真如车站,设立临时指挥部,依照原定计划,命令后方部队迅速向上海推进。

29日凌晨1时45分,日军约一千五百人仍旧凭装甲车掩护,向第六团正面第一营的阵地发起第二次冲锋,占领附近洋房,用机关枪和手榴弹向我军阵地轰击。我军用手榴弹还击,并和日军展开刺刀战。日军直到五辆装甲车被炸毁后才停止冲锋。我军的损失也较大。在危急时刻,第一营预备队赶来增援。同时第六团左翼阵地天通庵路、青云路、横浜路等路口也遭到日军约五六百人猛烈的攻击。我军同日军展开肉搏,并登上屋顶用手榴弹猛炸日军。日军不支,纷纷向来路退却。凌晨3时,翁照垣令第五团第三营增援闸北。3时50分第三营在青云路至八字桥之间布防。凌晨4时,日机二十余架轰炸闸北。我军用高射炮或步枪击落日机两架。5时30分左右,日步兵在装甲车的掩护下再次向第六团正面阵地冲击。我军应战十余分钟后决定转守为攻。在猛烈的炮火中我军直冲至淞沪铁路东边,准备截断日军的后路。日军惊慌失措,一部分向北四川路溃逃,一部分逃至广东路的洋房内负隅顽抗。在日军的三次冲击中,天通庵车站一度被日军占领,但第五团增援后又夺了回来。广东路口阵地也曾被日军突破,我军经过苦战击退日军。因第五、六团的兵力全部投入前线,翁照垣向区寿年请调援军。区寿年派第一五五旅第三团第二营归翁指挥。上午10时左右,日机投掷炸弹,商务印书馆总厂和东方图书馆被大火焚毁。日军千余人在强大的炮火和装甲车的掩护下,向宝山路、虬江路各路口猛烈冲击,企图占领北站。

北站为上海陆上交通的枢纽,其得失关系到整个闸北的安危。开战后日军本欲由北河南路北口铁门冲入,被防守该处的公共租界上海商团拒绝。下午2时,日军趁北站火起,派大队由虬江路包抄而入。防守北站的宪兵一个连苦战一小时后不支,北站被日军占领。下午5时,第一五六旅第六团派队增援反攻,血战一小时将其夺回,并全力追击日军,日军向杨树浦溃退。此战日军死伤甚重,我军亦死伤数十人。下午6时30分,第六十师第一团第一营开到闸北,归张君嵩指挥,部署在宝兴路及天通庵路之线,同时中央铁道炮队也开回闸北,控制于共和路口,警戒北站西南一带,掩护我军右翼,并向日军轰击。晚7时30分,日军百余人向八字桥附近进攻。我军1个排用机关枪还击,只十几分钟就打死打伤日军二十余人,日军被迫从天通庵路退却。同日,北四川路、宝山路继续发生巷战,我军均占优势,并占领日陆战队司令部。晚7时我军乘胜追击,日军大队退至北四川路以东、靶子路以南,闸北已无日军踪迹。至此,闸北参战的日军被击毙八百余人,我军牺牲百余人。盐泽狂妄不可一世,原以为十九路军决不敢抵抗,夸口四小时内完全占领闸北,结果付出了惨重的伤亡代价却一无所获。

日军进攻没有得手,遂于29日下午通过英、法、美领事出面调停,约定从晚上8时开始,中日双方暂行停战。十九路军明知其为缓兵之计,但也需要加强部署,所以接受了这个要求,命令前线停止战斗,严密戒备。十九路军总指挥部同时将原驻镇江以东的第六十师调到南翔、真如一带,并将第六十一师调沪,原在上海的第七十八师全部投入前线,加强防御。命令下达后,30日,第六十师第一二〇旅推进至江桥镇,第一一九旅(欠第一团)进驻大场,第六十一师第一二二旅到达南翔。

31日,中日当局在上海英国总领事馆谈判,宣布停战三天。在约定的停战期间,日军屡有挑衅活动,我军进行了反击。

盐泽指挥日军进攻闸北失利的消息传到东京后,日海军省立即命佐世保第二十六队驱逐舰四艘,由巡洋舰"龙田号"统率,30日抵沪增援,随舰而来的佐世保第三特别陆战队士兵474人及大宗军火在黄浦码头登陆。31日晨,第一航空队约三十架飞机随航空母舰"加贺号"和

“凤翔号”抵达上海。巡洋舰“那珂号”、“由良号”和“阿武隈号”,水雷舰四艘,下午4时30分开到上海,三巡洋舰并载来特别陆战队4000名,随即逐批登陆,运往前线。2月1日下午,日邮船“照国丸”载来第一特别陆战队525人在汇山码头登陆。我军也在调整部署。1月31日第一一九旅集中大场附近,并派出一部至小川沙、浏河警戒,第一二○旅集中江桥镇附近,第六十一师全部抵达南翔。2月1日下午5时30分,军长蔡廷锴下令:“七十八师附小炮一连(欠第一、四两团)占领虹桥镇——北新泾镇——真如镇——真如车站之线,保持主力于铁道线附近以南地区”;“六十师占领真如车站北端亘——大场镇——胡家庄及其北方之线,保持主力于中央(派出一部至浏河担任警戒,注意敌舰之行动)”;“六十一师之第一二二旅为总预备队,集中南翔候命(六十一师防务交替完毕,概开南翔集中)”①。随后,第六十师接替上海北站、八字桥、江湾至庙行线的防务;第六十一师向庙行、冯家宅急进,接替第一五六旅的防务。

二　打退日军第一次总攻

日援军开到后,即不顾停战尚未期满(3日下午6时满期),开始向我军攻击。3日上午8时,大批日军分别向闸北、八字桥、江湾第六十师阵地发起总攻。在闸北,日陆军及海军陆战队协同航空队猛攻横浜路、宝兴路、福生路及北河南路等处我军防线。晚上11时后,进攻更加激烈。我军集中兵力于北站和青云路,沉着迎战。上午10时,二十余艘日舰协助航空队向吴淞炮台进攻。炮台守军奋勇抵抗,一面开炮还击敌舰,一面用高射炮射击敌机。激战两小时,击沉驱逐舰一艘,伤三艘。归第一五六旅第四团指挥的第八十八师高射炮连击落日机一架。我炮台损失大炮三门。日驻沪总领事村井对外吹嘘说:“日本海军陆战

---

① 《淞沪战斗详报》,第39—40页。

队决于三日内占领吴淞要塞。"①

　　下午 1 时 50 分,翁照垣接区寿年令,调第一二〇旅接防闸北防务。翁接令后即饬第五、第六团遵照办理。就在与第一二〇旅移交之际,晚 6 时左右翁照垣又接到区寿年的命令:在第一二〇旅接防后,即率第五团开赴吴淞增防②。翁照垣即令第五团移防完毕后星夜驰援吴淞,第六团赶往金家角休整。翁本人同旅部人员连夜赶到吴淞。

　　4 日,日军发起总攻。闸北方面,上午 7 时,日军集中炮火向北站、宝山路、西宝兴路第一二〇旅阵地猛攻,至 9 时火力更加猛烈,一直轰击到 12 时,此时日陆战队三千余人发起连续冲锋,均未得逞。下午 2 时,又以装甲车掩护进行冲击,日机十八架助战,我官兵沉着迎战,用手榴弹炸毁敌装甲车五辆。日军用燃烧弹向我军阵地喷射火焰,我军不能立足,乃退至第二道防线。入夜,火势稍减,我军进行逆袭,恢复原阵地,日军逃去。此次战斗共打死日军一百余人,打伤数百人。吴淞方面,自上午 11 时 13 艘日舰围攻炮台,日机二十四架助战,投下大量重磅炸弹,摧毁我炮台大炮六门。炮台守备营官兵死伤极多,要塞司令邓振铨失踪,余下的炮台士兵逃遁一空,炮台失去攻击力。日陆战队数百人欲乘机登陆占领阵地。翁照垣令第四团守炮台湾的第一营派一个排扼守炮台,协助在炮台左右防守的部队,坚决阻止日军登陆。经过激烈的战斗,日军直到下午 1 时左右才彻底放弃登陆的企图。但吴淞炮台全遭毁坏。日舰直至下午 3 时才暂停发炮。日机十二架又飞来投弹,延至下午 5 时离去。是日我军在不断调兵:第六十一师集中南翔(第一一九旅第一团仍在镇江警备);中央炮兵一个排抵达真如;第八十八师由浙江调至苏州,其中一个团到达前线;宪兵第六团到南市龙华接替第一五五旅第六团;第七十八师派一个团接替中山路防务。

　　5 日,日陆战队和第二十四混成旅团约千余人全力进攻闸北。凌

　　①　《十九路军抗日血战史》,第 133 页。
　　②　《淞沪血战回忆录》,第 56 页。

晨 1 时起,日军用重炮轰击,炮声震撼全市。天明,日机飞来投弹,民房多处着火。敌我双方在天通庵激战,第一二〇旅英勇还击,歼灭日军五百余人,缴获装甲车两辆、机关枪四挺。8 时,日军发起全线进攻,来势凶猛,新民路、虬江路、宝山路、横浜桥、青云路、八字桥各处均有激战。至 11 时日军均被击退。敌我双方死伤甚重。下午 1 时,日军又大举进攻。青云路口与宝兴路口的横浜桥战斗激烈,我军以一部向敌包抄侧击,击毙日军百余人,至下午 4 时战斗稍息。我义勇军全歼窜至邢家桥路的日军。本日上午 9 时,我空军第六、七两队由南京飞沪,10 时恰遇九架日机在闸北投弹后飞向真如,企图炸毁国际无线电台,被我空军击中两架。无线电台守军 11 时 30 分用高射炮击落一架日机。其余日机逃遁。11 时 30 分,在高昌庙、吴淞、闸北一带,日机四十余架向我机发动夹攻。结果日机被击落两架,击伤多架;我机被击中一架,坠毁一架。盐泽本打算今日总攻可占领闸北,结果仍以失败而告终。在吴淞,上午 10 时左右 4 架日机向吴淞镇阵地投下十几枚炸弹,日舰五艘开炮四五十发。是日第一一九旅第一团由镇江抵达南翔,归回建制。第一二二旅(缺一团)到达嘉定罗店,并派一部至浏河、小川沙接替第一一九旅警戒。第八十七师第二六一旅开赴昆山,归第八十八师师长俞济时指挥。戴戟委任第七十八师副师长谭启秀兼任吴淞要塞司令。

6 日,闸北方面,拂晓后日军用飞机和大炮向第一二〇旅阵地轰击。10 时,日军向虬江路及宝山路、横浜桥、青云路、中山路一带进攻,每路有步兵百余人,装甲车数辆。而天通庵路至中山路阵地战斗激烈,12 时日军被击退,敌我均伤亡数十人。下午 6 时,宝山路的横浜桥我军阵地遭敌弹轰击,燃烧甚猛,我军撤至第二线防守,至晚 9 时复夺回原阵地。在真如,我空军击落日机一架。在八字桥、江湾一带,日军4000 人在大炮和装甲车的掩护下攻击第一一九旅阵地,遭我军迎头痛击,苦战数小时后不支遁回。在吴淞,日机十余架轰击狮子林炮台,伤我官兵 20 人。下午 6 时,区寿年调第八十七师高射炮两个连赶来增援,归翁照垣指挥。是日第八十八师独立旅(即税警总团)由松江出动,

7日到达虹桥、北新泾之线。

三　吴淞之战

　　日海军屡战屡败,外务省官员认为:"仅靠海军是不可能的,此时陆军如不出兵,是解决不了问题的。"①为此,重光葵2月1日亲自执笔,电请政府立即派足够的陆军援沪。2日,日本内阁召开会议,决定将第九师团(师团长为植田谦吉)按战时编制调往上海。为紧急赴援,先将距离较近的第二十四混成旅团分乘数艘驱逐舰调来上海。将自上海至南部中国海岸的一切日本海军组成第三舰队,任命野村吉三郎中将为司令官,代替盐泽指挥上海战事,盐泽率领的第一遣外舰队归其指挥。第三舰队配属有航空母舰、战舰和驱逐舰四十九艘,野村乘旗舰"出云号"6日驶达上海。原在沪陆战队指挥官鲛岛具重奉命回国,由海军少将植松炼磨继任。自5日至7日,第二十四混成旅团约一万人分批到达上海。我方也在调集援军。6日,军政部电令第八十八师(缺一团)和第八十七师第二六一旅增援上海,归十九路军指挥。7日,第二六一旅午前全部集中昆山,第八十八师(缺一团)进至南翔,独立旅的两个团集中虹桥。

　　野村因日军不善巷战,在闸北所受损失太大,故决定改变战略,将吴淞作为进攻重点,先以海陆空军会攻吴淞炮台,限二十四小时内攻下。其兵力部署为:第二十四混成旅团主力由张华浜攻击吴淞,一部协同陆战队攻八字桥;陆战队余部仍攻闸北作为牵制。7日上午7时,二十四架日机沿淞沪铁路线飞至吴淞,沿途侦察我军阵地,并投掷大批炸弹。停泊在张华浜码头附近和吴淞对面三夹水等处的二十四艘日舰一齐向吴淞全线开炮,吴淞镇成为一片瓦砾。张华浜附近也有日军重炮八门集中火力向吴淞镇和铁桥头一带我军阵地射击。9时,陆军二千

---

　　①　《重光葵外交回忆录》,第84页。

余人分两路出发:一路乘装甲车和卡车由杨树浦底沿军工路开至张华浜;一路乘军舰及铁壳驳船由黄浦江驶至高桥浜,渡至张华浜粮米栈码头登岸。两路会集后,猛扑蕴藻浜第一五六旅第四团第八连前哨阵地。因寡不敌众,第八连伤亡过半。日军乘机推进至蕴藻浜附近。第八连余部从蕴藻浜车站背后绕过车站前端一带商店,在商店前用机关枪扫射日军。日军被截成两段,以为中了我军埋伏,纷纷溃逃,死伤六七百。另一部分日军四千余人以江湾为主攻目标,并以一部分兵力对闸北、八字桥方面施行助攻,初以猛烈炮火轰击第一二〇旅阵地,继之以装甲车为前导,掩护步兵冲锋。我军沉着应战,待日军进至近距离时展开肉搏战,激战数小时,日军死伤惨重。

7日晚10时30分,蒋光鼐下令:第六十师担任北站、闸北、江湾之线,以一部固守北站、闸北,主力集结于大场东北一带地区,相机迎击由浦江进犯之敌,左翼与翁旅切取联络;第七十八师除翁旅(欠第六团)死守吴淞外,其余在北新泾至真如之线,对中山路、曹家渡警戒;第六十一师以一团控制于罗店,派出一部至浏河、小川沙一带警戒江面,主力则应于8日拂晓前集结于刘行至大场一带地区。如浏河方面无敌情时,则相机策应第六十师;第八十八师(计三团)及八十七师第二六一旅(计二团)为总预备队,位置于南翔、虹桥间;宪兵第六团担任高昌庙、龙华一带警戒。第八十八师独立旅第二团担任虹桥北新泾之线警戒,仍归淞沪警备司令戴戟指挥①。各部接令后于8日拂晓前部署完毕。

8日拂晓,日军继续向吴淞进攻,除原有兵力外,新增第二十四混成旅团六千余人。日军向蕴藻浜猛冲,由日舰上起飞的飞机不停地轰炸吴淞。自拂晓至傍晚,日军前后冲锋十余次。我军在战壕中用机关枪手榴弹迎战。战斗激烈时,双方发生肉搏,我军大刀队奋勇杀敌,日军损失惨重。我军还炸毁日装甲车四辆。凌晨5时,七八百名日军从

---

① 《淞沪血战回忆录》,第72—73页。

小浜迂回，抄至距蕴藻浜西三里地的纪家桥，企图偷渡，截断我军后路。正在搭浮桥时，我军侦知，由小径抄出袭击，日军惊慌失措，死逃各半。至 11 时，再派兵来攻，仍无法渡过。在江湾，上午 8 时日军突然向屈家桥猛攻，打算由此进占江湾、大场，截断吴淞和闸北之间的联络。日军先用野炮轰击，并由飞机轰炸。第一二○旅守备部队为达到近战歼敌的目的，佯装后退，待日军冲锋至我设伏地点后展开肉搏，击毙三百余名日军，击毁装甲车两辆。闸北方面，日军中午 12 时由西宝兴路进攻，我军用迫击炮机关枪抵御，双方激战两小时，我军佯退，待敌长驱直入后将其包围，杀伤日军七百余人。我军还击退了八字桥和虬江路日军的进攻。是日十九路军各部均依 7 日晚命令调整完部署。第二六一旅进至南翔。

　　在野村指挥下的日军，经过两昼夜的激战，毫无成效，且伤亡甚多，只得收集残兵，企图再战。11 日 8 时，日机八九架在闸北上空投弹，同时日军向我全线阵地炮击。下午 5 时 30 分，日军数百人在装甲车的掩护下向八字桥进攻，激战一小时，被迫后退。晚 8 时，日军在侵入天通庵、青云路我军阵地时被打死二十余人。江湾方面，黄昏时日军约千人分东、南、北三个方向包围体育会路第一一九旅，晚 8 时爆发激战。而持志大学附近的日军也有数百人向沈家宅、八字桥猛攻，至晚 10 时始被击退。是日，俞济时率第八十八师的一部来到南翔。工兵、地雷各一队和中央军校炮兵一个连由南京调至前线。十九路军总指挥部由真如移至南翔。

　　12 日上午 8 时至 12 时，中日军事当局同意闸北停战四小时，以便救出难民。日军乘机化装成难民，三五人为一队，分向闸北和江湾，冲入我军阵地。闸北我军早有防备，幸免暗算。在江湾，我军开枪击毙二十余名日军，余敌逃散。停战时间一过，日机即轰炸闸北。从下午 4 时起，日军用大炮猛烈轰击闸北。晚上 9 时，日军数千人分三路由青云路、天通庵、八字桥向第六十师阵地攻击，发生激战。敌我双方均用大炮掩护进攻，我军打死打伤日军二百余人，日军全线撤退。吴淞方面，日军清晨进攻纪家桥,正面用野炮及飞机掩护,向蕴藻浜冲击,一面分兵抄至曹家桥偷袭第一二二旅。第一二二旅奋勇还击。为牵制进攻纪家桥之敌,第一五六旅第四团令迫击炮连和第三营用猛烈的炮火向蕴藻浜对岸的日军射击。日军终被击退。是日十九路军总指挥部令第二六一旅开至嘉定,以一个团进驻罗店接替第六十一师第四团担任的浏河、小川沙防务;第六十一师担任江湾亘庙行镇沿蕴藻浜至吴淞的守备。第八十八师独立旅附宪兵第六团(缺一营)及南市警察担任南市龙华虹口亘北新泾的警戒,归蔡廷锴指挥。

13日上午,日军三次在蕴藻浜架搭浮桥竹筏,希图偷渡:第一次,4时30分在黑桥东偷渡,被我军发觉击退。第二次,7时借烟幕弹掩护,在南草庵前偷渡,我军用机关枪向依周塘角扫射,逼退日军。第三次,10时仍借烟幕弹掩护在纪家桥偷渡过河,至北岸曹家桥登陆,突破我军防线。我军第一五六旅从吴淞、第一二二旅从杨行、第二六一旅从刘行向曹家桥增援,将渡河日军千余人三面包围。日军突围数十次,均未成功。隔岸日军用重炮轰击援助,我军奋勇还击,双方进行肉搏。下午4时后,偷渡过河的日军死伤过半。血战至9时40分,为我军全歼。战斗之猛烈,为开战以来所未有。"肉搏继续至十二小时,无一分钟之停息"①。是役,我军伤亡一百余人,毙敌近一千余人。日军渡河时落水溺毙者亦不少。日援军第二十四混成旅团遭此重创,一蹶不振。闸北方面,日军从上午8时起向我军防线发起总攻,新民路、虹江路、天通庵路、青云路均有激战,双方各用大炮机枪攻击,至晚9时从未间歇。日机整日在闸北投弹,被我军击落一架。激战时,我炮兵曾炮击北四川路日海军陆战队司令部和吟桂路日本小学校内日军司令部。江湾方面:9时,日军五六百人由万国体育场、水电路方面向第一一九旅阵地进攻,战斗一小时,日军退走。10时,第一二一旅第一团与日军小有接触,敌旋退却。

---

① 中国史事研究社编:《淞沪抗日画史》,中国科学公司1933年印,第12页。

14日凌晨1时，日军大队至曹家桥对岸，企图再次偷渡。第六十一师渡河应战，至10时将日军击退。日舰同时炮击吴淞镇。在张华浜，日军13日曾向江湾北方的侯家木桥进袭，被击退，14日拂晓再来袭击，激战数小时，仍不支而退。在闸北，日军继续进攻，战斗颇为激烈。我军挟13日曹家桥胜利之余威，上午7时由江湾派出第一一九旅第三团第二营五百余人，进攻侵入万国体育场的日军，激战一小时后，三面包围日军，11时将日军八百余人全歼。是日义勇军、铁血军二百余人到吴淞镇，归翁照垣指挥。晚9时，第六十一师转令其第一二一旅附小炮连工兵，应速在原守备的江湾、小场庙、庙行镇、蔡家宅之线星夜构筑强固工事，严密布防；第一二二旅附山炮连小炮连，将蕴藻浜北岸由胡家庄至吴淞的守备区交第二六一旅接防，第一二二旅第六团接替第二六一旅罗店、浏河、小川沙的警戒，第六十一师其余部队限15日拂晓前开至胡家庄集结，为师预备队。

野村到沪后，变更战略，两度攻击均未得手。其进攻的主要目标为吴淞，但因吴淞口外停泊有英美军舰，不能任意开炮，乃转向炮台后路的蕴藻浜进攻。7日、8日的猛攻未见成效；13日、14日的偷袭不仅毫无战果，反而损失惨重。至此，野村的进攻计划归于失败。

四　粉碎日军"中央突破"计划

当7日、8日日军猛攻蕴藻浜不能取胜的消息传至东京后，日本内阁即决定调号称陆军最精锐的第九师团统率第二十四混成旅团及其他部队，组成"上海派遣军"援沪，总数约三万人，任命赫赫有名的第九师团长植田谦吉中将为司令官。第九师团主力13日午后开始在上海码头登陆，其他部分日军在吴淞铁道栈桥上岸，至15日全部登陆完毕。植田14日来到上海。此时英、美、法、意四国公使开展调停活动，植田一面虚与委蛇，发表谈话称："日军亦希望沪事和平解决，故现暂停止攻击行动。拟向十九路军发表要求撤退之哀的美敦书，并拟给相当撤退

之时间,不答应时,当即以实力决行该军任务。"①一面积极调整部署:
闸北八字桥方面驻陆战队约八个大队(每个大队约一千人);江湾至庙
行方面驻第九师团约二万人;蕴藻浜南岸至张华浜车站驻第二十四混
成旅团约五千人;海军以第三战队(轻巡洋舰三艘)和驱逐舰两艘威胁
攻击狮子林炮台及浏河新镇,以第一水雷战队和"能登吕号"航空母舰
攻击压制吴淞,以第一航空战队的基地飞机直接协助陆地战斗。

我援军第五军也在积极部署。14日,张治中奉军政部命令率第五
军(第八十七、八十八两师及中央陆军军官学校教导总队和独立炮兵第
一团山炮营,共约1.5万余人)赴沪参战。第八十七师第二六一旅奉蒋
光鼐之命接防由胡家宅至吴淞西端曹家桥的蕴藻浜北岸阵地。16日,
第八十七师第二五九旅抵达南翔集结待命。当晚11时,张治中率军师
部人员、师直属各部及军校教导总队抵达南翔后,立即会晤蒋光鼐,商
定作战方针。12时,蒋光鼐下达命令:右翼军指挥官十九路军军长蔡
廷锴,指挥第六十师、第六十一师、第七十八师第六团、第八十八师独立
旅附宪兵第六团及南市一带团警,"应占领由南市、龙华、北新泾、真如
亘闸北、江湾、吴淞、宝山月浦镇之线(线上属之),保持主力于真如、大
场镇之间,迎击当面之敌,待机出击压迫之于引翔港方面而歼灭之,须
以一部有力部队死守南市、龙华作全军右翼之据点";左翼军指挥官第
五军军长张治中,指挥第八十七师、第八十八师(缺一团)、第七十八师
第四和第五团,"应占领江湾北端亘庙行镇东端蔡家宅、胡家宅、曹家桥
之线,主力控制于大场镇北杨家镇南及刘家行之间,迎击由江湾北方地
区来犯之敌,乘机出击向殷行镇附近压迫敌人于黄浦江畔而歼灭之,以
一部在罗店、浏河、小川沙方面,担任江面之警戒,相机策应吴淞"②。
18日晨,第五军和十九路军各部部署完毕。

18日晚8时40分,植田谦吉向蔡廷锴发出要求中国军队撤退的

---

① 《十九路军抗日血战史》,第197页。
② 《绪编》(一),第467—470页。

最后通牒。20 日,十九路军全体官兵针对植田通牒发出通电,表示"惟有以铁血答复之"①。

　　植田策定了"中央突破"计划,重点指向庙行镇南端地区,企图于突破后以主力向南席卷,将十九路军歼灭于江湾和闸北地区;以有力部队向北席卷,将第五军主力歼灭于杨家行和吴淞地区。

　　20 日凌晨 7 时,日军用飞机和重炮轰炸第八十八师正面的庙行镇一带及第八十七师的正面纪家桥、曹家桥一带。7 时 20 分,植田下达第一次总攻击令,日海陆空军全副武装,于 7 时 30 分向吴淞、江湾闸北全线大举进攻。进攻的主要目标在江湾、庙行方面。9 时,日军第二十四混成旅团四千余人及第九师团的一部分在飞机大炮的掩护下,由张华浜、虹口、靶子场、杨树浦直逼江湾万国体育会跑马场。第八十八师用大炮还击,机关枪扫射,轰发地雷,炸毁日坦克两辆。11 时,日军和我军自淞沪铁路线迄天通庵车站均有激战。下午 4 时,双方在江湾激战。随后第六十一师增援部队赶到,日军不支而退。入晚,日军以猛烈炮火通宵向江湾镇射击,并冲锋三次,均被我军血战击退。在吴淞,7 时左右日舰十二艘炮击我军阵地,日机二十八架在空中助战,在张华浜的日军重炮和野山炮也向吴淞我军阵地轰击。我军开炮还击。炮战一直持续到下午 3 点多钟,这时日军一千余人在飞机炮舰的掩护下,试图在炮台湾附近的江岸强行登陆。我军用机关枪扫射,日军死伤落河者甚多,不支而退。闸北方面,八字桥一带战斗最为激烈。清晨,日军四千余人在战车和装甲车二十余辆掩护下,分别向天通庵、八字桥第一二〇旅第四团和第一一九旅第三团攻击。我军开始以步枪应战,继之用手榴弹和大刀与日军肉搏,战至 11 时,毙敌五百余人,炸毁战车四辆,日军不支败退。

　　21 日,日军自早到晚,继续向吴淞、庙行、江湾、闸北总攻,重点仍在庙行、江湾一线。植田限令早晨占领江湾。日军用炮火向第八十八

---

　　①　《淞沪战斗详报》,第 142 页。

师阵地猛轰,尤以江湾庙行镇一带阵地落弹最多,庙行镇以南阵地工事被毁。自凌晨5时起,日军主力向严家宅、庙行镇之线发起猛烈攻击,飞机十余架助战,我军沉着迎战。7时,日军在坦克、大炮的掩护下大举进攻,被我军用迫击炮击退。其后又发动三次进攻,均未得逞,且死伤甚多。江湾车站附近,入夜后日军集中炮火猛烈轰击该车站,毁坏所有建筑,并乘机三面围攻,来势凶猛。第一一九旅第三团主动放弃该站,转移于八字桥附近。在江湾,第一二一旅第二团阵地遭到日军第九师团主力及第二十四混成旅团猛攻,激战至晚,毙敌千余人,第二团亦伤亡殆尽,阵地岌岌可危,幸该旅第三团适时增援,阵地始告稳定。未几日军败退。在闸北,八字桥、天通庵、虬江路和新民路等处均有战斗。第六十师痛击日军。吴淞方面,上午11时日军在炮火的支援下偷渡蕴藻浜,激战两小时,也被打退。下午3时起,日舰三十余艘、飞机数架,向吴淞狮子林炮台集中轰炸,我军略有死伤。在浏行镇我军用小钢炮击落日机一架,击毙机师田中大尉。

因我军庙行、江湾阵地巩固,日方乃变更战略,22日日军以一万余人进攻江湾,六千余人进攻八字桥作为牵制。三万日军于凌晨3时乘雾冲击江湾西北的麦家宅,企图一举将其占领,并直取大场,以截断闸北、吴淞之间的联络。我第八十八师第二六二旅和第二六四旅奋力抵抗。上午9时,日军突破第八十八师右翼庙行镇以南第二六四旅第五二七团第三营的大小麦家宅阵地一段。10时,形势非常危急,日军前锋过庙行而达李家楼。张治中获悉后,亲自率领军校教导总队(缺一营)赴冯家宅指挥策应第八十八师,并令第二五九旅向庙行镇增援,令守蕴藻浜北岸第二六一旅主力由纪家桥抄敌侧背,令俞济时对敌突入区施行反攻,第六十一师副师长张炎也率兵两个团从竹园墩出击,对日军进行三面夹击。12时,第一二二旅从右翼增援,第二六一旅从左翼向敌包抄,猛袭日军,战至下午1时,日军不支而退。我军乘胜追击,恢复防线。下午2至5时,日军在炮火的掩护下发起三次冲锋,被我军再次击退。晚上,我军由庙行及谈家宅水车头两路反攻庙行以东的日军,拟将其包围消灭。日军拼死抵抗,我军奋力肉搏,血战至 8 时半,毙敌三千人,其余日军大部分向引翔港方向后退,一部分被包围于庙行东北的金穆宅。庙行镇阵地终于转危为安。此役日军遭到重创,陆军第九师团一部分散兵逃到杨树浦汇山码头一带,企图觅船回国。据一位记者说:"本日庙行之役,与十三日曹家桥之役,实为沪战中我军战绩之高峰;而本日混战肉搏之猛烈,则较曹家桥一役尤甚。"①"是役我军于万死一生中打出一条生路,由危转安,竟获开战以来空前之大捷;与敌军以最重大之教训,毁灭敌坦克车两辆,俘获敌装甲车一辆,野炮二十余门,枪械无数。惟我方卫国军士亦牺牲至二千之多。"②

是日因日军主力在庙行、江湾作战,吴淞、闸北日军均取守势。上午 10 时,我军一个团强渡蕴藻浜向日军进攻,日守军恐慌,调日舰水兵协助防守。闸北方面,上午我军用追击迫还击日军的进攻,至正午,日军败退。午后我军乘胜追击,由香烟桥南进,向虹口作大包围,前锋达岳州路、狄思威路及沈家湾,日军向杨树浦退却。我军不打算攻入租界,故止于租界边线。

23 日凌晨 1 时,日援军五千余人,会同 22 日晚被击退的 1.5 万余人,驰援金穆宅被围日军。拂晓后,日机六十余架助战。第六十一师的一部及第二五九旅迎头痛击。我军待日军深入后,冲出肉搏,并由江湾派 1 个团抄敌后路,日军大炮飞机不能发挥作用。至下午 2 时不支而退。傍晚,日军乘风雨交作时再次攻击,我军待其逼近壕沟时将其击退。

第八十八师连日作战,伤亡很大,阵地部署需要调整。24 日拂晓,庙行镇以南至江湾北端严家宅阵地由第六十一师接替,第八十八师撤至葛家神娄宅西塘桥附近休整。由庙行镇经周巷至蕴藻浜南岸之线由第二五九旅接防。24 日晨,日军五千人由张华浜登岸,开赴庙行救援

---

① 《淞沪抗日画史》,第 13 页。
② 《"九一八"——"一二八"上海军民抗日运动史料》,第 227 页。

被困部队,分两翼向我军进攻。我军由于激战两昼夜未得到歇息,势不能敌。被围日军乘机窜出。我援军及时赶到,协同拒敌,先将被围残敌消灭,再分路攻击援敌,日军全部退过侯家木桥。

25日拂晓,植田下令发起第二次总攻击。日军增援江湾、庙行,向庙行前线第二五九旅、第一二二旅和第八十八师独立旅第二团等新接防线进攻,炮兵用百余门重炮轰击我军阵地,步兵全力进攻江湾西北的小场庙。我军竭力死守。第六十一师正面金家塘一端被日军突破,退至严家宅、小场庙、竹园墩至庙行镇西南之线。庙行侧面第八十八师独立旅第二团阵地经不住五六十门大炮的火力,稍退至塘东宅水车头一带。小场庙我军兵力虽单薄,但并不畏怯,待日军逼近时用机枪扫射,相持至10时,日军派飞机侦察,指示炮击目标,我军始不能支,退至周吴黄宅。张治中令第二五九旅由庙行镇出击策应。12时,援军第一二一旅预备队也赶到。各军分三路合力反攻:由江湾出谈家宅攻敌左翼;由庙行镇沿塘东宅、水车头攻敌右翼;由周吴黄宅攻敌正面,形成大包围之势。日军冲击十余次,终不得逞。我军紧缩包围圈,同日军肉搏。血战至晚9时后,毙敌一千七百余人,其余日军突围败走。至此,植田布置的总攻计划宣告破产。

植田令日军自20日发起总攻以来,激战6日,惨遭失败,主力疲惫不堪,故26至28日虽有冲突,但未起激战。26日拂晓,我军因战略考虑,主动将江湾放弃,移至镇西防守。防线改为北自金穆宅起,南迄杨家楼止,成一直线。第六十一师连日作战,伤亡极大,急待整理,因此总部是日上午11时发出命令,将小场庙竹园墩阵地交第八十八师接防,限晚11时以前接替完毕。

五　中国军队退守第二道防线

自22日庙行激战日军惨败后,植田即向东京求援。重光葵和野村也电请增兵。23日,日本内阁开会,决定抽调第十一师团(1.3万人)和第十四师团（约两万人）增援上海，派前田中义一内阁陆军大将白川义则充任上海派遣军总司令，陆军大将菱刈隆为总指挥。29日凌晨7时，白川率领第十一师团先遣兵团到达长江口第一抛锚地区，至此，聚集在上海的日军已达近六万人。而我军仅有五个师作战，兵力不足四万人，防守的战线绵延百余里，战斗已达一个月，人员武器丧耗极多，且补给无望，处境极为困难。

29日，在白川的部署下，日军开始全线总攻。凌晨1时，吴淞口外日舰向我炮台发炮，遭还击后退去。3时，蕴藻浜日军企图偷渡，被我军用机枪击退。5时，江湾方面，日军装甲车掩护步兵千余人向第七十八师谈家宅以东地区攻击，战至8时被击退。后日军增援，战至11时，仍不得手。8时，日军五六千人向庙行镇进攻，鏖战至11时不支退走。下午1时，日军千余人袭击严家宅，战至下午3时退走。是日战斗重心在闸北八字桥、天通庵等地。天通庵附近，敌我相持八小时。第六十师不断派敢死队跃出战壕，短兵相接，迫使日军向狄思威路退却。上午，日陆战队在坦克飞机大炮的掩护下，向八字桥、青云桥、宝兴路等处我军防线发起进攻，冲锋十余次，三次占领八字桥阵地，但终被我军夺回。日军死伤极大，遗尸累累，联队长林崛大佐被击毙。入晚，双方用大炮对射，至次日凌晨5时才停止。

3月1日，在白川、菱刈隆的指挥下，日军再次发起总攻。上午7时，日舰二十余艘和民船数十只载日军第十一师团主力1万余人驶抵浏河，在炮火和飞机的支援下，施放烟幕作掩护，在我兵力配备单薄的杨林口和七丫口登岸。浏河由第五军教导总队第一营会同冯庸义勇军一百余人防守，兵力单薄。张治中将原守蕴藻浜北岸阵地的第二六一旅两个团调往庙行镇左后方的唐乔田湾作为预备队，准备一旦战事发生，前可策应江湾和庙行镇，后可兼顾浏河。日军登陆后，即连占浮桥镇等地，向茜泾要隘猛扑，教导总队的一连死力搏斗，伤亡殆尽。张治中闻讯，立即派第二六一旅增援，但因汽车只有十一辆，每次只能输送一个营，大部分徒步，迟至12时仅该旅第五一二团第一营到达浏河，协同教导总队第一营顽强拒敌。而日军大部则已占据茜泾要点,故对已登岸的日军无法迫其退却江中。若等待援军,援军又不能准时到达,自吴淞、庙行、江湾闸北至大场、真如的第一道防线则势必遭到包围。并且我正面战场形势极为严峻,第五军正面和十九路军右翼第七十八师正面遭受优势日军的压迫,官兵伤亡很大。下午3时,第七十八师正面自竹园墩南端至江湾以北阵地被突破,第五军右翼被日军包围,预备队皆已用尽。第六十一、第七十八、第八十八三个师已失去战斗力,第六十、第八十七师伤亡极大,总计我军能战斗人员不过三万人。在此形势下,1日晚9时,蒋光鼐总指挥在南翔指挥部下达总退却令:"本路军为避免与敌决战,拟本日午后十一时,将主力向黄渡、方泰镇、嘉定、太仓之线撤退,待机转移攻势。"①

总退却令下达后,江湾、庙行、大场等处我军逐渐向后移动,最前线仍继续作战,掩护退却部队,至2日凌晨5时,这一带部队撤至真如。日军直至2日下午才侦知我军退却,遂派部队向前推进,并移其第九师团司令部于真如。闸北我军于2日凌晨4时退却,留少数警察部队及保卫团驻守。日军不明虚实,未敢轻进。至下午1时,日军前锋部队在大炮的掩护下开入闸北。吴淞方面,我军经杨行、刘行、罗店向嘉定方向退去。这样,本日右翼军主力安全撤至江桥、南翔、广福之线,前线在真如和大场之线;左翼军主力脱离日军,撤至嘉定、太仓之线。

3日凌晨1时,第五军正退集娄塘镇、朱家桥头一线,此时日军一万余人由浏河、大场两路排山倒海而来,袭击第二五九旅第五一七团娄塘镇一带警戒部队,但被我军击退。上午8时,日军又以主力分途向娄塘镇一带阵地进攻,第五一七团正面过大,阵地被截断数段,各自为战,与旅部失去联络,伤亡较大,情况危急。张治中立即令驻蓬阆镇独立旅第一团赴葛隆镇增援,令教导总队移驻蓬阆镇策应,令第五一七团原地抵抗不可擅退,令太仓第二六一旅派有力之一部赴薛家泾附近掩护第

---

① 《"九一八"——"一二八"上海军民抗日运动史料》,第232页。

二五九旅的左翼,令嘉定的第八十八师固守嘉定城并相机策应第八十七师。是役日军企图突破嘉定与太仓中间地区,直下铁路截断第五军及十九路军归路,因此来势凶猛,连占娄塘镇及其附近各村落要点,猛扑朱家桥头我军阵地。我军奋勇拼杀,誓死抵抗,血战终日,日军图谋未得逞,被击毙甚多。我第五一七团也损失过半。第八十八师被优势日军压迫,撤出嘉定城。而嘉定、太仓间的日军仍极力压迫葛隆镇我军,企图截断嘉定、太仓之线,阻止我军归路。下午5时30分,蔡廷锴下令:"我军拟今晚以各部强有力之一部控置于方泰镇、黄渡镇之线,纵长配备,左翼切实与第五军联络。"晚7时,张治中下令:"本军遵令应以主力于今晚撤至石牌、白茆、新市之线,以一部在钱门塘镇——太仓之线占领阵地,拒止敌人,掩护本军之撤退。"①总部令第四十七师在青阳港一带构筑工事。

同日,十九路军暨第五军发表抗日通电,表示:"惟有收合余烬,背城藉一,事之不济,则拼命于沙场,以谢我炎黄祖宗在天之灵,不愿为亡国之民也。"②下午2时,日本对国联宣布停止战争。日军表面上宣布停战,但仍在积极部署:南翔方面为第九师团,嘉定方面为第十一师团,真如方面为第二十四混成旅团,吴淞方面为第四十四联队及陆战队一部,闸北为陆战队主力。

5日,十九路军和第五军全部进入青阳港、陆家桥、白茆新市、常熟之线。下午2时,蒋光鼐下达命令:"本路军拟占领青阳港、昆山城、陆家桥、石牌、白茆新市、梅李镇、福山镇之线,其前端更派出警戒部队节节拒止敌人,如敌人以主力作真面目之攻击,万不得已时,则占领右翼,依据九里湖、凤里村、东湾港、唯亭、杨城【澄】湖至昆城湖及其北端亘常熟至福山镇江岸之线之预备阵地死守待援。"③命令下达后,十九路军、

---

①　《淞沪战斗详报》,第220—221页。

②　《绪编》(一),第466页。

③　《绪编》(一),第494页。

第五军、第四十七师及其所属各部迅速到达指定地点,构筑了第二道防线。

总计参加沪战的日军达 7.7 万余人,我方参战人数约 4.2 万余人。十九路军和第五军共伤亡 1.4801 万人①,日军死伤共 1.0254 万人②。

在淞沪抗战中,十九路军和第五军并肩作战,以寡敌众,坚持一月有余,给来犯之敌以狠狠地打击,谱写了一曲我中华民族反抗外来侵略的光辉篇章。

六 国民政府的抵抗与妥协

淞沪抗战爆发后,蒋介石手定对日交涉的原则与方法及京沪防御与军政部署。原则:一面预备交涉,一面积极抵抗。方法:一、交涉开始以前,对国联与九国公约国先与接洽,及至交涉开始时,同时向九国公约国声明。二、对日本先用非正式名义与之接洽,必须得悉其最大限度。交涉的程度为:"交涉必须定一最后防线与最大限度,此限度至少要不妨碍行政与领土完整,即不损害九国公约之精神与不丧失国权也。如果超此限度,退让至不能忍受之防线时,即与之决战,虽至战败而亡,亦所不惜。"③京沪防御与军政部署为:十九路军全力守上海;前警卫军全力守南京;何应钦留守南京,所有党政军留守机关人员归何指挥;宋子文留驻京、沪,所有上海行政人员归宋指挥。这表明蒋介石将"一面抵抗,一面交涉"作为淞沪战争的指导方针。

日本在上海挑起战争,国民政府判断日军侵略的范围不限于上海一隅,有进犯我东南地区的可能,超出容忍的"最大限度",因此在淞沪

---

① 《"九一八"——"一二八"上海军民抗日运动史料》,第 248、249 页。

② 《淞沪战斗详报》第一号附表。

③ 《绪编》(一),第 431 页。

抗战爆发的翌日,蒋介石、国民党中政会、国民政府外交部、陈铭枢等纷纷表示抵抗日本侵略的决心。1月29日,蒋介石闻知日军进攻上海闸北的消息后,在日记中写道:"倭寇必欲再侵略我东南乎? 我亦唯有与之决一死战而已。""决心迁移政府,与倭长期作战。"①蒋还致电鄂省绥靖公署主任何成濬和师长徐庭瑶:"昨夜倭寇向我上海闸北第十九路防线袭击,至此刻尚在对战中。我军决与死战,其在汉、浔海军必有军事行动,务望严密戒备自卫,万勿为其所屈,第四师应集中武昌严防,切勿分散。"②国民党中央政治会议开会,指出:"有关主权领土,决不能丝毫让步,对暴力来侵犯时,必须抵抗。"③会议推举蒋介石、冯玉祥、何应钦、朱培德、李宗仁为军事委员会委员,决定抵抗日本的侵略,先将政府迁至洛阳,以免受日舰的威胁。国民政府外交部对淞沪事变发表宣言,表示:"对于日本武装军队之攻击,当继续严予抵抗。"④陈铭枢致电蒋光鼐、蔡廷锴和戴戟,内称:"在外交上暂视作局部问题有利,而在军事上中央已具全局应战之决心,惟调集大军不易,此时惟有准备最光荣之牺牲,切不可轻作退后之辱也。"⑤

30日,蒋介石发表《告全国将士电》,他说:沪案发生,"我十九路军将士既起而为忠勇之自卫,我全军革命将士处此国亡种灭、患迫燃眉之时,皆应为国家争人格,为民族求生存,为革命尽责任,抱宁为玉碎毋为瓦全之决心,以与此破坏和平,蔑弃信义之暴日相周旋。"并表示他本人"愿与诸将士誓同生死,尽我天职"⑥。此电发表后,影响甚大,"人心士气,为之大振"⑦。2月1日,俞济时致电蒋介石要求将所部调沪增援。

---

① 《绪编》(一),第430页。

② 《绪编》(一),第432页。

③ 竟迟:《政府迁洛誓与暴日决斗》,《国闻周报》第9卷第7期。

④ 《绪编》(一),第433页。

⑤ 《绪编》(一),第505页。

⑥ 《中央日报》1932年1月31日。

⑦ 《张治中回忆录》(上),文史资料出版社1985年版,第97页。

蒋答:"贵师行动,一听何部长命令,如运沪作战,务希奋勇自强,以保荣誉。"①

国民政府同时积极进行军事部署工作。军事委员会对京沪卫戍作了全面部署:"如日以飞机及军舰向南京轰炸或炮击时,则可下令长江各要塞对日军舰即开始射击。现时并应将海军舰队集结于相当地点,以便抗战,同时敷设水雷及障碍物以便制止敌舰之任意活动。又如日以陆军一二师在上海登陆时,应令十九路及前警卫军全部以全力夹击而歼灭之","到达浦口之一旅应设法令其渡江,并调蚌埠四十七师填防浦口可也。"②蒋介石指示何应钦:"如日军再攻正式开战时,飞机亦应参加,请照军委会电令办理为盼。"③自2月1日起,蒋介石在徐州主持召开军事会议,讨论对日作战计划。4日,军事委员会通电划分全国为四个防区:第一防卫区,其区域为黄河以北,以张学良为司令长官;第二防卫区,其区域为黄河以南,由蒋介石为司令长官;第三防卫区,其区域为长江以南及浙、闽两省,以何应钦为司令长官;第四防卫区,其区域为两广,以陈济棠为司令长官。并决定:"各司令长官除酌留部队绥靖地方外,均应将防区内兵力集结,以便与暴日相周旋。同时,并电令川、湘、黔、鄂、陕、豫各省出兵作总预备队。"④兵力总计有二百四十万人。"在淞沪前线,除由第三防卫区负责外,并动员第二防卫区兵力为后继部队。同时计划以第一防卫区部队向东三省挺进,牵制日军,使其不能有在上海扩大侵略的余裕"⑤。同时命令沿江沿海各地严加戒备,并从浦口开始,沿津浦路北上达徐州,西折沿陇海路至洛阳,大筑工事,"战

---

①　《绪编》(一),第445页。

②　《何应钦、朱培德致蒋光鼐、蔡廷锴、戴戟电》,1932年1月29日,中国第二历史档案馆藏。

③　《绪编》(一),第445页。

④　《绪编》(一),第438页。

⑤　《蒋总统秘录》第8册,第155页。

壕密布如网"①。

2 日,何应钦向蒋光鼐等人转来汪精卫的电报,内称:"昨已电广州同志,对于淞沪驻军急速设法增援助饷。军委会亦已决定增派军队淞沪,决不以十九路军独立苦战,敬祈诸兄激励将士始终坚决抵抗。"②

陈铭枢 4 日向蒋介石报告日军可能派一个师团的兵力增援。蒋指示:"如倭以两师以上陆军参战,则我方应另定计划与之正式作战,飞机与陆军须预定协同作战计划,突然进攻,使敌猝不及防也。"③5 日,蒋介石就作战计划向蒋光鼐、蔡廷锴发出指示电文说:"兄等恶战苦斗,已经一周,每念将士牺牲之大,效命之忠,辄为悲痛。"并表示"如有必要,中可亲来指挥也"④。国民政府电调在江西"剿共"的蒋鼎文第九师赴沪增援。同日蒋还指示何应钦:"如吴淞要塞陷落,日本陆军登陆参战时,则我飞机应即参加沪战。"⑤6 日,汪精卫、李济深、朱培德等致电十九路军:"务望激励将士,固守原防,不可轻让尺寸。"⑥

蒋介石 6 日由洛阳到浦口,中央陆军军官学校教育长张治中去迎接他,表示愿意率中央部队参战。蒋马上关照何应钦,调动散驻京沪、京杭两线上的第八十七师和第八十八师合编成为第五军,由张治中率领参战。

十九路军炮兵太少,陈铭枢 7 日请求国民政府调炮兵一个营支援。蒋介石指示何应钦照办。同日,何应钦致电十九路军:"据驻京外国武官得自东京传来确息,日有陆军一师已起程来华等语,预测该敌将由吴淞、浏河等处登陆,进击我侧背,希对该方面特别注意,派有力部队布防;如能乘其上陆之际设法加以痛击,尤为有利。"⑦8 日,国民政府主

---

① 苏高中电讯社编:《沪案真相二编》,苏州小说林书社 1932 年版,第 43 页。
② 《淞沪战斗详报》,第 45 页。
③ 《绪编》(一),第 446 页。
④ 《绪编》(一),第 447 页。
⑤ 《绪编》(一),第 446 页。
⑥ 《绪编》(一),第 508—509 页。
⑦ 《淞沪战斗详报》,第 64 页。

席林森、行政院长汪精卫电告十九路军,已饬令财政部拨款五万元慰劳前线将士。

日军增援部队第二十四旅团抵沪后,汪精卫、朱培德为此致电蒋介石征求援沪意见。9日蒋复电道:"增援淞沪,只要渡江无碍,第一师于三日内集中后,即可出发,七师亦可先调,决无问题。"①蒋还指示刘峙和胡宗南师长:"第一师速准备一旅步兵,限三日内候令调遣。"②

11日,何应钦派中央军校炮兵一个排开赴南翔,归蒋光鼐指挥。同日,军政部派往上海的地雷队一个中队抵达十九路军总部。军政部并且拨工兵教导队的架桥爆破两个队及中央军校野炮一个连来沪助战。13日,汪精卫发表演说,称:"须从举国一致着手,以广土众民之中国,对富国强兵之日本,纵使有一二城镇不幸而落彼手中,而中国之内,人人皆抵抗,处处皆抵抗,日本虽有二三百万精兵,亦不能遍布也。"③日军第三舰队司令野村进攻吴淞的战略失败后,日援军第九师团统辖的三万人陆续抵沪。14日,陈铭枢按蒋介石嘱咐,电达蒋光鼐:"谍报闸北等处敌方阵地已调陆军接防。若和平无望,敌来犯时,予以一极大惩创,然后别作良图。现已准备加调八十七师孙元良增援。总司令并电韩向方、刘经扶、上官云相、梁冠英共选现役徒手兵三千,输送来补充代募五千新兵矣。"④15日,汪精卫致电已至全州的张发奎第四军(原计划北上支援黑龙江马占山的抗日部队):"兄部援黑,志在抗日,今日军近在淞沪,不如放弃援黑,径来淞沪,与十九路军共同作战,较为直截了当。"⑤

---

① 《绪编》(一),第450—451页。
② 《绪编》(一),第451页。
③ 《汪精卫之演说词》,《申报》1932年2月14日。
④ 《淞沪抗日战役第十九路军战斗简报》,《绪编》(一)第514—515页。
⑤ 张发奎:《第四军纪实》,见沈云龙主编:《近代中国史料丛刊》续编第49辑,台北文海出版社印行,第404页。

16 日蒋介石告诉宋子文："日既在沪不肯撤兵,我方只有抵抗到底。"①蒋并且致电俞济时转张治中："今日兄等决定在淞沪原阵地抵抗到底,奋斗精神,至堪嘉慰,望兄等努力团结,为我党国争光。……希与十九路军蒋、蔡两同志,共同团结奋斗,对于蒋总指挥命令,尤当切实服从,万不可稍有隔膜。吾人若不于此处表现民族革命精神,决意牺牲,更待何时!"②18 日,植田向蔡廷锴发出最后通牒。该通牒的要求已超过南京国民政府所能容忍的限度。国民政府外交部对此表示:"中国在沪驻军,为保卫中国土地计,迫不获已,亦惟有从事自卫,奋斗到底而已。"③何应钦认为"求妥洽而不可得,欲忍辱而不可能,势非积极准备军事彻底抗战,再无交涉妥协之望"④。蒋介石同意中央驻蚌埠的四队飞机、留江西的两队飞机,全数连同广东方面支援上海的飞机飞沪参战。15 日、17 日、19 日,蒋分别令十九路军接受上官云相、梁冠英和刘峙等部挑选的增援上海的士兵两千人。

为抽调援军赴沪,21 日蒋介石指示熊式辉和朱绍良："第十与八十三师令其星夜开浙,第十八军如不得已,令其先击破攻赣之匪后,再行出发亦可。"⑤22 日,蒋致电刘峙："第一师自即日起极秘密,每深夜陆续开动,每夜只开一团至两团为止,到滁州与浦镇间之各车站下车,徒步行军至江边过江。"⑥23 日,蒋致电朱绍良和蒋鼎文："限第九师于下月三日以前集中杭州勿误。望严令星夜兼程前进。"⑦24 日,蒋又致电刘峙,限第一师于 27 日前全部集中浦口。鉴于浏河一带河岸,是杂有碎石的沙滩,最适宜于日军登陆,蒋介石于 25 日致电蒋光鼐注意浏河

① 《绪编》(一),第 453 页。
② 《淞沪抗日战役第五军战斗要报》,《绪编》(一),第 472 页。
③ 《"九一八"——"一二八"上海军民抗日运动史料》,第 225 页。
④ 《何应钦致朱培德、熊式辉电》,1932 年 2 月 15 日,中国第二历史档案馆藏。
⑤ 《绪编》(一),第 460 页。
⑥ 《绪编》(一),第 461 页。
⑦ 《绪编》(一),第 461 页。

方面的戒备,"应准备三团兵力为要"①。

日军在实施"中央突破"计划时,在庙行镇遭到我军重创。26 日,蒋介石致电张治中和俞济时:"自经二十二日庙行镇一役,我国我军声誉在国际上顿增十倍,连日各国舆论莫不称颂我军精勇无敌,而倭寇军誉则一落千丈也。望鼓励官兵奋斗努力,并为我代为奖慰也。"②同时,蒋对援军作了部署,指示鲁涤平:"戴旅应集结两团兵力于沪杭路,随时应调,对乍浦方面只派二营可也";令上官云相的第四十七师派 1 个团赶赴前线,归十九路军指挥;令卫立煌军长"饬八十三师与第十师,尽数乘民船秘密东下至获港以东芜湖以西登岸候令"③。

3 月 1 日,陈铭枢复电十九路军:"总座(指蒋介石——引者)已令上官师京镇部队限即刻赶赴昆山转太仓,并令该师现在黄渡之一团赶赴嘉定矣。"④此前 2 月 29 日,第四十七师第四团已抵达昆山。3 月 1 日该师主力齐集昆山,当晚驰集嘉定、太仓间增援。2 日,蒋介石训令蒋光鼐等:"现军既移至南翔、嘉定、太仓一带,为便于长期抵抗起见,急应构筑预备阵地,以资准备。"⑤3 日,第九师先头部队抵达常山。4 日,第九、第十师赶至杭州附近。

10 日,蒋介石决定第二期作战方案,判断日军军事目的"不外占领南京,控制长江流域",因此决定我军应利用敌之弱点,"以打破敌人进窥南京之企图"⑥。

淞沪抗战爆发后,国民政府任命陈铭枢担任京沪铁路方面防卫,为左翼军总指挥,蒋鼎文为右翼军总指挥。蒋率第二、第十四军自赣移师沪、杭,在川沙、枫泾、吴江构筑第一线阵地,并于嘉善、平湖、乍浦构筑

① 《蒋总统秘录》第 8 册,第 167 页。

② 《绪编》(一),第 463 页。

③ 《绪编》(一),第 464 页。

④ 《淞沪战斗详报》,第 204—205 页。

⑤ 《蒋委员冬亥电》,《淞沪战斗详报》,第 215—216 页。

⑥ 《绪编》(一),第 516—517 页。

第二线阵地,积极布防,策应十九路军抗战。

淞沪抗战中,国民政府先后补充十九路军枪弹达 1060 万余发、手枪弹 49.8 万余发、各种炮弹 7.34 万余颗、手榴弹 16.7 万余枚、步枪 1500 支、机关枪 130 架、各种火炮 73 门。补充第五军枪弹 760 余万发、手榴弹 3 万发、各种炮弹 1.6 万余颗、手榴弹 5 万枚、步枪 1600 支、机关枪 12 挺。"而先后所调援兵,连第五军已达十师以上",但因种种原因"未能完全到达"①。

以蒋介石、汪精卫、何应钦为主导的南京国民政府在对日进行抵抗的同时,又在寻求妥协。他们力图限制战争的扩大和持久,调集援军不力,仍以主力部队"剿共";希冀通过英、美等西方大国和国联的介入,及早同日本达成停战妥协。

淞沪抗战爆发的翌日,何应钦就致电各省,警告说:"误用正当防卫转成诱起战争之口实,国际同情亦易随之而失矣。"②30 日,第二六一旅旅长宋希濂向何应钦请求参战,遭到拒绝。31 日,何应钦致吴铁城等电:"惟我国目前一切均无准备,战事延长扩大,均非所利,各国领事既出而调停,请兄等酌量情形,斟酌接受","望蒋总指挥、蔡军长、戴司令通令所部严守纪律与秩序,非有长官命令,不得任意射击,在前线部队,尤须遵守"③。

2 日,蔡廷锴接何应钦来电云:战事可止即止,"如敌人允撤兵,我亦不反对,除戒备外,暂行停止进攻"④。3 日,何应钦在新闻记者招待会上表示:"决不与任何邻邦轻启衅端。进一步言,即遇与邻邦有所争议时,苟可用外交方法解决者,亦决不轻易诉诸武力。"⑤

① 《日本帝国主义侵华档案资料选编·"九一八"事变》,第 594、595 页。
② 《"九一八"——"一二八"上海军民抗日运动史料》,第 269 页。
③ 《"九一八"——"一二八"上海军民抗日运动史料》,第 271 页。
④ 《蔡廷锴自传》(上),第 279 页。
⑤ 《何应钦 1932 年 2 月 3 日对时局发表谈话》,国民政府军事机关档案,中国第二历史档案馆藏。

自1月29日起,英、美等西方大国在中日之间调停。2月4日,蒋介石在日记中写道:"只要不丧国权,不失守土,日寇不提难以接受之条件,我方即可乘英、美干涉之机,与之交涉;不可以各国干涉而我反出以强硬,致生不利影响也。"①6日,何应钦致电吴铁城称:"以弟个人观察,能从外交方式,根据英、美调停,早日得以解决,实为计之上者。"②

5日,何应钦指示:"我原配属十九路军在江西剿匪之航空队……除对日机加以抵抗外,即对日海军决不抛掷炸弹。"③

自5至7日,日援军第二十四混成旅团约一万人分批抵达上海。十九路军电请汪精卫等派兵增援。汪精卫却对记者称:"对日一面抵抗,一面交涉,系余向所主张,今仍未变。"④

英国驻华舰队司令凯莱(Kelly)和英国驻华公使蓝普森(M. W. Lampson)分别于2月6日和12日提出调解中日冲突的新方案。这些方案不仅满足日方的要求,将东北问题和上海问题分开解决,而且主张中国军队单方面先撤出上海市区。对此,国民政府竟然表示接受。

8日,何应钦电告吴铁城等:"我国对外一切军事,平时毫无准备,兄等所深悉。是以此次淞沪事件,弟曾迭电商酌适可而止,盖期早得收束,为国家多留一份元气也。""请兄等商在沪外委从速设法先停止战争。至于整个问题,则待外交正式之解决,庶不至益加扩大糜烂而不可收拾也。"⑤

就在十九路军在闸北、吴淞同日军鏖战,日援军源源不断抵沪之际,蒋介石、何应钦等仍坚持同日本谋和。9日,蒋介石向何应钦、陈铭枢指示作战方针时称:"如日陆军既加入参战,则我军应即缩短战线,重

---

① 《蒋总统秘录》第8册,第156—157页。

② 《"九一八"——"一二八"上海军民抗日运动史料》,第274页。

③ 《"九一八"——"一二八"上海军民抗日运动史料》,第273页。

④ 《汪精卫对记者谈话》,北平《晨报》,1932年2月8日。

⑤ 《"九一八"——"一二八"上海军民抗日运动史料》,第275页。

新布置，必立于进可战或退可守之地，且使无论和战，皆不失于被动地位为要。"①同日何应钦电告吴铁城："日陆军源源而来，战事若再持久，我方必失败无疑。请兄力排众议，照迭电乘我军在优越地位时设法转圆【圜】停战，万勿犹豫，致逸良机。"②

国民政府为及早结束淞沪战争，通过两条渠道同日方谈判。一条是何应钦在报请蒋介石同意的情况下，派军政部次长陈仪和陆军步兵学校校长王俊直接与日军谋和。王俊10日同日军第九师团参谋长（原日本驻沪使馆武官）田代皖一郎少将谈判。陈仪13日在上海与日本公使馆武官原田熊吉会谈。外长罗文幹遵蒋介石之意致电蔡廷锴："请兄等仍斟酌外部前开接受英、美调停办法各电，及陈公侠（即陈仪——引者）兄所言、王俊所述办法，择其于我有利者从速进行。"③另一条是通过英、美、法公使在中日之间调停，力求达成妥协。蒋介石嘱咐陈铭枢电达蒋光鼐："与美、英、法使磋商办法，果能办到，则和平可望。"④

10日，何应钦以"吴淞炮台既失炮战能力，徒以步兵据守，任日海空军之轰炸，殊非得计"为理由，命令十九路军"酌量后退"，具体方案是："第一步以杨家行、大场、真如为本抵抗阵地；第二步以浏河、嘉定、南翔为本抵抗阵地"；"吴淞、江湾、天通庵之线则作为前进阵地"⑤。11日，何应钦电令蒋光鼐：前线配置的兵力"不宜过厚，须将重兵置于后方"⑥。这种方案实际上是让十九路军听从日方的要求，放弃吴淞、江湾、天通庵一线阵地，后撤到浏河、南翔一带。

12日，何应钦向吴敬恒解释"适可而止"的含义说："至所谓适可而

①　《绪编》（一），第451页。
②　《"九一八"——"一二八"上海军民抗日运动史料》，第276页。
③　《"九一八"——"一二八"上海军民抗日运动史料》，第278页。
④　《淞沪抗日战役第十九路军战斗简报》，《绪编》（一），第514页。
⑤　《何应钦致蒋光鼐等电》，1932年2月10日，中国第二历史档案馆藏。
⑥　《革命文献》第36辑，第1669页。

止者,盖本自卫限度,勿使事态扩大,而期得到各国同情,予暴日以悟境,稍戢凶锋,另图解决和平。""兼之赣、鄂两方,为匪所牵制之部队在三十余师,且均较称精良者,一时俱难抽调。如事态扩大,势须强抽,剿赤措置是否不顾? 此又一般人所熟虑者。"①同日,何又致电蒋光鼐等:"严令南市守军不得有挑战行为。如日兵舰或军队未向我攻击时,不许发挥射击,避免南市糜烂为要。"②

　　十九路军总部据各方情报判断日军援沪的兵力约有二万人,但连日作战伤亡极大。13日晨日军强渡蕴藻浜,与我军激战,总部决定乘机消灭日军。下午3时总部发出命令,决定当晚全线转移攻势,一举歼灭日军。但该日蒋介石到浦口,召见罗文幹等指示:"沪事以十九路军保持十余日来之胜利,能趁此收手,避免再与决战为主。"③何应钦致电十九路军解释道:"蒋介公之意,我军进攻,无论如何牺牲,亦不能达到任何目的。在全盘计划未定以前,仍取攻势防御为要。"④结果我军丧失了攻敌时机。同日,汪精卫表示:"至于外交方面,中国此次有十分理由,可要求国际联盟、华盛顿九国公约、凯洛格非战公约签字各国干涉日本。"⑤

　　14日,何应钦致电吴铁城:"无如回顾国力,除财政问题外,抗日、剿赤两难兼顾。"⑥其时第四军军长张发奎所部先头部队抵达湖南零陵,准备继续开往武汉增援上海。日方威胁日海军将开炮阻止张发奎军渡江。何应钦担心如此武汉"不免形成沪局第二",商议结果"似以该部暂驻萍乡协同剿赤为宜。且抗日剿赤关系均重,即与该师为国效命

①　《"九一八"——"一二八"上海军民抗日运动史料》,第276—277页。
②　《何应钦致蒋光鼐等电》,《历史档案》1984年第4期。
③　《"九一八"——"一二八"上海军民抗日运动史料》,第278页。
④　《"九一八"——"一二八"上海军民抗日运动史料》,第278—279页。
⑤　《汪精卫之演说词》,《申报》1932年2月14日。
⑥　《"九一八"——"一二八"上海军民抗日运动史料》,第280页。

之初衷亦仍不稍违也"①。15 日,汪精卫在徐州各界纪念周发表演讲称:"我们要预备长期的抵抗,同时也要尽力的交涉。"②"军事上要抵抗,外交上要交涉,不失领土,不丧主权,在最低限度之下,我们不退让;在最低限度之上,我们不唱高调,这便是我们共赴国难的方法。"③

2 月中旬,蒋介石返回南京,京沪卫戍公署向他提出让邻近上海的军队增援。蒋介石从兵力、运输角度论证日方之强、我方之弱,不肯增援。蒋对敌我形势的估计是没有根据的。淞沪抗战时,中国国防力量固然薄弱,但日本也没有做好全面侵华的准备,对上海的进攻带有局部性和试探性。从兵力上看,日本常备陆军有 17 个师团,二十六万余人④。而中国有一百多个师,二百余万兵力。国民政府如果有"攘外"的决心,是可以在上海制止日军扩大战火的。但它念念不忘"围剿"红军,不愿投入主力部队抗日。

就在我军在前线拼死打破日军"中央突破"计划之际,23 日京沪卫戍公署参谋邓世增进见蒋介石,催速增援,而蒋却产生将我军撤退念头,说:"预算增援部队须在十日之后,希嘱蒋、蔡诸兄务照原定计划,迅在南翔之线赶筑工事,以期长久抵抗。至撤退时间,由蒋、蔡诸兄查看情形,自行决定。"⑤

上海我军总部考虑到日援军源源不断抵达上海,而我各方援军直到 3 月 5 日、6 日才能到达,与其坐待败亡,不如乘机与敌决战,即使不能使战局好转,也可将日军主力第九师团击破,从而延长第二次会战的时间。是故 25 日晚 9 时,我军总部发出命令,决心破釜沉舟,以全军与日军决战。命令发出后,接蒋介石训令:"第二次决战之期,约在艳东各

①　《"九一八"——"一二八"上海军民抗日运动史料》,第 280 页。

②　汪精卫:《政府对日方针》,《革命文献》第 36 辑,第 1570 页。

③　《汪在徐开外委会》,《申报》,1932 年 2 月 20 日。

④　何应钦:《关于日本军备之报告》(1931 年 11 月 21 日),《革命文献》第 35 辑,第 1255 页。

⑤　《邓参谋世增梗未电》(1932 年 2 月 23 日),《淞沪战斗详报》,第 162 页。

日(即 2 月 29 日和 3 月 1 日——引者),我军后方援队,全已运来前线,其他非到鱼日(即 3 月 6 日——引者)不能参加战斗。"①我军总部遂令停止出击。

十九路军自开战以来连续作战,兵力已损失一半以上;第五军经庙行、江湾会战后,人员损失四分之一以上,全军已陷于残破不堪的困境,而日援军大批抵沪,为保存战斗力,我军准备于 27 日晚撤至真如、刘家行、罗店之线。我军面临如此困境,国民政府不仅不积极调集援军,反而将抵达前线的援军分出他用。27 日,陈铭枢致电汪精卫,询问:"上官云相师除调两营任黄渡工事外,忽奉令两团守镇江,一团守京,归谷正伦司令指挥,未审何故。戴岳独立旅已抵杭,鲁主席不愿调列参加作战,枢拟前往乞援。"②28 日,陈铭枢两次致电汪精卫,对援兵不继表示无奈和不满,他说:"上官云相所部,弁髦命令,不愿赴援,枢病未愈,不能赴杭,戴旅赴援,当亦无望矣!""前误于军政部之不调兵,兹又误于上官部之不愿作战,惟恃我孤军之决死耳!"③

浏河的危急情况,十九路军是知道的,所以请军政部速派 2 个师驰援,但军政部置之不理。

3 月,蒋介石致其兄介卿书,辩解他在此次淞沪抗战中并没有像人们所说的"袖乎(手)观变"或"调援不力"④。蒋的辩解是站不住脚的。一个多月间,日海陆空军不断增援上海。十九路军函电请援,国民政府调集援军不力。当时驻无锡、苏州一带的上官云相第四十七师,驻浙江的戴岳旅,驻江北的梁冠英第三十一军以及在杭州、赣东的蒋介石嫡系部队约六十个师的兵力,皆按兵不动,不予支援。就连留沪的国民党中央委员也指责国民政府对日作战"事前缺乏准备,临时又无增援"⑤。

---

① 《绪编》(一),第 462 页。
② 《十九路军抗日血战史》,第 309 页。
③ 《十九路军抗日血战史》,第 316 页。
④ 《绪编》(一),第 519—520 页。
⑤ 《二中全会电孔祥熙说明援沪经过》,《大公报》,1932 年 3 月 8 日。

　　淞沪抗战是十九路军自发抵抗引起的,南京国民政府迫于压力,对十九路军给予一定程度的支持,后又派第五军直接参战,从而使淞沪抗战成为第一次在中央政府领导和参与下进行的局部抗战。这与"九一八"事变后的绝对不抵抗主义是有区别的。但这并不表明国民政府对抗战的态度非常积极,也不表明其"攘外必先安内"的基本政策发生了变化。它指导淞沪抗战的方针是"一面抵抗,一面交涉",这个"两面"政策受到"安内攘外"基本政策的制约,并服务于该政策。所以国民政府倡导的"抵抗",不是坚决、全面、积极的,而是消极、被动的,其基本意图是避免战事扩大,通过局部的、有限的抵抗,在抵抗中积极进行交涉,以争取一个较有利的条件实现妥协停战,然后转向"安内"工作。综观淞沪抗战的全过程,可看出国民政府对淞沪抗战的方针具有抵抗和妥协的双重性。当然,它的妥协退让有一定的限度。当日本态度强硬,超过国民政府妥协的最大限度,即危害到国民政府统治的根基时,它就以抵抗为主;反之,只要在限度以内,它总是力求妥协。

七　全国人民及华侨对淞沪抗战的支持

　　在淞沪抗战中,掀起了一场波澜壮阔的抗日救亡运动。

　　"一二八"事变爆发前夕,中共临时中央洞察日本帝国主义即将侵略上海,1月27日发出《中央紧急通知》,号召党组织动员无产阶级与一切劳苦群众给敌人的进攻以致命的打击,并号召上海工人群众实行总同盟罢工反对日本帝国主义占领上海①。2月2日,中共发表《关于上海事件的斗争纲领》,号召举行罢工、罢课、罢市、罢岗、罢操,"民众自动武装起来,驱逐日本及一切帝国主义武装海陆空军出境!"②

---

　　①　中央档案馆编:《中共中央文件选集》第8册,中央党校出版社1991年版,第90页。

　　②　《"九一八"——"一二八"上海军民抗日运动史料》,第261页。

在上海的中共地下组织通过工会、学生会和其他群众组织,积极支持十九路军的抗战。他们通过各社会组织募集前线急需的交通工具、通信器材、工事物资、医药用品等。他们还组织郊区人民分区炊制和输送前线战士每天的两顿伙食。总工会动员募集了几万只空烟罐,赶制"土炸弹"运往前线。

1月30日,中共领导的上海各厂工人举行代表大会,决定自31日起全市工人开始总同盟罢工,并建立上海各厂工人抗日总同盟罢工委员会。加入罢工委员会的有同兴、喜和、日华、公大等三十余厂。中共领导的上海民众反日联合会(简称"民反")积极支持淞沪抗战。1月31日,"民反"召集有5000人参加的市民大会,决议自即日起开始总同盟罢工,组织工兵代表会议。"民反"义勇军在上海市大约有二三千基本群众,以闸北、沪西、沪东、浦东四个区受党团影响较大的工厂为主。

"一二八"事变发生时,中共临时中央处在王明"左"倾冒险主义的统治之下,产生了一些错误认识,如强调在反对日本侵略的同时,必须进行推翻国民党的斗争;将国民党内反蒋派别视为"反革命的在野派别",必须打倒;否认中间营垒的存在,否认中间阶级的抗日要求,主张以主要力量进行打击。这些错误认识在淞沪抗战中导致了一些错误行为。

中共临时中央对待蒋光鼐、蔡廷锴等爱国将领的态度和对十九路军的分析是完全错误的。临时中央领导人认为蒋、蔡的抗日行动是为了骗取"民族英雄"的荣衔和民众的捐款[1],是"弄各色各样的把戏来愚弄劳苦群众,消灭他们的革命行动,以便进一步的出卖中国"[2];十九路军将领是反动的、反革命的"抗日军阀"[3]。提出党的策略是"拥护士兵

---

[1]　《中共中央文件选集》第8册,第105—106页。

[2]　《中国共产党中央为上海事变第二次宣言》(1932年1月31日),《中共中央文件选集》第8册,第56页。

[3]　洛甫:《上海事变与中国的统治阶级》,《斗争》第3期,1932年2月9日。

自动抗日的斗争,而反对他们的长官,利用一切机会揭破这些长官的欺骗";号召革命的士兵与民众联合起来,把军阀的武装变为民众的武装,甚至认为"要作战胜利必须杀掉他们反动的长官"①。这些宣传损伤了共产党的形象,为国民党的攻击留下了把柄。

就在淞沪抗战方酣之际,江西中央红军猛攻赣州,牵制了一部分国民党军队援沪作战,蔡廷锴甚表不满地说:"此次我军与暴日在淞沪激战最烈时,江西的赤匪不特不能为国难所激醒以合力御外,反乘机猛攻赣州,企图夺取赣南重要城市,以捣乱我后方,这种行为,不啻为暴日张目。"②这也为国民党"攘外必先安内"提供了口实。

中共临时中央还作出了一些脱离实际的决定。2月11日,中共中央在致上海反帝大同盟党团的一封信中说:"目前反日反帝运动的一切宣传及行动,必须与武装拥护苏联,反对世界大战,拥护红军、苏维埃等更紧紧地适合地联系起来。"③26日,中共中央作出关于"一二八"事变的决议,主张由武装的工农成立革命军事委员会,领导抗日民族革命战争;十九路军士兵追击到租界内,消灭日军的根据地④。

上述这些错误有相当一部分在实际斗争中得到贯彻,如左倾领导人计划趁十九路军和第五军3月1日撤离第一道防线之际,翌日发动武装暴动,占领闸北,结果遭到国民党当局的镇压,造成了严重的损失。

"一二八"抗战得到了上海各界人士的热烈支持。著名爱国人士宋庆龄和何香凝挺身而出,声援抗战。她们不仅发动和联络海内外力量支援淞沪抗战,而且亲赴前线慰问抗日将士。1月30日上午,宋庆龄和何香凝冒着风雪到真如慰问前线将士。在她们的主持和组织下,仅一天时间就筹设了几十个伤兵医院。何香凝见官兵在大雪天只穿单、

---

① 洛甫:《士兵的反日战争与我们的策略》,《斗争》第2期,1932年1月31日。
② 《蔡军长对官兵训话》,《大公报》1932年5月5日。
③ 《"九一八"——"一二八"上海军民抗日运动史料》,第264页。
④ 《中共中央文件选集》第8册,第105—106页。

夹衣各一套,回沪后立即发动捐制棉衣运动,五天内制成全新棉衣裤三万多套,运给全体官兵穿用。何香凝还组织国难妇女救护训练班赴前线救护伤员。2月6日,宋庆龄到十九路军军部慰问。12日,宋庆龄不惧猛烈的炮火和炸弹的危险,赴吴淞前线,在翁照垣和区寿年的陪同下视察、慰劳将士。

上海各界群众汇入了抗日救亡运动的洪流中。陈铭枢说:"上海孤军抗战之能维持到三十天,固然是为了士兵的勇敢,而尤其重要的原因却是民众的实力上与经济上的援助。"①翁照垣说:"这次的抗战,所表现的完全是民众的力量;是民众的力量,借着军队的武器去表现,这是我们认识得非常清楚的。"②

1月25日,上海市民临时代表大会发表宣言,表示:"我上海市民,断不丧失毫末,对于抗日救国之运动,誓必直【再】接再励。"并致电南京国民政府,内称:"对于暴日之此种足以亡我中华民国之无理要求,迅行训令上海市政府,予以严词驳复,并决定武力与之周旋,全沪市民甘为后盾。"③

上海民众一致援助十九路军。上海市民救国联合会义勇军2月2日开赴前线。5日,上海市民联合会致电国民政府,呼吁支援上海军民抗战。17日,该会发表郑重宣言,坚决表示拥护十九路军抗日到底。18日,由上海81个民众团体组成的各团体救国联合会召集全体理事大会,决议派代表北上,敦促张学良带兵出关收复失地;募集上海一个月房租作为救国捐。参加中华国民救国会组织的义勇军,称为国民救国军,约有五千余人,分驻闸北太阳庙、引翔港、宝山路一带,与日军激战数次,颇占优势。由翁照垣旅长指挥的上海市民义勇军,有的在前线奋勇杀敌,有的积极做好战地勤务工作。上海卡车司机胡阿毛,在被日

---

① 陈铭枢:《十九路军抗日血战史·序》,第2页。
② 《淞沪血战回忆录》,第6页。
③ 《淞沪抗日画史》,第20页。

军强迫运输的途中,开足马力将所载的一车日军和武器弹药驶入黄浦江中,与敌人同归于尽。

上海工人阶级站在抗日的前列。1月30日,上海市总工会发布罢工通告。总工会还组织义勇军、救护队、消防队,通令各工会尽力劝募慰问十九路军的物品。上海市总工会义勇军二千余人在李永祥和朱学范的率领下,开赴前线作战。2月1日,在华日本商轮上的中国工人罢工,使日本船舶开不进黄浦江。上海水木业义勇军五百余人5日出发,先在闸北中兴路、大统路与十九路军一起担任运输和建筑工作,11日正式赴前线与日军作战。日兵运输需用卡车和驳船,无法找到中国工人,日人只得用巨金贿通上海某外人洋行,租用大卡车十余辆和驳船二十余只,往来吴淞、杨树浦一带,装运士兵及军火。2月10日该外人以每日五元的工资代雇上海驳船小工300人,派作运兵之用,当即被上海工人拒绝。外人又出巨金雇佣汽车夫数十人,派充往来淞沪之用,也被上海车夫拒绝。上海马迪汽车公司修理部工人要求厂主拒绝修理日军一切车辆,决心不达目的不复工。罢工后赶往我军后方办事处义务修车。

上海工商界发动罢市,捐献财物,维持社会秩序。1月29日,上海市商会宣布"日兵犯境,罢市御侮"。30日,上海市商会通告罢市,下午3时全市实现罢市。商会并发布公告,向社会各界征集慰问十九路军的物品和现金。31日自早至晚,前往香港路四号银行公会市商会办事处捐献物品和现金的人络绎不绝。2月1日,申报馆爱国人士史量才和上海实业界、银行界人士王晓籁、虞洽卿及张啸林、杜月笙等人发起成立上海地方维持会,专职维持商业秩序,调剂金融,接济难民的事务。4日,该会致电政府,请求援助十九路军。自2月3日至5月31日,该会共募得慰问十九路军的大洋二十七万余元。2月5日,上海市商会会长王晓籁到真如十九路军指挥部慰问,将随来的二百多名童子军交给十九路军使用。8日,永安公司派人向十九路军送去大量的白兰地和六十年陈酒。

上海文化界在抗日救亡运动中发挥了重要作用。上海作家2月8日成立中国著作家抗日会。9日下午该会举行第一次执行委员会会议,到会者有戈公振、王礼锡、胡秋原、陈望道、严灵峰、丁玲等人。会议决定设立经济委员会、民众委员会、编辑委员会和国际宣传委员会。经济委员会用募捐的钱购买军需物资,与各民众抗日团体捐募的物资一起,每日用汽车运往前线。民众委员会委员每日轮流随车到前线战壕里,边送物资边向战士宣传鼓励,并将宣传抗日的唱片带到前线。宣传委员会动员全体会员在各种报纸杂志上发表抗日文章,号召全国民众支援十九路军抗战。2月23日,上海文化界反帝抗日联盟举行盟员大会,丁玲等四十余人出席会议,决定扩大组织,发表宣言,发动盟员赴前线慰问杀敌将士。

上海新闻界爱国人士在抗日救亡运动中发挥了号角作用。邹韬奋以《生活》周刊为阵地,积极进行抗日宣传。史量才主持的《申报》也发表了大量抗日的言论。

上海学界也积极行动起来。1月31日,上海各大学教授抗日救国会联合国难救济会,购买食品犒劳十九路军。2月1日,上海各大学抗日救国会发表声援十九路军抗战的通电。上海中央大学医学院、震旦大学医学院及中法药科学院等校学生2日成立"上海各医药学院抗日战地医事联合会",共有会员180人,3日开赴前线从事救护工作。上海各大学学生义勇军十九路军随营训练班不仅在前线奋勇杀敌,而且做好战地勤务工作。

在淞沪抗战中佛教组织也显示了爱国心。上海市佛教会组织上海各寺院收容难民,筹款慰劳伤兵,并组织救护队赴前线工作。

淞沪抗战爆发后,全国人民展开了各种形式的支援抗战活动,或集会游行,发表通电;或捐款捐物,抗日宣传;或组织义勇军、救护队、敢死队;或直接参战,以身报国。

南京中央大学学生数百人赴国民政府请愿,要求调兵援助十九路军。该校义勇军五十余人赴沪抗日。南京工界抗日救国会及工界国民救国会促进会联席会议议决电慰十九路军奋勇杀敌。南京各界抗日会议决定募集物品慰劳十九路军,通电全国主张对日绝交,并要求政府准许民众组织义勇军。北平学生抗日联合会决定电慰十九路军,致电国民政府调劲旅援沪。京剧艺人梅兰芳在北平开明戏院义演三天,所得收入全部寄往上海作为伤兵医院经费。南京中央大学铁血义勇军、西南在野军人抗日救国北上敢死团、四川敢死队等在翁照垣的指挥下,分别担任战地勤务、后方宣传、建筑防御工事、直接参战等任务。湖南省各界在长沙召开有十万人参加的抗日示威大会。津浦铁路工人组织义勇军。冀南豫北人民三万余人组织救国军。华北妇女抗日救护队在北平成立。东北冯庸大学义勇军三个中队由校长冯庸率领,投入前线工作。徐州学生抗日救国会派代表三十余人赴徐州北站向汪精卫请愿,要求国民政府对日绝交;援助十九路军;维护爱国运动。广州市民召开救国大会。中国红十字会张家口分会救护队队长王志谦带领救护员27人赶赴前线。粤商陈炳谦捐款一万元,粤银公会汇款十万元,慰问十九路军。

海外华侨也表现了高度的爱国精神。为支援淞沪抗战,有的写信,有的打电报,有的寄钱,有的寄衣服食物,慰问抗日将士。"战争爆发以后,全国各省的民众无论男女老少,都捐出了很多现金;尤其是遍布全世界各国的华侨,更为踊跃捐输。据总指挥部的报告,收到各处捐款,差不多有三千多万元之巨"①。有些华侨还亲赴前线,直接参加战地服务工作。1932年2月3日,约二百人的华侨义勇队抵达前方,积极协助十九路军军医处救护伤兵。

国际友人对中国的抗战也给予支持。美国飞行员萧特(Robert Short)志愿帮助中国空军打击日机的嚣张气焰。2月20日,他驾驶波音二一八型驱逐机从虹桥机场转场南京,在龙华上空遭遇所茂八郎等驾驶的三架三式舰战机。经过20分钟激战、萧特击落所茂八郎战机,

---

① 《十九路军兴亡史》,第77页。

并击伤另一僚机。22 日,萧特与我大队飞机同时出发,由南京飞往杭州,因偶失联络,下午 4 时 20 分在苏州上空遇轰炸苏州的日机六架,即以一挡六,与之战斗,打死日飞行员小谷大尉,击落一架日机;萧特也献出了年轻的生命。

中国人民的爱国主义精神感动了美国著名记者斯诺,他说:"这是我第一次看到中国的群众表现出西方所了解的爱国主义。人民大众崇拜这些敢于笑对死亡的南方青年士兵。……在上海从来没有一支军队这样得到全心全意的支持。"①

第四节　英美等国的调停及上海停战谈判

一　英美等国的调停

上海是列强在华利益集中的地方。1931 年外国在华投资总额的34.3％集中在上海,约占直接企业投资的二分之一。其中集中了英国在华投资总额的约 80％、美国的约 60％。日本的进攻对由国联盟约、非战公约、九国公约构成的远东国际新秩序提出挑战,并直接威胁着西方列强在华的经济利益和侨民生命安全,因此对英、美触动很大。英国政府对于中日纠纷的态度是:与各国共同拥护国联权威;自始即调解中日纠纷;保护英国在华利益,制止战争和流血②。美国的政策是:应尽量避免上海公共租界卷入中日之间的冲突;在与各国使节和中日官方代表会谈时,将持公正的立场;保护美国人的合法权利,致力帮助冲突的各方尽快达成谅解③。

----

① 《斯诺文集》第 3 集,新华出版社 1984 年版,第 364 页。

② 铁:《沪战与英美态度》,《清华周刊》第 37 卷第 2 期,1932 年 3 月 5 日。

③ U. S. Department of State: *Foreign Relations of the United States: Diplomatic Papers*, *1932*, Vol. 3(以下简称 *FRUS*, *1932*, Vol. 3),Washington, 1948, pp. 120-121.

　　美、英等国对日本采取了较"九一八"事变远为强硬的态度。1月27日,美国对日本可能在上海诉诸武力提出警告。28日,美国驻日大使福布斯(W. R. Forbes)会见日外相芳泽,要求日本不要在上海采取侵犯包括中国在内的其他国家的权益、财产和生命的行动①。29日,美国国务卿史汀生通过福布斯照会日本政府,指责日军进攻上海的中国居民区和商业区,"这极大地破坏了整个上海港的和平,妨碍了这个港口的商业活动,严重威胁着公共租界的安全",要求日方立即停止在上海使用武力②。同日,英国外交大臣西蒙(John Simon)训令英国驻日大使,就日本发动上海事变提出强烈抗议,要求日本政府限制日军的行动。30日,史汀生召见日本驻美大使出渊胜次,表示日本进攻上海已引起爆炸性局面,责任在日本方面,日本不得利用租界作为进攻中国军队的基地③。

　　为向日本显示大国在远东的力量存在,英、美向上海增兵。1月30日英国取消远东军队的返回令,使驻沪英军人数达到2800人,黄浦江中的英国军舰终日升火,处于战备状态。2月2日,英国一万吨级的巡洋舰"肯特号"从马尼拉启程驶往上海。迄至2月4日,英国在上海的陆海军总兵力达6600人。1月30日,美国驻马尼拉的亚细亚舰队开赴上海。31日,美国海军又派两艘驱逐舰分别抵达南京和芜湖。2月2日,驻马尼拉的美国陆军第三十一联队约一千二百人乘军舰赴沪。当然,英、美炫耀武力并不是要直接帮助中国抵抗日本的侵略,而是要日本尽快回到谈判桌上来,促成中日停战,避免在西方列强有重大利益的上海和长江流域燃起更大的战火。为此,它们在中日之间积极展开调停活动。

----

　　①　U. S. Department of State: *Foreign Relations of the United States*: *Diplomatic Papers*, *Papers Relating to Japan*: *1931 - 1941*, Vol. 1(以下简称 *FRUS*, *1931 - 1941*, Vol. 1), Washington, 1943, pp. 162 - 163.

　　②　*FRUS*, *1931 - 1941*, Vol. 1, p. 165.

　　③　*FRUS*, *1931 - 1941*, Vol. 1, p. 167.

29 日，英、美进行第一次调停。英国驻沪总领事白利南(J. F. Brenan)和美国总领事克宁翰(E. S. Cunningham)共同提出停战建议，日中两军间达成了晚 8 时停止战斗的协定。31 日，英、美进行第二次调停。英、美驻沪总领事约中日当局在上海英国总领事馆会晤，磋商避免战祸办法。上海公共租界英军司令弗列明(George Fleming)少将在会上提出：日军退至 1 月 28 日以前的状态，中国军队也退至安全地带，设立由中立国军队保护的中立区①。"盐泽司令官认为这意味着让租界以外的侨民也要撤退，遂当场表示拒绝"②。"日领仍以保侨托词，英领反诘颇厉，谓欲保侨而引起战祸，有战祸而侨愈不保，盐泽颇窘，但谓此事须请示日政府，约以3日为期，在此时期内，双方暂缓进攻"③。2月1日，英、美驻日大使强烈要求日本政府接受弗列明的调停建议。2日下午，村井通知上海市政府：日本政府不同意英国的调停办法。

同日，西方大国进行第三次调停。英、美、法、意等国对中日双方提出停战办法五项："(一)双方立即停止各种暴力行动；(二)双方勿再作动员或准备任何敌对行为；(三)在沪中日作战人员，退出彼此作战地点；(四)设立中立区域，分离双方作战人员以保护公共租界，该项区域由中立国军警驻防，各种办法由领事团拟定；(五)两国一经接受该项条件，不先提出要求或保留，即根据非战公约及十二月九日国联决议案之精神，在中立国观察者或参与者协助之下，迅速进行商议，以解决一切悬案。"国民政府 4 日照会各国，表示完全接受，仅请将"中立区域"字样改为"和平区域"，"中立国"改为"第三国"，并希望第三国不仅观察而且参与谈判④。日本政府答复道，对于一、三、四各项可以接受，不接受

①　*FRUS*,1931‐1941,Vol.1,p.172.

②　日本防卫厅研究所战史室：《日本海军在中国的作战》，天津市政协编译委员会译，中华书局 1991 年版，第 120 页。

③　《"九一八"——"一二八"上海军民抗日运动史料》，第210页。

④　《日本帝国主义侵华档案资料选编·"九一八"事变》，第 599 页。

二、五项。并声明上海事件与"满洲"事件不能混为一谈①。"日本政府不接受中立国观察员或人士帮助解决满洲问题"②。英国外相西蒙得到日军大量增援上海的消息,立即电请史汀生将停战办法第五条改为只限于上海,不涉及东三省。史汀生不同意。

　　2月6日,英国驻华舰队司令凯莱表示愿意出面调停,并提出中日停战及划定和平区等办法:日军撤回1月28日原防,中国军队撤出闸北和宝山,退出的区域由中立国军队驻防③。英方调解方案的重点在于上海租界的安全。7日,凯莱乘旗舰"肯特号"开进上海港,立即向盐泽和中方探询停战意向。盐泽告诉凯莱:如果中国军队撤退20英里,他才会将日军撤至虹口④。重光葵拒绝凯莱的方案,坚持要中国军队先退出闸北。中国政府认为凯莱方案"大体公允",就在凯莱提案的翌日,汪精卫发表谈话,表示"大体接受"⑤。但由于日本的拒绝,调停没有结果。8日,中国报纸披露日本要求在上海、汉口、天津、广州、青岛各大通商口岸划一个宽15至20英里的非驻兵区⑥。这增加了国民政府在上海对日退让的难度。

　　8日,英领事偕凯莱访晤重光葵。重光葵自恃日援军第二十四混成旅团已抵沪,态度强硬起来,要求中国军队撤退15至20英里方可停战。9日,凯莱和野村在"肯特号"舰上会谈。野村表示日军"正如贵长官所说,对以铁路沿线为界大体上没有异议,但不可能撤至新公园附近。闸北的中国军队应撤到安全距离以外"⑦。

---

　　①　《申报》,1932年2月6日。

　　②　*FRUS*,1931‑1941,Vol. 1,p. 180.

　　③　Butler,Rohan ed.:*Documents on British Foreign Policy*,*1919‑1939*(以下简称*DBFP*),Series 2,Vol. 9,London,1965,p. 570.

　　④　*FRUS*,1931‑1941,Vol. 1,P. 191.

　　⑤　《汪兆铭就对日政策发表谈话》,1932年2月7日,《国闻周报》第9卷第7期。

　　⑥　《国民政府外交部长罗文幹对于日本侵略上海发表谈话》,《国闻周报》第9卷第7期。

　　⑦　《满洲事变》,第395页。

10 日法国公使韦尔顿（H. A. Wilden）由南京抵沪。12 日英国公使蓝普森（M. W. Lampson）和美国公使詹森（N. T. Johnson）也来到上海，各以私人资格进行调停活动。蓝普森联合美、法公使提议：华军应自动先退出上海市所管辖的区域，然后日军可退到公共租界及虹口一带①。下午 6 时，宋子文、顾维钧、郭泰祺和吴铁城先后往访英、美公使，詹森"所谈不多，彼且无确实具体意见"。蓝普森"所提之案，我军由吴淞、闸北沿京沪路撤退至真如站以西，换言之，上海市区域皆不驻兵，主张全由警察负治安之责。吴淞方面，日军亦撤退回一九三一年十二月三十一日原防位置"②。在沪的外交委员会委员认为，蓝普森提案是一个"抑我就日之案，我方绝无考虑接受之余地"③。12 日晚，三国公使邀请意大利代办齐亚诺参加会议，一同协商停战意见。会议决定以 2 日各国对中日所提五条办法为基础，特别注意中日两军间设中立区域这一点。13 日，郭泰祺告诉蓝普森，中方原则上主动先撤军，但问题是撤退到什么距离？由谁担保日本撤军和日军不占领中国军队撤退的地区。④ 14 日，英、美、法公使及意代办与重光葵接洽。重光葵态度强硬，表示十九路军必须先行退出吴淞、闸北，再举行谈判，否则至少亦须日军占领吴淞后，始有和解可能。各公使提出折中办法，主张中日军队同时撤退，中国军队退离租界五英里，日军退入租界内，中立区域由中国警察维持秩序。日方对此表示拒绝。第五军增援后，中方态度也变得强硬，不打算撤军。

日本拒绝英、美等大国的停战提议，并对上海发起大规模的进攻，致使上海战火愈燃愈大。鉴于形势的发展，国联行政院不得不进一步采取强硬态度。16 日，除中日之外的国联理事会十二位理事向日本送

---

① 《顾维钧致罗文幹电》（1932 年 2 月 12 日），《革命文献》第 36 辑，第 1537 页。
② 《上海市政府致何应钦等电》，《历史档案》1984 年第 4 期。
③ 《吴铁城致罗文幹电》，《革命文献》第 36 辑，第 1450—1451 页。
④ *DBFP*, Series 2, Vol. 9, p. 575.

交一份紧急警告书,提醒其所负国联盟约第十条规定的责任,即"凡轻视第十条之规定,蹂躏联合会会员领土完整及变更其政治独立之举动,联合会各会员均不能认为有效"①。

日本完全置国联的紧急警告书于不顾。18 日上午 9 时,淞沪警备司令部参谋长张襄应蓝普森的邀请,在英领事馆与日军参谋长田代皖一郎会谈。双方对于各自军队撤退的远近意见不一。日方要求中国军队撤退地区永久非军事化,永远撤除吴淞、宝山炮台装备。中方虽愿在两军之间开辟一个非军事区,但表示决不放弃吴淞。② 日本代表态度强硬,要求中方将吴淞、闸北军队撤退 20 公里,被严辞拒绝,谈判破裂。田代谓日方所提条件将于晚上 9 时左右用书面通知,希望中国急速答复。是晚 8 时 40 分,植田谦吉向蔡廷锴发出最后通牒,同时村井也向吴铁城发出同样通牒,要求中国军队在 20 日 7 时前从前线撤退。国民政府认为"日本之无理要求,甚至有吴淞炮台不得重新设备,是直以庚子各国对于大沽炮台前例相加,故中国当然不能接受"③。

此前 12 日,中国代表依据盟约第十五条第九款,请求召集国联特别大会处理中日纠纷。国联理事会不顾日本代表的极力反对,20 日决定将中日冲突移交国联大会处理;3 月 3 日为大会开会日期。23 日,美国国务卿史汀生以给参议院外交委员会主席波拉(William E. Borah)信的形式,申述维护中国门户开放政策及九国公约、非战公约的重要性,重申"不承认主义"立场,表示美国政府"不能承认任何影响我们政府及人民在华权利的任何局势,或任何该两国所订立的违反此等公约条款的条约或协定"。他希望"世界其他各国政府能作一个类似的决定",在法律上否认"以压力或破坏条约的方法所获得的任何名义或权

①　《日本帝国主义侵华档案资料选编·"九一八"事变》,第 605 页。

②　*DBFP*, Series 2, Vol. 9, p. 582.

③　《中央国府扩大纪念周》,《申报》,1932 年 3 月 2 日。

利之合法性……使中国被剥夺的权利及名义得以回复"①。24 日,美国政府将这封信转交给国联秘书长、中日两国政府及英法等国。同时,美国政府还决定派代表出席即将召开的讨论中日问题的国联特别大会,希望促成中日双方的停战谈判,尽早结束上海战争。但另一方面,就在日本准备加派第十一、第十四两个师团援沪时,史汀生又对日本驻美大使出渊表示,美国政府不鼓励制裁日本的行动②。

　　28 日晚,中国外交代表顾维钧应凯莱之请,偕军事当局代表到英舰"肯特号",与日海军司令野村及日首相私人代表松冈洋右会晤,由凯莱居间调停,磋商三小时。最后商定五点:"(一)双方同时撤兵;(二)日本不提议永久撤除吴淞或狮子林炮台之问题;(三)中日合组委员会,邀第三国视察员参加,监视双方撤兵;(四)撤退区域由中国继续行使警察行政权;(五)中国军队退至真如,日本军队退至公共租界及越界筑路地段;完竣后,中国军队退至南翔,日本军队退回舰上。"③又商议如中日政府对此赞同,即由双方外交、军事代表举行正式会谈,签订协议。29日,中国代表通知凯莱,中国政府答复赞同,并请其转达日本当局,倘日本政府也同样赞同,则可立即举行停战会议。

　　英、法公使 28 日、29 日先后到达南京,与中国外交、军事当局磋商初步停战办法。其要点为:"(一)中日战事应于相约日期同时停止;(二)双方停战后,中国军队撤退十华里,日本主要部队全体退至安全地带,其程序当与中国军队相距二十至三十华里;(三)双方撤退时,由第三国派员分别监视,撤退之阵地亦由第三国派队驻守,此项部队待中日双方开始交涉时撤退。"④29 日,国联理事会举行公开会议,决定解决上海问题的根本原则:在各国驻上海文武官员的帮助下,迅速缔结有关

---

①　*FRUS*,1931 - 1941,Vol. 1,p. 87.

②　*FRUS*,1931 - 1941,Vol. 1,p. 202.

③　《淞沪抗日画史》,第 14 页。

④　《淞沪抗日画史》,第 14 页。

停战的地方性协定,然后由在上海有特殊利益的各国代表召开圆桌会议,就公共租界、法租界及居民的安全保证措施和为解决其他问题而进行协商。日本驻国联代表佐藤对此表示接受。但日军又对上海展开新一轮的大规模的进攻。中国政府认为日本"即不欲停战,则上海国际会议无从开会,此种策略显欲一面在国际制造有利之空气,一面仍实行武力侵略政策"③。

　　3月1日英、法公使离京来沪,携带其方案准备与中日军政当局接洽,而此时中国军队已开始退守第二道防线。2日晚9时,日本发出停战复文,并向中方提出所谓立即停止敌对行为的四项基本条件,由凯莱转交郭泰祺,其条件大意为:"(一)倘中国保证将其军队由上海撤退至若干之距离(距离由中日当局决定),则日本允停战若干时(时期由中日当局议定),在未续有办法以前,中日军队各守原防,关于停战细目,由中日军事当局商定。(二)在停战期内,中日在上海开圆桌会议,由各关系国代表参加讨论,以其对于左段所开中日军队撤退方法,连同恢复并维持上海及附近之和平与秩序办法,以及保障上海公共租界、法租界并界内外人生命财产及利益,得一协定;(三)撤兵(连便衣队在内)应由中国军队开始撤退,至一指定之距离:俟中国军队撤退查明属实后,日本军队即撤至上海及吴淞区域,可一俟平常状态恢复后,日本军队再由上海及吴淞区域内撤退;(四)倘有一方破坏停战条件,他方应有行动之自由;又第一段所开议定之停战期满时,双方均得自由行动。"④中国当局认为此四项条件与2月28日议定的五点相去甚远。郭泰祺发表谈话称:中国政府拒绝日方四项条件,中国竭力保护外侨的生命和财产安全,"若圆桌会议系为安全问题而召集,则此种会议实无召集之需要"⑤。3日晨,日军向中国军队发起攻击。

---

　　③　《日本帝国主义侵华档案资料选编·"九一八"事变》,第602页。
　　④　《日本复文内容》,《申报》,1932年3月4日。
　　⑤　《中央日报》,1932年3月6日。

美国政府支持中国的立场,认为日本2日、3日对上海的进攻表明日本缺乏和平解决上海问题的诚意。3日,史汀生召见日本大使出渊,指责日本一面接受国联2月29日的决议,一面继续扩大军事行动的做法,表示美国代表暂时不会出席在上海召开的以牺牲中国利益为代价扩大外国权益的圆桌会议①。

二 《淞沪停战协定》的签订

日本认为中国军队后撤,日本出兵的目的即将达到,但日军正在追击中国军队,担心国联要对日本发起制裁。因此,在国联特别大会开会前夕,3日下午2时,日本发布停战命令。4日,国联特别大会通过关于在上海切实停战、缔结协定及日军撤退的决议。

11日国联大会再次通过决议,重申国际联盟的有关规定,再次强调各会员国领土完整、政治独立的原则,重申3月4日的决议;大会还决定由十九国组成远东委员会解决上海停战问题,并至迟于5月1日前向大会提出第一次报告书。史汀生支持国联大会采取的行动,并训令詹森和克宁翰参加上海和谈。

日本发动淞沪战争的重要目的之一是为了转移国际社会对其侵略中国东北和成立伪满洲国的关注,而3月1日伪满洲国已成立(详下)。要从上海着手对中国进行长期并且必然演变成全面的战争,日本当时还没有作好各方面的准备。这样,在国际社会的压力下,日本不得不坐到谈判桌前,同中国进行以停战和撤军为主的外交交涉。

通过蓝普森等的积极调停,3月14日,重光葵在英国驻上海总领事馆与郭泰祺举行第一次非正式会谈。经过一番争论,决定了作为以后谈判基础的停战撤军三原则:中国军队留驻现在位置,以待签订协定时为止;日本军队撤退至公共租界及虹口、越界筑路地带,一如1月28

---

① *FRUS*, *1931-1941*, Vol. 1, p. 206.

日事变前的状态。但考虑到容纳的日军人数，部分日军可暂驻于上述区域的毗连地带；由中立国人士组成的联合委员会证明双方的撤军①。

19日中日举行第二次非正式会谈，"确定停止中日军队敌对行为，并将日军撤退，而屏弃一切有政治性质之事项。至维持上海租界附近撤退区域内治安，由中国自动宣言，调遣特别保安队来沪，在日军撤退区域内服务"；日军暂驻于公共租界及虹口、越界筑路毗连地方②。21日中日代表在各国公使的协助下举行第三次非正式会谈，确定了19日提出的停战撤兵三项原则，并议定从23日起在英国领事馆召开正式停战会议。

停战会议延期于24日在上海英国领事馆正式举行，中方首席代表为外交次长郭泰祺，另有军事代表淞沪警备司令戴戟和十九路军参谋长黄强。日方首席代表为日军第九师团长植田谦吉，另有军事代表陆军参谋长田代皖一郎和海军参谋长岛田繁太郎。英、美、法公使和意代办也参加了会议。会议开始后，植田提出以日本22日另拟的草案为基础进行讨论③。郭泰祺表示会谈应以已确定的停战谈判原则为讨论的根据，日方新提案既不符合会议程序，且含有政治性质，"既与停战无关之新事物甚多，决不能作为今日讨论之根据"。虽然中方对日草案持有异议，但还是勉强同意以日方草案为基础进行谈判。首先讨论第一条，戴戟表示"取缔便衣队及停止一切刺激民众心理之行为等事均有政治性质"，不能讨论。双方对此辩论多时，但便衣队问题仍未解决，遂予搁置。继之讨论日方草案第二条"中国军队在以后另有规定前应留驻于现在驻扎地点"，郭泰祺认为这是对中国军队在中国领土内调动的限制，事关中国主权问题，应修改为"待至常态恢复"。植田坚决反对④。

---

①　*FRUS*, *1932*, Vol. 3, pp. 584 - 585.
②　《日本帝国主义侵华档案资料选编·"九一八"事变》，第628页。
③　《日本帝国主义对外侵略史料选编(1931—1945)》，第55—56页。
④　《日本帝国主义对外侵略史料选编(1931—1945)》，第610—611页。

25日,停战会议继续举行。讨论日草案第二条中"在以后另有规定"字样,双方争论甚久。蓝普森拟出声明:"不言而喻,本协议并不含有对中国军队在中国领土上自由调动有任何长期限制之意。"①鉴于美、英公使的意见与中方大致接近,郭泰祺答应保留考虑后再议。随后中方说明中国军队驻防地点为:由安亭经蓬阆镇、袁家渡、沙溪、支塘镇、珍门庙,至唐方桥为止。这表明双方就日草案附件一达成了具体协议,此即停战协定附件第一号。接着讨论日草案第三条。植田就中方特别关注的日军撤退时间和撤退区域提出道:协定签字后一星期内日军开始向第二道防线撤退,须六个星期才能撤完;由第二道防线撤退至公共租界及虹口、越界筑路地带,须视情况而定,不能指定时间。至于撤退区域,分为两个地带:(一)前线至公共租界及越界筑路毗连地点;(二)毗连地点至公共租界及越界筑路地段,俟日期确定再行宣布。也就是说,日方打算分两步、两个区域撤军。本来在中日第一、二次非正式会谈中,双方已商定,日军撤退时尽量一步到位,撤至公共租界及越界筑路,如人数实在太多,可允许一部分暂住在公共租界及越界筑路的毗连地带。显然,日方违背了自己的承诺。中方对此当然表示反对,认为协定签字后一星期内撤兵太迟,六个星期撤至第二道防线时间太长,劝日方缩短期限②。日方提议的第二道防线即公共租界及越界筑路的毗连地带指真如、大场、杨行、狮子林一线。中方坚决反对,认为范围过大。

关于日军撤退区域,"日本陆军主张现在占领地区的大部分、上海、吴淞地区当然在内,连离上海很远的松江也作为占领地不准中国军队进驻。另一方面,海军以保障通到上海的水路安全需要为理由,坚持中国军队须从黄浦江入口的南岸及上海的黄浦江对岸的广大地区撤退"。中方坚持"如果日本不缩短迄今为止的占领地区,就不停战"③。英、美

---

① 《日本帝国主义侵华档案资料选编·"九一八"事变》,第612页。

② 《日本帝国主义侵华档案资料选编·"九一八"事变》,第612—613页。

③ 《重光葵外交回忆录》,第96—97页。

等国代表认为中国军队将来不能进驻的地区，如果只是上海租界及与租界直接接触且有重要设施的地区，尚无妨碍，日军要维持现在的战线是不妥当的。为此，25日停战会议决定由中国代表黄强和日本代表田代另组军事小组委员会，讨论中国军队驻扎地点和日军撤退区域问题。

在26日的会谈中，中日双方均对日草案第四条及其附件关于共同委员会的组成及任务表示同意。对于第五条，郭泰祺认为日草案中已规定当日军撤退遇疑问发生时，由友邦代表查明，无须用飞机侦察。对于第六条，认为此时既已停战，"防止毁约，实为过虑"，没有讨论的必要①。蓝普森也认为应将此条删去。日方不再坚持。最后讨论日草案第七条，日方主张停战协定中、日文并用。郭泰祺主张用中、日、英三种文字。英、法、美代表对此赞同，日方最后也表示同意。同日上午军事小组委员会讨论日军撤退区域问题，"日将狮子林、杨行、大场、真如之线放弃，提出吴淞、江湾、闸北、引翔乡四区为暂驻地"②。我方拒绝，坚持停战原则第二项，认为吴淞、江湾、闸北等处范围太大，非租界毗连地段，故不能同意③。日方则坚持分两步撤军至公共租界及越界筑路地带。下午讨论时，日方放弃昆山、吴淞炮台区域，只要吴淞镇、张华浜一带，至江湾、闸北则保留再议。引翔乡毗连租界，为日军飞机场所在地，力主非暂驻该地不可④。随后日方允诺日军从前线撤至公共租界及越界筑路毗连的时间从六周缩短为四周。

至26日，会谈取得的成果为：将日草案第一条具体化为停战协定附件第一号；同意日草案第三条为停战协定第三条；同意日草案第四条为停战协定第四条；删除日草案第五和第六条；同意日草案第七条，改为停战协定第五条。

① 《日本帝国主义侵华档案资料选编·"九一八"事变》，第615页。
② 《日本帝国主义侵华档案资料选编·"九一八"事变》，第615页。
③ 《停战协定要点待商》，《申报》1932年3月27日。
④ 《日本帝国主义侵华档案资料选编·"九一八"事变》，第616页。

　　28日,停战会议继续召开。讨论撤兵期限问题,郭泰棋主张日军应在一定期限内完全撤退,恢复1月28日以前的状态。日方重申第一步退至租界附近,原则上可定期限,至于第二步从租界及越界筑路毗连地区退至租界及越界筑路地段,则不能规定期限,须视地方情势而定,并谓日机可自由侦察中国军队防线。中方认为这将侵犯中国领空权,不能接受。29日,在讨论第一条有关便衣队问题时,中方坚决要求删除关于"便衣队"的规定,结果依蓝普森提议改为"停止一切及各种敌对行为"。关于撤退时间问题,植田谓日军"撤退时间须视撤退地点而定,现地点在小组委员会讨论尚无决定,故已允之四星期亦须加以保留"①。

　　30日,军事小组委员会继续讨论日军撤退地点问题。日方提出四个地点:闸北方面,为日本公墓至六三花园一带;江湾方面,为万国体育场一带;引翔方面,为杨树浦及其以东远东运动场一带;吴淞方面,为吴淞镇至蕴藻浜、张华浜一带。四处各自分立,不相连接,至于距离若干、驻兵若干,按照地图均有详细规定,另要求于京沪、沪杭两铁路交叉处潭子湾、叉袋角一带驻兵。中方对此坚决拒绝,要求日方考虑江湾跑马厅以东、杨树浦以外、闸北区铁路以东、蕴藻浜以南及铁路以东等地为撤退地点。

　　31日,停战会议首先通过协定第二条,规定中国军队暂驻现在防线,以待将来解决。但附加一项中方的声明:"本条不能限制中国政府关于其军队自由行动之永久职权。"②随后讨论日军撤退区域和期限时,中方表示:日方要求的撤退区域过大,且撤退无定期。日方代表则坚持视地方秩序完全恢复之后决定撤兵日期。郭泰棋"即以公共租界与法租界之取消戒严为上海秩序业已恢复之明证,促日方从速撤退"。日代表仍坚持认为秩序未完全恢复③。同日军事小组会议讨论日军撤

---

　　①　《"一二八"战役中日停战谈判纪录(上)》,《民国档案》1991年第1期。

　　②　《淞沪抗日画史》,第15页。

　　③　《郭泰棋之谈话》,《申报》,1932年4月2日。

退区域问题,结果为"除闸北之三角地面华人欲以铁路以东之一区域代替外,关于其他各地方,双方达到一试行之协定"①。即引翔方面,为引翔港一带;江湾方面,为万国体育场一带;吴淞方面,为吴淞镇至蕴藻浜张华浜一带。实际上日方作了一点让步,对于闸北区域,要求以六三花园日本公墓以东为撤兵暂驻地,放弃江湾镇及吴淞炮台,"自江湾镇至以吴淞河栈桥为中心二基罗地点之间各处,保有一部三角地带为暂驻地点"②。关于闸北,我方不同意日军退至日本公墓至六三花园一带。这就是说,中方在日军暂驻的"毗连地段"问题上作出让步,即对日方提出的吴淞、江湾、引翔港三处不再表示异议,只对闸北一地表示异议。

此后,日军撤退时间和撤退区域问题是中日双方谈判的焦点所在。

4月2日,停战会议仍讨论日军撤退期限问题,分两步讨论:第一步日军自前线撤至公共租界及越界筑路毗连地区,日方表示于六星期内完成,我方坚持以三星期为限。尔后商定折中办法,规定停战协定签字后一星期内,日军开始撤退,四星期内完成,但日方尚未完全同意。第二步,讨论日军自公共租界及越界筑路毗连地区撤至1月28日以前的原防,此是争论的中心,日方坚持待地方秩序完全恢复后才能进行。在军事小组委员会上,首先讨论日军撤退地点。日本代表除坚持闸北地区外,另要求将吴淞方面扩充,包括吴淞炮台及曹家桥,中方不同意,会议陷入僵局。各国公使谓,日方如欲坚持闸北,则将蕴藻浜北岸吴淞镇一带放弃。日方仍反对。在继续讨论中,日方节外生枝,询问中国军队在苏州河以南与南市、浦东等处的防务情形,中方谓此与停战会议无关,不能回答。

日方询问中国军队在苏州河南与南市、浦东等地的驻防情况,其目的是要求中国军队从这些区域撤走,使上海周围地区非军事化③。日

---

① 《"一二八"战役中日停战谈判纪录(上)》,《民国档案》1991年第1期。

② 《日代表之请训》,《申报》,1932年4月2日。

③ *FRUS*,1932,Vol.3,p.673.

方在此问题上大做文章,牵扯了停战协定第一条迟迟得不到确定。这成为中日谈判的又一个焦点所在。

4日下午3时,停战会议开会。植田发言,强调撤退期限须视日后情形而定,又谓华军驻防地点与日军撤退至为有关,请求中方说明苏州河以南华军驻防情况。郭泰祺认为该项讨论与本会议议题无关,本会主要讨论停战与撤兵。事关中国主权,中国军队驻在本国领土行动完全自由,不受任何限制。况且此次南市中国军队并未参战。会议争论该问题达两小时之久,没有结果。会议继续讨论日军撤退期限问题,也毫无收获。军事小组会议讨论日军撤退地点问题,江湾和引翔港达成协议,日代表声明放弃京沪、沪杭铁路交叉点潭子湾及叉袋角一带,但闸北及吴淞镇两地仍未达成协议,中方反对日军驻在吴淞河以北地区。

6日军事小组委员会开会,就日军退驻"毗连地带"的具体范围初步确定四处:吴淞方面,为吴淞镇、蕴藻浜、张华浜,包括张华浜车站,东至黄浦江,成一半圆形之地点;江湾方面,东北自殷行镇,西南至万国体育场,成一长圆形地点;闸北方面,在横浜桥东,包括六三花园、日本公墓及天通庵车站,成一三角形地点;引翔港方面,东至黄浦江,南接公共租界杨树浦东端,包括沪江大学及引翔港镇,成一扇面形地点①。但以上四处双方同意不得妨碍交通,所以吴淞方面的张华浜车站和闸北方面的天通庵车站均可通车。中方声明,如日军撤退期限未定,则此次协议亦作无效。会议决定7日下午2时双方代表及各国武官分头前往实地视察。

7日,植田在停战会议上重提苏州河南及浦东一带中国军队防务问题,郭泰祺当即驳斥。双方相持甚久。对于日军撤退期限,仍坚持各自的立场。最后,蓝普森提出折中办法三种:一、日方发一单独宣言,日军期望于六个月内,地方情形进展至确保安全之时,完全撤退。二、中日共同宣言附加华方声明,非至日军完全撤退,中国认为本协定尚未履

---

① 《停战会议昨开小组会》,《申报》,1932年4月7日。

行。三、华方发表单独宣言,非至日军完全撤退至公共租界及虹口地区,中国认为国联决议案之精神及本协定尚未履行①。以上三种调解办法,双方代表各自请示其政府后,再行讨论。

8日,军事小组委员会继续讨论日军暂驻地区问题,在6日讨论的基础上进一步达成一致:一、吴淞方面,于蕴藻浜北岸纵横各2000公尺,南至外马路附近,西至康家河及北泗塘河,北达印家宅、孙家楼,东至黄浦江畔,但吴淞镇、淞沪铁路、同济大学、中大医学院、中国公学等处,日军均不得驻扎,其周围边界,则以附近小河为天然界限。二、江湾方面,以淞沪铁路以东的跑马场及殷行乡属之,其周围亦以小河为界。三、引翔港方面,自引翔港西北至军工路之一部,但沪江大学不在此限。四、闸北方面,为六三花园、日本公墓一带,西以横浜东以淞沪铁路为界。吴淞方面,经各代表亲自考察,规定较详。其余三地均未作最后决定,俟11日考察后再行讨论。

9日下午5时,停战会议继续讨论日军完全撤退期限问题。日方表示对英使折中办法第一种可以接受。中方谓三种折中办法对所要求的日军最后撤兵期限问题均未确实解决,且涉及日侨生命的保护和安全等政治问题,不能接受。对于日方准备接受的第一种,中国政府原不同意,但提出修改意见,将第一种办法中的"期望"二字改为"切望",并将六个月撤兵期限改为三个月。日方坚决不同意,争执多时。我方遂改为四个月,日方仍不答应②。蓝普森提出调停方案:"对中国方面撤回把六个月的时间缩短为四个月的要求,对日本方面希望在日本声明中改成中国所要求的'恢复平常状态',以便妥协。"③敦劝双方再请示各自政府。本日军事小组委员会讨论浦东及苏州河以南我军驻兵问题,仍无结果。

<hr>

① 《英使折中办法》,《申报》,1932年4月8日。
② 《撤兵期限》,《申报》,1932年4月10日。
③ 《日本帝国主义对外侵略史料选编(1931—1945)》,第62页。

11日,停战会议军事小组代表赴殷行、江湾、闸北,实地勘察日军暂驻区域。下午3时,军事小组委员会开会,继续讨论浦东及苏州河以南中国驻军问题。双方重复以往的争论,未取得任何结果。但对于吴淞、江湾、引翔和闸北等日军暂驻区域,在地图上详细标出。至此,解决了日军撤退区域问题。

14日上午军事小组委员会开会,日方代表要求中方说明中国军队在浦东及苏州河以南驻扎情形。中国代表认为日方别有用心。随后双方又展开争论,毫无结果。

由于日本不确定撤军的时间表,中国政府11日将争议不决的日军撤退期限问题提交国联十九国委员会讨论。16日,国联十九国委员会开会,经过三天的秘密讨论,于19日通过决议草案十四条。该决议案声明日本对国联"三月两决议案须切实遵守。日军未全撤退前,不能认为履行决议案"①。日本认为,鉴于十九国委员会的性质,它无权审议和决定停战条件,所以坚决反对该决议草案,尤其反对其中的第十一条,即"日本军队的完全撤退,应合理地予以实施,根据当事国之一的请求,将宣布其实施时间到来的权限"交给由在上海的中立国代表和日、中两国代表组成的共同委员会,该委员会采用多数表决制。这等于将日军撤退时间的决定权委托给第三国,日本绝对不会容忍。日本陆军认为这一条款侵犯统帅权②。于是蓝普森和国联秘书长德鲁蒙(E. Drummond)等人出面斡旋,提出折中办法,将第十一条改为"共同委员会依照停战协定附件规定表决之办法,对于两国履行协定认为遇有忽略时,有促令其注意之权"③。由此国联决议案的权力大为缩减,不能确定日军撤退时间,如日方不按时撤军,仅有"促令其注意之权"。这实际上成为停战协定附件第三号的主要内容。日本政府对此默认。

---

① 《中央日报》,1932年4月21日。
② 《满洲事变》,第400页。
③ 《"一二八"战役中日停战谈判纪录(下)》,《民国档案》1991年第2期。

22 日晚,蓝普森与郭泰祺由沪抵京,协商沪事解决折中办法。25 日,外长罗文幹、次长郭泰祺偕蓝普森会晤蒋介石和汪精卫。汪表示,蓝氏的折中方案是中国政府所能退让的最低限度①。26 日,蓝普森与郭泰祺由京返沪。27 日,中国外交部情报司长张似旭与日使馆二等秘书冈崎胜男在上海英国领事馆整理双方历次会议讨论的淞沪停战协定条文。是日上午重光葵通知蓝普森,日本政府对折中办法表示接受。这样,中日双方对停战协定附件第三号达成协议。另外,对停战协定附件第二号中关于日军撤退时间也达成协议,加上 4 月 11 日日军撤退区域问题的解决,这就表明双方就停战协定附件第二号达成了协议。

28 日下午 3 时,郭泰祺与日本代表及英、美、法等国公使在上海英国领事馆举行非正式会议,将中日双方已接受的蓝普森的折中方案予以形式上的通过,并入协定附件第三号中。29 日,日本在上海的军政要人白川义则、植田谦吉、野村吉三郎、重光葵等在虹口公园庆祝天长节,并举行阅兵式时,被朝鲜独立党员尹奉吉掷弹炸伤,但经中、英、日三国外交当局的接洽,决定停战会议继续进行。

30 日,国联大会召开,通过十九国委员会提出的中日停战决议案十四条。

5 月 1 日,外交部训令郭泰祺签订淞沪停战协定。同日,重光葵接到外务省训令,表示虹口炸弹案与停战会议无关,但坚持苏州河以南及浦东不准中国军队驻扎。2 日上午,英使通知各国小组会议代表会同中方代表,非正式讨论重光葵的意见。中方表示坚决拒绝,会谈又成僵局。蓝普森派英国军事代表桑布尔(Badham Thornhill)调停。晚 6 时,桑布尔和中日代表开会,结果达成协议,即中国代表口头声明:在龙华东西一线以北的浦东地区没有中国军队,将来中国当局也无意向该地派兵,但为了维持治安,在必要时保留派遣军队的权利②。日本不再

①　*FRUS*, *1932*, Vol. 3, p. 720.

②　*DBFP*, Series 2, Vol. 10, London, 1969, p. 399.

提及苏州河以南及浦东中国驻军问题。这样,双方就停战协定第一条达成了协议。至此,停战协议共五条、附件共三号均已谈妥。小组会议从此结束,并将议决各案移交5日的停战会议决定。上海民众得悉淞沪停战协定对中国的利益损害很大,颇为气愤,5月3日,郭泰祺被抗日救国团体代表四十余人殴伤左额。

5月5日,停战会议开会。出席代表,中方为郭泰祺的代表张似旭,军事代表戴戟和黄强。日方为重光葵的代表使馆一等书记官守屋,军事代表田代和岛田。中立国代表均参加会议。《淞沪停战协定》先后由在四川路福民医院的重光葵和大西路宏恩医院的郭泰祺签字。该协定共有五条、附件三号。协定第一条规定:"关于停战情形遇有疑问发生时,由与会友邦代表查明之。"第二条规定:"中国军队在本协定所涉及区域内之常态恢复,未经决定办法以前,留驻其现在的地位。"附件一还规定中国军队的留驻地位为,从安南镇正南苏州河沿北经望仙桥,然后至西北长江口上的浒浦口①。在中国领土发生的一切停战疑问,中国无权过问,而需要第三国来查明处理;中国无权宣布"常态"的恢复,也无权改变其驻军地位,从此中国失去了在上海的驻兵权。这是对一个独立国家主权的严重损害。国民党后来尝到这种苦果,所以在1936年9月外交部长张群与日驻华大使川越茂会谈时,要求取消上海停战协定(详后)。

协定全文签字后,日方代表宣布日军自5月6日起开始撤退。

日本侵略上海对英、美等西方大国在长江流域的利益造成了严重的威胁,并破坏了远东均势。英、美等国调解上海事变的目的在于维护第一次世界大战后在远东地区建立的国际新秩序。它们此时的对日态度比"九一八"时期有所不同,采取了一些强硬措施,在一定程度上谴责和牵制了日军的侵略行动,使日军不敢在中国放胆侵略。这在客观上有助于中国军民的抗战。但英美等国将自己的利益置于世界和平的大局和国际公约的权威之上,不从世界安全的大局着想,不考虑帮助中国

---

① 《日本帝国主义侵华档案资料选编·"九一八"事变》,第631—632页。

抵御日本的侵略和中国要求制裁日本的呼吁,不遏止日本称霸世界的野心,结果放纵了日本侵略,引火烧身,自食其果。国民政府利用英、美等大国和国联与日本的矛盾,积极要求它们对中日冲突进行干预,赢得了国际社会对中国的同情和支持,为中国的抗战营造了良好的国际环境,这是值得肯定的。问题是国民政府一味依赖外交解决问题,坚持"一面抵抗,一面交涉"的错误政策,将国家和民族的命运寄托于大国的调停,结果以签订丧权辱国的协定而告终。

第五节　国民政府迁都洛阳与国难会议的召开

一　国民政府迁都洛阳及返京

淞沪抗战爆发时,驻泊南京下关有三艘日本军舰,随后增至七艘。南京当局对日本的战略意图判断失误,认为日军进攻上海仅是其"第一目的",其战略目标"不外占领南京,控制长江流域"[1];战火将扩大至全中国,"中国重要各地亦随时均有重大危险发生"[2]。南京当局惧怕日本的原因在于防守首都南京的兵力空虚,其统辖的主力部队均集中在鄂、赣等地"围剿"红军,防卫京、沪、杭的军队,除十九路军外,只有第八十八、八十七两个师的兵力。南京当局担心一旦日军占领上海,向南京推进后,势必威胁中央政府的安全,因此决定迁都至中原腹地洛阳。另外,迁都还可显示国民政府"长期抵抗"日本的姿态,以弥补"不抵抗主义"招致的责难。

1月30日,国民党中央、国民政府决定迁都洛阳。国民政府发表《迁都洛阳宣言》,表示:"兹者政府为完全自由行使职权不受暴力胁迫

---

① 蒋介石:《第二期抵抗作战方案》,1932年3月10日,《绪编》(一),第516页。
② 《绪编》(一),第434页。

起见,已决定移驻洛阳办公。"①随后,行政院长汪精卫、行政院副院长兼财政部长宋子文、军政部长何应钦也各自发表谈话,声称日军对首都南京的威胁将危及国家的政务中枢,重申国民政府迁都的目的是出于长期抵抗的决心。

国民政府各院、部、会等机关从 1 月 30 日起,陆续从南京移至洛阳。国民政府主席林森、行政院长汪精卫等国民党政要也于当日动身赴洛阳。蒋介石从南京抵达徐州,准备前往洛阳。2 月 1 日、2 日将所有印信及案卷输送洛阳,所有职员一律随同前往。国民政府迁洛后,军政部和外交部留守南京,何应钦、罗文幹和陈铭枢仍留南京办公,由何应钦负责一切事务;汪精卫、国民党中政会在洛阳办公;蒋介石往来于洛阳、南京、徐州、浦口等地,进行全盘决策;宋子文、郭泰祺、孔祥熙等常驻上海,由宋子文指挥。

3 月初召开的国民党四届二中全会议决洛阳为行都,并设陪都于西安,定名西京。

《淞沪停战协定》签订后,国民党统治的中心地区南京得以暂时苟安,加上"自称革命的新贵们"的国民党政要自迁都洛阳后,失去了奢侈的生活条件和享受,立即垂头丧气,表示不满,希望尽快还都南京。5 月 14 日,汪精卫、居正通电称,国难严重,政府此时不应迁回南京。回京问题,须待国民党四届三中全会决定②。6 月,国民党某中央委员表示,国都由洛阳迁回问题,外界传将于 7 月进行,但东北问题未解决,理论上固然不好表示迁回,但事实上行政院原在南京办公,不过送洛阳用印而已③。这样,还都南京问题暂时搁置。

11 月 17 日,国民党举行第四届中央执行委员会第四十七次常会,决定 12 月 1 日中央党部、国民政府及各院、部、会迁回南京。12 月 1

---

① 《"九一八"——"一二八"上海军民抗日运动史料》,第 271 页。
② 《国府暂不迁回》,《申报》,1932 年 5 月 15 日。
③ 《国都迁回有待》,《申报》,1932 年 6 月 5 日。

日,国民党中央、国民政府举行回京典礼。国民政府迁都洛阳期间,主持召开了国难会议。

二　国难会议的召开

日本发动侵略中国东北和上海的战争,使中国面临严重的国难。在民族危机日益加深的情况下,民族资产阶级和小资产阶级代表及国民党内非主流派强烈要求国民党结束训政,集合全国人民共谋拯救国难之道,由此掀起了结束训政、实行宪政的浪潮。

1931 年 11 月 22 日,国民党第四次全国代表大会主席团推举蔡元培向大会提出一项临时动议说:"现在国难正急,中央亟应延揽各方人才,于中央执行委员会领导之下组织一国难会议,以期集思广益,共济时艰。"①国民党四大第九次会议对此原则上予以通过,交第四届中央执行委员会办理。12 月 9 日,国民党中央政治会议举行第二九八次会议,决定由叶楚伧、戴季陶等七人筹备国难会议,并决议国难会议组织大纲为:"决定国难期内外交财政军事及关于国难一切临时设施方针";"国难会议决案,由中政会转国府执行之"②。

12 月,国民党召开四届一中全会,孙科、何香凝、王法勤、李烈钧等部分中央委员在会议中提出提前结束训政(按照国民党中央以前的决议,训政应于 1935 年结束)筹备制宪的提案。全会主席团将上述提案合并,整理归纳为两条原则:一、召开国难会议,讨论御侮、救灾、绥靖各事宜;二、国民救国会议的召集,交由国民党中常会筹议办理。12 月 28 日,全会作出决议:由国民政府半个月内召集国难会议,讨论御侮、救灾、绥靖等事宜③。1932 年 1 月 18 日,国民政府发布命令,定于 2 月 1

---

①　中国国民党第四次全国代表大会编:《国难会议纪录》,第 5 页。

②　《社评:国难会议》,《大公报》,1932 年 1 月 24 日。

③　《一中全会决定》,《民国日报》,1931 年 12 月 29 日。

日在南京举行国难会议,由行政院办理。

国难会议会员人选,经国民党中央物色,国民政府和行政院共同分四批公布,共五百二十余人,其中有旧北洋系军人、北洋军阀政府的政要、外交人士、金融人士、工商界人士、文化教育界人士、交通界人士、华侨领袖、满蒙王公及活佛等。首都各界抗日会认为国难会议会员人选未能真正代表民意,曾决定请国民党中央从速召开国民救国会议。

因国难会议会员散处各地,淞沪战事引起交通阻隔,经行政院呈请,国民政府同意国难会议改在 2 月 11 日召开。淞沪抗战爆发后,1 月 30 日国民政府迁都洛阳,国难会议筹备不及。在此情况下,又决定改在 4 月 1 日举行。后仍因时局混乱,3 月 22 日行政院第十四次会议决定国难会议再展期至 4 月 7 日开幕。

民族资产阶级和小资产阶级代表对于即将召开的国难会议纷纷表态,要求废除国民党一党专政,结束训政,实施宪政。国难会议平津会员吴鼎昌、左舜生、王造时等人公开披露他们拟向会议提出的重要议案,即对日作正当防御抵抗到底;从速结束党治,实施民治①。江苏国难救济会请求政府明令允许人民公开组织政团;停发国民党各级党部经费;集合全国人才,组织国难政府;3 个月内开始实施宪政;5 个月内成立民意机关②。全国救国会要求取消一党专政,制定宪法;对日采取抵抗政策;罗致人才,组织国难政府③。

3 月 11 日,行政院公布《国难会议组织大纲》,其中第二条称"国难会议委员由国府就全国各界富有学识经验资望之人士聘任之"④。从这一点就可看出国难会议的性质是少数名流参加的咨询会议,对国民

① 《平津国难会员拟提重要议案》,《申报》,1932 年 3 月 18 日。
② 《江苏国难救济会对于国难会议之表示》,《申报》,1932 年 2 月 26 日。
③ 《全国救国会招待国难会议会员提出意见》,《申报》,1932 年 2 月 3 日。
④ 《国难会议组织大纲公布》,《申报》,1932 年 3 月 12 日。

党没有约束力。其时某国民党中央委员放出空气说："国难会议并非立法机关，亦非执行机关，不过讨论出办法来，供中央之参考。"①接着，国民政府公布了《国难会议议事规则》，其中第四条规定，国民党中执委、国民政府委员、各院院长及各院所属部会的部长、委员长均得出席。这反映出国民党想一手包办这次会议。第二十一条规定本会议设置御侮、救灾、绥靖等审查委员会。此条的用意是严格限制会议的议题，不可越雷池一步。3月24日，国民政府明令国难会议4月7日在洛阳举行，并通知各会员，声明"不谈政治"②。

被选为国难会议会员的民族资产阶级和小资产阶级代表对于国民党限制会议范围表示不满，要求国民党改弦更张，立即结束党治，实施民治。3月底，平津国难会议会员熊希龄等八人抵达南京，向汪精卫询问国难会议的范围，要求结束训政，实现宪政。汪答：中央决定会议范围为御侮、救灾、绥靖，行政院可负责答复。超过此范围，本人不能回答③。并生气地表示："国民党的政权，是由多年革命流血所取得来的，你们有意要求取消党治，你们就去革命好了。"④上海和平津的多数会员以政府限制国难会议规条，拒绝赴会。上海的张耀曾、王造时、张一麐、沈钧儒等发表通电说："遵召赴会，为严守制限，置救亡大计不提，则对国家为不忠，对政府为不诚。而政府既已严定会议制限，则此实施宪政之案，又无提出会议余地。思维再四，与其徒劳往返，无补艰危，不如谢绝征车，稍明素志。"⑤平津会员熊希龄等在宣言中则说："倘赴议而默然，则与同人奔走国难之初衷相违反；倘言而不及根本，则上述三项

① 《时评：召集国难会议平议（上）》，《申报》，1932年1月28日。
② 沈云龙：《国难会议之回顾（上）》，台北《传记文学》第30卷第6期。
③ 《汪精卫在中央纪念周报告》（1932年4月25日），《中央日报》，1932年4月27日。
④ 李璜：《学钝室回忆录》，台北传记文学丛刊，第180页。
⑤ 《国难会议沪会员不赴洛》，《申报》，1932年4月6日。

(指御侮、救灾、绥靖),政府固已优为之矣。"①

　　4月7日上午10时,国难会议在洛阳开幕,原定会员有五百二十余人,结果到会者仅144人。"平津国难会员以政府不许讨论政治问题,多不欲与会。平津会员九十余人中,去者不及二十人","在沪七十余人之国难会员,去者亦属寥寥"②。"乃自职权被限,会期复促,政府无邀请全体必须到会之心,亦未期待该会必受重大效果,故反对派之有组织者,相率缺席,多数智识分子,因洞察前途,亦遂认为无到会必要"③。

　　汪精卫在开幕词中一方面强调要振兴民族意识,抵御日本的进攻,另一方面又重申国难会议的范围,说:"在国难会议里讨论御侮、救灾、绥靖与各事宜,所以如果是在这范围以内的问题诸君讨论所及,行政院是当然负责答复,但是如果在范围以外的问题,则恕非行政院权限所能负责答复了。"④下午2时,召开国难会议预备会,选出王晓籁、张伯苓、高一涵、刘衡静、童冠贤组成主席团,同意汪精卫提名章嘉呼图克图担任国难会议名誉主席。

　　8日上午,国难会议开第一次大会。大会设御侮、救灾、绥靖三个审查委员会。汪精卫代表国民政府作关于御侮、救灾、绥靖问题的报告,冠冕堂皇地表示:"近来各方面颇望缩短训政期限,实行宪政,此点余可代表本党与政府同人明白表示,极端赞同","并可正式声明,宪政开始,决非谓必须俟地方自治完成以后","而将训政时期延长,更无以对国人"⑤。外交部代表黄朝琴作外交报告。下午由军政部代表曹浩森作军事报告,财政部代表黄维钦作财政报告。9日原定开大会,因会员提案达二百七十余件,建议书108件,遂决定开分组审查会议,整理提案。晚7时,汪精卫宴请国难会议会员,发表演说,说明在洛阳开会

　　① 《大事述评》,《国闻周报》第9卷第14期。
　　② 《国难会议会员》,《申报》,1932年4月6日增刊。
　　③ 《社评:国难会议与当局态度》,《大公报》,1932年4月13日。
　　④ 《汪精卫致开会词》,《申报》,1932年4月9日。
　　⑤ 《大事述评》,《国闻周报》第9卷第15期。

之要义,表示要"用西北作最后的长期的抵抗根据,打破自建立民国以来最严重最危急的当前的国难!"①

10日上午,国难会议召开第二次大会。汪精卫作关于军事、外交、财政的补充报告。他表示:"因政府如签丧权辱国协约而亡国,不如不签而亡,反有复兴之可能。故政府于此,亦可和亦可战,即能在最低限度以上可解决,即可和,否则即可战。"②会议讨论御侮问题,决议:"甲、凡侵害国家政治独立及领土与行政完整之敌国,政府应兼用武力与外交抵抗到底,有违上述原则之条约概不得签订。乙、在政府努力实行上项原则之时期内,全国人民不分党派阶级,概应尽最大之力量赞助政府共同御侮。""积极联络主张正义维护国联盟约、九国公约、非战公约之各友邦,以期充分获得各国之同情并巩固太平洋之永久和平。"③并电慰东北李杜、丁超、苏汉章暨全体抗日义勇军将士。下午2时,国难会议召开第三次大会,推定陶希圣等七人为国难会议起草宣言。

11日上午9时,国难会议召开第四次大会。王晓籁、胡廷銮等人提出议案。汪精卫归纳各方提案,认为可分两类:一、即日结束训政,实行宪政,并立即改组政府;二、非国民党五大不能讨论结束训政促成宪政问题④。会员对此两种观点争执激烈。多数审查委员认为改组政府可能引起纠纷,立即制定宪法恐民治基础不牢。"首以提前结束训政付表决,起立者仅十二人,少数否决,再以应请政府办理地方自治如期结束训政案付表决,大多数起立通过"⑤。大会最后通过决议:一、政府应切实办理地方自治,如期结束训政。二、宪政未实施以前,提前设立中央民意机关,定名为国民代表会。三、国民代表会有议决下列各事项之

---

① 《汪院长宴国难会议会员演说词》,《国难会议纪录》,第26页。

② 《大事述评》,《国闻周报》第9卷第15期。

③ 《国难会议纪录》,第56、57页。

④ 《汪院长昨日抵京　过徐谈国难会议经过情形》,《中央日报》,1932年4月15日。

⑤ 沈云龙:《国难会议之回顾(下)》,台北《传记文学》第31卷第1期。

权;预算决算;国债;重要条约①。汪精卫对此表示:"以行政院长的资格,固然不能答复一定可以采纳,即以中央委员的资格也没有此权力。"②

下午 2 时,国难会议召开第五次大会。通过决议:一、国民代表会由各大都市职业团体、海外华侨及各省区地方人民选出的代表 300 人以上组成。二、国民代表会应于 1932 年 10 月 10 日以前成立,在国民代表会未开会前,政府应依据上列原则修正《国民政府组织法》。会员陶孟和、胡大刚、萧训等提出关于新闻、人身、言论、集会、结社、出版等方面自由的议案,大会就此讨论后通过决议:一、废止各种带政治性质的特别刑法;二、保障司法独立,非法定机关概不得干涉或妨碍人民合法的自由;三、除有妨碍公众安宁秩序的具体表现者外,言论、集会、结社一律自由;三、共产党在未放弃暴动政策以前,不得享有上项自由;政府应立即根据上述各项原则,分别修正现行法规,并制定集会及结社法③。此外,大会还就改造海军整饬海防以抗暴日、"清剿"共产党绥靖地方、军制改革、对日军事策略通过有关决议。会议致电即将赴东北调查的国联调查团,请调查团成员主持公道,"根据事实,为正确之报告,使日本强暴情形得以明白昭著于世界,受正义与公理之裁判"④。会议还致电慰问东北义勇军。

12 日上午 8 时,国难会议召开第六次大会。主席臧启芳在闭幕会议上致词,就拯救国难的方法说:"对外一致御侮,无分党派,竭诚拥护现在的政府";"对内促成民主政治的实现"⑤。大会通过政府克日将张学良撤职查办,所属军队着军委会妥为处理,以便收复东北等地案。此

---

① 《国难会议纪录》,第 69—70 页。

② 《汪精卫在中央纪念周报告》(1932 年 4 月 25 日),《中央日报》1932 年 4 月 27 日。

③ 《国难会议议决设立民意机关》,《申报》,1932 年 4 月 13 日。

④ 《国难会议电国联调查团》,《申报》,1932 年 4 月 13 日。

⑤ 《主席臧启芳致词》,《国难会议纪录》,第 29 页。

外,大会还就整饬军纪、推进地方自治、改善蒙藏军事政务宗教教育、救灾、统制义勇军并扩大其势力、经济建设、扩张空军等案通过有关决议。并发出四电:慰勉国联中国代表颜惠庆;嘉慰华侨捐款救国;嘉慰上海民众;勖勉全国将士。会议发表宣言,历述日本侵略东北和上海的罪行,表示:"本会议以为中国在此严重局面之下,非集中全国才力共作长期抵抗无以图存。"此外,还提出"在中央应有民意之机关,在地方应谋自治之促进";"保障言论出版集会结社自由";"发展生产自是要图"。宣言最后强调:"惟当东北三省及淞沪被蹂躏之余,御侮尤为急务。"①

国难会议通过的要求国民党结束训政,实施宪政,成立民意机关,保障人民各种政治自由等决议,反映了在民族危机空前加深的情况下,民族资产阶级和小资产阶级对国民党实行独裁专制,推行"攘外必先安内"的误国政策的不满。正因为如此,国民党对国难会议极为不满。它不是真心诚意地开好此次会议。在会议未开之前就限制会议范围和权限;在会议中诘难、阻滞对己不利的决议,"由汪兆铭一手导演,自拉自唱"②。参加会议的会员蒋廷黻认为"政府对于国难会议的态度,全不一致,连行政院本身就不一致,外交部、军政部、财政部,倘以他们对会议报告为标准,显然是无诚意的"③;更有甚者,会后对国难会议极尽诬陷、漫骂之能事。国民党中央委员张道藩4月11日在南京中央党部纪念周作关于国难会议的报告时,诬蔑国难会议会员"其分子复杂,情形紊乱,黄红黑绿,无所不有",甚至称"主张取消党治者,大抵为有党派背景之政客,或帝王军阀之走狗,平日摧残民治,根本上无谈政治资格";并主张效法意大利法西斯以党治国④。

民族资产阶级和小资产阶级代表对于国民党在国难会议上一手遮

① 《国难会议宣言》,《国难会议纪录》,第2—3页。
② 沈云龙:《国难会议之回顾(下)》,台北《传记文学》第31卷第1期。
③ 沈云龙:《国难会议之回顾(下)》,台北《传记文学》第31卷第1期。
④ 《社评:国难会议与当局态度》,《大公报》1932年4月13日。

天的做法不敢大胆抗争,反映了他们在反对国民党独裁统治,争取参政议政,争取民主自由的斗争中的软弱性。国难会议开幕时,陶孟和强调会员应尽其所能"辅弼"国民党;在会议中有的代表不敢要求国民党提前结束训政,实施宪政,改组政府,成立国防政府;更有甚者,臧启芳在国难会议闭幕会议上致词时称:"闭会以后,会议完全结束,今后在国难期间各人可以国民资格来奔走国事,不可再以国难会议会员的名义来说话。"①这就是说,国难会议结束后会员不能监督政府。

国民党当局认为国难会议通过的要求宪政、实行民主自由等决议不属于会议范围,因而拒不接受,这些决议也就被束之高阁,成为一堆废纸。如决议中要求 10 月 10 日成立国民代表会,结果落空。决议中要求政府不得签订丧权辱国的条约,而一个月后国民党当局就同日本签订了《淞沪停战协定》。

国难会议无论如何是解救不了中国的国难的,拯救国难的真正途径,正如时人所说:"我们现在需要的是一个权威超过一切之真正的国民会议,产生一个真正的国民政府,创造出一个名实相符的中华民国。"②

第六节 国民党"攘外必先安内" 政策的提出

国民党"攘外必先安内"政策的基本点是:对内主要针对中国共产党,对外主要针对日本帝国主义,而且"剿共"被当成抗日的前提。这一政策在一个相当长的时间里,成为国民党处理国内外问题的主导政策。

"攘外必先安内"作为处理中国内政外交的基本原则,是在"九一八"事变爆发前夕由蒋介石提出来的。1931 年 2 月蒋介石、胡汉民的

---

① 《国难会议纪录》,第 29 页。
② 《国难会议与名人会议(下)》,《申报》,1932 年 1 月 29 日。

"约法之争"导致宁粤对立。5月,以汪精卫为代表的反蒋派在广州成立国民政府,与南京中央政府相颉颃。粤、桂反蒋势力通电要求蒋介石下野,还派邹鲁用50万元收买石友三反蒋。7月,石友三打起反蒋旗帜。与此同时,日本帝国主义为侵略中国东北,7月蓄意制造了万宝山事件,在朝鲜境内煽动制造迫害华侨的朝鲜惨案。此外,江西红军接连打破国民党军队对红军的第一和第二次"围剿"。面对内外交困的窘境,7月23日蒋介石向全国发出《告全国同胞一致安内攘外电》,提出:"惟攘外应先安内,去腐乃能防虫。此次如无粤中叛变,朝鲜惨案即无由而生,法权收回问题亦早已解决,不平等条约之取消自无疑义。故不先剿灭赤匪,恢复民族之元气,则不能御侮。不先削平叛逆,完成国家之统一,即不能攘外。"①在此通电中,蒋首次提出"攘外必先安内"的口号,规定"攘外"即反对包括日本在内的所有帝国主义侵略势力;"安内"即平定反蒋势力和"剿共"。但当时"安内"主要是指平息内部冲突,解决两广问题。国民党当局提出"现在以平定内乱为第一"的方针②。9月初,蒋介石暂停"围剿"红军,集中力量打击反蒋势力,从而爆发了宁粤战争。

"九一八"事变爆发后,蒋介石对日采取不抵抗主义,幻想依靠国联的力量解决中日冲突。这是蒋介石坚持"攘外必先安内"基本政策的必然产物。对外妥协退让,对内武力解决是"攘外安内"的两个方面。结果既未能制止日本的侵略,而国民党内蒋介石、汪精卫、胡汉民三派仍争权不止。在这种情况下,蒋介石强调团结的重要,强调只有"安内"才能"攘外",其目的是为了将反蒋势力压下去,从而巩固自己的统治。10月2日,蒋致电在粤商洽和议之国民党监察委员蔡元培、张继和陈铭枢,表示:"中国只有一个政府,统一中国方能对外、救国。"③11月12

---

① 《攘外应先安内,去腐乃能防虫》,《大公报》,1931年7月27日。
② 吴相湘:《第二次中日战争史》上册,台湾综合月刊社1973年版,第84页。
③ 《中央发表对粤和平经过》,《申报》,1931年10月31日。

日南京国民党"四大"开幕,蒋介石致开幕词,作《党内团结是我们唯一的出路》的演讲。他说:"全体党员,最近有一共同心理,就是大家都觉得非先团结内部,解决本党的纠纷,不能抵御外侮。"①23日,蒋在国民党"四大"闭幕式上说:"我们中国国民党要立志救国,先要国家统一,力量集中,尤要在后方没有秦桧那样汉奸,来掣肘或中伤,才能达到御侮却敌的目的。"②26日,南京各抗日学生组织举行"送蒋北上"的欢送大会。蒋的代表贺耀组代蒋致辞,谓:"惟希望于诸同学者,须知攘外必先安内,团结方可御侮。"③30日,在外长顾维钧宣誓就职会上,蒋介石发表《外交为无形之战争》的演讲,称:"攘外必先安内,统一方能御侮,未有国不统一而能取胜于外者,故今日之对外,无论用军事方式解决,或用外交方式解决,皆非先求国内统一不为功。盖主战固须先求国内之统一,即主和亦非求国内之统一,决不能言和。"④蒋将"战"与"和"规定为"攘外"的两个方面,"国内统一"为对外"战"与"和"的先决条件。"国内统一"有两个基点:实行"剿共"和打击各派反蒋势力。至此,"攘外必先安内"政策初步形成。

12月国民党四届一中全会发表宣言,内中强调要消灭"赤匪",发展生产,安定社会秩序,救济灾民,"而后可以息内患,充国力,专心一致,以御外寇也"⑤。

"日僧事件"发生后,上海局势极为紧张,但蒋介石、汪精卫仍一致坚持"攘外必先安内"的主张,想通过对日妥协退让来换取日本不在上海挑起战争。"一二八"事变发生后,十九路军进行了英勇的抵抗,上海民众也起来抵抗日军的进攻。蒋介石、汪精卫感到局势严重,不得不表示对日本进行抵抗,宣布迁都洛阳,制定防卫计划,派第五军增援。但

① 《四全大会昨开预备会议》,《申报》,1931年11月14日。
② 蒋介石:《团结内部抵御外侮》,《革命文献》第72辑,第26页。
③ 《京沪学生昨日齐集国府请愿》,《申报》,1931年11月27日。
④ 《蒋介石讲话》,《申报》,1931年12月1日。
⑤ 《四届一中全会宣言》,《申报》,1931年12月29日。

蒋、汪并无全力"攘外"的决心，只是抱定对日"一面抵抗，一面交涉"的方针，希望尽快同日本达成妥协，以便"安内"。

3月4日，国民党四届二中全会在通过的施政报告中决定，军事方面："(一)切实施行军事委员会所定全国防卫计划；(二)全国军队，应以国防为主目的，剿匪为副目的，同时并当积极改进，务适于国防之用。"外交方面："对于日本之交涉，以决不屈服于丧权辱国之条件为主旨，其方法取公开的及系统的行动。"①5日，国民党四届二中全会发表宣言，强调"方今之急，首曰御侮"，"至于绥靖剿匪，所以巩固后方，昭苏民厄，亦不容忽视。外交与军事，相辅而行，尤须衡情审变，由统筹民族利害而决策，不以应付国内环境而定计"②。6日，中政会选举蒋介石为军事委员会委员长。国民党四届二中全会表明，由于日军大规模攻取淞沪地区，蒋介石"攘外必先安内"的基本政策在一定程度上受到了冲击，未被全会接受。

淞沪抗战刚结束，上海停战谈判正在进行、侵沪日军还未撤走之际，国民党当局就关注起"安内"工作。3月14日，蒋介石在对"剿匪"政治宣传人员指示信中明确提出："倭寇深入，赤匪猖獗，吾人攘外，必须安内。"③4月，何应钦对记者表示："剿匪乃当前之重要工作，必须竭尽吾人的力量，将赤匪完全肃清。"④

《淞沪停战协定》签订后，国民党当局以为沪事已得到解决，遂派大军赴江西"围剿"红军。6月11日，汪精卫在北平外交大楼接见新闻记者，以江西红军在淞沪抗战中不仅不支持抗战反而攻击援军为借口，说："中央认定不剿共不能抗日，故派蒋委员长、何应钦同志担任剿匪工作，努力进行，务期消灭。"⑤27日，汪精卫在国民党中央纪念周发表演

①　《绪编》(一)，第439页。
②　《绪编》(一)，第440页。
③　《绪编》(三)，第34页。
④　《何应钦谈剿匪新计划》，《中央日报》，1932年4月25日。
⑤　《抗日必须剿共》，《大公报》，1932年6月12日。

说,称:"现在何应钦同志担任闽赣剿匪总司令,蒋介石同志担任豫鄂皖剿匪司令,努力于剿匪工作,期望将五省共匪消灭,方才可以并力御侮。"①

汪精卫赴庐山前夕,6月14日说:"中国受外力压迫,实已无可再忍。惟攘外必先安内,匪患一日不除,政府一日不能安心对外。"②

蒋介石不顾四届二中全会决议和舆论压力,15日在庐山召开鄂豫湘皖赣五省"剿匪"会议,参加者主要为五省军事负责人,但汪精卫、何应钦、李济深、李石曾、顾维钧、罗文幹等党政要人也纷纷上山,一时庐山成为中国的政治中心。蒋宣布了"攘外必先安内"的政策,决定对红军发动第四次"围剿",以消灭鄂、豫、皖三省边区的红军为第一目标。他认为中国要抵抗日本,必须能自立自强。自立自强有两个基本条件,一是要有自强的地方,即自强的空间;一是要有自强的机会,即自强的时间。"剿匪"即能创造自强的空间,因为政府把"匪区"收复过来,才有足够的空间,供未来对日战争中回旋。他分别召集各省军事长官谈话,"切实表示剿匪须硬干、快干、实干,认为此为最后机会,不可轻失,否则国家前途不堪设想。并谓湘鄂赣皖豫五省为全国中枢,必须早日将匪类肃清,然后始能充实力量对外。"③至此,国民党将消灭共产党作为"安内"的主要目标,以"剿共"为先决条件的"攘外必先安内"政策得以确立。

6月下旬,蒋介石在武汉成立"剿匪"总部,自任总司令,调集63万兵力向各苏区发动第四次军事"围剿"。30日,蒋在总司令部召集各将领训话,声称"要救党救国,御侮对外,须先肃清赤匪"④。7月19日,何应钦在陈英士纪念堂开幕典礼上讲话时强调,"尤其应该全国一致,

① 《汪精卫解释长期抵抗意义》,《申报》1932年6月29日。
② 《汪精卫等乘飞机赴浔与蒋商军事财政外交》,《申报》1932年6月15日。
③ 《蒋决心肃清五省匪共》,《大公报》1932年6月22日。
④ 《蒋召各师旅长指示剿匪机宜》,《申报》1932年7月1日。

集中力量,来把赤匪根本消灭,庶几国民革命可无后顾之忧,而坚固其一致对外之壁垒"①。

　　就在国民党对红军发动第四次"围剿"之际,日军 7 月侵入热河省境,蒋介石电令张学良尽力抵抗,而自己却留在江西"剿共"前线。7 月 25 日,何应钦在国民党中央纪念周作报告时称:中国目前重要问题为御侮与"剿匪","外侮不御会亡国,赤匪不剿也会灭种"②。8 月 11 日,蒋介石致电豫省府主席刘峙、鄂省府主席夏斗寅等人,强调组织民团的责任"含有安内攘外两项意义"③。9 月 18 日是"九一八"事变一周年纪念日,国民党中央执行委员会发表告国人书,宣称"今日之剿匪,实为御侮之要着"④。

　　蒋介石在 12 月 9 日的日记中写道:"剿除长江流域之赤匪,整理政治,为余之工作中心。如至不得已时,亦必先肃清赣匪以后,乃得牺牲个人以解决东北。"⑤在 14 日全国内政会议上,蒋声称:"救国必先改革人心,攘外必先安内,刷政首须痛除积习。"他还说:"我们要求安内,就必须看到我们内部最大的不安是什么地方,第一,就是我们内部政见不一致,第二,就是赤匪的纷扰。"⑥"攘外必先安内,是古来立国的一个信条,如果内部不能安定,不但不能抵御外侮,而且是诱致外侮之源。"⑦

　　12 月 25 日,蒋介石致电鄂豫皖"剿匪"总司令部参谋长曹浩森:"倭寇不久必侵犯热河,进犯华北。甚望我剿匪将士如期肃清残匪,俾得候令抗日,克竟大功。否则,残匪一日不肃清,则吾军一日不能脱

---

①　《申报》1932 年 7 月 20 日。

②　《御侮与剿匪》,《申报》1932 年 7 月 27 日。

③　《蒋求贤手谕》,《申报》1932 年 8 月 14 日。

④　《中执会九一八告国人书》,《申报》1932 年 9 月 18 日。

⑤　《蒋总统秘录》第 9 册,第 21 页。

⑥　《先总统蒋公全集》第 1 册,台湾文化大学出版社 1984 年版,第 685 页。

⑦　《第二次中日战争史》,第 270 页。

离匪区。如此,倭寇进犯,虽抵抗,亦不能双方兼顾。不先安内,何以攘外?"①

国民党军队对红军的第四次"围剿"被打破后,1933年4月10日蒋介石在南昌对国民党将领讲话时说:"抗日必先剿匪。征之历代兴亡,安内始能攘外,在匪未剿清之先,绝对不能言抗日,违者即予最严厉处罚。"②汪精卫对此的解释是:"现在华北军队的任务在于抗日;江西军队的任务在于剿共,一样为国家出力,一样重要。……剿共即抗日,不剿共即等于不抗日。"③而就在蒋介石对红军发动第四次"围剿"之际,日军向热河发动进攻,3月4日侵占了热河省会承德。全国舆论纷起指责"安内攘外"政策。蒋介石被迫离开江西"剿共"前线北上保定,为推卸责任,决定让张学良辞职,由何应钦兼代北平军分会委员长职,并调中央军三个师北上,以应付全国要求抵抗的舆论和稳住长城前线战局。但蒋介石仍无对日作战的决心,他声称虽到北方去,但一刻也不会忘记江西"匪患"。

国民党以"剿共"为中心的"攘外必先安内"政策遭到社会各界的猛烈抨击。鲁迅曾深刻地揭露"攘外必先安内"的实质:"安内而不必攘外"、"迎外以安内"、"外就是内,本无可攘"④。《申报》发表题名为《"剿匪"与"造匪"》的时评说:"抑且所剿之'匪',何莫非我劳苦之同胞,何莫非饥寒交迫,求生不得之良民,枪口不对外,而以之剿杀因政治经济两重压迫铤而走险之人民……此诚为吾人所不解者也。"⑤还著文指责道:"剿匪可以调动大军,而抗日何以不能抽调劲旅;剿匪可以'快做'

---

① 《御侮与剿匪》,《申报》1932年7月27日。
② 《蒋勖各将领安内始能攘外》,《申报》1933年4月12日。
③ 《汪精卫先生关于中日问题之重要谈话》,《南华评论》第4卷第14期,1933年4月22日
④ 鲁迅:《文章与题目》,《鲁迅全集》第5卷,人民文学出版社1981年版,第121页。
⑤ 《申报》1932年6月30日。

'硬做''实做',而抗日何以迁延半载有余,但有呼声,终未见其实行,政府对此,诚不知又将何以自圆其说。"①《南华评论》发表评论指出:"舍外不攘,则内愈安而愈乱,而外祸便愈演愈烈。"②《大公报》发表《社评》说:"当兹中国将整个被日本军阀摧毁吞并之时,为民族生存计,为中山主义计,政府必须抱与民更始之决心,另辟平和的解决赤祸之路,夫共党,要之皆中国人也。"③还指出:"剿匪要义,在铲除造匪之环境条件,环境变,匪自不存;不然,方陆续造之而不已,则武力讨伐,其效几何?"④王造时发表《安内必先攘外》的文章,说:"攘外必先安内的政策,无论如何是走不通的,只有对日作战,实行抵抗,才能真正统一全国";政府"只有决心抗日,只有积极抗日,才是唯一出路,才是唯一安内的办法,否则外固没有'攘',内更不能'安'……"⑤。陶行知也指出:"中国的国事是弄颠倒了。这国事的颠倒是由于逻辑之颠倒。蒋君介石说:'攘外必先安内。'孙君哲生说:'救国必先救党。'我的见解恰恰与蒋、孙二君相反:'安内必先御外,救党必先救国。'"⑥丁文江在一篇文章中称:"我们对于国民政府,要请他们正式承认共产党不是匪,是政敌。……认清了这一点,才能够明白政敌不是单独军队可以消灭的。"⑦

第七节　伪满洲国的建立和东北人民的抗日斗争

　　淞沪战争一结束,日本即按照它原来挑起战争是为了转移列强对

①　《华北风云紧急之谣传》,《申报》1932年7月5日。
②　《汪精卫先生论抵抗》,《南华评论》第4卷第3期,1932年2月4日。
③　《蒋汪入京》,《大公报》1932年1月21日。
④　《社评:剿匪要义》,《大公报》1932年6月19日。
⑤　王造时:《荒谬集》,自由言论社1935年版,第115、118页。
⑥　《斋夫自由谈》,《申报》1932年1月8日。按:"斋夫"系陶行知的笔名。
⑦　丁文江:《所谓"剿匪"问题》,《独立评论》第6号,1932年6月26日。

它侵略中国东北的视线,以便建立伪满洲国的旨意,加紧策划成立伪满洲国的步伐。

一 关东军的"建国运动"

"九一八"事变前,日本军部就已提出了对中国东北地区怎样实行殖民统治的问题。1931年4月,日本参谋本部制订的《昭和六年度形势判断》中提出三个阶段的方案:一、组织亲日政权;二、建立"独立国";三、吞并东北划入日本版图①。事变发生后的第二天即9月19日,关东军参谋板垣征四郎、石原莞尔、花谷正与参谋本部作战部长建川美次少将,就如何统治东北激烈争论了一夜。关东军方面主张,吞并东三省把它变为日本的领土;建川则提出,以清朝末代皇帝溥仪为"盟主",建立一个"受日本支持的政权"。经过激烈争论,关东军方面考虑到客观局势,放弃了直接吞并满蒙的主张,赞同建川的方案。9月22日,关东军确定了组织傀儡政权的第一个方案,即《满洲问题解决方案》。方案规定:(一)在日本支持下,"建立以宣统帝为元首的领有东北四省包括蒙古的新政权,使之成为满蒙各民族的乐园"。(二)国防、外交由"新政权"委日本帝国掌握,并管理主要交通、通讯;有关内政及其他由"新政权"自行统治。(三)为维持地方治安,决定起用熙洽、张海鹏、汤玉麟、张景惠为吉林、洮南、东边道、哈尔滨等地的镇守使。(四)地方行政由省政府任命新政权的县长管理②。

这个方案是日本帝国主义统治中国东北的一个基本方案,也是后来建立伪满洲国的一个草图。于是,关东军根据陆军省军务局长小矶国昭的推荐,起用日本满铁调查科松木侠为国际顾问,又起用日本外务省特别顾问驹井德三为财政顾问,共同研究和制订建立"新政权"的具

---

① [日]小林龙夫等编:《现代史资料》第7卷,美铃书房1985年,第161页。

② [日]小林龙夫等编:《现代史资料》第7卷,第189页。

体方案和各项殖民政策。1931年10月21日,松木侠与关东军参谋板垣、石原等制订《满蒙共和国统治大纲草案》,10月23日满洲青年联盟理事长金井章次提出《满蒙自由国建设纲领》,以及1932年1月6日日本陆军省、海军省、外务省根据板垣的汇报,共同制订的所谓《中国问题处理方针纲要》等,都是为《满洲问题解决方案》作具体补充。这些方案的基本点表现为三项根本原则:"一、使满蒙完全脱离中国本土;二、一手统一满蒙;三、表面上由中国人统治,但实质上要掌握在日方手里,至少要掌握军事、外交和交通的实权。"①此后,关东军依据日本政府的旨意,进一步加速建立傀儡政权的步伐。如前所述,为了转移国际视听,板垣致电日本驻上海公使馆陆军辅助武官田中隆吉少校,让他制造事端,"使列强目光转向上海",遂酿成上海"一二八"事变。

根据这个方案,板垣、石原分头活动,策动各地的"独立运动",假造民意,以掩盖其侵略活动。日军占领沈阳后,便推出汉奸赵欣伯、袁金铠、于冲汉等于9月24日成立"奉天地方自治维持会",不久又改称"辽宁省地方维持委员会"。11月20日,改辽宁省为奉天省。12月16日,关东军解散了袁金铠为首的辽宁省地方维持委员会,拉出被日军软禁的前辽宁省政府主席臧式毅出任伪奉天省长,伪奉天省政权正式成立。

关东军侵占吉林后,即策动原吉林东北边防军副司令长官公署参谋长熙洽于9月26日宣布成立伪吉林省长官公署,熙洽自任长官,名义上总揽吉林省军政大权。9月28日,熙洽发表声明:脱离南京政府,宣告吉林省独立。伪吉林省长官公署成立后,委任一批汉奸为各厅官员,并"聘请"一批日本顾问,掌管吉林省军政实权。

黑龙江省由于黑龙江省代理主席马占山奋起抗战,延缓了关东军侵占进度,伪政权成立较晚。直至11月19日,关东军占领齐齐哈尔之后,先操纵当地劣绅成立伪地方维持会,接着又策动原哈尔滨东省特区

---

① [日]关宽治、岛田俊彦:《满洲事变》,上海译文出版社1983年版,第418页。

长官张景惠组织伪黑龙江省政府,并让张于1932年1月1日在哈尔滨发表"独立宣言"。关东军在攻占锦州、哈尔滨后,马占山所部因嫩江桥抗战受挫,退海伦后又腹背受敌,马占山一度动摇,答应与张景惠合作。1月7日,张景惠在齐齐哈尔宣布就任"黑龙江省长"之职。至此,辽宁、吉林、黑龙江三省的伪政权便全部建立起来。

关东军在拼凑各省伪政权的同时,又在策动溥仪到东北任伪满政权的"盟主"。溥仪是清朝末代皇帝,三岁登基,辛亥革命后于1912年被迫退位时才六岁。退位后,他继续在紫禁城里当"皇帝"。1924年11月5日,溥仪被冯玉祥的国民军赶出北京皇宫,以后逃入日本公使馆。1925年2月,溥仪被送到天津日租界居住。溥仪在天津一直住到1931年底,他除了积极"拉拢军阀、收买政客、任用客卿"[1],进行复辟活动外,又受到日本领事馆和日本天津中国驻屯军的亲日、崇日、恐日的教育,使他"一天比一天更相信,日本人是我将来复辟的第一个外援力量"[2]。"九一八"事变爆发后,他"从一听见事变的消息时起,每分钟都在想到东北去"[3]。9月30日,关东军派罗振玉和日人上角利一到天津,向溥仪转达了板垣的意见,并递交熙洽的"劝驾信"。信中说,期待了二十年的机会,今天终于来到了,请他"勿失时机,立即到'祖宗发祥地'主持大计",还说可以在日本人的支持下,"先据有满洲,再图关内"[4]。这次会见是由日本中国驻屯军司令官香椎浩平安排在他的海光寺司令部进行的,香椎见溥仪"犹豫不定",也借口"天津的治安情形不好",希望溥仪能"动身到东北去"[5]。

正当溥仪举棋不定之时,关东军又派奉天特务机关长土肥原贤二秘密到天津策动溥仪去东北。11月3日夜,土肥原以关东军代表的身

① 爱新觉罗·溥仪:《我的前半生》,群众出版社1964年版,第235页。
② 爱新觉罗·溥仪:《我的前半生》,第234页。
③ 爱新觉罗·溥仪:《我的前半生》,第265页。
④ 爱新觉罗·溥仪:《我的前半生》,第666页。
⑤ 爱新觉罗·溥仪:《我的前半生》,第268页。

份与溥仪在静园相见，用欺骗的手法，引诱溥仪上钩。他以"诚恳的语调，恭顺的笑容"向溥仪表示："关东军对满洲绝无领土野心"，只是"诚心诚意地要帮助满洲人民建立自己的新国家"，希望溥仪"不要错过这个时机"，很快回到祖先发祥地，"亲自领导这个国家"，并声称溥仪作为这个国家的元首，"一切可以自主"①。溥仪以为，"这是恢复满清唯一的机会"，"便答应了他的要求"②。土肥原诱骗溥仪去东北的阴谋活动第二天被报纸揭露出来后，许多人对溥仪提出了忠告、警告，也有人劝他"不要认贼作父，要顾惜中国人的尊严"③。土肥原恐溥仪变卦，为了达到目的，即向关东军司令官请求，允许他采取特殊手段胁迫溥仪出走④。他利用特务，以给溥仪送礼的名义送去两枚炸弹，并接连不断给溥仪打黑电话，写恐吓信"警告"溥仪，如不离开天津，将有生命危险。接着又于 11 月 8 日夜策动了天津暴乱。日本驻军则乘机宣布戒严，断绝了日本租界与华界的交通，同时还把装甲车开到静园门外，名谓"保护"。在一片混乱的烟幕中，11 月 10 日晚，日本人将溥仪私藏在一个敞篷汽车的后备厢里，偷偷地开出静园，到一家日本人开设的敷岛料理店，然后给溥仪换上日本军装，改乘日军司令部的军车，开到英租界码头，登上一只没有灯光的小汽艇。溥宅总管郑孝胥父子俩如约等候在里面，还有吉田忠太郎、上角利一、工藤忠、大谷猛等。在十多名日本兵的护送下，偷渡海河到达大沽口，然后换乘日本"淡路丸"商船，渡过渤海，于 13 日到达营口市的满铁码头。关东军派来的甘粕正彦把溥仪接到汤岗子温泉疗养区的对翠阁旅馆暂往。当时，由于东北各界抗日斗争十分激烈，国际舆论也对日本非常不利，因而日本内阁令陆军大臣电告关东军："关于拥立溥仪之事，操之过急会徒然刺激列国，望与中央联

①　爱新觉罗·溥仪：《我的前半生》，第 280 页。
②　《日本帝国主义侵华档案资料选编·"九一八"事变》，第 369 页。
③　爱新觉罗·溥仪：《我的前半生》，第 284 页。
④　土肥原贤二刊行会编，天津市政协编译组译：《土肥原秘录》，中华书局 1980年版，第 13 页。

系后处理"①。于是,关东军借口汤岗子附近有匪,于 11 月 18 日将溥仪等人移居旅顺的大和旅馆,严加封锁,仍由甘粕正彦和上角利一等负责"照顾",实处于被软禁的状态。

　　就在溥仪被挟持到东北不久,1931 年 12 月 10 日,国联理事会通过决议,组织调查团到中国东北进行实地调查。日本政府与关东军准备抢在国联调查团到东北之前成立伪满洲国,造成既成事实。1932 年 1 月 22 日,关东军参谋长三宅光治主持召开所谓"建国幕僚会议",参加者除了参谋板垣征四郎、石原莞尔、松井源之助、和知鹰二、片仓衷以外,还有土肥原贤二、花谷正等,讨论满铁调查科松木侠起草的所谓"新国家"最高机关的问题、"人权保护条例"、交换备忘录等,进一步策划建立伪满洲国事宜。此后,又自 2 月 5 日起先后召开了十次所谓"建国幕僚会议"②,策划如何建立伪政权,如何控制东北的铁路、矿山、森林、海关、税收、财政,以及用日本人充任伪满官吏、移民、警察制度等问题。

　　与此同时,关东军指使张景惠出面,于 2 月 16 日召集臧式毅、熙洽、马占山在沈阳大和旅馆举行伪"建国会议",又称"四巨头会议"。会议由板垣主持,本庄、三宅、石原、驹井、土肥原等出席,老牌汉奸于冲汉、袁金铠、赵欣伯等参加。在这次会议上,板垣拒绝臧式毅、马占山的"联省自治"主张。赵欣伯、于冲汉按照板垣的授意提出关东军的"建国"意见,决定成立伪"东北行政委员会",指定张景惠为委员长,臧式毅、熙洽、马占山,以及内蒙古哲里木盟齐王(齐默特色木丕勒)、呼伦贝尔盟凌升和热河汤玉麟为委员;由该委员会就建立伪满洲国的国体、政体、元首、宣言等诸项问题提出初步意见。17 日,伪东北行政委员会成立。18 日,关东军以伪东北行政委员会的名义发表宣言,宣布"东北四省和一个特别行政区及蒙古各王公组织一个机关,名曰东北行政委员会。本会成立的同时,通电内外,从此与国民政府脱离关系,东北省区

①　[日]小林龙夫等编:《现代史资料》第 7 卷,第 267 页。
②　[日]小林龙夫等编:《现代史资料》,第 378—392 页。

完全独立"①。这个宣言的署名者中,汤玉麟、齐王、凌升并未参加会议;马占山托病返回海伦,也未签字。从2月18日至2月25日,伪"建国会议"继续讨论"建国大纲"的具体内容,对国体、政体仍有意见分歧。2月25日,板垣拿出关东军制定并经日本军部和政府批准的方案,以"东北行政委员会"的名义发表。这个方案具体规定:国名为"满洲国";元首称号为"执政";国旗为"红兰白黑满地黄的五色旗";年号为"大同";首都定于长春,改称"新京";"新国家"的政治为"民本主义"②。

关东军除指使汉奸连续召开伪"建国会议"之外,还以伪"自治指导部"为中心,自2月15日起,普遍开展"促进建国运动",千方百计地从事伪造"民意"的宣传。此项所谓"促进建国运动",每五天一期,分三期展开。第一期为宣传、准备时期,由各省城团体发表通电,主张"脱离国民政府",建设"新国家","推戴"溥仪,各县复电表示"赞成";第二期为地方运动时期,由省、市、县等各地以"民众名义",组织拥护建立伪满洲国的游行示威;第三期是组织全省的游行,最后在沈阳组织各省、区代表的所谓"总游行"。以当时沈阳为例,关东军司令部指令伪省市政府、伪"自治指导部"及伪市商会等机构联合组成所谓"民众促进建国大会筹备委员会",制作了六万多面伪国旗,强令市民悬挂,并用汽车在街巷散发传单。自2月27日至29日,连续三天举行促进建立伪国的"市民大会"、"全省联合大会"、"全满联合大会"。为了增加会议人数,事先预告到会者可领一包点心,白看半日戏,甚至把辽西请赈的灾民二百余人也强迫充作辽西八县"代表"参加大会。会议中假造民意,通过所谓"独立宣言"与"决议",并选出十一名代表去旅顺迎接溥仪。会后又由数十辆汽车组成游行队伍,以图壮大建立伪国的声势。吉林、哈尔滨、齐齐哈尔各地的"促进建国运动"也都如法炮制,丑态毕露。

---

① 〔日〕小林龙夫等编:《现代史资料》第7卷,第385页。
② 〔日〕小林龙夫等编:《现代史资料》第7卷,第391—392页。

二 伪满洲国的成立

溥仪到达旅顺以后,受着甘粕正彦和上角利一的严密监视,不准接见其他人。关东军在制定《满蒙自由国建设顺序》后,于 1932 年 1 月 29 日派板垣到旅顺去探询溥仪的态度;溥仪则表示愿当元首,但须复辟帝制,保留皇帝称号。这与关东军的想法完全相反,板垣不予理睬,仍按照关东军司令部的决定,操纵伪东北行政委员会通过一项决议,要在东北成立一个"共和国"。溥仪听到这个消息,感到失望和愤慨,立刻写了十二条必须恢复帝制的"理由"①,令郑孝胥、罗振玉去沈阳交给板垣。2 月 21 日,郑、罗二人在沈阳同板垣进行了会谈,恢复帝制的主张未被采纳。当郑、罗二人将日本人让溥仪出任伪满"执政"的消息带回旅顺后,溥仪暴跳如雷。2 月 23 日,板垣不得不再次跑到旅顺面会溥仪。当溥仪情不自禁地询问"国体"时,板垣答称:"自然这不是大清帝国的复辟,这是一个新国家,东北行政委员会通过决议,一致推戴阁下为新国家的元首,就是'执政'。"这样折冲三小时未获结果,于是,板垣冷冷地说:"阁下再考虑考虑,明天再谈。"第二天,板垣把郑孝胥、罗振玉找到旅馆,令他们向溥仪传达:"军部的要求再不能有所更改。如果不接受,只能被看做是敌对态度,只有用对待敌人的手段做答复。这是军部最后的话!"溥仪听了这个回答,便怔住了。最后,只好以罗振玉提出的"暂定一年为期,如逾期仍不实行帝制,到时即行退位"为条件,同意就任"执政"②。溥仪就这样抱着未来"复位登极"妄想,充当了日本帝国主义统治中国东北的帮凶。

2 月 29 日,伪自治指导部在沈阳召开"全满促进建国运动大会",按关东军旨意通过决议,拥护溥仪出任"新国家执政",并派"代表"去旅

---

① 爱新觉罗·溥仪:《我的前半生》,第 301 页。
② 爱新觉罗·溥仪:《我的前半生》,第 304—308 页。

顺向溥仪"劝进"。3月1日,日本侵略者假借伪满洲国政府的名义发表宣言,宣布"满洲国"正式成立;并于同一天,"敦请"溥仪出任元首的"代表"张燕卿、赵仲仁、葆康、冯涵青、凌升、苏宝麟等九人到达旅顺,进行第一次"恳请"。溥仪按照上角利一和郑孝胥的安排,先叫郑孝胥代表自己接见,然后亲自出场,拿出事先准备好的第一套答词,表示"推让",予以"婉辞"。3月4日,"代表"人数增至29人,向溥仪进行第二次"恳请",溥仪又念了事先准备好的答词,表示暂任执政一年。3月5日,又由张景惠、赵欣伯、谢介石等十人进行第三次"恳请",溥仪才表示应诺。

经过三次"请驾"之后,溥仪、郑孝胥等人在日本特务的严密监护下,于3月6日从旅顺乘车到汤岗子。此时,板垣和片仓衷等也来到汤岗子。当晚,板垣与郑孝胥、郑垂父子会谈,讨论溥仪与日本关东军司令官缔结密约的事。3月8日,溥仪在一群日本侵略者和汉奸的簇拥下乘火车到达长春。车还未停,站台上迎驾队伍便响起军乐声和欢呼声。溥仪下车后,"看见到处是日本宪兵队和各色服装队列,在队列里,有袍子马褂,有西服和日本和服,人人手中都有一面小旗"。当他看到夹在太阳旗之间的黄龙旗,不禁激动起来,又觉得他的复辟"是大有希望的"①。溥仪坐上汽车,被送到从前是道尹衙门的"执政府"。

3月9日,在执政府举行溥仪的"就职典礼",溥仪身着西式大礼服就任执政。参加典礼的有关东军司令官本庄繁、满铁总裁内田康哉、关东军参谋长三宅光治、参谋板垣征四郎与汉奸郑孝胥、张景惠、熙洽、臧式毅、罗振玉、张海鹏,以及蒙古王公贵福、齐王、凌升等,共有130人。仪式开始,众"元勋"向溥仪行了三鞠躬,溥仪以一躬答之。臧式毅和张景惠二人代表"满洲民众"献上用黄绫包裹着的伪满洲国国玺和伪执政玺,接着由郑孝胥代溥仪宣读"执政宣言"。典礼完毕接见"外宾"时,内田康哉致了"祝词",罗振玉代读"答词",然后到院子里升旗、照相,仅用25分钟就完成了由十五项内容构成的会议程序。

---

① 　爱新觉罗·溥仪:《我的前半生》,第312页。

第二天,溥仪召集第一次伪国务会议,板垣在会上宣布伪官吏名单:伪国务总理兼文教部总长郑孝胥,民政部总长兼奉天省长臧式毅,军政部总长兼黑龙江省长马占山(未到任),财政部总长兼吉林省长熙洽,外交部总长谢介石,司法部总长冯涵清,实业部总长张燕卿,交通部总长丁鉴修,兴安总局长齐默特色木丕勒,总务厅长驹井德三,此外还有立法院长赵欣伯,监察院长于冲汉,最高法院长林棨,最高检查厅长李槃,参议府议长兼北满特区长官张景惠。

这些官吏都是关东军司令官本庄繁指定的,事前并未同溥仪和四巨头通报。四巨头之一的熙洽,当即以关东军事先未向溥仪执政报告为理由提出质问。关东军统治部长、伪总务厅长驹井德三回答说:"这是日本军司令官本庄繁的指定,现在是责任内阁,为什么要向执政报告。满洲是日本在日俄战时,以十万头颅和多少亿的金钱大牺牲换来的,日本人就是满洲人。这个办法是既定方针,你们要反对是不行的。"[1]未出三日,关东军司令官命令把总务厅长改为总务长官[2],负责签署伪国务院文件,掌握一切行政大权。各省仍设日本顾问部,请示事项须经过顾问部批准才能实行。4月,各省设立总务厅,日本首席顾问改任厅长。这样,从上到下形成关东军司令官及其统治部——伪满洲国总务厅长——各省总务厅长操纵一切权力的日军统治体系。中国人充任的执政、总理、总长、省长等官职都是徒有其名的傀儡。

当日,根据板垣的事先安排,溥仪同日本帝国主义签订了一个卖国条约。这项条约是3月6日板垣与郑孝胥在汤岗子秘密达成的,并以溥仪写给关东军司令官本庄繁的问候信的形式予以确认的。其主要内容有:(一)"满洲国"日后之国防及维持治安诸日本,而经费由"满洲国"负担;(二)铁路、港湾、水路、航空线等之管理并新路之布施,均委请日本及日本指定之机关;(三)日本军队认为必要之各种设施,"满洲国"

---

① 《日本帝国主义侵华档案资料选编·"九一八"事变》,第392页。
② 参见辽宁省档案馆藏十四全宗档。

竭力援助；(四)日本人可任"参议"和其他中央及地方各官署之官吏,关东军司令官有保荐权、解职权；(五)以上各项在将来两国缔结正式条约时为"立约之根本"①。后来,日本与伪满于9月15日签订的《日满议定书》以及其他许多条约、协定,都是以这个密约为基础而进一步具体化的。这个密约实质上是一张地地道道的变中国东北为日本殖民地的卖身契,也充分表现了伪满洲国的傀儡性质。

伪满洲国成立后,日本犬养毅内阁决定,为求"对外关系尽可能不发生障碍",对满洲国暂不给予国际上的承认,而尽量以非正式的方法,与满洲国之间结成事实上的关系,以此来"努力实现并扩充帝国之权益,造成既成事实"②。后来只是日本法西斯军人发动"五一五"武装暴动后成立的斋藤实内阁,鉴于国际上对日本侵略采取绥靖政策,才于9月15日,即伪满洲国成立后半年,宣布正式承认伪满洲国。

伪满洲国成立后两年,即1934年3月1日,日本帝国主义出于政治需要,把它改名为"满洲帝国"。溥仪由"执政"改称"皇帝",年号由"大同"改为"康德"。溥仪登上宝座时没穿龙袍,而是身着特别陆军大礼服接受臣下的叩拜,这是日本方面的特别安排,其意义在于溥仪之即位并非恢复满清。溥仪当了皇帝,不论其名称如何改变,一切都得听命于日本帝国主义的摆布。伪满洲国的成立,是日本帝国主义一手制造的。伪满洲国建立之后,以关东军为代表的日本侵略势力,按照其"表面上由中国人统治,实权掌握在日本人手里"的如意算盘,利用这个傀儡政权,展开了疯狂的经济掠夺。

三　日本对东北经济的统制与掠夺

日本帝国主义在策划建立伪满洲国后,便开始公开的、有计划的、

---

① ［日］小林龙夫等编：《现代史资料》第7卷,第408—409页。
② ［日］小林龙夫等编：《现代史资料》第7卷,第495页。

大规模的进行对我国东北的掠夺和控制活动。为了把东北变成它扩大侵略的战略基地,输出资本、倾销商品、掠夺资源的重要场所,从一开始便着手拟定殖民地经济政策。1931年12月8日,关东军制定《满蒙开发方策案》,明确了开发满蒙,以利日本经济发展;运用行政手段实行国家统制的基本方针。为达此目的,1933年3月1日,由关东军策划制定的《满洲经济建设纲要》,以伪满洲国的名义予以公布。它提出伪满经济的"国家统制"政策①。所谓统制,实际上就是日本帝国主义用暴力强制维持其既得的经济权益,把伪满经济完全置于关东军的武力控制之下,实行所谓国家垄断,使伪满经济为其侵略战争服务。为此,1934年6月28日,伪满政府又发表《对一般企业的声明》,提出对国防上的重要产业、公共公益事业和一般产业的基础产业要实行特别统制,同时提出划分统制与非统制企业的界限,初步确定伪满经济的统制形式、范围和内容。"所谓国防重要产业或公共公益性重要产业,几乎全部由特殊会社或准特殊会社经营,置于强大的国家权力统制之下。"②这种统制形式并在1937年5月发布的《重要产业统制法》中予以确立。特殊会社和准特殊会社是从运营机制上完善日本对伪满经济统制体制的一种特殊经济实体,又是构成伪满产业的核心力量,是日本利用伪政权干预经济的一种垄断资本主义的统治方式。它采取的是一业一会社方式,控制了这些会社的投资和经营,实际上就是控制了整个伪满经济。正是在这种经济统制方针下,日本有计划有步骤地垄断和控制了东北金融、交通运输、工矿企业、农业等经济命脉。

(一)设立伪中央银行,控制金融

日本帝国主义对我国东北的金融侵略由来已久。早在1899年,日本横滨正金银行就在营口设立支行,1909年日本的朝鲜银行也开始在安东设立支行。到1931年,日本在东北的银行,总行、支行、办事处共

---

① 解学诗:《伪满洲国史新编》,人民出版社1995年版,第309页。

② [日]满洲国史编纂刊行会:《满洲国史》,东京谦光社1973年版,第400页。

有 58 家,名义资本 3.1 亿元,实缴资本 1.3 亿元①。此外,还有俄国的道胜银行,英国的汇丰银行,美国的花旗银行,法国的中法实业银行等。东北的外资银行中,日本投资最多,占 72% 强,其他国家只占 28%②。

1931 年"九一八"事变后,日本为了操纵东北的经济命脉,自然要首先夺取中国的主要金融机构。9 月 19 日,关东军于一天内在沈阳占领了东三省官银号和中国、交通、边业三银行,在长春占领了吉林永衡官银号和东三省银号、边业银行等的分支机构。21 日,占领吉林省城永衡官银号,11 月 19 日占领齐齐哈尔黑龙江省官银号。在东三省官银号、吉林永衡官银号、黑龙江省官银号和边业银行等所谓四行号抢去的金银和财产,据 1932 年 7 月 1 日伪满中央银行所编的合并四行号的总借贷对照表,计有证券一千六百余万元,金、银四百一十万元,财产项目二千余万元,现金三千余万元,合计约为七千余万元③。而对我国东北金融机关的抢劫远远超过这个数目。

日本帝国主义吞并四行号、垄断金融、控制国民经济后,便积极筹划设立伪满中央银行。1932 年 3 月 15 日,在关东军的策划下,召开了伪满中央银行筹备会议,关东军统治部长兼伪满总务长官驹井德三宣布,合并各官银号和边业银行,成立伪中央银行。6 月 11 日,伪满颁布《满洲中央银行法》、《满洲中央银行组织办法》。6 月 15 日伪满中央银行成立,7 月 1 日伪满中央银行总行、分支行共一百二十八个单位同时正式开业,原有的四行号被撤销。总裁为荣厚(原吉林省财政厅长),副总裁日人山成乔六掌握全权,各课课长及分支行经理,多半由日本的朝鲜、正金两行和满铁的人员充任。

---

① 〔日〕栃仓正一:《满洲中央银行十年史》,长春满洲中央银行 1942 年版,第 18、19 页。

② 〔日〕横滨银行调查部:《满洲特殊会社制度问题》,1942 年版,第 11—13 页。

③ 清庆瑞:《抗战时期的经济》,北京出版社 1995 年版,第 166 页。

伪满中央银行是伪满洲国的"国家银行",是依附于日本帝国主义的殖民地银行,是完全受控于关东军翼下的为日本资本输出和掠夺东北资源服务的工具。它按照日本银行的模式进行货币、信用管理,它发行的货币,从本位、币值,到汇率都是按照"日满货币一体化"进行,实际上是日本银行在华的特种分支机构。

伪满中央银行一开张,首项业务是统一东北货币,即用伪满钞票取代当时流通的一切通货。伪满币采用银本位,定纯银23.91公分为1元,但不铸硬币,只发行不兑现的纸币。1935年1月,伪满币因与银元产生差价,币值动荡,而放弃银值。同年11月,在"日满货币一元化"的原则下,伪满币以1∶1固定比价依附于日元。伪满币初发行时为15,187万元,到1935年底发行额达19894万元,四年间增长了31%。而到1937年底发行额又增到32,991万元,比初发行额增加了117%①。由此造成物价日趋上涨,人民收入下降。

其次,利用收回原有货币,肆意盘剥人民。通过强制贬值原货币和限期兑换的办法,极力压低原货币和伪满币的兑价。奉天票五六十元才能兑换1元。尤其官帖比价定得更低,吉林官帖500吊兑换1元。当时,吉林官帖的流通额是103.1亿吊,仅此一项,东北人民即被盘剥伪满币八百多万元②。伪满中央银行用了三年多的时间,完成了所谓的币制统一,到1935年8月收回原货币13821万元,回收率达到97.2%③,便停止兑换;余下的近四百万元原货币,多半在僻居乡间的农民手里,他们在无形中又遭到一次劫夺。

伪满中央银行实行货币统一的同时,还通过金融统制,强占四行号的附属企业,并兼并、改组东北原有的行庄。从1933年11月9日公布《银行法》起,到1934年12月末止,对原有行庄进行"整顿",提出申请

---

① 孔经纬:《新编中国东北地区经济史》,吉林教育出版社1994年版,第378页。
② 滕利贵:《伪满经济统治》,吉林教育出版社1992年版,第215—216页。
③ 孔经纬:《新编中国东北地区经济史》,第379页。

的有 169 家,但批准并发给营业执照的只有 88 家①。1935 年 10 月 5
日,伪满政府又要求资本较小的银行,在一年内实行改组和增资,即改
组为股份公司,资本须在 10 万元以上。到 1936 年末,改组为股份公司
并实行增资的有 19 家,个人办的银行乃完全绝迹②。此外,还通过强
制储蓄、生命保险、发行公债等手段,大量搜刮资金。正是由于日本对
东北金融业的垄断和掠夺,使东北原有的民族金融业被彻底摧残,同时
确立了日本殖民地金融体制,从中国人民手中掠取亿万财富,给东北人
民带来了深重灾难。

(二)攫取路权,垄断交通运输

日本帝国主义垄断东北交通运输业所依靠的主要机构是南满洲铁
道株式会社,简称"满铁",掠夺的重点是铁路。"九一八"事变前,满铁
所霸占和经营的铁路有:长春至旅顺的南满铁路和安东至沈阳、大石桥
至营口、沈阳至抚顺等支线。海运方面,主要霸占着大连港。对吉林至
长春、吉林至敦化、四平至洮南、洮南至昂昂溪等铁路,满铁通过贷款、
包工、供应材料等形式进行侵略、渗透,并且在不同程度上攫取了经营
实权,但尚未能彻底霸占。

"九一八"事变后,满铁在日本关东军支持下,乘机攫取全东北铁路
经营权。1931 年 10 月 10 日,关东军司令官就指示满铁总裁内田康
哉,应利用"九一八"事变的绝好机会,通过"委托经营"的办法,夺取东
北原有一切铁路的路权,并按照原来计划和军部的要求,建设一批新
铁路。满铁首先拼凑了"沈海铁路保安维持会",夺取了中国人集资
修建的沈海路权。接着于 10 月 23 日,由关东军和满铁策划成立伪
东北交通委员会,作为日本夺取路权的工具,控制着东北铁路的统
治权。

伪满政权建立后,伪执政溥仪于 1932 年 3 月 10 日致函关东军司

---

① 孔经纬:《新编中国东北地区经济史》第 379 页。
② 孔经纬:《新编中国东北地区经济史》,第 378 页。

令官本庄繁,称:"敝国承认贵国军队凡为国防上所必要,将已修铁路、港湾、水路、航空等管理并新路之布设,委诸贵国或贵国所指定的机关",从而将路权拱手出卖。同年8月7日,关东军司令官本庄繁与伪满国务总理郑孝胥签订《满洲国铁路、港湾、航路、航空及新线修建管理协定》,规定:"满洲国将铁道、港湾、水路及航空线路等管理委托于关东军,关东军将被委托之铁路、港湾、水路经营及敷设委托于满铁。"①1933年2月9日,伪满国务总理与满铁总裁签订《满洲国铁道借款及委托经营细目契约》、《松花江水运事业委托经营细目契约》、《敦化、图们江铁道外二铁道建造借款及委托经营契约》等。这样,满铁就"名正言顺"地夺取了除中苏合办的中东(满洲里至绥芬河)铁路以外的东北所有铁路的经营权。

对于中东铁路,日本侵略者当然也是急不可待地要夺取到手。日本侵略者通过制造事端、扰乱铁路沿线秩序、禁止国际直通货运、割断中东铁路与苏联铁路的联系、迫害与逮捕苏联籍铁路职工等手段,迫使苏联自1933年6月与日伪举行谈判,至1935年3月23日,不顾中国政府的严重抗议,苏联与伪满正式签订让售中东铁路的协定。按照协定,日伪以1.7亿元的代价,从苏联手中购买了全长1700公里的中东铁路及附属财产②。当年末,满铁派出2135人接管了中东铁路的全部业务。至此,满铁垄断了全东北的铁路交通。这时,伪满沈阳铁路总局所管国有铁路已达6857.3公里③。

此后,满铁紧密配合日本帝国主义的侵略计划,以铁路运输为先行,积极协助日本在伪满的所谓经济开发、大幅度地压缩民用货物运输量、无限制地扩大军事运输和战略物资的输送等方面,充分地发挥着交

---

① 〔日〕满洲国史编纂刊行会:《满洲国史》,第363页。

② 满铁史资料编辑组:《满铁史资料》第2卷第4分册,中华书局1979年版,第1333—1337页。

③ 孔经纬:《新编中国东北地区经济史》,第372页。

通运输的军事战略作用,强化了殖民地交通运输的军事机能,同时也为日本掠夺东北资源提供了方便。仅 1936 年东北物产的输出额就比 1935 年增加了 43%①。至于其他交通运输事业、港湾、航空通讯等各主要经济命脉,也伴随着东北地区的沦陷相继被日本侵略者所控制垄断。

(三)夺取矿权,统制重要产业

首先,煤炭工业。由于日本国内资源贫乏,对中国东北的矿藏垂涎已久,早在日俄战争以后,日本凭借武力占领了抚顺煤矿,由满铁经办。以后又陆续把持了辽宁省瓦房店煤矿、辽阳烟台煤矿、吉林宽城子煤矿的经营权。"九一八"事变前,抚顺、本溪湖、烟台、新邱等较大煤矿大部分属于日本人经营。

日本帝国主义为了在东北迅速建立起由满铁与日本财阀资本控制的、以基本原料为核心的军事工业体系,在"九一八"事变期间借助于军事力量占领并侵吞了中国官营和官僚资本经营的企业。接着,又通过与伪满政权签订协定,全面攫取矿业权。1932 年 9 月 9 日,关东军司令官武藤信义与伪满国务总理郑孝胥签订《关于规定国防上必需的矿业权的协定》,其中第二条规定:"满洲国政府将另表所列各矿山的矿业权许给日满两国政府协商指定的日满合办的法人。"根据这个协定,日本夺取了东北及内蒙古计三十八处地方重要矿产(包括煤、铁、石油、铅、锡、镍、水银、白金等)的开采权。1935 年 8 月 1 日,伪满公布《矿业法》,规定未经开采之矿物为国有,凡欲经营矿业者应呈请产业部大臣批准,从而实行了矿业垄断,为日本垄断资本在东北开发矿产提供了条件。

东北煤炭资源丰富,"九一八"事变后,日本通过各种手段,把东北的所有煤炭开采权控制在满铁、满炭(满洲炭矿会社)手中。满铁系统

---

① 吉林省金融研究所:《伪满中央银行史料》,吉林人民出版社 1984 年版,第 11—12 页。

的煤矿中,以抚顺煤矿规模最大。以1936年为例,当年满铁系统的煤矿产量超过1000万吨,而抚顺煤矿即达到950万吨。抚顺煤在日本煤炭市场上也占有极其重要的地位。1933年至1936年,每年运往日本的抚顺煤都在200万吨以上①。日本国内的重要军事、冶炼工业都必须用抚顺煤,并把它视作日本的标准煤。满铁还在1933年控制了原由中国民族资本家开设的奶子山煤矿,改称蛟河煤矿,又控制了原由中日私人资本合营的老头沟煤矿。1934年,满铁又"接管"了瓦房店煤矿,强行"收买"了兴安煤矿和富锦煤矿。据统计,满铁系统的煤产量由1932年的700万吨,到1936年增加到1000万吨以上②。满炭成立于1934年5月,初资本仅1600万元,伪满洲国和满铁各出资一半。满炭通过各种手段,先后以"敌产"为名,强占复州、八道壕、尾明山、孙家湾四矿,又以"入股"名义控制鹤岗、北票、西安三矿,满铁又将新邱煤矿移交满炭,将它和孙家湾矿合并为阜新矿务所,并着手开发高征、太平、五龙和平安各矿。满炭系煤矿,由1934年开始出煤到1936年,从72万吨增加到193万吨,占当时东北煤产量的1296万吨的14.8%,比重虽不大,但增长速度很快③。

其次是钢铁冶金工业。"九一八"事变前,日本资本掌握的有鞍山制铁所和本溪湖制铁所。这两家企业生产的生铁,几乎占当时全中国生铁产量的97.3%。日本侵占东北后,积极建立基础产业以满足其军事需要,由满铁投资在鞍山建立昭和制钢所,原鞍山制铁所并入,实行钢铁连续作业。不久,昭和制钢所通过"合营"、"租矿"等办法,先后控制了鞍山的铁矿和辽阳弓长岭铁矿,成为昭和制钢所的主要矿石来源。1933年6月和1934年12月,昭和制钢所相继推行第一期和第二期增产计划。增产建设项目投产后,到1937年,生铁生产能力从

① 解学诗:《伪满洲国史新编》,第321页。
② 陆仰渊等:《民国社会经济史》,中国经济出版社1991年版,第667页。
③ 解学诗:《伪满洲国史新编》,第321页。

原来的 28 万吨增加到 70 万吨；钢的生产能力，从无到有，达到 58 万吨①。本溪湖煤铁公司是东北另一冶金基地，主要生产低磷铁，为日本生产军火的重要原料。在向日本运送生铁方面保持上升势头，1932 年至 1936 年，从 7.4 万吨增长到 12.3 万吨②。在日本侵略掠夺政策指导下，钢铁冶金业竭力扩充生产规模，除上述两家大型企业外，还有鞍山钢材会社、日满钢材工业会社、满洲住友金属工业会社、满洲大谷重工业会社、满洲久保田铸铁管会社、满洲电线会社、满洲进和钉兵会社等，均由日本人投资，日本资本完全垄断了东北的钢铁冶金工业。

　　第三，石油工业。日本石油资源十分贫乏，需求量却非常巨大，仅海军每年就需用重油 100 万吨。日本国内石油只能满足需要量的十分之一，其余全部要从国外获得。所以，在日本"一滴油比一滴血还要贵"。这样，对东北石油资源的掠夺就更加迫切了。东北虽隐藏有丰富的石油资源，而日本人组织庞大的力量勘探未经发现，遂转向抚顺的油页岩的开发，并探明抚顺油页岩总储藏量约 55 亿吨，可炼 3 亿吨石油，足够日本海军使用三百年。这对日本来说，无疑是一个重要的石油来源。此项炼油工程早已为满铁垄断。满铁经过 20 年的持续试验，于 1928 年建立了年产 5.5 万吨的炼油厂。该厂 1929 年正式投产，1930 年生产石油 5.7 万吨③。"九一八"事变后，日本帝国主义对东北的石油资源全面掠夺。1933 年 6 月 5 日，伪满设立"满洲石油炼式会社"，资本 2000 万元，由伪满政府、满铁和日本其他财阀出资。该会社设立后，在大连建立炼油厂，1935 年建成并开始生产，但仍然以抚顺油页岩开发为重点。根据日本军部和政府的要求，满铁在 1934 年对抚顺炼油厂进行扩建，并增加新的设备。1935 年抚顺炼油厂产原油 15 万吨，紧

---

①　解学诗：《伪满洲国史新编》，第 322 页。
②　《昭和制钢所调查月报》，1940 年 4 月号，第 28—33 页。
③　滕利贵：《伪满经济统治》，第 140—141 页。

接着在 1936 年又进行第二次扩张,预计年产石油 30 万吨,超过了全日本年产石油 25 万吨的产量①。不久,伪满制订第一次产业开发五年计划,仍然把掠夺石油列为重点。另外,日本还在抚顺进行煤炭液化提取石油的研究,并建立抚顺煤炭液化厂,由于提取过程复杂,产量有限。

第四,电力工业。日俄战争后,日本帝国主义开始在东北建立电力工业,至 1930 年,在东北有日资关系的电力企业达 31 家,资本总计5311.8 万日元②。"九一八"事变后,日本大力开展电力工业建设。1934 年 11 月,伪满成立日满合办的满洲电业株式会社,总部设在长春,统一经营满铁以外的火力发电厂。该企业不仅合并一些日资电力企业,如满洲电气会社、营口水道电气会社、北满洲电气会社等,而且吞并了不少中国人经办的企业,如奉天电灯厂、长春电灯厂、哈尔滨电业局、吉林电灯厂、齐齐哈尔电灯厂、安东发电股份有限公司等。至 1936年,该会社资本达 9000 万日元。翌年又增资为 1.6 亿日元,扩建旧厂和在阜新、甘井子等地兴建新厂。该会社在东北电力工业中起着重要的作用,它的发电容量约占整个东北的 40%③。另外,日本还在东北先后建立两座大型水力发电站。在日伪的竭力推动下,东北电力工业发展特别迅速,这是日本在东北军需产业片面膨胀的结果。

综上所述,日本帝国主义侵占东北以后,不仅原在东北的满铁垄断资本急剧扩张,而且新投入的日本资本大量涌入。它们迅速地垄断了东北的军需工业、重工业和其他基础工业。但是,这些工矿业多半是满足日本工业需要的原料工业,已完全纳入了日本殖民体系,是为日本的侵略与经济服务的。

---

① 滕利贵:《伪满经济统治》,第 324 页。

② 杜恂诚:《日本在旧中国的投资》,上海社会科学院出版社 1986 年版,第306 页。

③ 王承礼:《中国东北沦陷十四年史纲要》,中国大百科全书出版社 1991 年版,第 118 页。

（四）强占海关，控制对外经济贸易

海关是国家的经济门户，直接控制着对外贸易，影响到经济的发展和对外经济关系，关税又是国家财政收入的重要来源。日本帝国主义侵占东北后，也千方百计地夺取海关。"九一八"事变前，中国海关受上海总税务司管辖。上海总税务司管辖下的东北海关有大连、安东、营口、沈阳、滨江、延吉、瑷珲七个关及下属七个分关、十个分卡。同时，南京国民政府财政部关务署又在安东、营口、滨江、延吉、瑷珲五个海关设立监督公署，但不掌握实权。日本侵略者为霸占海关，先占领东北各海关公署，接着于1932年2月17日组织伪东北行政委员会之后，通知东北各海关监督，由该委员会管辖东北各省海关，"训令"各海关监督及税务司照常服务，并称各关已派有日本顾问一名，驻关监视各关一切政务①。3月下旬，伪满财政部又通过各海关日本顾问通告各海关及其往来银行，停止向上海总税务司解款，改向伪满财政部缴纳其海关收入。

伪满政权强取海关的行动，遭到了国民政府及东北各海关税务司、中国银行东北各分支行的抗议与拒绝，但伪满政权却在日本支持下，以武力劫夺各海关。从6月26日至30日，伪满政权连续将大连、滨江、营口、安东、珲春、延吉等六个海关夺取到手，驱逐各该关税务司及关员，重建以日人为主的各关，并开始办公。8月，又强行接收奉天海关，10月将东北海关一律改称税关。1933年1月，再强行接收绥芬河海关，至此东北海关全部被日本帝国主义劫夺。此外，伪满政权还在承德、图们和山海关设立本关，并新设分关、分卡有十四处，以便利日本对东北的贸易。

日本帝国主义强行劫夺海关，利用海关，通过关税政策，控制东北的对外贸易，以保证日本商品的倾销和对东北资源的掠夺。"九一八"事变前，东北的对外贸易是中国唯一出超地区，1927年—1931年平均

---

① 贾德怀：《民国财政简史》上册，商务印书馆1947年版，第85页。

每年出超 1 亿关两,1931 年达 1.69 亿关两。日本占领东北后,1932 年尚有 1.2 亿日元(近 1 亿关两)的出超①。后由于日本垄断东北的贸易和伪满政权实行优惠日本商品的政策,所以从 1933 年开始输出大量减少,而输入则不断增加,从出超变为入超。据统计:1933 年为 0.616 亿日元,1934 年为 1.855 亿日元,1935 年为 1.857 亿日元,1936 年为 0.879 亿日元,1937 年为 2.419 亿日元②。

伪满贸易的大量入超,实际是对日本、朝鲜、台湾贸易的结果,而对其他国家贸易都是出超,对中国关内的贸易也是出超。在东北的进出口贸易中,日本在"九一八"事变前已居首位,"九一八"事变后更占据了最大份额。东北对日输出,1932 年为 2.35 亿元,占输出总额的 38%,到 1936 年则为 2.85 亿元,占输出总额的 47%,即在东北向外输出总额中,有将近一半是输往日本。在输入贸易中,1932 年日本输入为 1.97 亿元,占输入总额的 58%,1936 年则为 5.34 亿元,占输入总额的 77%。在东北对日本贸易总额 1932 年为 4.33 亿元,比率为 45%,1936 年为 8.2 亿元,比率增为 63%③。

在进出口货物方面,东北输入的工业品中大部分是消费品,如纺织品、食品和日用百货等,1932 年输入的消费工业品占总输入额的 77.7%,以后虽稍有降低,但在 1937 年以前,一直不低于 60%。输入的机器设备基本上都是供给日本在东北的各种工矿交通企事业。东北输出的商品中,农产品、各种工业原料和矿产品占了绝大的比例。农产品和化学工业原料 1931 年占输出总额的 75%,1936 年达 79%④。供应日本军备的铁矿和生铁是日本掠夺的重点,出口量有很大增长。这些情况充分表明东北对外贸易的殖民地性质。

---

① 许涤新等:《中国资本主义发展史》第 3 卷,人民出版社 1993 年版,第 386—387 页。

② 许涤新等:《中国资本主义发展史》第 3 卷,第387 页。

③ 王承礼:《中国东北沦陷十四年史纲要》,第 121 页。

④ 杜恂诚:《日本在旧中国的投资》,第 382 页。

（五）强占耕地，掠夺农产品

日本帝国主义占领东北以后，对东北的农业同样采取了殖民主义的统制政策。首先利用政治、军事的力量，垄断和掠夺东北的土地。"九一八"事变时，关东军所到之处，对大量土地加以"敌产"、"逆产"名目，予以没收，侵占了东北大量土地。接着又授意满铁在东满、北满一带强制收买农田，到1935年满铁在东北侵占的土地达100万公顷之多①。伪满政权成立后，除接收这些"敌产"、"逆产"土地作为"官产"外，又通过地籍的整理，将旧有官地（包括清室保留地、吉林旗属官地和驿站官地、吉林官仓仓田、辽宁省官地、东省特别区官有地、国有荒地和林地）"处理"成为国有。其中除相当大量土地被划作军事用地外，余下拨作日本移民用地。伪满政权还于1932年4月公布《外人租用土地章程》，规定外国人在东北能获得永久的承佃权，并成立日满土地开拓会社，攫夺东北土地。1933年6月，伪满更公布《商租权登记法》，规定日人在东北从事农工商各业所需用之土地，得自由商租，期限30年，期满可以延长，这实际上就是从法律上承认日人对商租土地的永久占有。

在掠夺土地与公布所谓租用土地"立法"的同时，日本帝国主义组织了向东北的大量移民活动。1932年初，日本拓务省拟定《满洲移民计划大纲》，确定了移民侵略方针。同年6月，日本议会通过《移住适用地调查费》等法案，8月又通过《第一次五百名满洲移民费追加预算》，拨出了用于移民的经费。由日本退役军人组成的第一批武装移民团429人，于1933年3月到达佳木斯附近的永丰镇。这种武装移民到1936年7月为止，共移来五次，2900户计7296人②。这五次武装移民带有试验性质和准备性质，真正大规模的移民侵略开始于1936年的

---

① 孙健：《中国经济史——近代部分》，中国人民大学出版社1989年版，第425页。

② 姜念东等：《伪满洲国史》，吉林人民出版社1980年版，第340—341页。

"百万户移民计划",企图在二十年内向我国东北移民 100 万户 500 万人。由于日本移民大量侵占东北土地,致使广大东北农民失去了大量土地,被迫流落他乡,沦为日本移民或移民会社的佃户,受其奴役和剥削。

日本对东北农业的掠夺除了移民霸占土地外,还大量掠夺农产品。东北是中国著名的产粮区,农产品丰富,特别是大豆等特产品和玉米等,向来是日本所竭力获取的物资。"九一八"事变前五年,平均每年向日本输出大豆三品(大豆、豆饼、豆油)达 163 万吨,占大豆三品总输出量的 40%①。"九一八"事变后,日本为了解决国内的粮食问题和战争物资动员的需要,积极推行将东北变为其粮食供应基地的政策。在农业生产上,强令农民种植水稻、棉花、烟草以及鸦片等,增加杂粮生产,剥夺了农民的种植自由。在农产品流通上,日本垄断了东北农产品的收购,以极其低廉的官定价格迫使农民出售它所需要的农产品。如大豆平均价格,"九一八"事变前吉黑两省,每斗价 1.3 元上下,辽宁则为 1.7 元左右;而"九一八"事变后的 1934 年,沈阳豆价每斗 0.6 元,外县 0.55 元左右,吉黑两省每斗 0.5 元②。这表明农产品被日本以极其低廉的价格搜刮去了。东北农产品被收购后大量输往日本。1934 年,输往日本的玉米价值达 290 多万元,占当时主要农产品输出总额的 58%③。从 1932 年—1936 年,每年输往日本的高粱、小米各占总产量的 40% 和 90% 以上④,从而使东北粮食生产完全服从于日本的需要。

此外,日本还在东北诱骗农民种植鸦片,毒害广大民众。"九一八"

① 姜念东等:《伪满洲国史》,第 370 页。

② 桑润生:《日本军国主义对我国东北农业的掠夺》,《社会科学战线》,1987 年第 2 期。

③ 姜念东等:《伪满洲国史》,第 370 页。

④ 章有义编:《中国近代农业史资料》第 3 辑,生活·读书·新知三联书店 1957 年版,第 538 页。

事变后,日本在东北推行鸦片专卖政策。1932 年 9 月 16 日,伪满政权公布《鸦片收买法》,同年 11 月 30 日公布《鸦片法》。1933 年成立鸦片专卖公署,下设专卖署和分署 32 处,遍布东北主要城市和地区。在日伪鸦片专卖制度的诱发、包庇下,东北各地鸦片种植成风,如黑龙江的密山、虎林、饶河、马鞍等地,种五谷者绝少,除去烟苗,别无他物。据统计,1934 年东北境内种植鸦片的县达 35 个,烟田面积达 35 万亩,仅热河一省烟田面积即达 17 万亩。据伪满政权年报统计,1933 年至 1937 年鸦片栽种遍及伪满七省三十县一旗,总面积达 68.5 万亩。这还不包括秘密栽种面积①。鸦片大量种植给日伪统治者带来高额利润。据伪满政权官方公布的统计,鸦片的收买量逐年增加,从开始时的每年 250 万两,到 1937 年增至 800 多万两;鸦片专卖利润 1933 年是 700 万元,到 1937 年达到 5000 多万元。然而,实际数字远远超过官方统计。据当时任伪专卖总署署长卢元善供称,1937 年鸦片销售量是 1200 多万两,获纯利润约 9232 万元②。

鸦片专卖造成了烟毒泛滥,吸食鸦片者日益增多。仅伪满登记的吸食鸦片者,1933 年为 56804 人,1937 年增加到 811,005 人,五年间吸食者增加了十四倍③。日本推行的鸦片毒化政策,不仅掠夺了东北人民的大量财富,而且使东北人民蒙受了巨大的身心危害。

总之,"九一八"事变后,日本对东北经济的统制与掠夺,将东北经济纳入日本帝国主义的经济体系中,使东北经济沦为殖民地经济。

四　日本在东北的文化统治与奴化教育

日本帝国主义在东北推行"剑与火"的政治统治、经济掠夺的同时,

---

① 姜念东等:《伪满洲国史》,第 423 页。
② 滕利贵:《伪满经济统治》,第 234 页。
③ 陈本善等:《日本侵略中国东北史》,吉林大学出版社 1989 年版,第 435 页。

也把殖民地思想文化统治的锁链强加给东北人民,极力摧残中国民族文化与教育,推行愚民与奴化政策,实行殖民地文化统治。

（一）建立并加强殖民地文化统治

1932年伪满洲国刚成立时,日本殖民主义者便在伪政府统治机构中建立了思想文化统治的中枢——资政局弘法处。它是由积极从事侵华的日本法西斯分子笠木良明策划和领导的,其任务有三项:一、"宣传建国并施政之精神";二、"涵养民力,善导民心";三、"普及自治思想"。实际上,它围绕建设伪满洲国所谓的"独立的新国家",进行分割中国的反动宣传,向人民灌输东北独立的思想,打击和镇压东北人民的抗日力量。1933年,日本殖民者为了强化统治机构,废资政局,在伪满国务院总务厅下设立情报处。它成了伪满言论文化的中心统治机关,一元化地管辖新闻、出版、通讯、广播等事业。

在新闻通讯方面,日本侵略者于1932年12月1日建立伪"满洲国通讯社",着手垄断东北新闻通讯机构与事业,排斥和取消中国人民的新闻、通信自由。1933年9月,又建立"满洲电信电话株式会社",把持了伪满的广播事业。1936年9月,日本殖民者又以"一个国家一个通讯社"的垄断政策,建立了为其严格管辖东北新闻、通讯机构的"满洲弘报协会",把报道、言论、经营三方面统一起来,实行严格的"官制统治"

在出版方面,1932年10月,伪满公布《出版法》,规定凡是危及伪国存在的、"惑乱民心"的读物,一律禁止出版;同时对带有民族意识的书刊,一律查禁或销毁。据伪满文教部记载,1932年3月至7月,就在东北焚书650余万册。在禁止出版的同时,还禁止关内报刊书籍输入。1934年6月29日,伪民政部一次就通令禁止三十六种报刊输入东北。其中主要是我国关内的报刊,计有:《大公报》、《申报》、《时报》、《新闻报》、《北平晨报》、《华北日报》、《京报》、《平报》、《世界日报》、《社会日报》、《北京日报》、《上海民报》、《广东市民日报》、《豫北日报》、《徽州日报》、《益世报》和《良友》、《循环》杂志等十八种,占禁止输入报刊的一半。此后查禁书刊种类年年增加。据《满洲年鉴》记载,1935年至1938

年四年间,伪满禁止发行的报纸为 7445 份,扣押 56,091 份,禁止发行的杂志为 2315 份,扣押 13,664 份,禁止普通出版物 3508 册,扣押 924,852册①。相反地,日本国内宣扬军事法西斯思想的出版物却源源不断输入,年年增加。1936 年,日本向伪满出口书籍 58.7 万余册,1937 年就增至 380 万册②。

日伪打击中国民族出版事业、禁止关内书刊输入的同时,还加紧建立殖民垄断的出版机构。1937 年 2 月,建立了伪满洲图书株式会社垄断出版事业,专门出版、发行与销售伪满的学生课本和宣传伪满"建国精神"与政策的书籍。

在电影方面,日伪于 1933 年 8 月成立伪满洲国电影国策研究会,控制东北的电影。凡日伪认为有损于日本帝国主义和伪满政权、有损于日本侵略军、有损于所谓"皇室"、有损于日伪官吏统治的,特别是有关反战思想的和有关共产主义思想的影片,一律禁演。仅 1936 年一年就禁演影片 178 部。有些影片虽未禁演,却遭随意剪截,1936 年剪截影片达二千八百余米,1937 年增至二万余米。但是,宣扬武士道精神的日本电影却充斥伪满影院,可以说,伪满的影坛是日本电影的天下。据统计,1936 年日本输入东北的影片是 154 部,1937 年升至 232 部③。

此外,对小说、戏剧、音乐、美术等方面也进行统制,利用汉奸文人美化日本侵略,鼓吹战争狂热,丑化我国各族人民,咒骂中国人民的抗日斗争,以此来腐蚀、奴化在伪满统治下的中国人民的思想。

(二)实行殖民主义的奴化教育

东北的教育事业也遭到日本侵略者毁灭性的摧残。关东军侵占东北后,以"排日"的罪名,下令所有学校一律停办,关闭了各级各类的学校。直到 1932 年伪满洲国建立后,才开始对各级学校进行所谓的整

---

① ［日］福富八郎:《满洲年鉴》,满洲日日新闻社 1941 年版,第 442 页。

② 姜念东等:《伪满洲国史》,第 436 页。

③ 陈本善:《日本侵略中国东北史》,第 418 页。

顿、恢复,但进展缓慢,质量低下,以至迟迟达不到"九一八"事变前的水平。

"九一八"事变前,东北有小学1.36万余所,小学生74.71万人,教职员2.44万余人。至1933年恢复的小学仅有九千一百余所,学生50.21万余人,教师1.63万余人。儿童的入学率在1935年末仅占23%。中学:"九一八"事变前有194所,学生3.85万余人,教职员二千四百余人。伪满政权建立后恢复很慢,到1937年开学的仅有173所,学生3.36万余人,教师(职员除外)一千六百余人。大专院校:"九一八"前有三十所,1933年开课的只有两所,1935年只有五所,1937年也只有十所①。

日本侵略者在对东北教育进行破坏的同时,竭力建立以愚民奴化为核心的殖民主义教育体系。1932年3月伪满洲国建立后,在伪国务院设文教部,作为掌管教育的最高行政机构。先后担任伪文教部总长的有郑孝胥等人,但实权都操在日本人手中。伪文教部设立后,于1932年7月在长春召开教育厅长会议,具体规定伪满洲国教育以重仁义,尚礼让,发扬王道精神,及于人民生活方面以期共享和平之幸福,于友谊方面尚节义自重,对世界民族讲亲仁亲邻,共存共荣,达到大同为方针。只要除去其中"重仁义"、"尚礼让"、"尚节义"、"大同"等欺骗性的词句,其反动实质是很清楚的。它是一条典型的殖民主义教育方针,是根据日本帝国主义实行法西斯统治,进行经济掠夺,扩大侵略战争的需要而制定的,是把教育限制在为宗主国服务和培养廉价劳动力之上的。

按照这个殖民统治的教育方针,日伪教育政策的着重点是,废除中国原有的教学秩序、内容和教材,代之以日伪的课程设置和教材,并竭力散布殖民主义的教育思想。首先,日本侵略者在各级各类学校里废除了中国原有的大部分教材,甚至连一张中国地图也不准挂,不让看。

---

① 陈本善:《日本侵略中国东北史》,第418—419页。

然后,组织力量编写、出版大量的进行奴化教育的新教材。在所谓新教材出版之前,小学讲授"修身"、《孝经》、《论语》,宣扬忠、孝、节、义等封建道德。中学也以宣扬"建国精神"为主,讲授"国民道德",并且把日语和"东洋史"列为重要的课程。大学讲授"国体本义",宣扬日本立国精神"唯神之道"。到1934年及1935年,日伪陆续新出版的"暂行国定教科书"达二十七种,四十七册。通过这些教材,歪曲与篡改中国历史,改变中国的疆域,宣扬所谓"建国精神"、"王道政治"、"日满亲善"等谬论,用以毒害与腐蚀东北青少年的思想和民族意识。同时在课程设置上,日语被列为小学、中学、大学的主课。各类学校一律开设日语课,而且课时远远超过语文、数学等主科。日语从小学一年级就开始开设,初小和中学每周六课时,高小七至八课时;而汉语,小学每周不过六课时,中学仅有三课时。1936年,日伪又在社会上实行日语检定考试制度,规定经考试日语合格者可以分别取得特等、一等、二等、三等的资格。一些国民学校的学生可以参加考试,合格者发给一定的"语学津贴",毕业后可以优先录用,用以引诱青少年重视日语并接受其奴化教育。日本帝国主义为推行其奴化教育,对各级教师进行残暴的"整肃",把大批籍贯属于关内各省的教师排挤出学校,并对爱国师生实施疯狂的镇压和迫害,甚至捏造"莫须有"罪名,把大批正直、富有爱国心的知识分子投入监狱,施以重刑,乃至枪杀,妄图震慑爱国师生的反日情绪,维持反动的殖民地教育秩序。1933年,日军宪兵队对沈阳市第三中学突下毒手,一次捕杀爱国师生35人。同年5月至7月,吉林市学生因散发抗日传单,先后被逮捕、杀害六七十人。1934年5月,长春市二中及其他学校教员,一次被日伪特务机关逮捕了九名,其中四名被杀害,其余的下落不明。1935年,日伪当局在安东教育界大逮捕、大屠杀更是令人发指。日伪宪警以组织"保国会"为名,将安东省教育厅和安东市、凤城、庄河、宽甸、辑安、桓仁、通化、临江、岫岩等县的教育局长、职员及中、小学校校长,一律逮捕。然后把他们分别押进各地宪兵队,上大挂、灌凉水、烙铁烧、坐老虎凳等,无所不用其极,追索抗日救国会组织。据事后统计,这次大逮捕共抓捕安东地区教育界知名人士、中小学校长、教师及部分商、财界人士五百余人,被判死刑和在狱中被折磨致死者达到二十余人,另有八十余人被判无期以下徒刑,其中一半以上后来瘐死狱中①。由于日本侵略者对东北广大爱国中小学教师的迫害,到 1935 年末,中小学教师人数陡然减少了九千余人。

五 东北人民的抗日斗争

"九一八"事变爆发后,日本关东军对我国领土的疯狂侵略,激起东北爱国军民的愤怒与反抗。从日本关东军的铁蹄踏入沈阳之日起,东北军民就向日本侵略者展开不屈不挠的反抗斗争。随着日本的侵略范围的迅速扩大,反抗的烽火也很快燃遍辽宁、吉林、黑龙江三省。以东北军官兵为主体,有工人、农民、知识分子以及地方民团、保安队、警察、民间秘密结社、绿林武装等各阶层群众参加组成的义勇军、救国军、自卫军等抗日武装蜂拥而起,在白山黑水之间燃起了民族自卫的抗日烽火,从城镇到乡村到处发出打倒日本帝国主义的怒吼。

(一)东北军爱国官兵奋起抗日

"九一八"事变后,一部分东北军爱国官兵出于民族义愤,拒绝执行当时国民政府绝对不抵抗的命令,奋起抗战。马占山领导的"江桥抗战"是"九一八"事变后东北军队给日本侵略者的第一次回击。

日本占领辽宁、吉林两省主要城市后,开始向黑龙江省进犯。在这紧急时刻,黑河警备司令兼步兵第三旅旅长马占山奉东北边防军司令长官张学良命令,统帅黑龙江部队,并代理省主席职务,奋起领导江桥抗战。

江桥抗战从 11 月 4 日开始到 19 日结束,历时十六天,分为江桥第

---

① 王希亮:《日本对中国东北的政治统治》,黑龙江人民出版社 1991 年版,第 178—179 页。

一线战斗和三间房战斗两个阶段。11月4日中午,关东军一个中队在飞机支援下,向江桥中国守军阵地左翼猛攻,并将大兴车站炸毁。守军奋起自卫,将敌击退。18时,关东军一个大队在七架飞机、四列铁甲车和数门火炮掩护下,向守军卫队团阵地正面发起猛攻,双方展开激烈战斗。5日,日军调整部署,把张海鹏伪军调到第一线。守军以步兵正面迎击,骑兵两翼包抄,激战至晚,将敌击退。6日凌晨,敌增援部队到达又大举进犯,上面飞机,下面大炮,晚间有探照灯指示炮兵射击。江桥守军浴血奋战,关东军第十六联队几乎被全歼,骑兵第二旅团也伤亡惨重。守军终因装备低劣、兵力单薄,6日晚马占山下令将守桥部队主力后撤至三间房阵地,继续阻击敌人。

从7日开始,江桥抗战进入三间房阻击战阶段。关东军一面调集在东北的日本精锐部队向前线集结,一面以强硬态度要求马占山下野,并撤至齐齐哈尔以北,被马占山严辞拒绝。关东军见威胁无效,遂向三间房阵地进攻。12日,关东军以七千余人在飞机和火炮掩护下,向三间房阵地发起猛攻。我守军各部官兵奋勇还击,马占山亲到阵地指挥作战,血战至下午,敌不支,被迫退却。16日,关东军以步、骑、炮兵四千余人在飞机和坦克掩护下发起全线攻击,守军勇猛抵抗,两军陷入混战状态。后关东军增援部队陆续到达,18日晨,关东军以三个联队的兵力向三间房主阵地实施猛攻,并形成包围态势。守军经过浴血苦战,终因伤亡过重,无力支持,当日下午6时,马占山令各部撤出阵地,晚间退至齐齐哈尔。19日,又率全军二万余人退到海伦。至此,历时十六天的江桥抗战结束。

除江桥抗战外,东北军爱国官兵还在锦州、哈尔滨等地抗击日本侵略军。辽宁省警务处长黄显声和沈阳市警察局监察长熊飞(熊正平),在锦州重新改编三个公安骑兵总队,1931年10月消灭了汉奸凌印清和日本特务仓冈繁太郎等组织的"东北民众自卫军",11月又消灭了张学成在日本关东军扶植下组织起来的"东三省自治军"。接着,又与张树森的骑兵第三旅、常经武的步兵第二十旅及张廷枢的步兵第十二旅,一起沿大凌河布防。12月22日,日军出动三个旅团的精锐部队向辽西和锦州进犯,中国守军和公安骑兵总队在营(口)沟(帮子)线田庄台、北宁线白旗堡、大(虎山)通(辽)线白山等处,多次与敌人展开激战,在一定程度上阻挡了日军的进攻,延缓了锦州沦陷的时间。

在哈尔滨,日本侵略军遭到了东北军李杜、丁超等部的抗击。日本关东军为占领东三省特区哈尔滨,命令于琛澄伪军进攻哈尔滨。1932年1月27日,于琛澄部伪军在日军飞机掩护下,向哈尔滨上号、南岗、三棵树发起进攻。东北军李杜的第二十四旅、丁超的第二十旅和冯占海的吉林卫队团等部展开猛烈反击,打退了敌人的进攻。于琛澄伪军进犯哈尔滨失败后,1月28日,本庄繁令长谷部照佶指挥步兵第四联队、野炮兵第八联队一个大队向哈尔滨附近进犯。1月30日,东北军第二十二旅旅长赵毅率部在哈尔滨附近的双城,击溃伪军刘宝麟旅,俘敌七百多人,当晚又在双城车站设伏,正值长谷部旅团军列开进双城车站,日军整队下车卸掉枪械、拢火取暖之时,设伏的第二十二旅抓住这绝好的战机,突然从三面向日军发起攻击,日军措手不及,乱作一团,被击毙击伤四十八人。

东北军爱国官兵自发的抗战行动,打击了日军侵略的气焰,捍卫了中华民族的尊严,鼓舞了全国人民的抗日斗志。

(二)风起云涌的义勇军抗日斗争

"九一八"事变后,以部分东北爱国官兵和警察为骨干,会同各地自发组织起来的抗日民众,形成了遍及东北城乡的抗日义勇军队伍。他们发表通电,痛陈"吾人泥首呼天,求生无路,惟不肯延颈就戮,始起而自卫。我中华裔胄决不甘作亡国之奴,宁可杀贼以致死,不委曲以求全"[1]。表达了誓死抗击日本侵略者的决心。东北义勇军的兴起和抗日斗争,发展很不平衡,没有统一的组织和指挥系统,番号不一,而且不断变换。按地区分,可分为辽宁抗日义勇军、吉林抗日义勇军、黑龙江

抗日义勇军等。

辽宁抗日义勇军兴起最早，规模大，斗争也相当活跃。主要有辽西的东北民众自卫义勇军。这支抗日武装系由原辽宁省警务处长黄显声和沈阳市警察局监察长熊飞在阻敌侵锦过程中，以新编公安骑兵总队为基础组成的，初名"辽宁抗日义勇军"，后改名"东北民众自卫义勇军"，总指挥部设于北票。到1931年末，已有义勇军二十二路，每路多者万余，少者一二千，共约六万余人，转战于黑山、营口、盘山、海城、台安、新民、辽中、沈阳、本溪一带，到处英勇地打击日本侵略者。

辽西义勇军的壮大，使日本侵略军惶惶不安。1932年1月3日，关东军侵占锦州后即命令：已进入辽西的第二十师团主要用于对辽西各地义勇军作战，并负责对热河及关内的警戒。关东军第二十师团命令所部混成第三十八旅团骑兵第二十七联队，进驻锦西城"扫荡"辽西义勇军。1月9日，第二十七联队联队长古贺传太郎率队到城西一带"扫荡"，遭辽西义勇军刘纯启等部伏击，联队长古贺传太郎以下数十名日军被击毙。日本侵略者惊呼这是"九一八"事变以来"最大的悲惨事件"①。古贺联队被歼，极大地鼓舞了辽西广大人民群众和各路义勇军士气，抗日武装斗争的规模更加扩大。到4月，经过整顿，东北民众抗日义勇军改为军区制，按其活动地区划分为五大军区。原辽西大部地区及沈阳一带的各路义勇军划归第一军区指挥。辽西地区因距北平较近，得到各方接济，发展快，战绩好。他们之中以郑桂林的第四十八路战绩较好，支持较久，但到1933年5月，关东军侵占热河和长城各口以后，各部相继溃散。

在辽西义勇军兴起的同时，邓铁梅在辽南举义，创建了一支以农民为主体的义勇军武装，人数较多，战斗力较强。1931年10月初，原凤城县公安局长、牡丹江警察分署署长邓铁梅，在黄显声的赞同和支持下，在凤城县联络近二百名抗日志士，成立东北民众自卫军，被推举为

---

① 《协和》，1932年第2期。

司令。12月26日夜,邓铁梅率东北民众自卫军袭击凤凰城,捣毁伪县公署、警察局,砸开监狱,救出百余名爱国志士,并全歼守城日伪军,缴获步枪三百二十余支、轻机枪两挺、迫击炮两门以及其他军用物资①。凤城大捷后,自卫军乘胜远征庄河县城,守城伪军闻风而逃。1932年春,苗可秀作为救国会代表,与邓铁梅取得联系,并担任东北民众自卫军总参议。在邓铁梅、苗可秀的领导下,东北民众自卫军在安东、凤城、岫岩三角地区打了许多胜仗,给日本侵略军和伪政权以沉重打击,到1932年8月队伍已发展到1.5万人。1932年冬,日伪军向邓部大规模"讨伐",邓铁梅、苗可秀等率部与敌周旋,一直坚持到1935年6月,邓、苗被俘壮烈牺牲。

在辽南组建的另一支义勇军,是原东北军军官李纯华于1931年12月在海城县成立的辽南义勇军。1932年6月,东北民众抗日救国会将辽南义勇军改编为东北民众抗日救国军第二军区,委任李纯华为司令。11月下旬,又改为东北义勇军第二军团,王化一为军团长,李纯华为代理军团长,队伍发展到万余人。这支抗日武装以海城为中心,东至岫岩、凤城,西至台安、盘山,南至营口、大石桥,北至辽阳、辽中,控制这一带的交通要道和广大农村,并不断袭击敌人的火车、兵站、机场,给日伪军以沉重打击。

在辽东地区兴起的义勇军,主要有唐聚五领导的"辽宁民众自卫军"。"九一八"事变后,原东边道镇守使于芷山叛变投敌,该部第一团团长唐聚五等起而抗日。1932年4月21日,唐聚五在桓仁县组成"辽宁民众自卫军",唐被推为总司令,下辖十九路军,计有十余万人。他们活动于通化、新宾、柳河、临江、宽甸、辑安等地区,同日伪作战数百次,威震整个辽东地区。

在辽北蒙边地区也活跃着一支由蒙汉各族民众组成的抗日武装。

---

① 潘喜廷等:《东北抗日义勇军史》,辽宁人民出版社1985年版,第246—247页。

1931年10月,原东北军少将高文彬衔张学良之命,在通辽成立辽北蒙边宣抚专员行署,并先后争取了蒙古族武装统领刘振玉、李胜、包善一、韩色旺参加抗日,组成辽北蒙边义勇军骑兵队,任命包善一、韩色旺为正副司令。随着辽北蒙边行署和骑兵队的成立,蒙边二十余县的蒙、汉民众武装也日趋壮大。1932年5月,救国会将辽北蒙边地区的义勇军改编为"东北义勇军第五军团",高文彬任总指挥,下辖七个梯队,共万余人。1932年春,在开鲁县一次伏击战中,击溃一支五百余人的日伪军,击毙关东军松井大佐。同年6月高文彬率部攻打通辽,7月收复康平,从此声威大振。直到12月,关东军大举来犯,才转移开鲁。后高文彬被俘,队伍逐渐溃散。

继辽宁抗日义勇军兴起后,以吉林省境内的东北军为主体组成的吉林自卫军、吉林国民救国军等抗日武装相继创建。吉林自卫军是1932年1月31日在哈尔滨成立,以依兰镇守使李杜为总司令,总兵力约1.5万余人。在保卫哈尔滨的战斗中,自卫军奋力抵抗,与优势之敌血肉相搏,阻滞关东军攻占哈尔滨。哈尔滨保卫战后,自卫军分为两路,一路由李杜、丁超、邢占清率领,仍称自卫军,退守以依兰为中心的吉东一带;一路由冯占海统率,于1932年6月改名"吉林省抗日义勇军",推冯占海为总指挥,宫长海为副总指挥,并将所部改编为十二个旅及四个支队、三个团、一个营,共五万余人,活动于阿城、方正、五常等地。两支义勇军机动灵活地作战,不断打击敌人。6月,救国军攻占哈市南面重镇阿城,7月占领舒兰县城,9月攻打吉林,终因守敌顽抗,无法攻入市区,后西去热河,转入开鲁,经国民政府北平军分会收编为国民革命军第六十三军。

李杜率自卫军总部退到依兰后,不久即遭到日伪军的猛烈进攻。李杜指挥部队迎击,终因敌我力量悬殊,伤亡惨重,撤出依兰,向梨树镇一带转移。吉林自卫军撤到梨树镇后,经过整编,形成以梨树镇为中心的抗日基地,控制了穆棱、宁安、密山、勃利等八个县的全境,力量虽有很大削弱,但仍然威胁着日伪对吉林的统治。同年秋后,日伪军集结重兵"讨伐"自卫军。9月下旬,日伪军首先攻击驻勃利县的抗日自卫军徐国光旅。12月下旬,敌又增调兵力分三路向松花江下游地区的自卫军发起总攻。自卫军奋力抵抗,但无力长期坚守,李杜遂率部向密山转移。1933年1月5日,敌攻占梨树镇,6日夜侵占密山县城。9日,进抵宝清县城,利诱丁超投降。同日,李杜率部三千余人,在虎林地区过乌苏里江,退入苏联境内。自卫军余部则转移到牡丹江西岸,潜伏在苇河、延寿等地区活动。

吉林省境内的抗日义勇军,除李杜、冯占海部外,还有王德林在吉东一带组织的"吉林国民救国军"。王德林原为东北军第二十七旅第六七六团第三营营长,"九一八"事变后愤于关东军入侵与熙洽、吉兴投敌,开始酝酿抗日,于1932年2月8日宣布起义,成立"吉林国民救国军",王德林任总指挥,中共党员李延禄、周保中先后担任救国军将领。不到半年时间,救国军发展到数万之众,以宁安为中心,在吉东地区坚持反日斗争。11月后,屡遭打击的关东军陆续增派兵力,对救国军发动大规模"进剿",王德林率部分队伍转入苏联境内。余部经周保中、李延禄的整顿与改编,组成东北抗日救国游击军,继续坚持抗日斗争。

黑龙江抗日义勇军的兴起晚于辽、吉两省,但在整个东北的义勇军抗日历史上占有十分重要的地位。在黑龙江,首揭抗日义旗的是守卫嫩江桥的东北军官兵。1931年11月嫩江桥大战时,马占山下令黑龙江省各县编组民团,以支持长期抗日。马占山率部退守克山以后,"拜泉、青岗、绥化等十余县的民团纷起援马,其他各县亦民团纷起,胡匪亦多揭义旗,请马收编"①。1932年5月,黑龙江省东部地区民团、义勇军共约七万人,共推马占山为总司令。其后马占山带领义勇军继续转战黑省各地,成为黑省义勇军的主要力量。

继马占山抗日之后,黑龙江省还爆发了苏炳文率部起兵抗日。1932年10月1日,原黑龙江省呼伦贝尔地区警备司令兼哈满路护路

---

① 陈清晨:《东北义勇军之考察》,载《申报月刊》第1卷第3号。

军司令、步兵第二旅旅长苏炳文在海拉尔宣布成立"东北民众救国军"，自任总司令，兵力约1.2万余人，主要活动于海拉尔、扎兰屯、呼兰等地，多次同日伪军作战，引起了敌人重视。10月3日，关东军第十四师团中山支队二千余人向位于富拉尔基的民众救国军进攻。苏炳文部与敌激战亘日，敌死伤甚众，向磨姑溪退却，救国军因损伤严重退守二线朱家坎阵地。11月中旬，关东军向朱家坎阵地发起总攻，救国军寡不敌众，撤往碾子山第三道防线。11月29日，关东军分四路向救国军发动全面进攻，12月1日占领碾子山，2日进入扎兰屯。苏炳文见无力挽回败局，遂于4日率部进入苏联境内。

此外，黑龙江境内的一些"绿林好汉"，面对日本入侵，仇恨满腔，民族气节和爱国思想驱使他们走上了抗日救国的道路。如李海清，当日本入侵黑龙江省时，他正在狱中服刑，为了抗日，多次要求释放出狱。出狱后，他联络各地"绿林好汉"，招集三四千人，于1932年2月在肇州举义，成立东北民众自卫军，活动在哈（尔滨）长（春）路以西地带。同年3月以后，该部一度南下，15日攻克扶余，28日攻占农安，兵临长春近郊，致使伪都的日伪统治者惊恐异常。后复活动在肇州、安达、青冈等地，经常与马占山部联合抗敌。1932年4月，又被改编为马部步兵第四团和骑兵第二团，兵力达二万人以上。5月下旬，关东军松平支队开往肇东进攻李海青部主力，两军发生激战，李亲临前线指挥，腰部被炸伤。26日，李率部退出肇东，至丰乐镇一带休整。

东北抗日义勇军是保卫民族独立而战的民众抗日武装，它从1931年10月兴起，经过1932年的全盛时期，曾发展到三十万人以上，到1933年初大部分失败瓦解。东北义勇军的受挫，其原因是多方面的：客观原因是敌我军事力量对比悬殊，国民党蒋介石坚持推行不抵抗政策，对东北人民的抗日斗争，不仅不援助反而千方百计加以阻挠，使抗日义勇军孤军无援，陷入困境。其主观原因是东北抗日义勇军缺乏正确的政治领导和统一的军事指挥，未能充分依靠广大人民群众。东北抗日义勇军虽然遭受到挫折和失败，但在中国抗日战争中的历史作用和积极意义是不能低估的,它以自己的英勇斗争谱写了抗战史上震撼中外的重要篇章。

(三)东北抗日游击战争

在东北抗日义勇军奋起抗日的同时,中国共产党在东北进行了创建游击队的艰苦斗争。

"九一八"事变后,中共满洲省委根据中共中央"组织东北游击战争"的指示,在支持与援助东北抗日义勇军武装反日斗争的同时,还通过深入农村发动农民和改造整顿义勇军武装,创建中共直接领导的抗日武装力量。自1932年起,中共满洲省委先后在南满、东满、吉东、北满等地建立了十余支抗日游击队。到1933年初,根据中共中央给满洲各级党部及全体党员的信中提出的坚持抗日统一战线,坚持广泛的游击战争的指示精神,这些抗日武装又进一步发展,逐渐成为东北人民抗日武装斗争的核心力量。

南满地区建立最早的抗日游击队是磐石游击队,亦称南满游击队。1932年春,中共满洲省委先后派张振国、杨君武、杨林到磐石,帮助磐石中心县委筹建游击队。6月,磐石中心县委在原有的小规模武装"特务队"的基础上,正式成立"磐石义勇军",队长张振国,政委杨君武;全队三十余人。11月,中共满洲省委派军委代理书记杨靖宇到南满一带指导工作,将"磐石义勇军"改编为"南满游击队",任命孟木民为总队长,王兆兰为副总队长,初向臣为政委,李红光为参谋长。后孟木民、初向臣牺牲,改由杨靖宇任政委,袁德胜为代理总队长。1933年1月至5月,这支游击队与敌人作战三十余次,粉碎了敌人四次围攻,打死打伤日伪军一百三十余人,缴获许多武器弹药。游击队由建队时不足百人,扩大到二百五十余人,创建了以玻璃河套为中心的游击根据地。此后,与海龙游击队汇合,人数迅速增加到二千余人,活动于磐石、永吉、桦甸、辉南、通化、柳河、海龙、东丰、西丰、伊通、双阳等县,成为南满地区抗日武装的骨干。

东满地区在中共东满特委的领导下,1932年先后建立了延吉、汪清、安图、珲春、和龙等数支游击队。在此基础上，1933年1月，东满特委书记童长荣将这些游击队合编为东满游击队，王德泰任大队长，共二百多人，八十多支枪。面对日伪军的多次"讨伐"，东满游击队紧紧依靠群众，同敌人进行了大小数百次战斗，粉碎敌人的进攻，使自己不断发展壮大，1934年初，东满游击队已增至九百余人，武器装备也有较大改善。

吉东地区武装抗日斗争开展较早，是吉林自卫军李杜和吉林救国军王德林部义勇军活动的重要地区。满洲省委和吉东地区党组织非常重视这一地区的斗争，派出大批党团员加入自卫军、救国军，宣传中共的抗日救国主张，掌握和改造已有的抗日武装。在此基础上，先后创建了密山、饶河游击队等抗日武装。

1932年，在中共密山县委领导下，富振声等将勃利、林口、密山等群众武装合并组成密山游击队。1933年初，王德林领导的救国军溃散时，该军参谋长共产党员李延禄以中共秘密掌握的补充团为基础，改编为抗日救国游击军，李延禄为总司令，孟泾清为政委，下辖三个团共约九百人。1933年上半年在宁安、汪清一带开展游击战争，与日伪进行大小战斗十余次，均获胜利，给当地人民群众以极大的鼓舞。随后，救国游击军奉命开辟新的游击区，率部向密山转移。

吉东地区中共组织创建的另一支游击队是饶河游击队。1932年七八月间，饶河中心县委在饶河民众反日斗争的基础上，为创建游击队在宝清县小城子沟开办军政讲习所，以培养反日骨干。讲习所由崔石泉（崔庸健）负责，郑文任教员，宝清、饶河、抚远、虎林等县的三十名优秀青年参加学习。10月，中共党员崔石泉、金文亨、金东天、崔龙锡、许成在、朴英根等六人，以仅有的一支手枪为武器组成反日特务队。经过几个月的艰苦斗争，特务队从六人发展到四十余人，1933年4月21日在大叶子沟正式成立饶河农工义勇军，由崔石泉任队长，金文亨任政委，下辖三个小队，进行抗日游击战争。该队一方面配合高禹山救国自卫军的统一行动，另一方面积极独立地在乌苏里江沿岸开展活动。6

月,高禹山救国军瓦解后,饶河义勇军正式独立出来,在李学福、崔石泉、张文偕等人领导下,队伍越战越强,打退了敌人多次"讨伐",创建了饶河、虎林一带广大的游击区。为粉碎日伪军的冬季"围剿",饶河游击队经过刻苦训练,成为一支快速行动的滑雪队,活跃在完达山脉东麓的雪原上,是这一地区唯一的一支抗日中坚力量。

在北满地区,中共北满特委在巴彦、珠河、汤原等地先后创建反日游击队。1932年春,中共党员原北平清华大学学生张甲洲,发动在北平就学的东北籍同学张文藻、郑炳文、于九公、张清林等人回东北进行抗日活动。5月16日,张甲洲在巴彦县成立"东北工农义勇军江北骑兵独立师",张甲洲任总指挥,王家善任副总指挥,孔庆尧任参谋长,下设两个中队,约二百余人。中共满洲省委很重视这支抗日武装,6月末,先后派省委军委书记赵尚志及夏尚志等人到队进行工作。经过整顿,张甲洲任师长,赵尚志任参谋长,下辖三个大队及模范队。巴彦游击队主要活动于巴彦、呼兰、绥化、庆城、铁力、东兴一带,曾在呼兰附近切断滨北铁路,收复过巴彦、东兴等县城。同年底,因在东兴战斗中受挫,游击队随即溃散。巴彦游击队失败后,赵尚志于1933年春到哈尔滨一带孙朝阳部义勇军任参谋长。当年9月孙部溃散后,赵尚志等七人携枪到达珠河县六道河子。10月,中共珠河县委以他们和珠河县地方自卫队武装为基础,建立珠河反日游击队,赵尚志任队长,全队共十三人。游击队活动于哈尔滨东部一带山地,常常出奇制胜,使敌闻风丧胆。1934年夏,队伍发展到400人,改编为东北反日游击队哈东支队,赵尚志任支队司令,李兆麟任政委,活动范围扩展到松花江下游,成为一支坚强的抗日力量。

与此同时,中共汤原中心县委也在努力创建游击队。汤原中心县委首先在满洲省委巡视员冯仲云的帮助指导下,加紧发展中共组织,培养和吸收一批先进工农分子入党。到1932年夏秋之际,已建立六个区委、两个特支,拥有党员208名,为游击队的建立培养了骨干力量。10月,汤原县委在汤原城北半截河子村成立了一支抗日队伍,因土匪破坏而失败。接着,第二次建立汤原游击队,因警惕性不高发生了兵变。汤原县委总结了两次失败的教训,1933年冬在县委书记夏云杰的领导下,第三次建立"汤原反日游击队",戴洪宾任队长,夏云杰任政委。游击队以汤原为基地,不断向萝北的鸭蛋河、葛金河一带进攻,并联合汤原义勇军冯志刚部和张传福部,大破汤原城,声势越来越大,到1934年夏,队伍发展到约六百人。汤原反日游击队已经成为汤原地区各种抗日队伍的核心和领导力量。

东北各地抗日游击队相继改编为东北人民革命军,自1933年9月至1936年2月,先后建立了东北人民革命军第一军至第六军,共六千多人,把东北人民抗日游击战争推向一个新阶段。在这两年半时间里,东北人民革命军实行游击战争的战略战术,歼灭了不少日伪军,粉碎了敌人的频繁"讨伐"。抗日游击区也扩展到南满、东满、吉林和北满的四十余县。1936年2月,东北人民革命军及其他抗日武装根据抗日斗争形势的需要,改编成东北抗日联军。到1937年秋,东北抗日联军已发展到十一个军,共三万余人,开辟了东南满、吉东、北满三大游击区,扩展到七十余县。东北抗日联军在北起小兴安岭山麓,南至长白山,鸭绿江畔,西起辽河,东到乌苏里江的广大地区内,纵横驰骋,到处打击敌人,动摇着日本帝国主义在东北的殖民统治。后来,尽管它在斗争中出现过许多波折,遭受了重大损失,但它始终没有被敌人消灭,一直坚持到抗战胜利,为中华民族的解放事业做出了不可磨灭的贡献。

第二章　华北军民抗战的开展和
国民党内部的分化

第一节　长城抗战

一　日军侵占热河

日本帝国主义侵占中国东北并建立伪满洲国傀儡政权后，又策划侵犯热河省。

热河省地处辽宁、察哈尔两省之间，东界辽宁，南界河北，西界察哈尔，北界蒙古，是东北的屏障，蒙冀交界之要冲，沟通关内外的咽喉，战略地位十分重要。早在 1931 年 11 月，日本关东军在"满蒙自由国建立大纲"中，就把热河省划入了伪满洲国版图①。12 月，日本内阁讨论攻热计划②。日本在制造伪满洲国的过程中，所有计划、方案，与伪东北政务委员会发表的所谓"独立宣言"，以及伪满"建国宣言"等，都把热河包括在内，这就意味着日本迟早要侵占热河省。只是"九一八"事变后，日军忙于在辽吉黑三省镇压抗日武装，一时无足够兵力进攻热河，但它很快就开始策划此事。1932 年 4 月 4 日，日本关东军司令部制定了"热河政策"，其方针规定："对于热河省，暂时以支持汤玉麟，使之从速服从满洲国的统治为首要措施，其次，使之改革省政。"③同月，日本参

---

① ［日］小林龙夫等编：《现代史资料》第 7 卷，第 253 页。
② 张效林译：《远东国际法庭判决书》，群众出版社 1986 年版，第 60 页。
③ 《日本帝国主义对外侵略史料选编(1931—1945)》，第 137 页。

谋本部将第八师团调到东北,配置在辽西,受命秘密准备侵热。此后,日本进一步密谋策划,并频繁挑衅。7月3日,日本参谋本部次长真崎甚三郎到锦州与关东军将领策划进攻热河。7月17日,日军借口军事联络员石本权四郎等三人在朝阳北票之间失踪,以武装搜索为名,派日军三百余人向辽热边境的朝阳寺进攻,并占领该地。23日,数架日军飞机飞至热河平泉、凌源、承德一带侦察,并散发传单。8月19日,日军一度占领南岭车站,炸毁南岭铁桥,并不断派飞机到热河上空挑衅。与此相配合,日军还派奉天特务机关长板垣征四郎到天津设立特务机关,策动"华北旧军阀将领,使其相机进行反蒋"降日①。这一年底,日本又从国内调遣第六师团到东北,与第八师团一起准备进攻热河。另外,关东军还积极收买土匪、招募伪军,建立所谓"谋略部队",作为执行日本侵略的工具。这样日本侵略热河的军事行动便逐渐准备就绪。

面对日军秣马厉兵,积极准备扩大侵略,进攻热河之时,国民政府不是动员全国民众积极准备抗日,而是顽固推行对内用兵、对外妥协的"攘外必先安内"的错误政策。如上所述,这一政策遭到国内进步舆论的一致谴责和反对。在强大的舆论压力面前,蒋介石与国民政府并没有放弃其"攘外必先安内"的根本政策,但不得不对热河的防卫进行一些布置,并表示了抵抗的态度。6月中旬,行政院院长汪精卫往北平会晤国联调查团时,特与张学良商谈如何处置热河的防守问题。7月,国民政府命令设置临永警备司令部,任命东北军独立第九旅旅长何柱国兼任司令,管辖临榆、抚宁、昌黎、卢龙、迁安五县和在都山设治局,统率步兵约二万人,防守榆关地区。同时,蒋介石鉴于热河省主席汤玉麟的腐败及与敌伪方面的暧昧关系,致电张学良,提出调换汤玉麟,并派张群赴平与张学良商谈进兵热河问题。张学良考虑到东北军内部各种复杂的人事关系及汤与敌伪关系,未下决心调换汤玉麟,但对派兵入热河

---

① 土肥原贤二刊行会编、天津市政协编译组译:《土肥原秘录》,第18页。

一事,于 8 月开始进行。恰在此时,汪精卫挑起对张学良的攻击,引起国民党上层的内讧,因而推延了张学良派兵赴热计划。在张学良调遣万福麟率五个旅陆续进入热河后,12 月 25 日,蒋介石再电张学良,决定密备中央军六个师随时北运增援,并且表示:"倭寇北犯侵热,其期不远","今日之事,惟有决战可以挽救民心,虽败犹可图存,否则必为民族千古之罪人"①。然而,国民政府在不妨碍"安内"和对日妥协的前提下,被迫采取的这些措施,已无法抑制日本侵华的野心,日军仍按既定计划开始进犯热河。

日军为侵占热河,把矛头首先指向榆关。榆关即山海关,位于万里长城东端,北依燕山,南临渤海,地势险要,扼辽冀之咽喉,为平津之屏障,素有"天下第一关"之称,自古即为军事重镇。1933 年 1 月 1 日 23 时左右,日军守备队长落合正次郎经过策划,在榆关宪兵分遣队和守备队派出所前,制造了手榴弹爆炸事件②。事发后,落合向驻守山海关的中国第九旅旅长何柱国提出四项要求,无理要求中国军队撤出山海关南门,由日军进驻占领南门,遭到何柱国拒绝。2 日上午 9 时,落合指挥日军向山海关发动攻击,被中国守军击退。3 日晨,日军在飞机、军舰和坦克的掩护下,向东南城角和南门附近发起重点进攻。何柱国部第九旅爱国官兵奋起抵抗,打退敌人多次进攻。至 14 时,日军发起总攻,火力更加猛烈,城内多处起火,城上各种防御工事遭到破坏。东南城角终被轰成巨大突破口,日军坦克及步兵跟踪进入,北门至东门立即陷于无险可守状态。中国守军营长安德馨及第二连连长刘窦宸、第三连连长关景泉、第四连连长王宏元、第五连连长谢镇藩等人,冒死迎战,英勇牺牲,其余官兵也伤亡殆尽。团长石世安曾多次组织反击,均未奏

---

① 《蒋介石致张学良有电》,秦孝仪:《中华民国重要史料初编》绪编(一),第563 页。

② 日本从中国归国者联络会、新读书社编:《侵略——日本战犯的自白》,山东人民出版社 1985 年版,第 106—108 页。

效,乃率余部于 15 时由西水门向石河西岸之线撤退。日军终以阵亡四百余名官兵的代价占领了山海关。4 日,日军又攻占五里台,10 日再占领九门口。

榆关之战,中国守军第九旅以一个团不足二千人之众,与日本陆海空相配合的强敌三千余人激战三日,官兵伤亡过半,民众伤亡近四千人,毁于炮火的房屋达五百栋以上。尽管损失严重,却表现了中国爱国官兵守土抗战的精神,打击了日军不可一世的侵略气焰,振奋了中华民族的精神。

日军攻占榆关正值国联开会,引起国际上的极大反响,世界各国出于不同目的纷纷发表评论。美国表示反对日本扩大战争的行为,愿意与国联合作制裁日本。苏联也表示不满,《真理报》、《红星报》等不仅痛斥了日本的侵略行径,而且揭露国联袒护日本侵略的事实。

国民政府面对日本的行径与国际上的反映,除向日本提出抗议、继续依赖国联解决冲突外,拿不出一项制止日军侵略暴行的有效措施。日本政府见此情景,一面由外相内田康哉向美、英、法、苏、意五国驻日大使声明,表示事态"不再扩大",另一方面大造侵热舆论,加紧侵热准备。1 月 11 日,日陆军省发表声明,公然宣称:"热河为满洲国之一部","而满洲国该省内扰乱治安或侵入该省内之不逞分子,自得视为侵略者而讲求自卫手段或对付手段"①。21 日,日本外相内田在议会作外交方针演说时称:"满蒙与中国系以长城为境界者,由历史而言,亦无议论之余地。尤以热河省之属于满洲国之一部者,征诸该国建国之经纬,当可明了。"②

与此同时,日本加紧调动军队进行侵热军事部署:1 月 28 日,关东军发出关于作战准备命令;2 月 10 日,又召集有关各兵团主任会议,宣布进攻计划;2 月 17 日,正式下达进攻命令。这些计划和命令所提出

---

①　《大公报》(天津),1933 年 1 月 13 日。
②　《国闻周报》第 10 卷第 5 期。

的侵热作战方针是：首先进攻热河东北部，把中国军队牵制于热河北部；接着向热河南部进兵，把热河与河北隔断；然后将热境的中国军队压向西面或西南面聚歼之①。至 2 月，侵热兵力计有：关东军第六师团所属第十一、第三十六旅团，骑兵第四旅团，第八师团所属第四、第十六旅团，混成第十四旅团，以及关东军铁道、兵站、飞行部队，海军第二遣外舰队，共四万余人；另有伪军张海鹏、刘桂堂、程国瑞、于芷山、李寿山、丁强等部。

　　日本调动军队，步步进逼，把战火引向热河的行动，引起了全国人民的关注。中国共产党于 1 月 17 日发表宣言，宣布为反对日本帝国主义入侵华北，"愿在三个条件下与全国任何武装部队订立停战协定，共同抗日。三个条件是：（一）立即停止进攻苏维埃区域；（二）立即保证民众的民主权利（集会、结社、言论、罢工、出版之自由等）；（三）立即武装民众，创立义勇军，以保卫中国及争取中国的独立统一与领土的完整。"②国民政府迫于国内外的压力，对华北作出若干部署。2 月 9 日，国民党中央常会决定在新乡设立中央执委会华北临时办事处，张继为主任，接着先后派代理行政院长宋子文、军政部长何应钦、外交部长罗文幹、内政部长黄绍竑等到北平。2 月 13 日，宋子文对北平新闻记者发表谈话表示："日军如入侵，我决以全国力量应付。"③17 日，宋子文、张学良、黄绍竑等赴承德检阅军队，承德一片欢腾。18 日，汤玉麟在欢迎宴会上，指天画地发誓"矢志守土"。宋子文对热河守军说，"本人代表中央政府，敢向诸位担保，吾人决不放弃东北，吾人决不放弃热河，纵令敌方占我首都，亦无人肯作城下之盟"④。张学良勉励大家誓守热

----

　　①　日本参谋本部：《满洲事变作战经过概要》第 2 卷，中华书局 1982 年版，第72—73 页。

　　②　中共中央文献研究室：《毛泽东年谱》上卷，中央文献出版社 1993 年版，第392 页。

　　③　《国闻周报》第 10 卷第 10 期。

　　④　《国闻周报》第 10 卷第 10 期。

河,雪"九一八"之耻。当日,张学良领衔,与张作相、汤玉麟、万福麟、冯占海等二十七名将领联名自承德发出抗日通电称:"时至今日,我实忍无可忍,惟有武力自卫,舍身奋斗,以为救亡图存之计",并表示"但有一兵一卒,亦必再接再厉"①。宋子文还发告前方将士书并致电中国驻国联代表团,向国联及世界各国声明中国政府和人民抵抗日本入侵的决心。

张学良、宋子文等回到北平后,北平军分会拟定了热河保卫战的初步计划。其作战方针是:"华北军以捍卫疆土收复失地之目的,务需确保冀热,巩固平津,以为将来进出辽河流域之根据。集中主力于冀、热东部及平津、察南一带,对由河北沿海登陆及自热河方面侵入之敌,预期各个击破之,并乘机东进,向辽西平原转取攻势。"②张学良把现有部队编成两个集团军,共八个军团和一个预备军团。其任务区分与防御部署为:第一军团确保津塘,第二军团确保滦东,第三军团确保冀北,第七军团确保察东,第八军团及预备军团集中于北平附近;第四军团万福麟部所属第五十三军六个师,第五军团汤玉麟部所属第五十五军一个师、四个旅,第六军团张作相部所属第四十一军三个旅及第六十三军和挺进军等,共约八万人,直接担任热河防守任务。在热河境内,划凌南、凌源、平泉至承德的公路以南为第一集团军(总司令由张学良自兼)防区,主要由万福麟率第四军团六个师担任;此公路以北为第二集团军(总司令张作相,副总司令汤玉麟)防区,由张作相、汤玉麟分别率第六、第五军团担任。海军以主力担任青岛以北海面警戒;航空队临时分配之。

北平军分会拟定的作战方针和指导要领尚未下达,日军的进攻即提前开始了。2月23日,日本向中国外交部提出要求中国军队撤出热河的备忘录,遭到拒绝后,当日日军第六、第八师团等部及伪军数万人,在飞机、坦克支援下,分三路向热河发动总攻:北路指向开鲁、赤峰;中

---

① 《大公报》(天津),1933 年 2 月 19 日。
② 国民政府参谋本部:《华北抗日战纪》第 1 卷第 2 章第 3 节。

路指向北票、朝阳；南路指向凌南、凌源，以夺取承德为主要作战目标。中国驻热河境内的军队被迫仓促应战。

2月23日，日军茂木旅团从通辽攻开鲁，中国守军汤部骑兵旅长崔兴武率部刚一接战，即向林东溃退（3月上旬投敌）。24日，开鲁被占，日军沿辽河直趋下洼。25日，日军第八师团进犯朝阳，守军董福亭旅复有一营投敌，日军占领朝阳。随后，日军第八师团向叶柏寿、凌源一线进犯。茂木旅团向下洼、赤峰进犯。热河守军节节败退，退入热河的各路抗日义勇军也因指挥不一，各自后撤。28日，日军第十四旅团攻击纱帽山附近阵地，同日占凌南，中国守军进行了一些抵抗即后撤。3月1日，日军铃木旅团进攻叶柏寿，中国守军于兆麟旅进行顽强抵抗，激战六七小时，第六八八团第十一连连长以下全部阵亡，但中国军始终守住阵地，日军被迫绕过叶柏寿直攻凌源。3月2日，凌源失陷。驻平泉的万福麟部不战即退往喜峰口。于是，从朝阳至承德的大路完全敞开。

这时，从北平抵承德仅数日的张作相见大势已去，率第二集团军司令部人员于3月3日撤往古北口。热河省主席汤玉麟更是惊慌失措，早在3月1日就急电平津，征集汽车并扣留前线军车共二百余辆，装载私产运往天津租界。3月3日，又仓皇西逃，后听说平泉尚未失守，又返回承德。3月4日，他终于弃热河民众于不顾，率千余人逃往丰宁。义勇军李纯华部与承德一部守军，在敌兵压境、主帅出逃的情况下，还在承德县红石砬进行英勇阻击，夺得小炮四门和大批弹药，终因孤立无援而撤退。是日，日军先头部队128人侵占了承德。

当日军第八师团进攻凌源、承德之时，日军茂木旅团于3月1日进犯赤峰，当即遭到由山西援热的第四十一军孙殿英所部的阻击。3月2日，日军炮火轰开赤峰东门附近的一段围墙，大批日军涌入街内，孙殿英指挥士兵进行了激烈的抵抗。在日军的强攻下，孙部被迫撤退，当天赤峰失守。3月4日，日军占领林西。汤军崔兴武旅所部团长李守信叛变投敌后，孙殿英部又在围场的津生泰和广德号阻击日军，因孤立无援，于3月8日撤出围场，向沽源、多伦一带撤退。抗日义勇军邓文等部也退入察哈尔境内。3月21日,日军占领兴隆。至此,除热西丰宁等县外,热河全境沦陷。

国民政府原来宣传,"热河为北方屏障,且多天险,政府已有准备,至少可守三个月"①,结果从日军开始攻热到承德失守,前后不过十余天,八万大军仓皇败走,19.21万平方公里的锦绣河山沦陷敌手。造成这种局面的首要原因是,蒋介石国民政府继续推行"攘外必先安内"的误国政策。在日军进攻热河之际,蒋介石正在江西南昌指挥中央军三十余师对中央红军进行第四次"围剿";只调未参加"剿共"的三个师北上应付,但在北上途中,热河已被日军完全占领。其次,身为北平军分会主要首脑的张学良也负有不可推卸的责任。张学良如果在日军进攻热河之前,抓紧整顿部队,提高士气,撤掉与日本有暧昧关系的热河军阀汤玉麟的职务,将军队部署在热东和冀北,加强防务,相机出击,也不会在旬日之间将热河丢失。

热河失陷,激起全国人民的极大愤慨,纷纷要求追究责任,矛头所向,直指国民政府和蒋介石及张学良。蒋介石为平息众怒,把失地的责任完全推给张学良。张学良被迫于3月8日向国民政府引咎辞职。3月12日,国民政府发布准张学良辞职及派何应钦兼代北平军分会委员长的命令。张学良在蒋介石的威逼下,怀着愤懑的心情和难言的苦衷,安排善后一切,决定将东北军编组为四个军,由于学忠、万福麟、何柱国、王以哲分别任军长,归北平军分会指挥。至此,蒋介石取得了东北军军权,并完全控制了华北地区。

二　长城抗战

日军攻陷热河后,为逼迫南京国民政府签订城下之盟,达到划长城

---

①　中国现代史资料编委会:《从"九一八"到"七七"国民党的投降政策与人民的抗战运动》,上海人民出版社1958年版,第11页。

为"国界"的目的,随即大举进攻长城各口,使华北局势更为严峻。中华苏维埃临时中央政府于3月3日发表宣言,严厉谴责蒋介石及国民政府丧师失地,重申准备与日本帝国主义者的军队直接作战,表示愿意在1月17日所宣示的三个条件下与一切真心抗日的军队订立作战协定①。中国民权保障同盟推动上海三十多个民众团体于3月8日成立国民御侮自救会。宋庆龄在成立大会上演说,谴责政府对日妥协投降,要求派全国80%以上的军队北上抗日,释放一切政治犯,武装民众,恢复民权,停止进攻苏区,号召"形成武装人民抵抗日本及其他帝国主义的民族革命战争"②。3月9日,热河省朝阳、凌南民众以联村自治委员会名义通电全国,表示"力谋自卫,誓死抗战"③。同时,上海商人救国协会致国民政府各委员代电,要求政府"明令对日作战"④。中国共产党和全国民众的抗日救国呼声,激发了国民党军官兵的爱国热情,驻防在平津附近及滦东一带的广大爱国官兵,义愤填膺,准备以实际行动与日本侵略者一拼,雪热河速败之耻。

蒋介石面对热河防卫战的惨败和日本侵略者的肆无忌惮,在强烈的舆论压力下,也感到如再不认真对付,"不惟世界之大无吾人立足容身之地,且为千秋万世后民族之罪人也"⑤。3月6日,他在北上途中分电张学良、何应钦及北方将领宋哲元、商震、庞炳勋等,指示"即断行反攻","以宋部与万(福麟)部全力出口,袭取凌源、平泉,以古北口各部反攻承德"⑥。3月8日,蒋介石到达石家庄,召见何应钦,并令调驻河

①　中共中央文献研究室编:《毛泽东年谱》,第396页。
②　《中国论坛》第2卷第3期,1933年3月27日。
③　《申报》,1933年3月10日。
④　《上海商人救国协会快邮代电》,国民政府档案,存中国第二历史档案馆。
⑤　《蒋介石致张学良、何应钦鱼电》,《中华民国重要史料初编》,绪编(一)第614页。
⑥　《蒋介石致张学良、何应钦鱼电》,《中华民国重要史料初编》,绪编(一)第614页。

南洛阳第八十三师全部开赴保定,调第四十四师萧之楚部北上。他还先后在石家庄、保定召见太原绥靖公署主任阎锡山、山东省政府主席韩复榘、河北省政府主席于学忠,以及宋哲元、庞炳勋、秦德纯等将领,商谈调兵及防务问题,并指示何应钦指挥华北军事,抗击日军的进犯。于是中日双方在长城各口及平榆大道以北地区进行了一次大战役。是役从3月5日至5月25日,进行了八十余日。全战役可分为三个阶段。

第一阶段:3月初至月底,长城东段各口的争夺战

3月4日,日军侵占承德后乘势分路南犯,以坦克、飞机、大炮开路,向长城线推进。我军在长城沿线与日军展开激烈战斗,给日军以沉重打击,主要战场在几个长城关口附近展开:一、古北口内外的鏖战;二、冷口地区的拉锯战;三、喜峰口血战;四、罗文峪反击战;五、界岭口、义院口地区的战斗。我军给日军以重创,喜峰口之战尤其引人注目。

3月9日下午,第二十九军先头部队刚到喜峰口,日军混成第十四旅一部追击万福麟的部队,并占领了口门。第二十九军立即以第二一七团投入战斗,才暂时稳住了口上的战局。当日晚,第二一七团团长王长海挑选精壮战士500人,组成大刀队,利用夜幕掩护潜登日军所占山头,以大刀砍杀敌军。日军猝不及防,慌忙迎战,只见寒光闪闪,血染城头,百余敌人被砍杀毙命,五百壮士生还者仅三十余人。10日至11日,第二十九军与进攻喜峰口两侧阵地的日军展开肉搏战,几处高地失而复得,来回拉锯激烈争夺。由于二十九军士兵手持大刀与日军短兵相接,胶着一团,使日军的飞机、大炮无法发挥作用,双方伤亡惨重。11日夜间,第二十九军决定乘日军疲惫之际,采取迂回夜袭战术打击敌人。二十九军赵登禹、佟泽光两旅分别出潘家口和董家口,绕攻敌侧背。夜半,敌正酣睡,两旅发动突然袭击,手持大刀猛砍猛杀,在方圆20里的战场上一片杀声,敌军四处鼠窜,死伤惨重,日军阵地的火炮和辎重粮秣亦被炸毁烧尽。第二十九军在喜峰口反击作战中,毙伤日军

三千人左右,取得长城抗战以来的唯一的一次胜利。这是中日交战以来中国军队第一次给日军以歼灭性的打击,打出了中国军队的威风,振奋了中国军队的士气和全国人民的抗日爱国激情。当时日本报纸发出这样的哀叹:"明治大帝造兵以来之皇军名誉,尽丧于喜峰口外,而遭受六十年来未有之侮辱。日支、日露(俄)、日独(德)历次战役战胜攻取之声威,均为宋哲元剥削净尽。"①宋哲元军长统率的二十九军大刀队威名远扬。著名的《大刀进行曲》,虽然是七七事变后写成,但却是以此为题材进行创作的。二十九军官兵用赤诚的爱国之心与热血,为抗日战争史写下了可歌可泣的篇章。

经过二十余日长城各口的反击战,中国军队顶住了日军的进攻,不仅给日本侵略者以沉重打击,而且鼓舞了中国的士气与民心。这期间先后调到北平至山海关的中国军队十倍于日军,如有正确的作战指导,坚定的抗敌信心,不仅可以夺回长城各口,而且还可以反攻热河。但由于蒋介石国民党的总方针是"攘外必先安内","剿共"重于抗日,把长城抗战只不过是当作应付舆论,争取和谈妥协的权宜之计,直到3月底,不仅未采取发展胜利的措施,相反,蒋介石和汪精卫在南京会商后,开始筹划对日谈判,因而导致长城战局向不利方面转化。

第二阶段:3月底至5月初,长城东段南侧的作战

日军在长城沿线受挫后改变战术,在长城东段南侧的滦东和南天门交替发动进攻,威胁中国守军的侧背。同时,配合板垣征四郎在平津地区的策反工作。

3月27日,日本关东军司令官发布命令,决定以主力重新转向积极作战,越过长城线,向滦东地区进攻,并作了相应的部署②。3月31日凌晨4时,日军一部在伪军配合下 由九门口、义院口向石门寨进犯,并于次日占领石门寨。守军何柱国部退守海阳、秦皇岛。4月9日,日

---

① 中国艺术公司:《长城血战记》,京城印书局1933年版,第2页。
② 日本参谋本部:《满洲事变作战经过概要》第2卷,第93页。

军第六师团主力在混成第十四、第三十三旅团各一部配合下,连续猛攻冷口。至 11 日,商震部防线被突破,全军退至滦河西岸。日军向纵深发展,占领建昌营和迁安,威胁滦河西岸守军阵地侧背,主力则绕到喜峰口后面,对防守喜峰口的宋哲元军形成前后夹击的态势。宋哲元部和界岭口的第五十三军之杨正治部,以及何柱国部和王以哲部,均先后奉命向滦西撤退。日军跟踪追击,至 17 日全部占领了滦东地区。

日军越过长城后,英国政府向日本政府提出警告;日本天皇唯恐引起国际纠纷,遂命令日军自 4 月 21 日逐次回长城一线。但日军一刻也没有停止军事侵略活动。在日军第六师团等部奉命撤回滦东的同时,日军第八师团却于 4 月 20 日攻占南天门左侧制高点八道楼子。中国守军第二师曾组织几次反攻,均未奏效。23 日至 25 日,日军利用八道楼子瞰制的有利条件,以陆空协同向南天门阵地中央据点四二一高地数次发动猛攻,均被第二师击退。由于连日苦战,第二师伤亡严重,其防御阵地由第八十三师接替。26 日拂晓,日军在飞机、大炮支援下,继续向四二一主阵地猛攻。第八十三师战至下午,因伤亡过大,遂将该主阵地放弃。28 日 5 时,日军乘势再向南天门右侧高地进攻。第八十三师激战竟日后,即奉命向新开岭转移,南天门乃被日军占领。

南天门之战及在此之前的古北口之战,是长城抗战中作战的时间最长、战事最剧烈的战场。参加作战的中央军徐庭瑶第十七军所属之关麟徵第二十五师、黄杰第二师、刘戡第八十三师的广大官兵,以民族大义为重,表达了全国人民抗击日本侵略者的意愿,在古北口、南天门、石匣镇一线同日军进行了顽强的战斗,再次显示了中国军队的爱国热情和守土卫国、抵抗外侮的能力。

在日军第八师团进攻南天门的同时,日军还纠集伪军刘桂堂、李寿山、崔兴武等部万余人,进犯察东多伦,守军骑兵第一军赵承绶部被迫于 4 月 28 日退往沽源。

在此期间,国民政府对日作战甚为消极。3 月 24 日,蒋介石在北平对华北高级将领说："要以现有的兵力竭力抵抗,不能希望增加援军。"①4月26日,何应钦召开北平军分会会议,讨论滦东日军撤走后的防务,决定"不轻易推进";并决定整饬河北省境内的义勇军,实际上是要取消义勇军,限制人民的抗日活动。从4月下旬开始的滦东战场上相对平静局面,维持到5月初发生了突然变化,由于板垣在华北策反失败,日军决定迅速扩大战火,以"武力迫和"。

第三阶段:从5月7日至25日,长城以南冀东的作战

5月2日,关东军参谋长小矶国昭在东京与参谋本部、陆军省制定沿长城作战,"以迫和为主,内变策动为从"的关内作战方案,经天皇裕仁批准后带回长春。据此,关东军司令官于5月3日下达入侵关内的作战命令,决定给中国守军以所谓"致命打击,挫折其挑战意志"②。接着,日军第八师团和第六师团便再次越过长城,向关内发动大规模进攻。

西线日军第八师团一部于5月4日向石匣镇攻击。中国守军第八十三师利用既设阵地顽强抵抗,在新开岭地区展开一场激烈的战斗。5月10日,日军第八师团主力投入战斗,中国第十七军之第八十三师和第二师轮番与日军激战,敌我双方都有很大伤亡。战至13日,第十七军奉命经密云向怀柔和顺义以西之线撤退,日军尾追其后,于19日占领密云。正当日军向怀柔、顺义追击的时候,中国守军第五十九军傅作义部,由昌平进到怀柔侧击敌人。5月23日拂晓战斗展开后,日军向我左右两区队主阵地猛扑,"但在我英勇战士的猛烈反击下,敌迄未得逞,我正面阵地岿然无恙"③。正当第五十九军战事方酣之际,突接何应钦停火命令,限该部于5月24日后撤至高丽营附近一带。傅作义拒绝向前线下撤退令,但在何应钦接连三次催促下,才不得不派参谋人员

---

①　黄绍竑:《长城抗战概述》,《文史资料选辑》第14辑,中华书局1961年版,第12页。

②　[日]日本参谋本部:《满洲事变作战经过概要》第2卷,第102—103页。

③　董其武:《戎马春秋》,中国文史出版社1986年,第73页。

往前线各部传达撤退命令。停战协定签订前的最后一场恶战,至此结束。中国官兵不屈服于外敌侵略的爱国主义精神,谱写了可歌可泣的历史篇章。在这次战斗中,第五十九军阵亡367人,伤484人,也是用他们的血使敌人付出沉重的代价,被击毙346人,击伤六百余人。

东线日军第六师团所属各部,于5月7日分别从山海关、石门寨、抬头营、建昌营等地出发,一路沿平榆公路西攻抚宁;一路由界岭口附近向五达营前进;一路由建昌营直扑迁安。5月9日,日军凭借优势火力,占领了抚宁、迁安、卢龙等地,然后集结于建昌营、吴庄附近地区,准备渡过滦河西进。中国守军何柱国、王以哲部西撤,滦东再次失陷。5月12日,日军渡过滦河,于15日占领丰润、遵化后,中国守军被迫西退。17日,日军又决定"扫荡"密云、平谷、蓟运河以东的中国军队,22日日军相继占领滦县、玉田、平谷、蓟县、三河等县城,并推进到蓟运河一线。至23日、24日,日军进逼通县、顺义,对北平形成了三面包围态势。此时,日本政府认为停战的有利时机已到,遂提出举行谈判。国民政府甘心屈辱妥协,接受日方条件,于25日两军对峙在平津与平榆大道之间开始停战。

综观长城抗战全局,中国军队出动35个师三十余万人参加战斗,损失6.5万人;但其中动用中央军不到十分之一。日军出动十五万余人、伪军十万人,被毙伤达四万人。从中日两军的实力对比看,中国军队并非注定失败。关东军已倾全力作战,而中央军主力并未北调抗日,而且参战官兵也曾打了不少使日军胆寒的胜仗。我国军队之所以失败,完全是国民政府的决策者执行"攘外必先安内"的错误政策造成的。

三　《塘沽停战协定》的签订

蒋介石在长城抗战的初期虽一度表现了抵抗的姿态,但这并没有改变他不抵抗主义的总方针。他对日本侵略者的抵抗,只不过是为了稳定华北局势,以便为集中全力"剿共"创造条件。因此,当日军进攻长城受挫后,蒋介石迫不及待地于 3 月下旬赶回南京,与刚从国外回来的汪精卫密商,又经过几次中枢会议,确定了对日谋求停战、对内加紧"剿共"的决策。4 月上旬,当日军疯狂向滦东进犯之际,蒋介石选定多年从政、与各方人士特别与日本方面有较深历史渊源的黄郛,充当国民党华北当局对日"交涉"的代理人。黄郛受命后于 4 月 19 日偕同军政部次长陈仪,在上海与日本武官根本博开始频繁接触,广泛地讨论所谓关系"中日大局"的停战问题。为了使黄能担负此任,国民政府于 5 月 3 日决定在北平设立行政院驻北平政务整理委员会,并指定黄郛为委员长。但黄郛没有立即走马上任,而是在英国驻华公使蓝普森的调停下与日本代表在上海秘密谈判,对停战的具体条款达成了口头妥协,然后才于 15 日夜离开南京,17 日抵达北平。而在黄郛离沪之日,何应钦已派北平分会总参议熊斌与日本驻北平武官永津佐比重晤谈,永津要求中国军队撤退到顺义、宝坻、芦台一线。16 日,熊斌表示同意按永津的要求向宝坻、芦台方面撤军,但对撤出密云表示犹豫。永津看破中国军心不稳,立刻电告关东军迅速攻取密云等县,施加更大的压力。日军为了造成有利的谈判形势,逼迫国民政府求和,乃加紧向中国守军进攻。至 21 日,日军陷香河,其前锋已到离北平东面通县只有 7 公里的地方,北平危急。这时,何应钦、黄郛等在日军进攻面前正惊惶无主、准备南下保定;只是由于日本政府感到战争已进入最有利的态势,可以通过外交来实现其战争目标,才使他们绝处逢生,开始停战的具体谈判。22 日晚 11 时,日本驻北平海军武官藤原喜代间、公使馆书记官中山详一及永津佐比重与黄郛会谈,日方提出苛刻的停战条件,包括中国军队的撤退线以及为正式缔结停战协定而采取的步骤等。至次晨 4 时半,黄郛在南京政府划定的"除签字于承认伪国,割让四省之条约外,其他条件皆可答应"[①]的范围内,与日方达成停战协议。23 日,何应钦等决定

---

① 《汪精卫致黄郛养电》,沈亦云:《亦云回忆》,台北传记文学出版社 1980 年版,第 479 页。

按照日方要求,先派军分会上校参谋徐祖诒往密云接洽停战,同时将日方条件电告蒋介石和汪精卫。汪精卫即回电称:"弟决同负责,请坚决进行为要。"①24 日,蒋介石回电说:"事已至此,委曲求全,原非得已,中正自当负责。唯停战而形诸文字,总以为不妥。"②同日,南京国防会议也决定:"与对方商洽停战,以不用文字规定为原则。如万不得已,只可作为军事协定,不涉政治,其条件须经中央核准。"汪精卫将此决定电告何、黄(郛),并说明"此为中央自负责任"③。

5 月 25 日,北平军分会派徐祖诒前往密云日本关东军第八师团司令部请求停战,实际上是"阵前求和"。同时,北平军分会命令前线各部队按照已规定的撤退线向后转移。接着,何应钦派北平军分会总参议熊斌为代表,到塘沽与日本关东军司令官武藤信义的代表、该军副参谋长冈村宁次举行正式停战谈判。

5 月 30 日至 31 日,中日双方代表在塘沽举行停战谈判。中方首席代表为北平军分会总参议熊斌中将,代表有:铁道部政务次长钱宗泽、北平军分会高级参谋徐祖诒、军分会顾问雷寿荣、李择一及华北第一军团参谋处长张熙光;日方首席代表为关东军副参谋长冈村宁次,代表有:关东军参谋喜多诚一、炮兵参谋远藤三郎、步兵参谋藤本铁雄、师团参谋河野悦次郎、骑兵参谋冈部英一、公使馆武官永津佐比重。为了进一步向中国方面施加压力,日本海军将军舰开进塘沽港,并将炮口对准会场。所谓谈判,实际上是日方强迫中方接受其既定的条款。31 日上午 9 时,冈村宁次拿出关东军拟定的停战协定气势汹汹地对熊斌说:"本协定案是最后方案,没有更改的余地。"他限定中方代表必须在两小时内作出回答。熊斌阅草案后,提出书面的《中国军代表停战协定意见

　　①　《汪精卫致何应钦、黄绍竑、黄郛漾未电》,《黄膺白先生年谱长编》,台北联经出版事业公司 1976 年版,第 561 页。
　　②　《蒋介石致何应钦、黄绍竑、黄郛回电》,《黄膺白先生年谱长编》,第 561—562 页。
　　③　《汪精卫致何应钦、黄郛电》,《黄膺白先生年谱长编》,第 561 页。

书》。冈村竟然表示，中方对日方所提停战协定草案，只能回答"是"与"不是"，一切声明必须等待停战协定签字以后再行商议。双方相持到10时50分，离日方要求的最后时限只有十分钟时，中方代表被迫在一字不容修改的日方提案上签了字。这就是《塘沽停战协定》。其主要条文如下：

一、中国军即撤退至延庆、昌平、高丽营、顺义、通州、香河、宝坻、林亭口、宁河、芦台所连之线以西、以南之地区。尔后不越该线而前进，又不行一切挑战扰乱之行为。

二、日本军为确认第一项之实行情形，随时用飞机及其他方法以行视察，中国方面对之应加保护及与以各种便利。

三、日本军如确认第一项所示规定中国军业已遵守时，即不再越该线追击，且自动归还于长城之线。

四、长城线以南及第一项所示之线以北、以东地域内之治安维持，以中国警察机关任之。

右述警察机关不可用刺戟日本感情之武力团体①。

在这个协定签字后，冈村才允许熊斌提出声明。经讨论，双方又签订一项《觉书》（备忘录），内容是"万一撤兵地域，有妨碍治安之武力团体发生，而以警察力不能镇压之时，双方协议之后，再行处置"。此外，日方在谈判中还提出希望事项四项，迫使熊斌口头允诺，其中一项是，"中日纷争祸根之排日，望即彻底取缔"。

《塘沽停战协定》是一个损害中国主权的对日屈服妥协的条约。首先它把中国军队在自己国土上抗击外国侵略的正义战争诬蔑为"挑战"和"扰乱"行动，从根本上颠倒了中日战争的性质，颠倒侵略与被侵略的位置，公开承认日本的侵华行径的合理性。其次，它确认长城一线为日军占领线，等于认可日本对东北四省的非法侵占；第三，由于长城线和

———————————

① 王铁崖：《中外旧约章汇编》第3册，生活·读书·新知三联书店1962年版，第940—941页。

中国撤军线之间定为中国非武装区（停战区），冀东二十余县成为一个特殊地区，这事实上使冀东5000平方公里的大片国土，脱离了中国的主权范围，从中国领土上割裂出去，从而为日军进一步向华北扩张打开了方便之门。

《塘沽停战协定》是蒋汪国民政府对日"一面抵抗，一面交涉"政策的产物，标志着长城抗战以妥协而结束，也暴露了蒋介石以"攘外"掩盖其一贯坚持的对日妥协，以达到集中力量"剿共"的反动实质。他们以为牺牲华北部分权益就可以换取日本不再侵华，赢得消灭红军、剪除异己的时间，以巩固其独裁统治。而后来的事实证明，《塘沽停战协定》签订后，日本侵略者并未停止在华北的军事行动，而是进一步对华北实施大规模扩张和分离政策，从而华北危机日益严重，华北事变接踵发生。

长城抗战虽以失败而告终，但它的历史意义是不可磨灭的。这是在中国全面抗战开始以前，规模最大的一场民族自卫战争，对于保卫民族利益，反抗日本侵略作出了贡献；但由于长城抗战是在国民政府"攘外必先安内"政策和"一面抵抗、一面交涉"方针的指导下进行的，这就注定了它的失败命运。

第二节　察哈尔抗日同盟军的抗战

一　察哈尔抗日同盟军的建立

长城抗战的失利和国民党"攘外必先安内"的误国政策，激起了全国人民的无比义愤，同时也在国民党内部的一些爱国将领中产生了强烈的反响，他们希望停止内战，一致抗日。国民党著名将领冯玉祥就是这方面的代表，他一直批评国民党中央的内外政策，主动设法与中国共产党建立联系，寻求救国道路，矢志抗日。

中原大战后，冯玉祥隐居在山西汾阳，与其旧部及两广等方面仍有联系，随时准备东山再起；同时还与中共北方组织派来的代表萧明等直接会晤,商讨中国革命有关问题。"九一八"事变后,冯玉祥不断谴责蒋介石的不抵抗政策和依赖国联的错误方针。1931年底,冯玉祥为实现自己团结御侮的愿望,去南京出席国民党四届一中全会。及至淞沪战起,冯又参加了国民政府军事委员会及出席国民党四届二中全会。在这些会议上,他怀着满腔热忱,提出了一系列抗日救国的方案。但蒋介石、汪精卫等人顽固坚持对外妥协、对内"剿共"的误国政策,使他的愿望落空,郁抑不申,于1932年3月24日前往泰山重新隐居。

冯玉祥在泰山期间,继续加强同两广方面、冯的旧部及共产党的联系,阅读进步书籍,总结政治斗争经验,探寻抗日救国的途径。他认识到抗日反蒋必须并举,而要抗日反蒋必须集结实力,否则,将无法实现自己抗日救国的政治主张。由于山东的韩复榘不支持冯的抗日活动,适逢冯的旧部宋哲元出任察哈尔省政府主席,察省地处抗日前线,又是过去西北军活动的地盘,冯于是决心在宋的掩护下开展抗日活动,于10月9日从泰山移住张家口。

1932年底至1933年初,热河及华北的局势急剧恶化,察哈尔省受到日本侵略者的严重威胁。这时冯玉祥已经与中共北方组织取得了联系,在共产党的推动下着手集合各方抗日力量,准备反抗日本对察哈尔省的进犯,进而为收复失地而斗争。中共北方组织应冯玉祥之邀,于1932年12月至1933年1月,先后派张慕陶(张金刃)、武止戈(胡之康)、吴化之(吴畸)、张存实(张振亚)、宣侠父、许权中等到张家口,负责推动和指导筹建抗日同盟军工作。为了加强抗日同盟军的组织和发动工作,中共河北省委于1933年5月成立前线工作委员会(简称前委,书记柯庆施),具体负责党在张家口地区的工作。中共北方组织还从北平、陕西等地抽调谢子长、刘仁、阎红彦等到同盟军各部开展工作。

与此同时,冯玉祥加紧军事上的准备。1933年2月,冯电召汾阳军校教育长、共产党员尹心田到张垣,面谈抗日建军事宜。尹心田回到汾阳后与副校长支应遴一起扩编了队伍,于4月末带领该校三千多师生全部开到张家口。随即扩编成师,任命支应遴为师长,拨归佟麟阁指挥,成为冯的基本队伍。3月下旬,冯又派高兴亚赴津与旧部吉鸿昌取得联系,请吉去察共图大事;吉热烈响应,表示"决心以身报国,万死不辞"[1],随即在天津变卖家产购置军械,于4月1日赴张家口。方振武也在冯的联络下,于5月20日率所部从山西到达张家口。此时冯的旧部高树勋、孙良诚、张凌云等也先后抵达张家口。冯还收编了一些从东北、热河退入察省的抗日部队李忠义、邓文、黄守中等部,蒙古自卫军德穆楚克栋鲁普等部,以及察哈尔地方武装张砺生部。到5月,由冯玉祥出面联络的军队已达数万之众。这些武装力量尽管政治主张不同,原来的指挥系统不同,却都一致拥护冯玉祥统率,领导他们抗日。

冯玉祥积极准备抗日活动,引起蒋介石的注意,蒋多次派人访冯,企图"劝导"和诱骗冯离开察境。从1933年1月至4月,蒋介石、汪精卫、何应钦等曾派王法勤、黄少谷、李烈钧、黄绍竑、熊斌等人,陆续到张家口向冯游说,劝冯离察进京,均遭冯拒绝。冯对左右表示:"宁为抗战而死,也不愿离开此地。"[2]正当冯拒绝蒋要他离开张垣之际,察哈尔形势日趋紧张。4月下旬,日军第八师团进攻南天门阵地的同时,也开始对察省重镇多伦的进攻。4月25日,日伪军从围场出发向多伦进犯,并于29日攻陷多伦。接着,日伪继续南犯,于5月24日占领沽源,察省全境行将不保。值此形势垂危之际,冯玉祥于当日在张垣主持召开有中共代表参加的各军各地代表会议,决定组织察哈尔民众抗日同盟军,并推举冯玉祥为同盟军总司令。26日,冯玉祥通电全国,宣告察哈尔民众抗日同盟军正式成立。通电指出:"日本帝国对华侵略,得寸进丈,直以灭我国家,奴我民族,为其决无变更之目的。握政府之大权者,以不抵抗而弃三省,以假抵抗而失热河,以不彻底的局部抵抗而受挫于淞沪平津。即就此次北方战事而言,全国陆军用之于抗日者,不及十分

---

[1]　政协河北省文史资料委员会:《冯玉祥与抗日同盟军》,河北人民出版社1985年版,第67页。

[2]　高树勋等:《察哈尔民众同盟军》,《文史资料选辑》第14辑,第115页。

之一,海空两军则根本未出动。全国收入用于抗日者,不及二十分之一,且扣留民众之义捐,禁其使用。要之,政府初无抗日之决心,始终未尝实行整个作战计划,且因待遇不公之故,饥军实难作战,中间虽有几部忠勇卫国武士,自动奋战,获得一时局部胜利,终以后援不继而挫折。迩者长城前线不守,敌军迫攻平津,公言将取张垣,不但冀察垂危,黄河以北悉将不保。当局不作整军反攻之图,转为妥协苟安之计,方以安定人心自欺欺人。""玉祥深念御侮救国,为民众所共有之自由及应尽之神圣义务,自审才短力微,不敢避死偷生,仅依各地民众之责望,于民国二十二年五月二十六日以民众一分子的资格,在察省前线,出任民众抗日同盟军总司令,率领志同道合之战士及民众,结成抗日战线,武装保卫察省,进而收复失地,求取中国之独立自由。""凡真正抗日者,国民之友,亦即我之友。凡不抗日或假抗日者,国民之敌,亦即我之敌。所望全国民众,一致奋起,共驱强寇,保障民族生存,恢复领土完整。"①

　　随后,冯玉祥先后公布了民众抗日同盟军总司令部的组成人员和编制序列。总司令为冯玉祥,总参谋长为邱山宁,下辖:第一军:军长佟麟阁、参谋长何章海,辖两师一旅;第二军:军长吉鸿昌、参谋长崔贡深,辖四师;第五军:军长阮玄武,辖两师;第六军:军长张凌云、副军长徐福胜,辖两师;第十六军:军长李忠义,辖三师;第十八军:军长黄守中,辖五师;第五路军:总指挥邓文,辖三师两旅;骑兵挺进军:总指挥孙良诚、参谋长傅同善,辖两军;察哈尔自卫军:军长张砺生,辖三师;抗日救国军:总指挥方振武,辖三师两旅;第四军:军长米文和,辖一师;蒙古军,辖三军;以及总部直辖各部队,共约十万人②。

　　民众抗日同盟军的成立,促进了张家口(张垣)以及全国抗日救亡运动的开展。在张家口,5月27日由"各界御侮救亡筹委会"召开了工人、士兵、学生、市民共三千多人参加的民众大会,决定正式成立"察哈

---

①　《国闻周报》第10卷第22期。

②　赵谨三:《察哈尔抗日实录》,上海军学社1933年版,第85—100页。

尔民众抗日御侮救亡大会",推选共产党员杨波等为执行委员,负责筹备召集全省的抗日御侮救亡大会。同时,创办了《抗日前线》、《民众日报》、《民国日报》,积极开展政治宣传活动。为动员民众参加抗日同盟军的爱国斗争,中共张家口特委成立前敌委员会。前委领导了平绥铁路工人参加斗争,并在电灯、电话、汽车等行业普遍建立工会,组织工人纠察队。同时,在农村组织了救亡会。在同盟军北征期间,动员农民参加运粮、募捐、慰劳等支前活动。张家口工农群众运动,对察哈尔抗战起了支援作用。

在全国,民众的抗战精神因此而振奋。北平、天津、上海、河北、山东、广州、武汉等地抗日团体和爱国人士,纷纷致电冯玉祥,声援同盟军。5月31日,山东全省民众抗日会电贺冯玉祥组成抗日同盟军,表示"誓从公后,湔雪国耻"。6月1日,广东民众援助东北义勇军大会、西南各省国民对外总会、国民党广州特别市党部分电祝贺冯玉祥率师抗日,表示竭诚拥护。6月20日,东南五省民众抗日救国会在贺电中盛赞冯玉祥誓师抗日为"起九死之国魂,系千钧于一发,无待还我河山,功已不在禹下"[1]。总之,抗日同盟军的建立,打破了当时的沉闷空气,在全国引起了广泛重视和巨大反响。

二　察哈尔抗日同盟军的抗日斗争

抗日同盟军组建后,冯玉祥加速整顿、训练部队,以迎敌抗日。刚成立的同盟军的人数虽多,但情况复杂。有许多是转战经年的疲惫之师,不仅弹械缺乏,有的甚至连军装、给养都无着落。原东北义勇军的相当多的士兵还穿破烂冬装,无夏衣更换。有的刚组成的队伍,尚无军事经验。虽然各部人员出于爱国热情,愿意齐集于冯玉祥的抗日旗帜之下,但思想水平有较大差距,政治素质不纯,组织松散,无法与敌人抗

---

① 赵谨三:《察哈尔抗日实录》,上海军学社1933年版,第81页。

衡。冯玉祥为使这些部队恢复与增长战斗力,一面每天巡视部队,组织操练,讲解抗日救国的道理,以鼓舞士气;一面多方筹集,补充械弹、给养,更换一部分装备,使疲劳之师焕发出战斗精神。同时,冯玉祥在共产党人帮助下,于6月15日在张家口土尔沟新村,召开"察哈尔抗日同盟军第一次军民代表大会",由冯玉祥、王化一、张砺生、武纯仁、张慕陶、张允荣、方振武、吉鸿昌、邓文等九人为大会主席团,陶新畬为秘书长,到会代表共61人,历时五日。会议商讨了两项工作:第一项,通过《关于民众抗日同盟军纲领决议案》,明确规定同盟军为革命军民之联合战线,以外抗暴日,内除国贼为宗旨;否认一切卖国协定,并反对任何方式之妥协;誓以武力收复失地;主张对日断绝国交;联合世界反帝国主义共同奋斗,以完成中国之独立自由;实现抗日救国的民众政权;取消苛捐杂税,改善工农、贫民、士兵生活;释放爱国政治犯;保障抗日民众集会结社言论出版武装之自由①。同时,还通过关于军事、财政、政治工作、组织等一系列决议。大会根据军委会组织法,决定组织抗日同盟军军事委员会,作为代表大会闭会期间的最高领导机关,负责处理同盟军的军事、政治、财政、外交等重大事务。会议选出军事委员35人,候补军事委员29人。尔后又推举冯玉祥、方振武、孙良诚、吉鸿昌、张允荣、邓文、佟麟阁、张人杰、邱山宁、宣侠父、张慕陶11人组成常务委员会,冯玉祥为常务委员会主席兼总司令。

同盟军军事委员会成立后,冯玉祥立即重新部署军事,并组织收复察东的战役。6月20日,冯玉祥任命吉鸿昌为北路前敌总指挥,邓文为左副指挥,李忠义为右副指挥。随后又派方振武为北路前敌总司令,统率大军北进,收复察东失地。6月21日,吉鸿昌率同盟军主力兵分三路北上,集结于张北县附近,准备作战。22日,同盟军先头部队张砺生部进逼康保,经三小时激战,守敌崔兴武部向东败退,同盟军收复康保。23日,吉鸿昌亲率左路军邓文、张凌云、张砺生部直趋宝昌,李忠

---

① 河北省政协文史会:《冯玉祥与抗日同盟军》,第196—197页。

义率右路军挺进沽源。26日,沽源伪军刘桂堂部通电反正,同盟军乘势将沽源张海鹏之一部伪军击退,沽源遂告克复。7月1日,左路军在宝昌外围痛击伪军张海鹏、崔兴武等部,残敌弃城逃往多伦,宝昌亦被收复。

察东三县相继克复后,同盟军士气大振,乘胜进军多伦。多伦是察哈尔省的门户,在政治上、军事上、经济上都具有极重要的战略地位。它位于滦河上游,北是内蒙锡林郭勒盟,不仅是内、外蒙的中枢,也是张家口通库伦的孔道。日军侵陷多伦后,视之为攻掠察、绥两省的战略据点;为巩固该城防务,调日军骑兵第四旅和伪军一部固守,城外筑有八排炮台32座,及内外交通壕和电网等工事。并调第八师团一部进驻丰宁,互为犄角,便于策应。根据敌情、地形,7月4日吉鸿昌在大榆树沟主持军事会议,决定采取先发制人的方针,兵分三路,迅速进攻多伦。其部署是:以张凌云部为左路,以李忠义部为中路,以刘桂堂部为右路,吉鸿昌亲率邓文所部为总预备队。7日,同盟军各路开始向多伦发动总攻,日伪军凭借坚固工事与优势的火力拼命顽抗。经过两天三夜激战,至10日晚,吉鸿昌见久攻不下,乃亲率敢死队,袒臂匍匐前进,爬城三次,只因敌人火力猛烈未能攻下,同盟军伤亡团长以下官兵二百四十余名,牺牲极为壮烈。11日拂晓,同盟军又数度攻城,突遭日机轰炸,伤亡甚重,乃暂退原阵地待机。12日晨1时,吉鸿昌利用夜暗再次组织猛攻,先期潜入城内的同盟军数十人鸣枪响应。敌闻变大乱,同盟军乘势从北、西、南三门攻入城内。经三小时巷战,日伪军残部从东门逃窜。至此,失守72日的多伦终于被同盟军收复。在察东战役中,同盟军收复康保、宝昌、沽源和多伦四县,共歼灭日伪军一千余名,同盟军亦伤亡一千六百多名。

抗日同盟军北征的胜利,特别是血战多伦的壮举,在全国引起了强烈的反响。各地抗日组织、爱国团体和爱国人士纷纷致电祝贺,并组织慰问团,捐款捐物,支援前线。7月13日,张家口各界举行庆祝收复多伦大会,军民高举抗日旗帜,高呼抗日口号,进行声势浩大的游行,并向前线战士发出祝捷电,谴责国民党当局"唯知失地辱国,靦颜事敌",赞扬抗日同盟军战士"义旗奋举,志切报仇,誓师兼旬,连克要塞,干城卫国,薄海同钦"①。7月14日,上海各团体救国联合会致电冯玉祥和吉鸿昌,称赞说:"政府之所不敢为者,而公等为之。政府之所不能克者,而公等克之。茞筹硕画,岂惟大快人心,直使今后之欲为石敬瑭、秦桧者,将有所畏惧,而不敢径行其私。"②平津各大报都以醒目标题刊登了吉鸿昌收复多伦的消息,盛赞同盟军。国民党高级将领李烈钧、程潜、蒋光鼐、蔡廷锴、李宗仁、李济深、陈铭枢等也先后电贺冯玉祥克复多伦,并强烈要求蒋介石授冯以重任,供给粮弹,兴师收复东北四省。冯玉祥顺应全国人民的要求,积极进行规复东北的准备,7月27日在张家口成立以冯玉祥为委员长的"收复东北四省计划委员会",并发出成立通电。电文称:"慨自东北覆亡,普天同愤";又称"相率中原豪杰,还我河山",同时表示"职责所在,全力赴之。"③

三　察哈尔抗日同盟军的失败

正当抗日同盟军为收复察东失地而浴血奋战的时候,蒋介石、汪精卫等却在密谋策划,加紧扼杀抗日同盟军。还在7月3日即同盟军总攻多伦前夕,全力忙于"剿共"的蒋介石即从江西致电汪精卫,称冯玉祥"为共产荧惑","实行赤化组织","赤色旗帜已益鲜明",要求行政院"速筹军事之彻底解决办法,并电百川、明轩,一致觉悟协力"④。7月6日,何应钦向南京报告集结优势兵力进攻察哈尔的方案,拟任命庞炳勋为"察哈尔剿匪总司令",并令庞率领第四十军、冯钦哉率领第七军、万

---

① 　赵谨三:《察哈尔抗日实录》,第162页。

② 　《申报》1933年7月16日。

③ 　河北省政协文史会:《冯玉祥与抗日同盟军》,第219—220页。

④ 　《察哈尔民众抗日同盟军资料》,中国第二历史档案馆1958年编印。

福麟率领第一一九师、关麟徵率领第二十五师、何遂率领第五十五军一部及冯占海部,于13日前分别开赴下花园、涿鹿、沙城、怀来和独石口、龙关等地集结待命。7月12日,多伦收复的消息传到南京,汪精卫立即召开中央政治会议,商讨对付同盟军的办法。会议决定增派部队,又命令宋哲元、王以哲、傅作义等部入察。至7月底,国民党入察部队已达十六个整师,共十五万余人,形成大军压境之势。

此时,日本与南京政府暗相呼应,也乘机向冯玉祥和同盟军施加压力,企图重占多伦、沽源等地。日本于同盟军克服多伦后,即由驻平日使馆武官柴山兼四郎于14日面见何应钦,提出口头警告,指为违反《塘沽停战协定》;同时对冯玉祥驻平代表提出严重抗议,亦指为破坏协定。22日,日机两架侦察多伦后,并沿多伦、张家口大道直飞康保,散发传单,声称同盟军如不退出多伦,日军将大举进攻,并投重弹轰炸,使成焦土①,同时派日军两个旅团及伪军张海鹏部共二万余人,向察哈尔边境移动,伺机进犯。

抗日同盟军处在国民党、日伪的环攻夹击之中,形势日趋严峻。冯玉祥一面对日本的武力讹诈和威逼进行了针锋相对的斗争。7月16日,冯玉祥在接到日本关东军军部提出取消抗日、退出多伦的"觉书"后,立即以日军退出东三省的反要求答复。翌日,日又提出如"三日不答复,即以全力取察省"。冯又复以限日本"三日内速觉悟,否则即以全力夺热河",同时命令吉鸿昌、张凌云严加戒备。19日,复令吉鸿昌向多伦、沽源增兵防敌。接着,续调乜玉岭、姚景川、任平治三个师前往协守,严令寸土不得轻易丧失。一面通电全国和西南当局,说明因抗日而"获罪于政府",呼吁各方主持正义,阻止国民党入察各部队继续推进,并给予同盟军以道义上和物质上的援助。

冯玉祥的呼吁立即得到全国各方的响应。7月17日,国民党西南

---

①　《一月来之中国·察哈尔问题》,《申报月刊》第2卷第8号,1933年8月15日。

政委会电请北方各省当局各将领，"均应仗义直言，解此纠纷"，并劝庞（炳勋）、关（麟征）、冯（钦哉）等，"应以国家为前提，以民意为向背，不宜为个人所利用，为乱命所操持"①。7 月 20 日，国民党中委胡汉民、陈济棠、白崇禧等，以强硬态度致电国民党中央与政府，指责当局派重兵入察，要求速停入察之师，"若仍一味冥顽，抑内媚外"，"我西南为党国生存计，为民族前途计，决取断然处置"②。7 月 22 日，上海废止内战大同盟会致电南京政府，指出："外侮未已，匪乱日炽，而对察又闻有用兵之说，曷胜骇惧。敝会之愚，以为冯氏果志切抗日，则保障察境应予容纳，设或别有主张，亦当以政治手腕解决，避免武力。"③7 月 30 日，全国民众救国团体联合会致电冯玉祥，鼓励"坚持到底，力排魔障"，表示"敝会当再通电全国，一致拥护，藉申民意"④。

全国既反对对察省用兵，国民党一部分中央委员又公开为冯玉祥鸣不平，迫使南京政府未敢立即言战，但仍坚持其取消政策。7 月 28 日，蒋介石、汪精卫联名发出俭电，以最后通牒方式向冯提出解决察事的四项原则："（一）勿擅立各种军政名义，致使察省脱离中央，妨害统一政令，寝假成为第二傀儡政府；（二）勿妨害中央防边计划，致外强中干，沦察省为热河之续；（三）勿滥收散军土匪，重劳民力负担，且为地方秩序之患；（四）勿引用"共匪头目，煽扬赤焰，贻华北之无穷之祸。"⑤冯玉祥也于 7 月 31 日发出通电，对蒋汪俭电所谓"抗命"、"割据"、"赤化"等诬蔑，严厉批驳，指出：抗日"胜虽不足言功，但胜亦何至获罪？……此真千古奇闻"⑥。

蒋汪发出俭电的同时，还派遣蓝衣社特务潜入察省，利用同盟军成分复杂、政治态度不一的弱点，进行分化瓦解。包刚、冯占海、张人杰、

①　赵谨三：《察哈尔抗日实录》第 204—205 页。
②　赵谨三：《察哈尔抗日实录》，第 206—207 页。
③　国民政府行政院档案，中国第二历史档案馆藏。
④　赵谨三：《察哈尔抗日实录》，第 201 页。
⑤　《华北日报》1933 年 7 月 30 日。
⑥　《晨报》1933 年 8 月 3 日。

李忠义等先后被收买,魏宗普、邓文等被暗杀,造成同盟军思想上的混乱与动摇。而且,北平军分会令平绥路局停止张家口、宣化通车,切断察省与外面的弹药、粮食运输。面对此种困境,冯玉祥于8月3日、4日两次召开同盟军军政人员会议。经过激烈争论,冯玉祥考虑到如与国民党军开战,不利于整个抗日大局,遂希望原察省主席宋哲元回察,以便在二十九军的掩护下,保存一部分力量,于是决定取消同盟军名义离察出走。8月5日,冯玉祥发表通电,宣布自即日起"忍痛收束军事",要求政府令宋哲元回察接收一切;并表示"抗日雪耻之念,愈挫愈坚,一息尚存,此志不渝"①。6日,宋哲元发表复职通电。7日,宋哲元部冯治安师接防张家口。9日,宋哲元派秦德纯接收察省军政各机关。当天,冯玉祥撤销抗日同盟军总部,辞去同盟军总司令职务。12日,宋哲元到张家口。14日,冯玉祥抱恨离开张家口,再上泰山隐居。

由于冯玉祥出走,抗日同盟军发生严重分裂。在南京政府的高压和重金收买下,同盟军大部分被宋哲元部收编或瓦解。中共河北前线委员会联合方振武、吉鸿昌等部继续高举抗日同盟军的旗帜,将方、吉两部和中共掌握的部队共1.5万人转移到张北附近,准备会师商都,创建察绥抗日根据地。8月16日,方振武发表通电,宣布就任代理同盟军总司令职,后将所部改称"抗日讨贼军"。方振武率部到商都时,因国民党军已先行到达,难以立足,且南下道路亦被国民党军占据,遂东开独石口,后转战于丰宁、独石口、怀柔、密云等地。10月上旬,方、吉等部在小汤山地区被商震、关麟徵、庞炳勋等部堵截包围,部队伤亡惨重,最后仅剩四五百人,且弹尽粮绝。10月16日,方振武、吉鸿昌为保存抗日力量,另谋抗日出路,忍痛接受北平慈善团体的调停建议,离开部队。方振武被迫流亡国外②。吉鸿昌乔装潜回天津,继续进行抗日活

---

① 张篷舟:《近五十年中国与日本》第1卷,四川人民出版社1985年版,第185页。

② 1941年12月太平洋战争爆发后,方振武决心回国参加抗日战争,刚到香港即被国民党特务杀害。

动。不久，他被南京政府逮捕、审讯，于 1934 年 11 月 24 日在北平英勇就义。

　　察哈尔民众抗日同盟军的失败，其主要原因是日本的进攻与国民党的阻挠；而同盟军一些将领的动摇和中共前委后期工作的失误，也是失败原因之一。抗日同盟军虽然失败了，但它所产生的影响却是很大的。同盟军将士将近半年的英勇斗争，深刻地揭露了国民党当局残内媚外的行径，激发了中国人民的爱国热情，推动了北方各省以及全国各地的抗日反蒋斗争。同时，它也打击了日军的侵略气焰，推迟了日本帝国主义对华北的大举进犯。察哈尔抗战是中国人民抗日斗争的重要组成部分，同盟军将士的斗争业绩必将永载史册。

第三节　各省地方实力派的纷争

　　南京国民政府以蒋主军、汪主政的联合执政形式虽然暂时调和了矛盾，但各派势力之间的斗争依然存在。中央有蒋、汪两大派的明争暗斗，地方有各割据势力之间的争夺。"九一八"事变后，全国在停止内战的强大呼声压力下，各地纷争有所缓和。蒋、汪上台后，虽曾号召"团结御侮"，要求各地暂息争战，但当蒋介石着手统一军制时，因牵涉到各地方实力派的实际权益，各地方实力派的火并又相继再起。1932 年 4 月，广东省主席兼第一集团军总司令陈济棠与海军司令陈策两派之间首先发生武装冲突；同年 9 月间，山东省主席兼第三路军总指挥韩复榘与驻胶东的二十一师师长刘珍年发生了激烈的战事；继而四川两实力派刘湘、刘文辉发生争夺统治权之战；新疆也发生盛世才、马仲英之战，等等。本节以上述四例简述当时各省地方实力派互相火并的情况。

一　陈济棠与粤海舰队之战

　　1932 年初，南京成立以林森为主席，由蒋介石主军、汪精卫主政的国民政府。但在广州的国民党中央执监委员会西南执行部、国民政府西南政务委员会，仍维持半独立状态，表面上拥戴胡汉民为西南领袖，实际上是陈济棠、李宗仁分掌两广实权，而且陈济棠成了独霸广东的"南天王"。蒋汪联合上台之初，陈济棠仍任广东省主席兼第八路军总指挥，但广东的空军与海军各有政治背景，陈指挥不动，当宁粤对立时期，在汪精卫、孙科的安排下，张惠长、陈策分任空军和海军司令，形成广东军事力量陆、空、海三军并立的局面。南京政府企图利用粤省军队的内部矛盾，暗中支持空军与海军，以牵制陈济棠。陈为巩固在广东的统治，则要统一广东的军队，由此导致与张惠长、陈策之间的矛盾日渐尖锐。

1932年春，蒋介石着手统一全国军队编制，将第八路军改编为第一集团军，任命陈济棠为第一集团军总司令兼西南绥靖主任、湘粤赣"剿匪"副总司令，将陈部调往江西"剿共"。陈与居住在香港的胡汉民磋商，确定对南京当局采取消极抵制的态度，从而引起蒋汪的不满。4月30日，陈济棠以西南政务委员会的名义，宣布裁撤广东空军总司令部，原有空军由第一集团军接管，任命黄光锐代理粤空军总司令，改任原空军总司令张惠长为第一集团军高级顾问。海军司令陈策为防备陈济棠乘机改组海军，将驻省河的舰只开到黄埔港集中，进入战斗状态。陈济棠电邀陈策到广州议事，陈策为防备不测，遂令飞鹰、福安、海瑞、平南、海虎、广金等舰开赴海南岛集中候命，所有内河各舰大小数十只由"中山"舰舰长陈涤（陈策之叔）指挥，集中内伶仃岛候命，福安、海瑞、平南、飞鹰等舰先行驶出。

5月3日晨8时，中山、海虎、广金三舰驶近虎门，企图出口，不服炮台制止，开炮袭击，三舰还炮，中山、海虎二舰驶出了虎门，引起了虎门事件。当日，陈济棠又以西南政务委员会名义，宣布撤销海军总部，改隶第一集团军管辖。陈策改任一集团军高等顾问。当日下午，陈济棠又派第五师师长陈达部赴黄埔收缴海军陆战队军械，但陆战队已登舰他驶，双方发生了激战。广金舰长李锅熙被扣。当时陈济棠与南京政府矛盾加深，陈策通过海军参谋长黄仲瑜表示："海军改隶如确系维护和平统一，为粤省谋休息，为人民谋幸福，则极端赞成，个人去留不成问题。若以海军改隶于独裁割据的军阀，则认为不可，退往安全地方，以待解决。"①同月 5 日，粤海军将领陈鼎等暨中山、飞鹰等二十余舰长通电拥护陈策，谴责陈济棠拥兵自固，对海军蓄意剪除，并表示为避免陈济棠暴力压迫，将舰队移驻琼崖和唐家湾。5 月 7 日，张惠长、陈策反对粤空、海军改组，在港商议投靠南京政府，并派代表赴桂林联络李宗仁、白崇禧要求声援。同日，陈策致函海军同学，揭露陈济棠操纵把持广东，改组海空军是为军阀割据，呼吁主持公道，力抗强权。5 月 11日，陈济棠委邓龙光为海军司令，即日视事接收粤海军司令部，并加委各舰舰长。同时，召集广东陆军各将领余汉谋、李扬敬等到省城开军事会议，共商大计，决定讨伐陈策，广东内战遂起。陈济棠决心用武力压服海军，调动刚接管来的空军，悬赏轰炸开往海南岛的海军，又在雷州半岛聚集大军，征集大批木船，打算渡海作战。

　　与此同时，陈策、张惠长等在海南岛成立海军与空军司令部。陈策任陈庆云以海军第一舰队总司令部总参议名义，与参谋长陈鼎主持中山、飞鹰、福安、海瑞、海强等较大军舰开赴海南岛，有些舰艇则停在唐家湾。陈策等决定截留十三属税收，将海口中央银行扣留，撤换县长，还成立了航空处隶属于海军部，委周伯成为处长，准备对抗。陈策在海口设立司令部，提出"息内争"、"抗日本"、"不参加内战"，同陈济棠相抗衡。他在海口市发布告，声称："敬告国人，矢以不参加内战，一致对外……率所部陆战队、舰队移驻琼崖，努力抗日剿共工作，以待党内公判。"②同时向全国发出通电。

　　陈策的通电迎合了南京国民政府统一军制的要求，顺应当时全国

---

　　①　陈书麟、陈贞寿编著：《中华民国海军通史》，海潮出版社 1993 年版，第331 页。

　　②　《庸报》1932 年 5 月 18 日。

一致要求"停止内战，团结抗日"的舆论，给陈济棠很大压力。6月11日，在上海的国民党中执委派马超俊乘轮抵粤，拟调解这次纷争，但遭到陈济棠拒绝。陈决定对海南岛用兵，令第一集团军准备出动，并于12日电复在沪中委，声称西南政务委员会之令海军改隶，纯为积极整顿海军，指责陈策昧于私见，致有抗命之举，须知军舰改隶整理，并非阋墙之争。马超俊见调解无望，遂于13日赴香港，候轮北返。

6月中旬，广东陆军开始对海军进攻。17日，陆军梁公福部与海军四艘兵舰在唐家湾附近激战约一小时，舰队因不敌陆军攻击，撤退转移，唐家湾为梁部占领。在内伶仃各舰因逃避空军轰炸，分散驶往附近小岛以及澳门、香港逃避。19日，陈济棠派海军司令李庆文会同舞凤舰长丁培龙、北安舰长李芳等率各舰驶往澳门，商议招收各逃舰事宜。29日，陈策代表黄仲瑜向汪精卫报告广东海军情况，汪于次日在国民党中常会上提出讨论此事，决定以中央名义电劝二陈即日停止战事行动，并电请留粤各中委调解海军风潮。7月2日，陈策通电，接受南京中执委调解，电称："敬读陷电，感动弥深，粤省不幸，在国难当前、共乱日亟之际，竟突有海军改隶事件发生，策遇变之下，悲痛填膺，每念我国频年内战，民不聊生，更因此而屡招外患，苟有良知，何忍再作阋墙，贻国家无穷之祸。唯有全军退处海隅，努力剿共，静候中央处置，诸君热诚接受。尤期南针时赐，俾有遵循，海天在望，无任神驰。"①

开往海南岛的海军舰只，分泊在白马、海口等处。7月5日，陈济棠派飞机向飞鹰、福安等舰轰炸，弹多落入海中，且遭高射炮还击，粤机改向海口各机关及海军陆战队轰炸，殃及不少商店住宅，死伤惨重。6日，粤机从雷州半岛不断起飞，向海口方面的飞鹰舰轰炸，曾遭到舰上和岛上秀英炮台的高射炮还击，互战约一小时。飞鹰舰中弹，挂起救生旗，但粤机仍将受伤军舰炸沉，死伤二十余人。

陈济棠由于受到各方面的压力，不得不寻求结束广东陆海军内争

---

① 见《中华民国海军通史》，第333页。

的办法。胡汉民曾提出调解方案,将广东海军分为海防舰队与江防舰队,海防舰队司令由南京中央政府委派,江防舰队司令由第一集团军委任,海军陆舰队调黄埔集训,其司令也由第一集团军委任。7月上旬,陈济棠召开西南政委会,商定按上述方案解决纠纷。这时蔡廷锴也到广州参与调停,在各方面催促下达成了协议。7月中旬,原赴琼崖的福安、海瑞、安北各舰由陈庆云率领驶往厦门驻守,陈策调任福建省任绥靖处长,其他舰只由南京政府改编;琼崖行政由陈济棠派陈光汉前往接管。至此,粤省内战终于结束。

二 韩复榘与刘珍年之战

广东陈济棠部与海军的军事冲突甫告平息,山东的军事纷争又起。1932年9月中旬至11月间,山东省主席兼第三路军总指挥韩复榘与驻胶东的第十二师师长刘珍年又发生冲突,导致激烈的内战。

韩复榘原为冯玉祥的部将,1929年叛冯投靠蒋介石,随后在中原大战中与冯、阎军队作战,为蒋立下汗马功劳。1930年9月5日,国民政府改组山东省政府,韩被蒋任命为山东省政府主席,1931年6月,任国民政府委员,1932年先后兼任北平政务委员会常委和军事委员会北平分会委员。但蒋介石对韩复榘虽表面信任,暗中则处处牵制,除将青岛交给张学良的海军驻防外,又将张宗昌直鲁联军的降将刘珍年摆在胶东,刘珍年所部被蒋编为第二十一师,也称第十七军,驻烟台及胶东蓬莱、福山、黄县、招远、栖霞、文登、掖县、莱阳、牟平、海阳、荣城、平度12县。刘部辖三旅四团,约三万余人,武器精良,装备齐全。山东省政府改组时,蒋介石委刘珍年为省府委员。蒋此举意在以胶刘监视、钳制鲁韩。韩复榘虽为山东省主席,但所辖地区比较贫瘠,鲁南和鲁西又多土匪,农村经济遭到极大破坏,特别是缺乏海口,无法将土产输出换取武器装备。在韩统治区之南有刘峙指挥的蒋军嫡系部队十余万人控制于徐海、开封。因而韩蒋之间矛盾重重,为摆脱孤立,韩也暗向张学良拉拢合作。首要问题是，韩要谋求统一和称霸山东，自难容"一山二虎"，因此胶刘成为韩的心腹之患。况且刘还时刻梦想冲出胶东，取韩而代之。这两个军阀之间的矛盾，最终导致兵戎相见。

　　刘珍年所据之胶东，是山东省的富庶地区又有出海口，收入较多。刘在辖区内自行收税，拒绝向省府上缴分文。刘又将其辖区视为独立王国，自派任县长，拒绝接受省政府委任官吏。刘部还曾与国民党特务合伙，计划分化韩的部属，对南京拨给山东军队的一些协款的分配问题，也常与省府弄成僵局。这些都加深了韩刘之间的矛盾。最关键的问题是韩要统一山东，独据全省，不容许有异己军队占据其间。韩复榘在给南京的通电中曾公开声称："防区（即刘辖区）亦称山东之辖地，其人民亦山东之部民，复榘责任所关，义无旁贷，焉敢放弃，自取愆尤？"①

　　韩刘之战是韩复榘首先发动的，却打着"为民请命"的旗号。刘珍年为准备战争，对胶东人民强派苛捐杂税，横征暴敛，加重了对人民的搜刮。田赋附捐多至几十种，甚至用绑票的方法榨取勒索巨款，还在辖区内强拉壮丁，招兵买马，民众怨声载道。其实在韩的统治区内也有类似情况，中共山东省委曾揭露说：刘珍年"连年来是横征暴敛，招兵买马，不独在烟台称王称霸，并且时时想冲开胶东。他们（指刘、韩）时时有火并的可能与准备，因此，他们不得不加紧（对）人民的剥削，近来山东的苛捐杂税较之张宗昌时代为尤甚。"②韩复榘找到了刘珍年可供借题发挥的口实，大肆渲染，在给南京政府的通电中宣称："复榘为民请命"，"为解除人民痛苦起见，誓当驱逐此獠，以救民命"③。他的省政府所属厅长们在通电中也罗列刘珍年的五大罪状，即"把持民政"、"扰乱财政"、"破坏建设"、"摧残教育"、"朘削实业"④。

---

　　①　《国闻周报》第 9 卷第 38 期，1932 年 9 月 20 日。
　　②　《山东革命历史档案资料选编》第 3 辑，第 4 页。
　　③　《山东省政府公报》第 199 期，1932 年 10 月 2 日。
　　④　《山东省政府公报》第 199 期，1932 年 10 月 2 日。

1932年八九月间，胶东民众酝酿揭起反抗刘珍年苛剥的斗争，韩故意饬令镇压。此时，胶东土匪也乘机而起，韩以协同剿匪为名，派部队前往胶东。刘珍年看出韩复榘来者不善，也调兵遣将，准备迎击韩部的突然袭击。于是韩部到刘防区"剿匪遭拒"便成为韩刘之战的导火线。

9月中旬，韩复榘在潍县、高密一带聚集了第三路军约五万余人，作出准备进攻的态势。9月16日晨，韩由济南亲赴潍县督师。与此同时，刘珍年部在沙河、平度、昌邑一带布防，严阵以待。1932年9月17日夜间，韩部在昌邑首先向刘部发起进攻，韩刘之战爆发。韩军兵分两路：韩亲率第二十师三个主力旅为左翼，沿烟、潍汽车路前进，直扑掖县；曹福林任右翼总指挥，率其第二十九师三个旅渡莱河进攻平度，拟与韩至烟台会师。韩、刘两军9月17日在昌邑、潍河沿线接触后，刘军很快退守掖县与平度，韩督师追抵掖县。

韩复榘对刘珍年用兵是"先斩后奏"，战争爆发后的第二天，即9月18日，韩向南京政府发出"巧"电，以"为民请命"为由，状告刘珍年。19日，刘珍年则急电蒋介石、何应钦报告挨打，请求中央做主。韩刘战争突发，蒋事先并未察觉，19日特电令双方立即停战，"静候中央处置"。20日，国民政府行政院召开第六十五次会议，何应钦在会上报告韩刘军事冲突经过，决定"严令制止军事行动，听候中央解决"，并电蒋"迅电韩、刘，切实告诫"①。蒋介石唯恐刘军败北，急电调刘峙部由徐州向北移进，商震部由河北向南移动，准备南北两路攻韩援刘，压制韩的军事行动。当南路军黄杰部进抵鲁南郯城时，张学良在北平发表援韩通电，并派一个炮兵团增援韩部。蒋、张的军事介入意味着战争有可能扩大，国内各界纷致电国民党中央，强烈要求"和平解决鲁争"，防止日本再次乘机扩大侵华，蒋介石决定"停兵调停"。21日，他派蒋伯诚、熊斌等赴

---

① 《何应钦将军九五纪念纪事长编》（上），台湾黎明文化事业公司1984年版，第270页。

济南转潍县、掖县等处,分别会晤韩、刘进行调解。

韩复榘此次用兵旨在驱刘,不达目的誓不罢休。他并不理会蒋、何的电令,继续进攻。9月23日,韩、刘两军主力在掖县外围激战,随后刘军退入城内固守。曹福林率右路军与刘军在平度开战后,刘军也收缩战线退入莱阳城固守。但双方为争取舆论支持,都作出一些和平姿态。9月23日,韩向南京发出"漾"电,表示愿意停止军事行动,听候中央处理。24日,韩撤回一些部队,并于当天回到济南。27日韩又发出"沁"电,声称此次行动乃为"应胶东人民之请命,为国家弭此乱源,仓促间实出万不得已","为进兵攻刘自请处分"①。刘珍年也于23日晚将兵力撤出烟台,收缩至栖霞,利用当地四面皆山,极宜固守的条件,伺机再战。9月24日,张学良的海军进驻烟台,韩复榘也派骑兵驰烟台接防,并委派了胶东八个县的县长。至此,刘军的地盘仅有栖霞、莱阳、掖县、牟平四县。同时韩派省府委员张钺赴庐山晋见蒋介石,商请解决山东问题的具体办法。

蒋介石向张钺提出山东问题的三项办法:缩小刘部的防区;刘珍年将胶东行政权交山东省政府;由山东省府每月拨刘师14万元军饷。韩得悉后,于9月27日夜致电蒋,说明刘师已损失殆尽,无保留必要。30日,蒋以军事委员会名义决定:令刘军缩小防区,韩军后撤,由中央派蒋伯诚赴前线监督执行。双方因胜负未见分晓,均不愿善罢甘休。10月上旬起,韩刘两军不断在掖县、莱阳激战,双方炮战甚烈,当韩部得到张学良重炮支援后,刘部渐感处境险恶,难以坚持,10月初,何应钦电促韩、刘"切实停战"。并电请蒋介石速示处置办法。6日,军政部派代表范毓璜等到济南转往胶东前线调查战情,监督两军停战。11日,韩发表《致胶东父老书》,强硬声称:"一日不去刘,良心所不安,已下除刘万分决心,决不半途中止。"②18日,韩特向记者表明他是否撤兵,以刘部

---

①　《山东民国日报》1932年9月28日。
②　《国闻周报》第9卷第41期,1932年10月17日。

是否撤出山东为条件，否则断不撤防。

10月19日，南京当局拟定鲁战解决办法，以何应钦名义发出皓电，规定莱阳、牟平、福山（烟台）、掖县、栖霞等五县及龙口为刘军驻地，所有政权交还山东省政府，刘部让出其他防地，交"民团"负责守备，韩部所属第三路军限即日起撤回潍河以西原驻地，26日前撤完，移防兵应各整饬军纪，静候中央处置。这个方案，在韩看来已不利。方案限令韩部撤出已控制的除栖霞以外其他胶东地区，还要将其已占领的烟台（福山）、龙口划归刘部防区，至于将刘部外调问题只字不提。对此，韩复榘感到不能同意和容忍，转而采取以退为进的办法。21日，韩致电国民政府主席林森、军事委员会委员长蒋介石、行政院代院长宋子文、军事委员会北平分会委员长张学良等发出马电，"仰恳准辞山东省政府主席本职。复榘生性坦直，言必由衷，久隶钤幪，谅蒙洞鉴，果尚有一线可行之路，决不作无端烦渎之辞"①。韩还对记者说，划五县为刘师防区，使他在"精神上颇受刺激，辗转莫决，提出辞职"②。24日，山东省府的厅长们又联署致南京号电，为韩陈述"苦衷"，并敦促中央"迅赐解决办法"。同日，蒋介石、张学良电劝韩"打消辞意"。韩坚持不听，而以军职名义继续调兵遣将，加紧围困掖县。22日，韩部击退刘部副军长何益三从莱阳派兵增援掖县的部队后，并进而进攻莱阳城。

韩的辞职通电在社会上引起强烈影响，军政界要人张学良、张群、刘峙、宋哲元等纷纷电韩慰留，多数主张挽韩调刘，以息争罢战，并敦请中央重定解决鲁争办法。山东商民代表苗世远等致南京的通电，言词激烈，质问："中央自不惜一韩主席，独不为山东地方计乎？即不为山东地方计，独不为大局计乎？"③至此，南京方面感到，山东问题要妥善解决，除将刘部他调外，别无良策。同时，蒋介石见刘军败局已定，其部留

① 《新闻报》1932年10月22日。
② 《庸报》1932年10月23日。
③ 《新闻报》1932年10月26日。

鲁必为韩部收编,将导致扩充韩的军事实力,遂决定将刘部调离山东。刘珍年见大势已去,10月25日电呈南京,表示愿将该师调离鲁境,另谋发展。南京政府答复照准,28日起,蒋介石先后派河南清乡督办张钫及蒋伯诚赴鲁斡旋和平,与韩磋商解决鲁事途径。他们转达蒋意:要韩将包围掖、莱军队撤至潍河以西,并将烟台、龙口让出,由东北海军暂驻,以便调刘部从海道离鲁。韩复榘见目的已达,即打消辞意,表示"唯中央命令是从",只是要求撤军期限展期至11月8日。经南京同意,并派蒋伯诚、熊斌、高凌百等监督执行。11月2日,蒋介石授命何应钦下达《对胶东韩复榘、刘珍年冲突事件处理命令》:

（一）韩军先让出烟台、龙口,暂交海军维持治安;该两地俟刘军借道开拔后,仍由刘军交海军接防,以免治安无人负责;

（二）除指定刘军暂住之掖、莱等五县外,其余昌邑、平度两县,可各驻韩军一营,文登、荣成可留鲁东民团八九百人驻守,韩军撤至汇河以西。

（三）监视韩、刘两部人员,以蒋伯诚留济,高凌百在烟台,熊斌赴掖县①。

上述命令得到贯彻,终于使全国关注的胶东战事宣告平息。由于刘珍年部第二十一师声名狼藉,几经周折,才确定了新的驻地。11月17日,刘部开始由掖县等地陆续开拔。23日由烟台登轮离鲁南下。12月19日,全部抵达浙江温州,其中一部驻浙东,一部开闽北加入反共战争。经国民党中常会决定,军政部电令刘部缩编为乙种师,刘任师长。同时,蒋介石策动了该师驻福建浦城的独立旅脱离刘部,交鲁涤平指挥,归中央军所属。对此,刘珍年极为愤怒,暗中离开驻地到杭州进行反蒋活动。1933年5月被蒋扣押,1935年5月于南昌以"纵兵殃民"等罪名将刘枪决。刘珍年被逐离鲁后,胶东各县悉归韩属。他在各县委派县长,组织胶东民团军,并设局征税。韩复榘统一山东的愿望终于实

---

① 《何应钦将军九五纪念纪事长编》(上),第270页。

现。但蒋、韩之间限制反限制的矛盾和斗争并未就此了结。

三　四川各派军阀之间的混战

1932 年 10 月四川爆发了刘湘、刘文辉为争夺统治权的战争,是民国以来四川各军阀进行的四百余次混战中最大的一次,同时也是最后的一次大混战。

四川省自民国以后,省内的军事头目依其各自独特的经济、地理条件,在境内拥兵自固,割据地盘,划分防区,在其防区委官收税,敲榨剥削人民。防区之间,视为敌国,并为扩大防区,不断互相火并,形成长期军阀割据和混战局面。

1926 年秋,北伐军进军武汉告捷,四川各主要军事将领易帜自保,先后宣布支持国民革命,接受改编。但他们没有参加北伐,而是继续互相混战,逐渐形成刘湘、刘文辉、邓锡侯、田颂尧“四巨头”分割四川的局面,进而形成二刘为首的两大派系的对立。因刘文辉同邓、田共同占有成都,亦称蓉派;刘湘占据重庆,亦称渝派。1928 年南京国民政府虽对四川相机采取一些措施,但未能改变该省各防区民财各政自行其是的格局。

蒋介石早有染指四川的企图,无奈鞭长莫及,鉴于川省各派系各拥有实力,难以强取,于是采取了“利用矛盾,分而治之”的办法,以谋逐渐达到控制四川的目的。1928 年 11 月蒋任命刘文辉为四川政府主席。刘文辉雄心勃勃,谋求统一四川,进而问鼎中原,但他在蒋唐战争和中原大战中两次借机反蒋均告失败。刘湘则一直采取拥蒋态度。1931 年 2 月,四川省政府改组,蒋介石继续委刘文辉为省主席的同时,任命刘湘为国民政府委员兼四川省善后督办公署督办,将“所有川军归刘湘全权编遣”①。这样就加剧了四川省内一山二虎猛烈争夺的局面。

---

① 《国闻周报》1931 年 4 月 6 日。

　　刘文辉与刘湘是堂叔侄关系,刘湘虽属侄辈,但约长刘文辉五岁。当刘文辉1916年自保定军官学校毕业回川时,刘湘已任川军旅长,后在军阀角逐中先后升任师长、军长、总司令等职。他因家族关系,对刘文辉有所援引、扶持,因此刘文辉职位迅速上升,20年代初一跃为混成旅长。刘文辉对刘湘在政治上、军事上以及财力上也曾有过支援。二刘在四川军阀的争战中曾经互为依赖,共图生存,同谋发展。但当他们形成可以左右四川的两大势力时,各自图谋独霸四川的野心迅速膨胀起来,二刘的合作随即被彼此对立、争战所代替。

　　自1928年下川东之战后,刘湘据有川东二十八县和鄂西十八县。控制夔门,扼长江上游咽喉,并占江运之便利,购买飞机、炮舰及大量枪械,拥兵十余万人,实力大增。1931年2月改任四川善后督办后,更是以四川盟主自居,曾口吐狂言:"中国历史上四川没有出过投鞭黄河、饮马长江的人物。"刘湘身边的江湖术士刘从云亦煽动说:"一林不藏二虎,一川(四川)不容二流(二刘)。"进一步助长了刘湘独霸四川的野心。

　　1920年还只是一个混成旅长的刘文辉,经过八年的经营,到1927年已身居二十四军军长,1928年11月,又当上南京政府委派的四川省政府主席,据有上、下川南,上川东及川西的崇庆、双流、新津、华阳等县,其势力扩展到顺庆、遂宁、西康十几县,共七十余县,拥兵十万以上,其实力居于其他四川军阀之上。刘文辉不仅要"统一四川",而且要"问鼎中原"。1932年夏,刘文辉在重庆问刘湘的谋士刘航琛:"你看四川要如何统一?"刘航琛针对二刘互不相容的局面,巧妙地回答说:"统二好了。"[①]但刘湘、刘文辉都不肯容忍四川长期存在一山二虎的局面。一场叔侄之间的战争就难避免了。

　　二刘既都企图独霸四川,他们均采取各种手段削弱对方实力,竭力整垮对方,因而两方矛盾日趋激化。刘湘对刘文辉独占资中、内江盐税、糖税,不履行收入分成之约十分不满,心存报复。1931年刘文辉以

------

　　①　匡珊吉、杨光彦主编:《四川军阀史》,四川人民出版社1991年版,第279页。

200万之巨款从国外购买飞机、武器,散装从上海运往成都,途经万县,被刘湘师长王陵基扣留没收。刘文辉亲赴重庆交涉,无功而返,更是怀恨在心。1932年,刘文辉以吊唁刘湘母丧为名到重庆,趁机用重金收买刘湘部下师长范绍增和兰文林,还命驻防江津的张清平师截断重庆粮源。更有甚者,刘文辉之兄刘文彩派其副官胡化鹏潜入重庆李子坝刘湘宅行刺。刘湘将刺客活捉后,不露声色地送交刘文辉,又以重金收买刘文辉部师长张志和、旅长陈鸣谦等。二刘明争暗斗,彼此都欲置对方于死地而后快。

刘湘决定以武力除掉刘文辉,还得到蒋介石暗中的支持。1930年初,刘湘曾向蒋的四川党务特派员曾扩情表示要对刘文辉用兵,希望中央给予支持,并授意张文果、张梓芳、余惟一等草拟所谓"安川计划",交蒋介石核定。其主要内容有:"江西剿共军事虽暂有不利,但只要能确保四川不遭侵袭,使工农红军囿处江西一隅。""惟要达到这一要求,就得先求四川军民财政的统一。这一要求之所以不能实现,完全由于刘文辉从中作梗。"刘湘要求中央"假我以权责,对邓、田两军予以相当利益,就能形成对刘文辉夹击之势,从而解除其武装,占领其戍地,去掉其主席,达到军民财政的统一。这不仅能防止共匪之乱萌,而且还绰有余力,以备中央剿共军事之调遣。"蒋介石看到计划后,即嘱曾扩情密电刘湘:"如能有把握,在短的期间内解决刘文辉,可便宜行事。"①刘湘取得蒋介石支持后,便积极筹划向刘文辉进攻。

刘文辉为准备对付刘湘的进攻,由成都赴简阳、乐至、遂宁等地检阅部队,在顺庆召集属下林云根、陈鸿文、陈鸣谦、黄锡煊、王元虎等师、旅长商议对刘湘用兵事宜,制定以迅雷不及掩耳之势,分兵合攻重庆之策。

二刘各拥兵十余万,在军力上旗鼓相当。四川其他军阀邓锡侯、田颂尧、杨森、李家钰、罗泽洲、刘存厚各拥有一定兵力,虽无法与二刘抗

---

① 　乔诚等著:《刘湘》,华夏出版社1987年版,第125页。

衡,但他们合起来拥兵达15万人以上。不论他们倒向哪一边,都将成为二刘各自称雄四川必争的力量。

杨森、李家钰、罗泽洲兵败于"后顺庆之役"后,投靠了刘湘。刘湘还主动助以粮饷械弹,使他们为自己效力。他们也想借助刘湘力量夺取防地,因而愿与刘湘联合出兵攻打刘文辉。

刘文辉、邓锡侯、田颂尧三人同属"保定系",1925年以后同驻成都,曾组合"三军统率办事处"、"三军联合办事处"作为联合机构。刘文辉虽属后起之辈,但发展甚迅,声威煊赫,成为"保定系"中心人物,其占有欲也随之膨胀起来,总想吃掉邓、田以扩充自己实力。刘文辉亲自制造了1930年夏的"兵工厂之变"和1931年春的"寇溥渊事件"。邓、田实力受损,对刘文辉时思报复。

1931年,田颂尧派心腹师长曾宪栋、李蕴华等赴重庆,秘密会见刘湘并表示与刘文辉决裂,二者订盟结约共图刘文辉。刘湘许诺必要时出兵相助。邓锡侯也派人到重庆表示合作诚意。田、邓各派代表常驻重庆,与刘湘关系越趋紧密。

刘湘与邓锡侯、田颂尧、杨森、李家钰、罗泽洲、刘存厚结成联盟后,军力对比占压倒优势,刘文辉已陷入了孤立境地。二刘之争,刘文辉凶多吉少。

1932年9月29日,李家钰部在刘湘的指使下,向周口镇集中,罗泽洲驻武胜部队向李渡移动。10月1日夜,罗泽洲驻武胜新二十三师熊玉璋向驻南充的刘文辉部林云根部打响了第一枪,揭开了二刘大战的序幕。战争自1932年10月开始,到1933年9月止,先后经历了泸州、省门(成都)、荣(县)威(远)、毗河、岷江几次大的战役,战争以刘文辉大败而结束。

10月1日,罗泽洲部在李渡挑起战火。10月2日,蒋介石致电二刘双方,名为制止川战,实为挑起战乱,从而达到削弱四川军阀的目的。刘湘将驻宜昌、沙市进攻洪湖红军的部队调回四川,集中力量对付刘文辉,同时命令所部分向永川、江津方面驻防。10月3日,刘文辉部陈鸿谦旅长在烈面溪向罗部熊玉璋旅进攻。罗泽洲急电蒋介石,指责刘文辉"素怀囊括全川野心,今既悍然破坏和平,大举来犯,其处心积虑,昭然若揭",要求蒋介石除就近请善后督办刘设法制止外,迅赐最有力之制止。蒋介石于 6 日复电刘湘、罗泽洲等:"连电均悉。退让因顾全川安,即系以维护国家,望一本初衷,竭力避免冲突。刘文辉方面,亦严电各守原防,制止侵犯矣。"蒋此电明确表示支持刘湘而指责刘文辉。刘文辉复电在汉口的蒋介石进行辩解,表示"辉亦负西防半壁之任,敢冒不韪自弃国人?"

在刘湘的授意下,1932 年 10 月 12 日,由师长唐式遵纠集全川军师、旅长九十四人,发出"治川纲要十六条"的通电,以骗取人民信任,从政治上孤立刘文辉。10 月 19 日又发出通电声讨刘文辉:"独有主席兼二十四军军长刘文辉……重权轻义,素怀猜恨。在个人非载福之器,在国家非任重之材,自隶戎行,好出心机,因缘时会,操纵两端,遂有今日之势。彼据地半省,经济极充……乃彼两任省主席,对于治川大经大法从未提及,而于分化他军,收买队伍,钳制部属,强为奴用,则又自诩多能。言之津津,道之凿凿,甚至分遣无赖,阴谋暗杀,嗾使匪类,扰人防区,花样极多,变法层出……弟兄叔侄,遍据要津;家奴养子,横行廛市。……此外叛上作乱,卖友害邻……式遵等于文日通电时,对于文辉尚复曲予涵容,隐示微意,冀其或有悔悟。今果怙恶,故违众意,是彼已自绝于人。"①

刘文辉请其长兄刘升廷赴渝向刘湘寻求妥协落空后,于 10 月 13日以叔父身份电责刘湘:"近日道路传言,渝军将向成都攻击,并已分途并进,即主其事者吾侄也;被攻者,则为文辉也。一时腐旧之伦,不免诧为奇变。而乡曲耕农,市廛商贾,则惴惴焉若大祸之将至,不知痛苦流离,将至何境地。测以常情,度以庸理,初不为意也,乃数日之间,遍传海内,各方劝阻文电,纷至沓来。蒋总司令介公,且于冬日专电诘责,其

---

① 　萧波等:《四川军阀混战》,四川省社会科学院出版社 1984 年版,第 208 页。

中所持理由,指陈利害,吾侄度已共鉴之矣。人藏其心,不可测度;士各有志,未可强回。吾侄若果决心,辉纵为民而请,亦将目我为愚。即令驰赴渝中,长跽辕下,或反以为言甘胆怯也。"①同日,刘文辉电呈中央指责刘湘:"鼓动战乱,竟于本月东(一日)日密令罗泽洲、李家钰两师突然大举越境称兵,攻击文辉驻之顺庆李渡……文辉懔遵明令,步步退让。……并阅二十一师长唐式遵等窃捏多名之文电,创造规条,征求各军同意,目无中央,故不惜穷兵黩武,更已情实昭然。……恳祈迅颁严令,责成刘军长湘……勿得借口兴戎,扩大战局。"②

10 月 23 日,刘湘通电斥责刘文辉"反复以无常,好乱称兵","为弭兵计,惟有倾身捍患……衔血忍痛,简励师徒,誓与我友军左右提携,全力制止"③。次日,刘湘再次通电,称今晨潼南、永川、江津及候入巴县园明寺之二十四军,实行分头进攻,为正当防卫计,不得已与之周旋,并指责刘文辉"一意孤行,擅开兵衅",声称要"联合各军、民众,予以制裁"④。

以刘湘为首的联军即全面展开进攻,其首战的主要目标是攻取川南重镇泸州。

泸州位于沱江、长江汇流处,三面环水,西有龙透关屏障,为兵家必争之地。刘湘联军合力并进,采取攻势。刘文辉取守势,但因防线铺得太长,北起顺庆,东迄永川、江津,绵亘数百余里,兵力分散,故交战不几日,即下令战略转移,全线后撤,退守沱江防线,以资中、内江、富顺、泸州等沱江沿线县城为主要据点。刘湘联军自后紧追不舍,分道攻取。24 日,田颂尧、杨森、李家钰、罗泽洲等部合攻并夺取遂宁;潘文华、王缵绪分取江津、潼南。27 日,联军占永川。31 日,刘湘部又占荣昌、合

---

① 萧波等:《四川军阀混战》,四川省社会科学院出版社 1984 年版,第 209 页。
② 《刘湘》第 127 页。
③ 《刘湘》,第 128 页。
④ 《刘湘》,第 129 页。

江。11月1日,杨森部进抵安吾。11日,邓锡侯部占崇庆。

11月18日,刘湘军越过沱江,王缵绪部攻克内江,唐式遵、潘文华进占富顺、自流井。刘湘集海、陆、空三军及"神兵"联合围攻泸州,逾半月不克,后采取武力威逼和金钱收买手段,迫使固守泸州的杨尚周、田冠五旅开城降顺。21日,刘湘部进驻泸州,随即以重兵溯江而上,直取宜宾,进逼乐山,并调集其主力转向荣(县)、威(县),寻求时机与刘文辉决战。

二刘战争酝酿之初,刘文辉为了解除后方的威胁,原拟与田颂尧谋求妥协,由于双方均缺乏诚意,妥协破裂。刘文辉决定先击溃田军,再回师迎战刘湘。于是从前线驻顺庆的第二师九旅十七团、二十三团,川康的二师四旅十团、十一团,星夜赶来成都。顿时成都市内战争气氛越来越浓,南门地藏庵、磨子街、红照壁一带岗哨密布,交通断绝,商店关门,学校停课,市民十分惊惶。

刘田成都之战一触即发。刘文辉以冷寅东为前敌总指挥,唐荣为副总指挥,将五个旅的兵力布防在城东南一带。市内以东南角少城至皇城和东大街南面为防线,市郊以杜甫草堂至青羊宫、南台寺、农学院附近为防线,调手榴弹队、炮兵集中在皇城、四川大学,在煤山架大炮对准山西会馆田颂尧的司令部,外南至簇桥20里一带布防大量部队。

田颂尧则以孙震为前敌总指挥,曾南夫为副总指挥,调集五个旅的兵力,从东门至糠市街、新化街、新东门、东校场、四圣祠至北门,再由山西会馆、后子门、青年街延伸至少城为城内防线;城外则从东望江楼至对岸莹华寺及四川兵工厂附近,再由牛市口环绕东北门及猛追湾、西马市至老西门为防线。

1932年11月14日,刘、田两军在成都巷战打响。先是二十九军以刘汉雄、何瞻如、黄正贵三部,与邓锡侯二十八军黄隐师、刁文俊旅和刘高槐旅(均换成二十九军旗帜番号),联合进攻城南红牌楼一带刘文辉部,切断二十四军南路交通线,以图困死成都。但刘文辉早已重金收买田部报务员,获悉田、邓两部作战部署已作好迎战准备,结果田、邓全线溃败。邓部师长黄隐落水而逃,旅长刁文俊下落不明,双方死伤官兵三千余人。这次成都巷战又经过煤山争夺战、兵工厂战斗、北门簸箕街战斗等,自西到东,横亘全城,无街不战,无巷不争,残酷惨烈,结果田军大败,被困城北一隅。邓锡侯见田军被围,败局已定,不敢出兵助田,出面调解。刘文辉得知当前主要对手是刘湘,所谓"两利相权从其大",故同意邓的调停。田、刘相继发出响应邓锡侯调解停战通电。田表示不再敌视刘文辉,率军于 11 月 24 日退出成都,至 25 日刘田成都巷战结束。

1932 年 12 月 9 日,刘文辉结束省门之战后,撤出成都,军队集结于荣县、威远,设总指挥部于川南眉山,准备与刘湘决战。

荣威决战,刘文辉明白自己的命运及成败在此一举,故部署四路总指挥和两个预备总指挥:一路为夏首勋,二路为张清平,三路为林云根,四路为陈鸿文。第一预备总指挥冷寅东,第二预备总指挥唐英。以荣、威为重点,将主力集中于乐山、井研、仁寿、威远、荣县之间。

刘湘恐老巢重庆有失,电调驻鄂西的张邦本、罗君彤、佟希赞、杨勤安等部回川布防于大足、邻水、永川。又调驻夔府、万县的部队拱卫重庆。12 月 3 日到内江部署荣、威大战,兵分四路:一路总指挥唐式遵部结集于自流井、荣县、威远一线;二路总指挥王缵绪与三路总指挥范绍增在资中、内江一线,四路总指挥潘文华在富顺、宜宾一线。

二刘荣、威大战,于 12 月 4 日在宝马场打响。10 日,两军全面展开战斗,刘文辉调集七万兵力,刘湘亦集中五万兵马,战斗以荣县的老君台、老林口、犍为城和仁寿之江家场等地最激烈,双方伤亡惨重。争夺老君台之战,双方官兵死伤多达三千多人,仁寿江家场战斗,死亡士兵达七千多人。双方激战五天,刘湘在荣、威大战全线失利。刘湘见刘文辉决心死战,为避免两败俱伤,保存自己威慑四川的军事力量,遂采取三项应急措施:一是向刘文辉表示请和,二是致电邓锡侯、田颂尧出兵援助,三是先后争取了刘文辉部陈鸣谦、张长和、陈书农师倒戈。

刘文辉也感到在荣、威大战中不能取胜,只能率残部退至贫瘠的西康,如此则十万人马也将随之瓦解,故抱与刘湘拼死的决心。不料在战斗中连续发生重大失密,一再丧失战胜之机,加之发生部下倒戈事件,不但失去了军事上的优势,反而陷入被动的局面,刘文辉不得已同意与刘湘讲和停战。

二刘两军于12月21日在老君台签订停战书:刘文辉前线部队移至乐山属地笋子山及井研一线,其他部队驻原防地,军部回驻省城。刘湘前线部队移驻荣县属地白石沟、老林口、文昌宫一线。两军隔岷江对峙,结束了军事冲突。荣威大战实质上以刘文辉败北而休战。

经泸州、荣威之战后,刘文辉失去了川北,上川东和川南许多防地,部属第三旅旅长杨尚周、第七旅旅长田冠五、独立旅旅长邓国璋、第九旅旅长陈鸣谦等先后倒戈,可谓损失惨重。他深恨邓锡侯不讲信义,抢占川北地盘,又伙同田颂尧从背后出兵袭击,乃决定与邓厮杀一场。荣威之战休兵后,刘文辉回师成都,占城东南。为解决因地瘠财短兵饷缺乏的困难,刘文辉决定用武力兼并实力远不如己的邓锡侯。

刘文辉暗设擒贼先擒王之计,企图先扣留邓锡侯,然后改编其部队,吞并其地盘,不意计谋泄露,邓闻风逃出成都至新都,并急调所部沿毗河布防。

刘文辉于1933年初在眉山改编部队后,此时已拥有八个师、九个司令,一百个团,总兵力十一万余。而兵力不足三十个团的邓锡侯难以与之抗衡。同年5月7日,刘文辉兵分三路向崇庆、双流、华阳等地推进,后又进兵资阳,乐至、简阳。5月15日,刘、邓两军激战于郫县、灌县。邓军退守毗河,与刘文辉隔江对峙。

毗河河西狭窄,宽处不过四丈,窄处仅丈余,水又不深,可涉水而过。邓军为便于防守,砍断都江堰上内江分水码槎,毗河水位陡涨。刘文辉部久攻不下,强渡不成,又获悉邓锡侯与刘湘勾结,并获得十万大洋和六个团士兵子弹的消息,急于抢先突破毗河,令所部协力打垮邓部,但是刘文辉部师长陈鸿文本为邓锡侯的旧属,出于"新恩旧德",按兵不动。刘文辉部师长唐英、张清平、林云根等与邓锡侯、田颂尧均系保定军官学校学生,认为老同学之间不应自相残杀,因此在对邓作战中不愿出力。

当刘文辉再度下令发起攻击时,师长张清平、林云根等和邓部保定同学陈书农、黄隐等在三河场开会,提出保定系内部停战"议和",静观二刘火并,刘文辉再次处于被动不利的境地。

刘湘见到刘文辉、邓锡侯双方相持久而不决,认为彻底打败刘文辉时机已到,欲图一举实现称霸四川。1933年7月2日,刘湘由重庆到内江指挥"联军"向刘文辉进攻。7月上旬,刘湘军攻占井研、仁寿;邓锡侯反攻毗河,夹击成都,固守岷江防线。刘湘步步进逼,于8月13日下令各军分道进攻。迄15日,各军先后突破多处防线,渡过岷江,攻占乐山、眉山、新津、崇庆等县。刘文辉部十万之众溃不成军,退守雅安,终因敌不过"联军"环攻,率残部退至双源。

岷江之战,刘文辉惨败,面临山穷水尽,上天无路、入地无门的绝境,岂料刘文辉大哥刘升庭向刘湘以"家族情谊"劝说,刘湘也念叔侄情分,不忍陷刘文辉于绝路,更为重要的是想以刘文辉来牵制邓锡侯、李家钰、罗泽洲等对手。当时蒋介石也有意保留刘文辉残部,以制约刘湘,故电令二刘停火"言归于好"。蒋同意将雅安、荥经、天全、芦山、宝兴、洪雅等县划作刘文辉的防地。1933年10月8日,刘湘下令所属部队撤出该地区。24日,刘文辉重返雅安。

自1932年10月起至1933年9月,刘湘与刘文辉之战前后经历一年,战地绵亘川西、川北和川南数十县,纵横千余里,投入兵力二十余万,几乎四川大小军阀都参与混战。士卒死伤数以万计,耗资五千余万元。四川人民惨遭战争浩劫,其生命财产损失更难以数计。二刘之战是四川军阀数百次混战中规模最大、时间最长、也是最后一次混战。其后,蒋介石集团的势力进入四川,旧的军阀防区制逐渐解体。

四　新疆政变，盛世才统治的确立

新疆在民国时期经历了杨增新、金树仁、盛世才三个地方军阀的统治。盛世才于1930年进入新疆后，逐渐取得金树仁的信任，培植了一定的个人势力。1933年4月乘第一次"新变"之机，当上了新疆边防督办之职，继而经过与马仲英等的战争，并假借罪名诛戮异己，攫取新疆军政大权，于1934年5月确立了在新疆的统治，直到1944年9月被迫离开新疆。

盛世才（1897—1970），字晋庸，原名振甲，字德三，辽宁开原人。早年留学日本，进入明治大学攻读政治经济学。1919年入韶关讲武堂，毕业后进入奉军，历任排长、连长等职。1924年二次东渡，入日本陆军大学深造。1927年赴南京历任国民革命军总司令部参谋、参谋本部第一厅第三科上校作战科长。盛不甘任此闲职，多方谋求升迁。1930年秋，受新疆省政府主席金树仁之聘入新。经过辽宁时，对其密友说："此行乃破釜沉舟之举，有进无退，吾必远到边疆另创一局面。"①到新疆之初，只被委为督办公署参谋处中校参谋、上校参谋主任等闲职。他以韬光养晦、等待时机的策略，唯金之命是从，不久被委任为新疆军校战术总教官。他以军校为基础，培植个人势力。后来军校毕业生大都成为盛的心腹及军中的重要骨干。

1931年2月，爆发了在新疆历史上起重要作用的哈密事变，成为以后新疆政变的前奏。在此之前，金树仁政府借机对哈密维王领地实行改土归流，名义上要废除哈密的农奴制，但仍继续执行民族歧视政策，引起了维吾尔族农民的极大不满。1931年2月，哈密东部发生了小堡边防卡官连长张国琥，要强娶维吾尔姑娘的事件，诱发了小堡农民爆动。各地民众也相继起来驱逐当地官吏，建立反金的武装。前哈密

---

①　周东郊编：《盛世才祸新记》之二，油印本。

王府侍卫队长和加尼牙孜和大都统尧乐博斯乘机率众掀起东疆暴动，是为哈密事件。

哈密事件首领和加尼牙孜虽然两次挫败省军的镇压，但其力量仍对付不了省军，于是决定联合甘肃地方军阀马仲英，共同推翻金树仁的省政府。1931年5月，马仲英率部入新，迅速攻占哈密的黄卢冈，击溃哈密外围的省军，进而威胁省城。金树仁派秘书长鲁效祖为东路剿匪司令，盛世才为参谋长，率军前往支援，与马仲英部战于奇台。金还急电驻伊犁师长张培元率队增援，并允许招募白俄退伍军人二百余人，组成一支"归化军"，率领来省。张培元旋改任为东路剿匪军司令，盛仍为参谋长。张、盛二人指挥省军和"归化军"与马仲英部在马塘激战，因盛指挥得宜，"归化军"军官巴品古特率领的骑兵三团作战得力，省军首获大胜，盛世才初次展其所长。继而张、盛率部深入南北山中与和加尼牙孜作战。马仲英因受腿伤，无心恋战，9月率部退回甘肃。

和加尼牙孜失去了马仲英的支援，战斗力锐减，转入山里等待时机。1932年7月，金树仁提升盛世才为东路剿匪军总指挥统率"归化军"，往剿和部。经过大小四十余次激战，攻破八大石山，摧毁和部主要根据地，迫和部逃亡外蒙。盛率部转战于吐鲁番和鄯善等地，被誉为常胜将军，进而掌握了更多的军权，一跃成为新疆拥兵号令的最高军事首脑。

哈密事变后，天山南北的民众纷纷响应，组织反省军武装暴动。南疆除喀什由省府控制外，和田、洛甫、于阗、皮山、叶城和泽普等地频频告急。整个新疆仅有北疆西部的伊犁、塔城稍微安定外，均已陷入大动荡中。自1933年1月末起，迪化（今乌鲁木齐）几乎成了一座死城，街上除军警和组织起来的宁城商民外，行人稀少，大多数商店关门停止营业。由金树仁与公安局开设的粮店，趁机提高粮价，谋取暴利，平时存粮不多的民众更是恐慌。省政府所能控制的地盘，只剩下迪化及以西数县，且完全处于被围的绝境，金树仁在新疆的统治已经摇摇欲坠。

1933年2月，马世明等率领反政府军包围迪化，城防司令白寿之无力反击,只得龟缩于城内。是月19日,马全禄联合各地维吾尔民众攻占了迪化西部夭魔山,不断地在迪化四郊进行骚扰和攻击,同省军互相炮击。迪化城内中炮三枚,形势十分危急。21日,马全禄又率维吾尔、回族民众千余人,攻占迪化西北的红山咀,驻守的省军全部被歼,并依山向城里开炮,同时攻打迪化北门外高地"一炮成功"(地名)。此时的迪化城中,终日枪声不断,炮声震断屋瓦。守城的军队仅有省军官及归化军一千多人。

1933年1月,马仲英率主力第二次入新。2月初攻占哈密及镇西。3月下旬,兵分两路,一路由尧乐博斯率部沿天山南路向迪化进攻;另一路沿木垒河、奇台西进。迪化已经危在旦夕,金树仁却毫无对策,他的统治已经无回天之力,终于酿成了新疆现代史上的重要事件——新疆"四一二"政变,亦称"第一次新变"。

这次政变的策动者是金政府督办公署参谋长陈中和迪化县长陶明樾,参与者还有张馨、赵得寿、李笑天、李凤翔。据包尔汉回忆"四一二"政变原因时说:反金人士认为,"金政府再没有力量来维持他的权力了。这个政府如果被现在反抗它的武力推翻,至少乌鲁木齐(迪化)的汉族官民将同归于尽"。"如果金树仁政府的内部有人起来把金树仁赶走,或许可以缓和各地方反金政府的运动"。当然,发动者"不单纯是以发动政变来自救",而是"还想通过政变来掌握政权"①。陈、陶等人派李凤翔、张得寿联合归化军充当政变的武装力量,决定政变时间定在4月12日。

12日晨,陶明樾、赵得寿假借操练为名,将参与政变的部队汇集各重要地区。下午1时,由巴品古特和安东诺夫分别率400名归化军充当政变先锋,突入东门,一部分直趋督署,一部分分头抢占各处城门。省军仓促应变,招架不及,城防司令白寿之、军务厅长金树信被活捉。当归化军打进督署三堂时,遭到卫队狙击,金树仁趁机携带家眷越墙而

———————————

① 包尔汉:《新疆五十年》,文史资料出版社1984年版,第174页。

逃,后经昌吉、塔城,假道苏联逃亡内地,结束了他在新疆 5 年的军阀统治。

归化军控制了城内和南梁后,教育厅长刘文龙召集各界有声望人士及各法团代表在归化军指挥部召开紧急会议。出席会议者有省教育厅长刘文龙、财政厅长朱瑞墀、迪化行政长李溶、新疆党务特派员宫碧澄等二十余人,决定成立临时维持委员会和临时军事委员会。推举刘文龙为临时主席,原东北民众救国军第十五旅旅长郑润成为临时军事委员会委员长。"刘文龙即席提出了三项要求,自称这是约法三章:第一是保障全省各族人民的生命财产;第二是保障金主席全家生命财产;第三是保护苏联领事馆。出席的人全体签名承认了"①。

新疆发生了"四一二"政变,金树仁垮台,盛世才终于等到了"宏图大业"的机会。时盛世才正屯兵离迪化 30 里处的乌拉拜。政变者深知盛手中握有一定兵权,要保持政变成果,必须争取盛的支持,乃于政变当天派人向盛通报政变情况。与此同时,金树仁也急令盛火速回师迪化。此时此刻,盛已成为双方必争的举足轻重的人物。盛世才审时度势,决心倒戈反金,乃毅然回师迪化,在迪化东北制高点"一炮成功"处,按兵不动,拥兵观望。

4 月 12 日午夜,金树仁调集杨正中部及白寿之部向归化军反击,在城内省军的接应下,向城中推进。4 月 13 日,杨部反攻占优势,归化军逐渐无力支持,盛世才调转炮口,轰击杨正中部,与东北军郑润成部联合,在"一炮成功"击溃金反攻军,金树仁仓皇西逃昌吉。

4 月 14 日,盛世才率部凯旋入城,随即参加刘文龙召开的临时委员会和临时军事委员会联席会议。盛命令其部队包围了会场,在会场周围及屋顶上架起机枪。会议在武力胁迫下进行,会上增选盛世才、阎毓善、张培元等人以及维吾尔、回、蒙古、哈萨克、锡伯等少数民族代表为临时省府委员。会上,原拟施行军事委员会制之议被压制,恢复督办

---

①　包尔汉:《新疆五十年》,第 178 页。

制。郑润成本来就无意卷入新疆政治旋涡，且盛系东北同乡，政变时盛妻邱毓芳已与东北军达成协议，东北军许诺在夺权斗争中支持盛，故表示附议盛任督办。在武力震慑下，联席会议决定撤销临时军事委员会，推盛世才任新疆边防临时督办，陈中任督办公署参谋处长，陶明樾任省府秘书长，李笑天任航空处长。这样，盛世才依靠枪杆子取得了新疆的军政大权，登上"新疆王"的宝座。

盛世才初掌政权，新疆局势依然混乱。南北疆战乱尚未平息；和加尼牙孜还控制着鄯善、吐鲁番，迪化附近南山的马全禄等经常出没袭扰，迪化仍处于被围之中。盛为稳定局势，巩固既得的统治地位，一方面宣布施政纲领八条：实行民族平等；保障信教自由；澄清吏治；改良司法；整理财政；实施农村救济；扩充教育；推行自治①，以求赢得各族人民的好感。另一方面拉拢各方人士，盗用民意，促使南京国民政府的法定承认。4月15日，朱瑞墀、阎毓善等致电南京中央，称刘、盛二人"均系党国贤达，有功新疆，此次推举出于民众之意，理合电请中央准以任命，以顺舆情"。4月19日，省政府又派陈中假道苏联去南京报告政变经过，敦请中央及早任命省府主席、督办及各委员之职。

南京政府对新疆政变，因情况不明，只取静观局势变化的态度，同时也企图趁新疆局势未定之机打入新疆，实现对新疆的直接控制，故对新的致电请求，不作答复。

1933年4月20日，马仲英以南京政府正式任命的第三十六师师长名义，第二次率兵入新，迅速占领哈密、木垒河、奇台等地，声势大振。盛于5月26日率军五千余人迎战。

当盛、马两军相持之时，6月10日，南京政府参谋本部次长黄慕松率宣慰团来新"宣慰"，成员包括党务、民政、军事、建设、教育、宗教、交通运输等方面人才，在迪化设立宣慰使公署，准备从盛手中夺取对新的统治权。

---

① 吴蔼宸：《新疆纪游》，上海商务印书馆1936年版，第46页。

黄刚入新,即向盛提出两条要求:(一)立即停止讨马军事行动,和平解决双方矛盾;(二)取消督办制,改组为军事委员会,仍以盛为委员长。盛世才岂肯将既得权力拱手交出,于6月10日与黄作短暂会晤后,即率东北军和归化军赴阜康迎战马军,14日马仲英不敌盛军,败退吐鲁番、鄯善一带。

盛世才击败马仲英后,实力增强。即于15日致电蒋介石,指责马助长新乱,涂炭东疆,现已被击溃,请蒋指示机宜①。不料蒋复电告盛:"一切新省善后,应秉黄宣慰使,勿懈勿骄"②,仍必须一切听从黄的安排,这又进一步激起了盛对南京的抗拒心理。

当盛马激战之时,黄慕松在宣慰使公署与各方人士接触,听取刘文龙、吴蔼宸、马仲英代表杨清波及张培元代表徐文舫的汇报,并积极拉拢刘文龙、陈中、陈明樾、李笑天等,组成一个反盛核心。陶在新多年,成为黄的助手,日夕往来,策划南京政府如何在新疆立足,深得黄的信赖。陈、陶、李也私下密谋,酝酿取消督办制。这一切政治上的动向,被盛的耳目一一探清。当盛得到破译黄打给南京关于取消督办制以及如何控制新疆的密电后,决心下手解决心目中的内患,遂放弃追歼马仲英计划,于6月25日班师回迪化。次日,盛世才以在督办公署东花园召开紧急会议为名,请陶明樾、陈中、李笑天赴会。当陶、陈、李进入东花园的南便门时,被卫兵逮捕,盛不经审讯将三人枪杀,并在会上向大家宣布:"陶明樾、陈中、李笑天三人,阴谋推翻现政府,显有谋叛行为,业已置之于法。"③接着出示所谓陈中、李笑天秘密诱惑他部下卢、马两团叛变的信件,并表示不恋居高位,特向大家辞职,率部开赴塔城。临时省府主席刘文龙深感自危,亦表示恳辞。与会各委员见此紧张局面,不知所措,只有对盛、刘两位表示挽留。

---

①　《中央日报》1933年6月19日。

②　《中央日报》1933年6月22日。

③　吴蔼宸:《新疆纪游》,第118页。

是时，黄慕松已被软禁，迫于压力，不得不于 6 月 28 日呈请南京政府："查临时督办盛世才，临时主席刘文龙，辛苦维持，业经数月"，请求南京政府早日宣布任命，"庶名位即正，责任更专，有裨时局，殊非浅鲜。伏祈鉴核，迅赐发表，以定人心"①。7 月 7 日，国民政府致电刘、盛，表彰他们"维持秩序，巩固后方，平定叛乱之劳绩"，要他们"仰体中央意旨，共济时艰"②，并于 8 月 1 日发布电令，任命盛世才为新疆省督办，刘文龙为新疆省政府主席，张培元为新疆省府委员、伊犁屯垦使及新编第八师师长。黄慕松摆脱"软禁"处境，于 7 月 21 日悄然东返。

1933 年 8 月 16 日，南京政府派外交部长兼司法部长罗文干入新视察，出席刘、盛就职宣誓典礼，行监督之责。实际上罗这次入新的主要任务是：为南京政府造成有利于执行"攘外必先安内"的条件，当南京无力西顾的情况下，竭力促成盛世才、伊犁屯垦使张培元和马仲英三实力派的鼎足之势，以利南京待机控制新疆。

9 月 9 日，罗文干赴吐鲁番，调解盛马之争。马表面上接受调解，但拒绝赴迪化与盛会晤，于 11 日在吐鲁番举行就职典礼。盛对马此举大为不满，遂举行军事会议，指控马仲英"煽惑省军哗变"，"勾结回匪，分拢西路"，故不得不"率师出发"，"以张讨伐"③。罗文干调解失败。

10 月 7 日，罗在伊犁参加张培元就职典礼后，企图说服张培元对盛"捐弃成见，不计前嫌"，但张执意反对盛任督办。罗又一次调解不成，南京政府企图使新疆之实力派平衡牵制的政策至此完全破产。

盛世才继诛杀政变发动者之后，为实现独掌新疆军政大权，1933 年 10 月以毒刑迫刘文龙的卫队长，诬供刘企图推翻现政府的罪名，将刘文龙软禁，捧出高龄的老官僚朱瑞墀为省主席，接着又以召开军事会议为名，借口东北军在达坂城与马仲英的作战中失利，当场以"临阵脱

①　《中央日报》1933 年 7 月 7 日。

②　《申报》1933 年 8 月 2 日。

③　《国闻周报》第 10 卷第 41 期。

逃"罪名,将东北义勇军十五旅旅长郑润成、十七旅旅长应占彪、督署参谋长杨跃均等将领二十余人逮捕,并于后来秘密处死。东北义勇军余部从此也落入了盛的控制之下。只剩下张培元、马仲英两实力派,仍然威胁着图谋登上"新疆王"宝座的盛世才。

时张培元、马仲英在罗文幹从中斡旋下,结成反盛联盟。实力变化使盛处于劣势,陷入张、马东西夹击之中,局面十分危险。盛世才不得不放弃依仗南京政府以号令全疆的愿望,改走投靠苏联的一着。10月间,他派外交处长陈德立和航空队长姚雄去苏联争取军事援助,迈出了最终确立其统治新疆的重要一步。

1933年12月,张培元与马仲英相互策应,举兵反盛。张培元部属杨正中旅迅速攻占乌苏,进军绥来。当时盛在东面迎战马仲英,无法西顾,乃请苏联出兵援助。苏联政府立即派驻守边境的两个红军师团入新。苏联"塔尔巴哈台军"进入伊犁,很快攻占了惠远城张培元大本营。杨正中部在呼图壁被东北军刘斌部击败,张培元陷于苏联援军和东北军夹击之中,大势已去,自杀而亡。

1934年1月12日晚,马仲英率部强攻迪化三天便攻占了东门外机场和无线电台,盛世才孤军守城,形势十分危急。双方激战至2月3日,由塔城南下的苏联"阿尔泰军"赶到,以飞机、大炮的猛烈攻势,迫使马军撤出达坂城,败退南疆。6月,盛世才夺回喀什,马仲英遭重创后亡命苏联,其残部由马虎山率领退入和田。

当盛、马、张三派激战时,南疆也处于一片混乱局面。哈密事变后,南疆各地农民也纷纷起义,反对金树仁政府。1933年1月,马世明部攻打库车,当地马行行头维吾尔族铁木尔趁机起事,与马世明部联合攻占库车。不久,马世明部不费一弹一卒进驻阿克苏汉城(今属温宿县),铁木尔进入回城,拟继续南下攻喀什。

泛土耳其主义者(民族分裂主义者)穆罕默德·伊敏趁机在墨县暴动,攻下和田,自封为和田王,并推举从阿富汗、印度留学归来的学者沙比提大毛拉为领袖。5月2日,伊敏、铁木尔与喀什驻军乌斯满暗中联合,攻下喀什汉回两城。8月以后,铁木尔被马占仓伏兵所杀;沙比提与铁木尔残部联合击败马占仓;伊敏又借机吞并了乌斯满的势力,推举沙比提组织南疆独立政府。沙比提勾结在维吾尔族中有声望和势力的和加尼牙孜在英帝国主义的策动下,于1933年11月12日成立"东土耳其斯坦伊斯兰共和国",推选和加尼牙孜为总统,沙比提大毛拉自任国务总理,定喀什为首都。

1934年2月6日,马仲英部马世明进军喀什,双方在阿图什血战。和加尼牙孜的部队不敌马世明部的猛攻,逃入山区,转往英吉沙。喀什落入马仲英的手里,"东土耳其斯坦伊斯兰共和国"随之崩溃。1934年7月,马虎山部退往和田,"和田王"企图抵制而被击败,"和田王"伊敏逃亡印度。

和加尼牙孜在英吉沙接受盛世才条件,回省城任新疆省副主席,随从和归顺的人员均被委任为高级官吏,盛同意和加尼牙孜的主要部队留在南疆。盛如此安排和加尼牙孜,对稳定新疆局面,巩固盛政权起到了一定的作用。

至此,盛世才借助苏联援军消灭了张培元,赶走了马仲英;借助反对派内部矛盾消灭了"东土耳其斯坦共和国";招安了和加尼牙孜,终于实现了全疆的统一,稳住了"新疆王"的宝座;新疆已完全置于盛世才统治之下。1934年8月1日,盛世才在迪化举行盛大集会,宣布新疆战乱结束,把8月1日定为"新疆和平统一纪念日"。

第四节　福建事变

1933年11月,当民族敌人深入国土,国内阶级关系发生重大变化,而国民党当局却加紧对内镇压,对外妥协的严峻时刻,东南沿海的福建省爆发了一场抗日反蒋斗争,通称福建事变或简称"闽变"。

发起福建事变的政治力量主要是从国民党分化出来的抗日民主派李济深、陈铭枢和黄琪翔等第三党人。其军事主力是蒋光鼐、蔡廷锴二将军统率的十九路军,该军驻地福建省则成为其依托的基地。

"闽变"的发动者毅然采取联合共产党的政策,与红军签订了《反日反蒋初步协定》。他们揭起推翻国民党蒋介石独裁统治的旗帜,提出一系列民主主义的政策,成立了中华共和国人民革命政府,通称福建人民政府。虽然限于当时的主客观条件,这个政府的一系列举措未能有效实施,在蒋介石纵横捭阖,以军事进攻和分化瓦解相结合的压力下仅存在五十四天便告夭折,但其业绩及历史意义是不可磨灭的。

一　十九路军调往福建

1932年1月28日,十九路军在上海进行抗战,威震全国,但触犯了蒋介石、汪精卫的对日不抵抗政策。浴血奋战、英勇抗击日本军国主义野蛮侵略立下卓著战功的十九路军将士,反被蒋介石斥责为不服从命令,欲加以整肃、肢解,达到消灭的目的。4月26日,蒋介石刚出任国民政府军事委员会委员长,就召集蔡廷锴等人至南京予以严厉训斥,要求他们"以后须绝对听政府命令"[①],这不能不引起了十九路军广大官兵的强烈不满。十九路军将士在一系列事实启示下有所省悟,从而逐步由拥蒋反共转向抗日反蒋。

上海停战后,蒋介石便采用多种措施,对十九路军进行控制与肢解。他安插自己的亲信进入十九路军的上层领导,企图控制实权,又从该军抽调了一百二十多名中、下级军官到南京中央军校"受训",灌输绝对忠于蒋介石的思想,并秘密发展复兴社分子,培植瓦解十九路军的蠹虫。1932年5月6日,即《淞沪停战协定》签订的第二天,蒋介石即以"剿共"军事紧急为由,令十九路军所辖三个师分别调往江西、湖北、安徽,而军部则留在南京。十九路军将士对这种倒行逆施表示强烈反对,蒋光鼐、蔡廷锴据理力争,以至不惜提出辞职,社会各界爱国人士也纷

---

① 《蔡廷锴自传》上册,第296页。

纷请愿挽留。蒋介石不得已，于 5 月 21 日改令十九路军开赴福建参加反共战争。国民党当局多方谋划，使十九路军这支爱国善战之师远离宁沪重地，以便免除肘腋之患；企图驱使他们处在反共战争第一线与红军互相厮杀，使之两败俱伤，以坐收渔人之利；还企图利用陈济棠等广东地方实力派对十九路军的猜疑，挑拨离间，制造矛盾，达到分而治之的目的。

十九路军的领导人对蒋介石的险恶用心已有所察觉。他们权衡利弊，为了使这支转战多年、伤亡重大的部队，能利用偏安一地，稍事休整，免遭肢解的厄运，并能利用占有地盘积蓄力量，以图发展，因此他们表示接受国民政府关于入闽的调令。1932 年 5 月 23 日，国民政府军事委员会命令十九路军全部由海道入闽。当天路透社发电讯："十九路军今日接军事委员会命令，立即开往闽省，剿治匪共，故驻京之十九路军将士将于二三日内南下，其驻京沪路一带者，须在五月二十八日后开拔。"[1]京沪一些民众团体曾发表告同胞书，挽留十九路军留守卫戍这个重要地区。广大民众发出呼吁："请共起作攀辕卧辙之请求，挽留此保国卫民之钢军，长驻于长江流域，万勿撤此长城。"[2]国民政府无视民众的要求，于 6 月 1 日从洛阳发布命令，撤销十九路军卫戍长官司令部，改组为驻闽绥靖公署，蒋光鼐为主任，蔡廷锴任十九路军总指挥兼十九军军长，邓世增为公署参谋长。随后，十九路军按第六十一师、第六十师、总部、第七十八师的序列，在镇江乘船南下。第六十一师在泉州登陆，其余则在厦门、嵩屿、海澄登陆，然后分驻漳州、福州等地。

十九路军入闽之时，面临着复杂艰难的形势。当时的福建省处于四分五裂状态，经济落后，民不聊生。省主席方声涛是个吸食鸦片、腐化堕落的官僚政客，政令只通行省城福州及附近若干县份，地方政权土劣横行，敲榨民众，苛捐杂税多达二百余种。省内虽无蒋介石嫡系部队

① 《申报》，1932 年 5 月 24 日。

② 《庸报》，1932 年 5 月 29 日。

盘据,但地方土著、杂牌部队割据称雄。全省形成六块军阀割据地区,
各自为政,互相攻击。其分布情况是:刘和鼎以所部第五十六师割据闽
北建瓯一带;周志群以一个独立旅占据邵武等闽西北地区;陈国辉以一
个独立旅占据闽东南的仙游等地;张贞所部第四十九师占据漳州等闽
西南地区;卢兴邦以陆军第二师盘据尤溪等闽中地区;陈齐瑄以一个
独立旅占据福安等闽东北地区。其中以陈国辉部军纪最坏,跋扈横
行,掳人勒索,无恶不作。此外还有日本特务、浪人四处活动,恣意
破坏。

当时红军的情况,在十九路军进福建前,闽西北和闽西南许多地区
已解放,并建立了苏维埃政权。十九路军进驻后,红军第一军团已退出
漳州、漳平、龙岩地区。但闽西、闽北的部分地区与江西毗邻,是中国工
农红军中央革命根据地的重要组成部分,闽南为红军游击区。面对着
反共战争和福建省的复杂状况,蒋、蔡深感步履艰难。蒋光鼐甚至认为
十九路军前途险恶,缺乏信心。他于6月初从上海乘船至香港转往广
东东莞县南栅乡家居,不愿赴闽就职。蔡廷锴在邓世增协助下,将十九
路军带入福建,设绥靖公署于福州,十九路军总部则设于漳州。随后,
蔡廷锴亲往广东对蒋光鼐劝驾,二人联袂返闽。蔡返漳州掌管军事,蒋
至福州任所。7月16日,蒋光鼐发表通电,宣布就任驻闽绥靖公署主
任职,在有病期间由蔡廷锴代理。

面对复杂的局势,十九路军首先是对省内割据称雄的势力加以整
肃与编遣,对其中特别顽劣者进行严厉惩戒,不惜兵戎相见,武力消
灭,以统一福建的军政大权;同时力图与粤、桂当局搞好关系,争取同
盟军。

1932年8月初,蔡廷锴以代理绥靖公署主任名义在漳州召开漳、
泉、尤、汀四属绥靖会议,令各师处长及各县县长皆到会。会议着重强
调全省统一指挥,稳定地方秩序。蔡还宣称,"省防军第一旅旅长陈国
辉,在泉属一带,勒种鸦片,抽收苛捐杂税,骚扰商民无所不至,致本省
各地人民,团体,及南洋华侨等控告",案积如山,经派员密查,均系事

实,拟将陈旅全部改编,以儆效尤①。9 月 22 日,蒋光鼐利用陈国辉部防地纠纷,电召陈"即日来省,有所面示"②。27 日陈国辉到达福州进见时,当场被扣押,撤职查办。12 月 23 日经绥靖公署军法处审讯,判处死刑,立即押赴东湖执行枪决。继而,派第六十一师副师长张炎率部迅速进驻仙游等地,将陈国辉旧部进行改编和遣散。同时以类似的办法解决了陈齐瑄部。原福建省主席方声涛鉴于自己所依赖的武装支柱土崩瓦解,便弃职逃往上海。接着,十九路军对实力较强的张贞第四十九师,经缩编后调往永定"剿共"前线。1933 年夏,张贞辞职离闽休养,该师师长由张炎接任,从此成为十九路军的主力之一。刘和鼎、周志群、卢兴邦等部因未构成重大威胁,予以就地安置,暂时维持现状。

为了健全福建省政府,蒋光鼐征得蒋介石的同意,改组了省政府,并于 1932 年 12 月 6 日正式就任省政府主席的职务。随后,蔡廷锴奉蒋介石命升任驻闽绥靖主任,于 1933 年 1 月 6 日就职。蒋介石原想借此拉拢蔡廷锴,以便离间十九路军领导人之间的关系,但未能如愿。至此,福建省的军政大权基本上操在蒋光鼐、蔡廷锴手里。在淞沪抗战后,十九路军着手在广东成立一个补充旅,这时也调来福州,扩编为补充师,归绥靖公署直辖。

十九路军为了有个后方,决定同粤、桂当局搞好关系。广东与福建紧密相连,物资丰富,粤当局曾允予每月资助十九路军 30 万元,是一笔可观的数目。当时的"西南政务委员会实际是半独立政权",既"不拥护'中央',亦不完全反对。它对十九路军的态度,是希望我们在福建能稳定下来"③。1933 年 3 月,由蒋光鼐派秘书长李章达为全权代表,到广州同两广当局拟订《粤闽桂三省联防草约》,以期在政治上、军事上、经

---

① 《民国日报》(福建),1932 年 8 月 2 日。

② 《民国日报》(福建),1932 年 9 月 23 日。

③ 蔡廷锴:《回忆十九路军在闽反蒋失败经过》,《文史资料选辑》第 59 辑,第 77 页。

济上互相支援。条约正式签订后,虽未能切实履行,但也多少起一点作用。

　　闽西、闽北红军力量的存在,是十九路军入闽后面临的又一大问题。他们在进驻漳州等地后,着手从军事和政治等方面向闽西、闽北苏区进犯,企图消灭红军的力量,统一全闽的政权。其兵力部署是,设总指挥部于漳州,以主力第六十、第七十八师向龙岩、漳平、连城进攻,派四十九师向永定推进。

　　为了同红军争夺闽西,十九路军与闽西地方势力傅柏翠等结合起来,提出一些改良措施,以博取民众的拥护,防止红军势力的扩展。当红军主力退出龙岩、永定以西地区后,福建省当局决定成立一个闽西善后委员会,以谢仰麒为主席,魏育怀、刘侠任、傅柏翠等为委员,将闽西有关各县政权暂归驻闽绥靖公署直辖。1933年7月,该会改组为闽西善后处,由蔡廷锴兼任处长,邓世增为副处长,在闽西各县设立善后分会或分处,下设"农村复兴委员会",办理户口调查登记,组织区乡守望队,创设闽西农民银行,训练农村工作人员,尤其是推行"计口授田"等工作。"计口授田政策",是将"红军曾经分过土地给农民的地方,从新分配"①。其实行办法分四个步骤:"第一步,暂时保留分田原状,秋收时一律征收土地税,税额为原租十分之三,提出一成,暂作救济业主及逃难者之用,以二成为整理民团,及办理一切地方善后之用。第二步,归来之业主与难民待确实登记后,再按乡区田地面积,计口授田与农民,重行分配,以求其平均。第三步,一俟田地确实分配后,再行规定土地税征收成数,并即废止旧制之丁粮。第四步,每乡组织农村合作社,以管理各该乡田地及农产,俾农村经济得有调节及改进。"②这种做法企图对共产党打土豪、分田地的地区,作某些改良,安定农民生产情绪,

---

　　①　蔡廷锴:《回忆十九路军在闽反蒋失败经过》,《文史资料选辑》第59辑,第78页。

　　②　《民国日报》(福建),1932年11月17日。

避免大起大落而造成社会震动。只有在曾被红军土改过的地方，如上杭、永定、龙岩等地，地主势力已被打倒，红军退出后，十九路军实行上述办法，贫苦农民不致马上遭受地主、富农的反攻倒算，暂时相安生产，收到一定效果。蔡廷锴等也趁机整顿闽西地方武装，收编一些"民军"，还组织一些农民自卫军。但贫苦农民既要缴纳租税，政治上也遭打击，要指望他们自愿组织起来对抗红军是办不到的。上述措施在漳平等地推行时，遭受地主、富农的强烈反对，即使在十九路军驻扎时勉强实行了，当该军开拔后，地富势力马上闹翻了天，贫苦农民很快大祸临头。

当十九路军入闽初期，中共临时中央在《为十九路军调闽致福建各级党部的一封信》中，要求福建各级党组织把组织该军士兵斗争与哗变问题，作为当时最紧迫的任务。厦门和福州的中共组织曾展开了对十九路军的兵运工作。十九路军当局则采取了一些镇压措施。

1932年下半年，十九路军进驻龙岩等苏区。8月18日，泉州发生部分官兵酝酿反对进攻苏区的哗变，六十九人遭到枪杀。又有不愿参加进攻红军的数千名士兵被缴械，责令进行筑路劳动，并分批逐出福建。对此，中共中央曾于当年10月1日发表《告上海工农劳苦群众书》，揭露、谴责十九路军领导的反共行径。

1933年春，蒋介石谋划向红军中央苏区发动第五次军事"围剿"。6月，开始实行"五省三路包剿计划"，顾祝同任浙闽赣粤湘五省"剿共"北路军总司令，陈诚为前敌总指挥。黄绍竑受蒋介石派到广州，召开粤、桂、闽三省军事会议，决定广东出兵二十个团，广西出兵六个团，开往赣南，十九路军进入闽西，以陈济棠为五省南路"剿共"总司令，蔡廷锴为前敌总指挥。7月蒋介石坐镇南昌，一再迫令十九路军向苏区进攻，限令以八个团的兵力进占连城、朋口、芷溪之线。蔡廷锴派出驻防闽西的区寿年部第七十八师由南靖、永南进犯连城、朋口等地。这时由彭德怀指挥的红军第三军团为主组成的东方军入闽作战，在连城、朋口等地歼灭了区部七十八师的三个团，接着挥师北上，于8月26日解放洋口、峡阳，包围了延平、顺昌、将乐。9月，东方军又在青州附近歼灭了十九路军最精锐的第三六六团,直奔水口,威逼福州。蔡廷锴等一再向蒋介石求援,均告落空,还遭到多方责难。在严峻的形势和一系列事实的面前,十九路军的领导者进一步认识到,"归根到底,两条路变成一条路,'剿'也败,不'剿'也败;打也完,不打也完。……积极反共固然败,消极反共也难于立足"①,遂下定决心走联共反蒋抗日的道路。

十九路军入闽后,继续高举抗日的旗帜,但屡遭蒋、汪政府的阻挠,使蒋、蔡等人进一步认识到南京政府是抗日救国的根本障碍。

1933年1月,日军占领山海关,把侵略魔爪伸向华北,中日民族矛盾进一步激化。而蒋介石仍坚持以"攘外必先安内"为基本国策,奉行不抵抗主义。十九路军将士强烈要求抗日,1月6日蔡廷锴发表通电表示:"榆关、热河危在旦夕……廷锴谨率所部待命北上抗敌。"②蒋介石则一再以催促出兵"剿共"来转移和压制广大官兵的爱国热忱。1月17日,中国共产党发表愿在三项条件下与任何国民党军队共同抗日的宣言,在十九路军中产生强烈影响。后经过一再请求,蒋介石在舆论压力下,被迫允许十九路军抽调志愿官兵,组成"援热先遣队"两个纵队北上抗日。当抗日先遣队从漳州等地出发,行军至湖南郴州、耒阳时,长城各口已失,5月底《塘沽协定》签订,蒋介石严令"援热先遣队""火速回闽"。十九路军为抗日绕道进军,用掉军费20万元,反遭责难。蒋光鼐、蔡廷锴对此十分不满,先是联名通电指出:"贼寇入室,唯有痛击,乃不可认贼为父,但图日夕之安。"③接着又在福州召开群众大会,通电全国反对出卖华北的《塘沽协定》,再次"引起南京政府来电相责",从而使十九路军的官兵感到要抗日须反蒋,并在实际上加强对蒋系特务的斗争。

---

① 蔡廷锴:《回忆十九路军在闽反蒋失败经过》,《文史资料选辑》第59辑,第77页。

② 《庸报》,1933年1月7日。

③ 《民国日报》(福建),1933年5月2日。

　　早在 1933 年春,蔡廷锴为抵制蒋系特务对十九路军的渗透和破坏,维护内部团结,防止官兵腐化变质,在徐名鸿的协助下,在军内建立了一个秘密组织"改造社"。由蔡任总社长,徐任书记。每师成立分社,师长兼分社长,分社下设支部。从忠于十九路军的中下级军官中发展社员。"口号是对外主张团结抗日,对内防止腐化,发扬十九路军光荣历史"①,实质上对蒋系特务的斗争是首要任务。同年夏,"改造社"在厦门查获一起由南京化名汇款给十九路军中的复兴社分子作活动经费的事件。经查明,是蒋介石在十九路军搞颠覆,密令潜伏下来的特务履行使命,如"谁敢违抗领袖、反对政府就要制裁(杀害)"等情。据此,蔡廷锴下令对复兴社恐怖分子进行一次清查,查明全军团以下已有百余人参加蒋系特务组织,均加以拘捕,对其中数十名情节严重者予以秘密处决。通过这一斗争,有力地激发了十九路军官兵的反蒋情绪,加强了内部团结,也增强了蔡廷锴等人的反蒋决心。

　　随着全国抗日形势的发展,国内阶级关系也发生了变化,国民党营垒中也逐渐分化出来一些抗日民主派,陈铭枢加入了这一行列,并成为推动福建事变最积极的人物。他与十九路军有深厚的历史关系,蒋光鼐、蔡廷锴对他很尊重,彼此配合默契,成为从事重大政治活动的武力后盾。1933 年 5 月,陈铭枢从欧洲回国后,积极联络李济深、冯玉祥以及第三党,酝酿以十九路军为主力,组成抗日反蒋联合阵线,发起反蒋斗争。

　　陈铭枢曾努力促成蒋介石、汪精卫合作,改组南京政府,但蒋、汪上台后,对内专制独裁,对日本的侵略一再妥协退让,使陈深感失望,并遭排挤,无法立足。1932 年 6 月 5 日,他发表通电辞去交通部长职务,随后在神州国光社成员欧阳予倩的陪同下,赴欧洲和苏联考察。欧洲之行使陈铭枢产生效法欧洲人民阵线与蒋介石独裁统治作斗争的设想,

---

　　①　蔡廷锴:《回忆十九路军在闽反蒋失败经过》《文史资料选辑》第 59 辑,第 81 页。

从苏联的观感中也加深了解劳动人民当家作主的某些道理。陈在巴黎曾与第三党领导人黄琪翔商谈,认为不应再与红军打仗,并与其他一些人酝酿成立新党的问题。

李济深在蒋、汪联合掌管南京政府之初,曾与冯玉祥等人向国民党中央提出东北军应反攻复土、武装抗日的议案,得到国民党中央政治会议通过,但蒋介石阳奉阴违,使这项决议无法施行。蒋心怀叵测,委任李为"剿匪副总司令"、"右路军司令"。国难深重,蒋、汪明争暗斗,使李济深对南京政府完全失望。1932年7月29日,李借故潜赴香港,继而活动于两广、香港之间,策划反蒋救国活动。陈铭枢回国后在香港与李济深联络,双方取得共识,于是携手共商大计。接着,他们奔走于香港、两广、福建之间,与第三党、国民党内反蒋民主人士一起,多次进行联络和洽商。

1933年6月初,陈铭枢由港至闽,经与蒋光鼐、蔡廷锴、邓世增等人密商,提出了反蒋三策:上策是闽、粤、桂三省联合反蒋;中策是广东一旦拒绝,则先联合广西,赶走陈济棠,夺取广东为反蒋基地;下策是两广均不愿加入,就在福建联共反蒋抗日。会后,陈、蒋分别赴港与李济深磋商闽、粤、桂三省联合反蒋问题,又往广东与陈济棠联络,但遭拒绝。陈又派尹时中往广西与李宗仁、白崇禧商谈,也不被采纳。这样,上、中二策均走不通,只好探寻联共反蒋抗日之路。陈铭枢同李济深、谭平山密商后,先后联系朱蕴山、刘伯垂、梅龚彬等,请他们在上海找中共中央洽谈,均未告成功。9月,蔡廷锴决心推行"联共反蒋抗日"方针,决定派陈公培代表越过前线直接与红军军部建立联系。

陈公培(即吴明)携带蔡廷锴用绸子写给红军的联络信,化装为农民,把信和密码本装入衣领内,从延平西南进入苏区。9月22日,陈等一行五人到达红军驻地王台。红军东方军总部军团长彭德怀立即电告中央,遵照周恩来电示,彭德怀同东方军政治部主任袁国平代表红军与陈公培等人进行了谈判。彭、袁既肯定了十九路军抗日反蒋的爱国行动,又批评其助蒋"剿共"的错误,重申红军与一切爱国军队"共同抗日的三条件"。陈公培向红军方面说明十九路军决定"联共抗日反蒋"的方针,表示与红军停止内战的迫切愿望。随后,彭德怀把谈判情况电告中共中央,并给蒋光鼐、蔡廷锴写了回信,"告以反蒋抗日大计,请他们派代表到瑞金"进行谈判①。

十九路军与红军初次谈判成功,双方在延平前线开始休战。蒋、蔡听取了陈公培汇报后,于10月初电告陈铭枢,不久共同决定派十九路军总部秘书长徐名鸿为全权代表,由陈公培陪同赴瑞金与中央红军会谈合作问题。

中共中央决定由周恩来主持与十九路军的谈判,派中央局宣传部长潘健行(潘汉年)为中华苏维埃临时中央政府及工农红军全权代表与徐名鸿谈判。10月下旬,徐、陈到达瑞金,向中共方面递交了十九路军领导人给毛泽东、朱德的信。"毛泽东同朱德在瑞金会见前来谈判的国民党福建省政府及第十九路军代表徐名鸿和陪同人员第十九路军参议陈公培(吴明),对他们的到来表示欢迎,并赞同和第十九路军在抗日反蒋问题上的合作"②。双方通过会谈,于10月26日签署了《中华苏维埃共和国临时中央政府及工农红军与福建政府及十九路军抗日作战协定》③,亦称《反日反蒋的初步协定》,主要内容有:一、双方立即停止军事行动,暂时划定军事疆界线;二、双方恢复输出输入之商品贸易,并采取互助合作原则;三、福建方面立即释放政治犯;四、福建方面赞同其境内革命的一切组织之活动,并允许出版、言论、结社、集会、罢工之自由;五、福建方面应发表反蒋宣言,并立即进行反日反蒋军事的准备;六、双方派出代表常川互驻;七、双方给予代表发护照通行证,保护安全;八、双方对于协定交涉应严守秘密;九、双方及早另订具体作战协定;十、双

①　《毛泽东年谱》上卷,人民出版社、中央文献出版社1993年版,第414—415页。

②　《毛泽东年谱》上卷,第414—415页。

③　中共中央书记处编:《六大以来》上,人民出版社1981年版,第486页。

方贸易关系,另订商务条约①。上述协定的签订,使十九路军解除了西顾之忧,给"闽变"的发动提供了一定的有利条件。

二　福建人民政府的成立

十九路军初步实现了联共的步骤之后,加速了发动"闽变"的进程。1933年10月底,陈铭枢、李济深、蒋光鼐、徐名鸿等在香港秘密集会,讨论在福州组织抗日反蒋的人民革命政权等问题,决定迅速准备起事,并就有关军事、政治、财政、外交等问题交换了意见。各地反蒋抗日人士也陆续到达福州。八一南昌起义将领叶挺也应约前来帮助策划。为了统一思想,蔡廷锴电召各师长于11月中旬到福州东郊鼓山召开军事会议,讲述联共反蒋抗日的道理,要求"作好战争准备"。在会议上,一些将领虽表示服从命令回去传达,但缺乏强烈的发难要求,这种情况引起了蔡廷锴对立即发动事变的忧虑。

蒋介石对于十九路军领导人的动向早获有情报,企图进行分化瓦解,使事变胎死腹中。他先是电邀蔡廷锴前往庐山会晤,被拒绝;继派林森入闽劝陈铭枢切勿轻举妄动,也遭到驳斥。11月17日蒋亲派自己的专机携专函来闽接蔡赴南昌。蒋介石在信中告蔡"断不能以私害公,致供任何人叛党乱国之牺牲",意在分化拉拢。但蔡采取了断然措施,将飞机和飞行员一同扣留下来。诸多因素促使事变成了弦上之箭,一触即发。

11月18日,十九路军将领和"闽变"的其他主要策划者再次在鼓山召开紧急秘密会议,对发动事变问题进行最后决策。出席会议的有:李济深、陈铭枢、黄琪翔、蒋光鼐、蔡廷锴、徐谦、陈友仁、李章达及十九路军的高级将领。与会者对在福州成立人民革命政府,修正政纲、政策

---

① 《反日反蒋初步协定》全文,见《福建事变档案资料》,福建人民出版社1984年版,第195—196页。

等问题意见较统一。关于废弃国民党旗、国旗，另组新党，使用新国旗等问题，在经过一番争论后也趋于一致。但在发动时间问题上，意见分歧极大，争论激烈。会上，蔡廷锴等主张推迟发难时间，以便加紧做好各项准备。因为十九路军本身对发难问题意见不一，不少将官公开反对，有的保持沉默；部队的防务、部署未妥，杂牌军尚未就范，内奸尚未肃清，如果仓促发动，前途难卜。陈铭枢等则认为当前是发动事变的最好时机，只要十九路军树起义旗，登高一呼，必然四方响应。他慷慨激昂表示"要革命就不要怕牺牲"，必须不计成败，立即发动。会议在陈铭枢豪言壮语激励之下，意见趋于一致，决定 11 月 20 日召开临时代表大会，发出通电公开树起抗日反蒋的旗帜。

鼓山决策会议刚结束，全国人民代表大会筹备处立即进行紧张的准备工作，并通过福建省政府向所属单位发出公函，"迩来南京中央政府与日本帝国主义缔结亡国条约，同人不忍坐视民族灭亡，定于本月二十五（星期一）午前九时，在福州城南公共体育场召开人民代表大会，讨论挽救危亡方策，事关救国，凡农、工、商、学、政、军、警各界同胞均应热烈参加"，届时各界群众均按系统组织出席大会①。

同时，蔡廷锴签署命令接收各地中央银行及各国税机关，并即派李超桓接收福州中央银行，叶少泉接收厦门中央银行。

11 月 19 日，中国人民临时代表大会筹备会发出《告民众书》，指出："现在是中国人民生死存亡的紧急关头！自军阀、买办、地主、官僚、豪绅、流氓的总代表蒋中正及其御用的国民党窃取中央政柄以来，其中国政策，对外则勾结帝国主义，出卖民族利益，对内则厉行黑暗统治，蹂躏人民权利。此种媚外残民统治实施之结果，乃使中国殖民地化日益加深，中国人民之痛苦，超于任何国家被压民众以至殖民地奴隶以上。"还具体地从经济、政治等方面历数南京政府罪状，认为"今蒋中正御用

---

① 福建省政府转发全国人民代表大会筹备处公函（1933 年 11 月 18 日），见《福建事变档案资料》，第 2 页。

南京国民党系统与南京政府,既为中国国民经济发展与彻底民主政权实现之最大障碍物,自更为吾人应该首先打倒之敌人。"号召人民"应该立刻起来:打倒蒋中正御用国民党南京政府! 建立生产人民的彻底民主政权!"①

为了使成立大会开成一个隆重的盛会,福州市政当局事先广泛动员市民参加,卫戍福州市的第六十一师教导团等整队赴会,福建省的各机关团体也都出席。从各地来到福州参加事变的各方势力代表,以人民代表的身份参加了大会,并按照个人原籍,分别作为各省代表参加"中国人民临时代表大会"。

1932 年 11 月 20 日上午,福州的工人、农民、学生、商人、士兵等约数万人以及全国 25 个省市及华侨代表百余人齐集城南公共体育场(即前福州南校场,今五一广场),参加中国全国人民临时代表大会。当天发布的口号有:一、保障人民权利;二、实行农工解放;三、实施生产人民政权;四、组织人民革命政府;五、否认一切卖国密约;六、打倒蒋介石;七、打倒卖国残民的南京政府;八、打倒日本帝国主义,收复东北失地,等等②。

9 时 40 分,福州公安局长丘国珍宣布开会。大会推举黄琪翔等 17 人为主席团,黄以执行主席身份致开幕词。他说:"我们是站在革命的立场,来共谋如何拯救中国危亡的一个大会。……中国人民的生存要求谋中国自由独立,与国民经济的发展,但是我们为要达此目的,必须排除帝国主义的侵略,尤当先打倒卖国媚外的蒋介石,和他御用的南京国民党系统的南京政府。""我们应以加倍奋勇的精神,努力迈进,完成革命的要求。"③接着萨镇冰、李济深、陈友仁、蒋光鼐、蔡廷锴等相继发

---

① 福建省政府转发全国人民代表大会筹备处公函(1933 年 11 月 18 日),见《福建事变档案资料》,第 4—6 页。

② 《民国日报》(福建),1933 年 11 月 20 日。

③ 《全国人民临时代表会情形详记》(1933 年 10 月 20 日),《福建事变档案资料》,第 8—9 页。

言。其后，黄琪翔宣读《中国人民临时代表大会人民权利宣言》，公开宣布：在民族危亡的紧要关头，为"救护国家，保障人权"，特提出了谋求中国自由独立的13条基本主张，其主要内容分为三个部分：（一）规定"中国为中华全国生产的人民之民主共和国"；最高权力机关为"生产的农工及共同支持社会结构之商学兵之代表大会"。对内不分种族、性别、职业，"除背叛民族、剥削农工者外"，都有"绝对自由平等权"；对外以国家独立不容侵犯为最高原则。（二）施政纲领要"排除帝国主义在中国势力"，"否认一切帝国主义者强制订立不平等条约，首先实现彻底之关税自主"；要"发展人民经济，实现彻底的民主政权"，"实行计口授田，以达到农业共营国营之目的"；"发展民族资本，奖励工业建设"，"肉体劳动及精神劳动均受最大保护"。（三）宣布"打倒以南京政府为中心之国民党系统"，"于最短期间，召集第一次全国生产人民代表大会，制定宪法，解决国是"。大会"号召全国反帝反南京政府之革命劳力，立即组织人民革命政府"，"迅速推翻此反革命政府"①。随后，翁照垣、丘国珍展示了一面新旗帜，图案为上红下蓝中嵌一颗黄色五星，经大会通过为新国旗。举行升旗礼毕，在一片口号声中进行了环城大游行。

　　当晚，主席团会议决定立即组织人民革命政府，中央委员为11人。21日下午会议，正式推定李济深、陈铭枢、蒋光鼐、蔡廷锴、陈友仁、徐谦、戴戟、黄琪翔、李章达、何公敢、余心清（代冯玉祥）等11人为中央委员②。中华共和国人民革命政府于22日正式宣告成立，并决定发出政府对内对外宣言，废除南京国民政府年号，定1933年为中华共和国元年，福州为首都，同时"电饬各军官兵取下青天白日帽徽及孙中山遗像，停止每周的总理纪念周，取消党国旗"③。

----

　　①　《中国人民临时代表大会人民权利宣言》(1933年11月20日自福州发)，见《福建事变档案资料》，第12—13页。
　　②　《人民日报》(福建)，1933年11月23日。
　　③　蔡廷锴：《回忆十九路军在闽反蒋失败经过》，《文史资料选辑》第59辑，第96页。

《中华共和国人民革命政府组织大纲》第六条规定："人民革命委员会之下,设左列各会、部、院:(一)经济委员会,(二)文化委员会,(三)军事委员会,(四)内政部,(五)外交部,(六)农工部,(七)最高法院。"①经过委员会讨论决定,内政部、农工部缓设,其他中央组织机构迅速设立。军事委员会掌管陆海空军和人民武装事宜,李济深兼主席,陈铭枢任政治部主任,黄琪翔任参谋团主任,蔡廷锴任人民革命军第一方面军总司令兼十九路军总指挥。经济委员会统筹全国的经济及下属财政部的经济行政,余心清任主席,下设劳动、土地、商务三个委员会,由蒋光鼐、章伯钧、许锡清分任主任。文化委员会主持全国的文化教育和民众训练等事项,陈铭枢任主席。外交部办理国际交涉,陈友仁为部长。财政部掌管全国财政事务,蒋光鼐为部长。最高法院由徐谦任院长。此外设国家保卫局,由李章达主持。彭泽湘任政府秘书长,等等。

新政府将福建划分为四省,并任命各省省长、副省长:闽海省,辖闽侯、长乐等十五县,省长何公敢,副省长阮淑清;延建省,辖南平、沙县等十八县,省长萨镇冰,副省长郭冠杰;兴泉省,辖莆田、晋江等十一县,省长戴戟,副省长陈公培;龙漳省,辖龙岩、漳浦等十二县,省长许友超,副省长徐名鸿。另设福州、厦门两特别市,由丘国珍任福州市公安局长(福州不设市长),黄强为厦门市长。

福建人民政府共召开了十六次委员会议,先后颁布了《人民革命政府成立宣言》、《最低纲领十八条》、《对外宣言》、《告全国武装同志书》、《大赦令》、《通缉蒋中正及其党羽汪精卫等布告》、《建立全国生产人民革命政权案》、《第二次宣言》等重要文件、文告,规定了一系列的政策和措施。其主要内容有:

(一)内政方略:福建人民政府认为南京政府是出卖民族利益、残害人民生存的蒋介石的工具,提出"打倒蒋介石和卖国残民的南京政府";"铲除封建残余制度";"取消党治,还政于民";"保障人权"。闽府领导

① 《国闻周报》第10卷第49期。

人大量揭露蒋介石的卖国罪行,号召全国武装同志,把"枪口对准蒋介石",并颁发了《通缉蒋中正等》布告。闽府领导人指出,这次人民"革命之目的,在推翻蒋介石及其南京统治之政权,使整个民族献身救护具有广大物质富源与人力之中国,免为附着于南京亲日政策之外人压迫与统治所断送。此运动同时又有一目的,即铲除一种建筑于亚细亚国家观念与实施上之政治制度",并"求根本改变中国农村生活之中世纪经济情形"①。他们声明集体退出国民党。接着,陈铭枢接受李章达的建议,决定以集体签名方式发起组织"生产人民党"。陈铭枢、李济深、蔡廷锴等首先加入。继而,黄琪翔率第三党党员参加,十九路军的"改造社"等也解散组织,一并加入生产人民党。该党以陈铭枢为总书记。在其党纲和党章中规定,中国革命即民族革命,在经济上求中国工业化,在政治上要实现民主政治。这个党要以直接生产的农工及由农工出身武装保护的士兵为最基本成分;在当时形势下为秘密组织;要树立严明的纪律;党员间实行自我批评。他们在形式上成为一个统一的政党,实际上是几个有关党派的松散联盟。

　　闽府根据《反日反蒋初步协定》,与共产党进行初步合作。双方在福州与瑞金之间互派常驻代表,进行联系。人民政府颁布大赦令,规定凡因反对蒋介石南京政府而遭逮捕、监禁、判刑的政治犯,"应一律予以赦免"②,同时也赦免了一般的刑事犯。仅福州、闽侯等地便释放了中共党员马立峰、范式人等152人。闽府还派出陈子航为代表到汀州与苏维埃政府代表张云逸进行谈判。11月27日,双方签订了《闽西边界及交通条约》。据此,对双方疆界的划分、驻兵的限制及人员来往的交通和安全问题,都作了具体的规定。闽府财政部次长许锡清与中共代表潘汉年在福州多次洽商物资交换,苏区向闽府提供部分粮食、钨矿砂等;闽府供应苏区部分食盐等紧缺物品。李济深、陈铭枢也就政治等方

---

① 《人民日报》(福建),1933年11月26日。
② 《人民日报》(福建),1933年12月1日。

面问题多次同中共代表交换意见。福建事变得到了中国共产党的同情和支持,闽变当局对中共也有合作的诚意,共同作了一些抗日反蒋的有益工作。鉴于当时的状况,闽府的联共活动基本上采取秘密方式。限于当时的条件,双方也仍然存在某些矛盾与距离。

福建政府支持和倡导社会各阶层组织民众团体,开展民众工作。在文委领导下,福州、厦门、漳州等地群众团体如雨后春笋般地涌现出来。如福州先后成立了工会联合会、店员工会、工人反帝同盟、农民协会、妇女联合会、新闻记者联合会、学生联合会、中国革命青年同盟、福建文化总同盟,等等。共产党领导的外围组织"反帝大同盟福州分会",以"反战会"的名义公开活动,发行了《反帝新闻》。

(二)财政举措:福建政府主张改变封建土地所有制,实行计口授田,实现耕者有其田。根据原闽西善后委员会的《计口授田暂行法》及其细则等,在闽西的龙岩、上杭、永定等地继续推行,其中以前经过土改的龙岩进展颇顺利。而其他地区步履艰难,如在漳平计口授田的试验,遭到地主、富农的反对,中农、贫农也不满,无法进行下去。闽东连江的试点,因军事失利而中止。

闽府宣布实行保护工商业的政策,鼓励发展民族资本,奖励工业建设,没收和限制危害中华民族利益的外贸经营企业。提出"关税自主",实行对外贸易的统制,减轻出口税,增加进口税,旨在促进民族工商业的发展。闽府领导人认为,"人民革命是欲改造亚细亚生产方式的中国为近代的国家","且创造一自由平等的理想社会"①;还认为"必须使中国的国家观念与设施变为现代的。所谓现代者即为自然科学、社会科学、轮船、火车、汽车、飞机、来福枪、机关枪、电报、电话、无线电、工场及其他应用科学之成效之现代意义者同"②。但因限于当时的局势,没有也不可能落实上述政策。财政困难是闽府遇到的一大难题。福建政府

---

① 《人民日报》(福建),1933 年 11 月 25 日。

② 《人民日报》(福建),1934 年 1 月 11 日。

的成立,无法改变以往军阀割据所遗留的财政困乏状况。事变后广东停止对十九路军每月几十万元的资助。虽几经交涉,接管海关,向福州、厦门等支取关余,但总计不足 100 万元。政府入不敷出,宣布大幅度降低军政人员的月薪,每人只领取事变前的几成的薪金,福建政府财源枯竭,不得不向工商业者增加摊派、征收苛捐杂税,并于 12 月底由财政部提出向福州、厦门等地商会借款 100 万元,这不能不增加了工商业者的负担,引起强烈不满。

(三)军事设施:闽府成立后,撤销了原福建绥靖公署,为加强反蒋抗日的作战能力,扩大声势,建立了人民革命军第一方面军总令部,保存十九路军番号,正式将原五个师十个旅,扩编为五个军十个师,两个航空大队。由沈光汉、毛维寿、区寿年、张炎、谭启秀分任军长,刘植炎、邓粤铭分任航空大队长。另将闽南大田、永泰、永春、泉州地区的民军改编为第六军,由翁照垣任军长。军委会设立军事政治学校,培养基层军官。还以扩编、加委的办法,尽力争取福建的地方实力派,如授刘和鼎第五十六师为第十四军番号,对周志群、陈齐瑄部分别授为独立师。对省内的民军加以招抚和改编,维护地方治安。在一些乡、村组织农民自卫队。总之,力图扩大武装,增强对抗蒋介石的军事力量。

(四)文化、教育改革:废弃国民党的教育制度和内容。闽府文化委员会发出通令,"所有从前各学校所授之党义课程已不适用,应即停止",对教科书内"宣传国民党文字,一律删去"[1]。在学校中增设政治课,讲授中国近百年史、社会进化史、生产人民政权的意义等课程。着重规定了民族的、社会的与生产的教育原则,要求以政治、军事、劳动三点并重的教育方针,强调生产教育是教育的基础,主张从小学起,就向儿童灌输生产劳动知识[2]。

---

[1]　《人民日报》(福建),1933 年 12 月 12、13 日。

[2]　《人民日报》(福建),1933 年 12 月 10 日。

文化委员会还制定了各校学生会、县市学联会条例，颁布青年学生训练大纲及活动方案①，要求"根据人民革命理论纲领及政策实施之"，"使学生在革命的新学制施行中以自动自律的革命精神拥护革命的教育之实施"。闽府把原福建《民国日报》改为《人民日报》，设立人民通讯社，出版政府机关刊物《革命政权》，宣传抗日反蒋，阐述生产人民革命理论。并派欧阳予倩筹设"中央戏剧院"、派胡秋原等筹办"人民大学"②，力图促进文化教育事业的发展。

（五）对外关系：福建人民政府宣布其目的，不仅在建设真正民主之中国，尤在排除帝国主义者之侵略，以保障中华民族的独立解放；主张废除不平等条约，采取适当步骤与各国订立平等互惠的条约，实现关税自主原则。新政府成立后，曾电告各国政府不要支持南京政府，同时在《对外宣言》中严正指出："吾人不得不敬告列强勿与南京之蒋介石政府以任何借款，无论其为金钱，为商品，为军械。吾人更声明以后如缔结任何该种借债，中国人民及其革命政府必全盘加以否认。"③人民政府外交部长陈友仁曾向福州、厦门、三都澳海关进行交涉，经洽商确定，海关用人行政仍归税务司按原规定办理，上述三海关关余每月以 42.5 万元解缴给闽府财政部④。从 1934 年 1 月起加征 10% 的附加税⑤。人民革命政府中央委员会曾通过撤销领事裁判权，废止厦门鼓浪屿会审公廨的决定⑥。福建事变揭起了抗日反蒋的旗帜，强烈谴责日本对中国的侵略行径和蒋介石、南京国民政府对日本妥协退让。但在对日斗争方面实际表现很软弱。日本政府早已视福建为其势力范围，对闽变极为关注与不安，曾致电给驻福州日本总领事守屋和郎说："倘新政府

---

① 《人民日报》（福建），1933 年 12 月 30 日。

② 《北平晨报》，1933 年 12 月 7 日。

③ 《人民革命政府对外宣言》，《人民日报》（福建），1933 年 11 月 23 日。

④ 《江声报》（厦门），1933 年 12 月 5 日。

⑤ 《人民日报》（福建），1933 年 12 月 27 日。

⑥ 《人民日报》（福建），1933 年 12 月 21 日。

以确立关税自主权，或撤销不平等条约为名，而致危及旅华日侨之生命财产，则必采取排除此种情形之适当措置。"①随后，驻福州的日本警察曾对一些军事要地进行非法侦察，日本浪人在福州南台蓄意滋扰，福建政府逆来顺受，未予过问。对其他列强在闽的势力和特权，基本上也是采取承认现实的态度，对日、英、美军舰借口保护侨民进出沿海港口，也无法制止。厦门的鼓浪屿实际上是帝国主义者、南京政府特务以及其他反动分子破坏福建新政权的基地，闽府也缺乏勇气与之进行针锋相对的斗争。

总之，福建人民政府和生产人民党的出现，表明了国民党营垒的进一步分化。他们揭起抗日反蒋的旗帜，坚决与蒋介石集团决裂，把原来对着红军的枪口掉转向日本帝国主义和南京国民党政府，这是有益于革命的行动。他们的纲领、口号、方针、政策，包含着反帝、反对封建制度、反对独裁统治的内容，主张实行民主、发展民族经济，说明具有资产阶级民主革命的性质。但由于他们自身的软弱性，在思想理论上存在混乱，缺乏科学性，使其所颁布的纲领和措施大多难以贯彻执行，加上由于敌人的破坏，内部困难重重，连有些可行的政策也未能实施。

福建人民政府的成立得到国内外一部分民众的拥护和支持。厦门市各界 11 月 24 日于中山公园举行庆祝人民政府成立大会，有 72 个团体二万余人参加，会议通过了拥护人民权利宣言；讨伐蒋介石、打倒以南京为中心的国民党等决议，会后举行盛大的示威游行②。同日，漳州各界民众五万余人在马肚底公共体育场举行大会，群情激昂，一致通电表示讨伐蒋介石，拥护福建人民政府、人民权利宣言等③。此外，龙岩、沙县等十余县也举行数以万计民众参加的集会和游行欢庆新政府的成立。福建省内各社会团体发通电支持福建人民政府，例如福州工联会

---

①　记者：《闽变始末记》，《国闻周报》第 10 卷第 47 期。
②　《江声报》(厦门)，1933 年 12 月 3 日。
③　《江声报》(厦门)，1933 年 11 月 26 日。

发出通电表示，"谨率全榕十余万工友，一致拥护，誓为我人民革命政府后盾"①。农民团体、文化总同盟、妇联、学联、记者联合会等也明确表示："革命的高潮来到了，劳苦的大众们！自动的起来吧！我们以血和肉来从帝国主义和军阀的手掌中夺取我们的自由，救我们的民族。"②

　　省外的社会团体和爱国志士对福建事变也有所响应和支持。例如，四川成都四十五个生产同业和知识界团体，组织"四川省会生产大同盟"，决议对闽府"所布政纲绝端接受，并竭诚一致拥护，除派员分赴各县组织并宣传外，谨此电陈，伏候垂察"③。全国各团体救国联合会理事吴迈到闽进行实地考察和参加革命活动后，向在上海的史量才、黄任之（炎培）致电告以耳闻目睹的实情，认为"此间秩序甚为安定，金融活泼，首领团结，朝气蠢然，绝不如沪报强制反宣传之所云"，要求"速赋同仇，群起讨贼"④。

　　一些海外华侨也来电表示支持。如马来亚、日、越南侨胞来电热烈拥护人民政府。他们认为"新政府告成，揭橥讨贼，抵御外敌，明定国本，中外腾欢，望即誓师，以苏民困，同侨筹助，先睹成功"⑤。菲律宾爱国华侨致电闽府表示："本团除切实组织革命势力，以为钧府后盾外，谨代表十余万华侨生产大众，向钧府表示竭诚拥护，务祈克日北伐，声讨国贼，抵抗日寇，收复国土，领导大众革命，打倒帝国主义。"⑥致公党总部致电表示"誓作经济后盾"，加拿大等地致公党也纷纷致电祝贺和支持⑦。朝鲜爱国志士金文专程到闽参加人民政府的革命运动⑧。法国

①　《人民日报》（福建），1933年11月24日。
②　《人民日报》（福建），1933年12月21日。
③　《人民日报》（福建），1933年12月19日。
④　《人民日报》（福建），1933年12月24日。
⑤　《人民日报》（福建），1933年12月14日。
⑥　《人民日报》（福建），1933年12月29日。
⑦　《人民日报》（福建），1934年1月6、11日。
⑧　《人民日报》（福建），1933年12月9日。

记者士力特女士到榕考察人民政府革命真相，多次采访人民政府领导人，对闽变表示"深切了解，甚表同情"①。

三　国民政府的武力讨伐和福建事变的失败

福建事变的发生，闽府的建立，使蒋介石极为忌恨和震怒。他的"正统地位"绝不允许再出现一个"中华共和国"，决心不惜采取一切手段尽快加以消灭，进而集中全力"围剿"红军。他与汪精卫急忙召开国民党中央政治会议，"决议着各军政机关迅予处置，务使叛乱克日戡平"②。

南京国民政府对福建人民政府进行严厉镇压的决心早已确定，而对其武力讨伐的军事部署则有个酝酿、准备的过程。当"闽变"初起时，蒋、汪慌乱，一时拿不出应变之策。蒋甚至"终日徬徨，莫知所措，常常自言自语地说：'糟了！糟了！'其内心的苦恼和恐惧是可以想象的"③。他们害怕因闽变而发生连锁响应，打乱其"攘外必先安内"的全盘计划；更怕十九路军与中国共产党联合，与红军结成军事联盟；又怕各地方势力乘机而起，自立政府。有鉴于此，蒋、汪分别在南昌和南京一唱一和，寻找尽快扑灭闽变的时机和办法。蒋于闽变爆发的当天即曾电告国民政府，要求对闽变一面用政治解决，一面调军严防浙、粤边境，并连电黄郛通报闽变情况，要求提出对策。南京也电召湖北省主席张群入京，孙科则急忙从上海回南京参加谋划。

南京政府首先以"叛党乱国"、"联共勾日"的罪名对闽变大肆攻击污蔑，煽动国民党各派势力对陈铭枢、李济深、黄琪翔等的怀疑、愤怒。

---

①　《人民日报》(福建)，1933 年 12 月 22 日。

②　《救国通讯》第 59 期，1933 年 12 月 7 日。

③　符昭骞、郑庭笈：《蒋介石消灭十九路军战役的经过》，《文史资料选辑》第 37 辑，第 124 页。

闽府揭幕当晚,汪精卫在国民党第三八四次中政会上,声称定要严厉处置闽变,在通电中攻击闽变为"叛乱",认为"若任其猖獗,则荼毒生民,危害国家,为患不堪设想"①。继而他在京、沪等地咒骂闽变是"继袁世凯以来所谓洪宪,张勋复辟,苏维埃,伪满之后第五次变更国体制度的叛国行为"②。11 月 22 日起,蒋介石连发《告十九路军全体将士书》、《告将士长官电》,斥责陈铭枢等人为"联共叛党"、"降敌通匪"、"以联共勾日为手段,以毁党叛国为目的"。国民党的宣传工具又配合发表大批社论、消息,诬称闽府"背叛党国,毁裂纪纲"③,借以引导国民党军队仇视闽变,但未见他省起而响应。粤、桂两省虽借机指责南京,却与闽方敌对,从而使南京当局态度更加强硬。11 月 23 日,国民党中常委会议决定"将陈铭枢、李济深、陈友仁永远开除党籍"④,接着又对他们发出通缉令。

其次,蒋汪利用其中央地位,制造各地方效忠中央,激烈声讨闽变的声势。蒋的家乡浙江省最早通电指责陈铭枢等,并表示相信"中央安定国本,保障民生,德威所及,必能戡逆谋于乍著,定变乱于俄顷"⑤。国民党各绥靖区的军事首领,由蒋的嫡系领头,陆续通电表态。江西的熊式辉致电斥责李济深等"潜窃福州,联匪事仇,毁党叛国,改元易帜,逆迹昭彰"⑥。华北的何应钦、河南的刘峙、西北的朱绍良、安庆的刘镇华、汉口的何成濬等都通电声讨闽变,要求"中央速决大计,严厉制裁"⑦,并表示愿"执戈待命,为国前驱","赴汤蹈火,所不敢辞"⑧。

---

① 《救国通讯》第 59 期,1933 年 12 月 7 日。
② 蒋光鼐:《对十九路军与"福建事变"的补充》,《文史资料选辑》第 59 辑,第 130 页。
③ 《申报》,1933 年 11 月 23 日。
④ 《申报》,1933 年 11 月 24 日。
⑤ 《国闻周报》,第 11 卷 49 期,1933 年 12 月 11 日。
⑥ 《申报》,1933 年 11 月 24 日。
⑦ 中国第二历史档案馆馆藏档案。
⑧ 《申报》,1933 年 11 月 23、26 日。

第三,蒋汪费尽心机地分化瓦解闽、粤、桂联盟,并抑制了一些地方势力准备响应闽变的举动。两广原同十九路军订有盟约,闽变次日,李济深、陈铭枢、蔡廷锴和蒋光鼐曾联名电西南政务委员会胡汉民、陈济棠、李宗仁等,要求共同反蒋,表示"弟等为情势所迫,不得不先期发动,嬴政无道,陈涉发难于先,安国定邦,沛公继起于后,望吾兄本历来之主张,为一致之行动"①。胡汉民等公然指责闽变为"背叛主义,招致外寇,煽动赤祸,为患无穷"②。陈济棠在蒋介石拨200万元巨额补助金,并允诺更多政治、经济条件的拉拢、收买下,对闽方背信弃义,一面屯兵粤闽边界,一面封闭十九路军在粤机构,停止协饷,扣押十九路军过境的军火、武器,还以保境安民为名,调兵遣将,准备随时入闽。蔡廷锴曾以"本是同根生,相煎何太急"之语谴责陈济棠等的倒行逆施。

闽方与一些省份如湖南、贵州、云南、四川、西康、山东、陕西等原来是有所联络的。但由于蒋介石的高压手段,加上闽府一些政策措施的失当,因而没有获得这些省当局的响应。方鼎英曾拟在湘西起义,也策动不起来。国民党元老李烈钧等虽在上海致闽方当局一面表示赞同闽府反对南京政府,要求改组中央党部,取消党治,还政于民,而对变更国体,改国旗,取消国民党等主张则认为"实难赞同"。北京《晨报》社的陈博生曾到闽表示张学良在欧洲来电支持闽变,但未见实际举措。

一些代表资产阶级和地方实力派的报纸如上海《申报》、《大晚报》,天津《大公报》、《益世报》,北平《晨报》等,曾经发表比较公正的评论。有的认为:"闽局发生的责任,中央政府一班当局应该自负。不说别的,如今闽局中重要而且最有力的号召是'取消党治,还政于民',在这一个问题上,中央政府倘把两年的历史看看,就应该惭愧无地。"同时指出:

---

① 《国闻周报》第10卷第47期。
② 《闽变续记》,《国闻周报》第10卷第48期。

"闽方的借以号召的一切原则,武力都不能消灭。"①这些都表明一些中间势力对闽府敢于揭起反蒋旗帜表示一定的欢迎,但他们对变更国体等举动,在当时仍不愿公开支持。

十九路军曾得到广大海外华侨的热烈支持,但在蒋介石的蛊惑下,闽变在华侨中所得到的反应不够热烈,有不少人持消极观望态度,甚至有的表示反对。如新加坡等地的一些华侨曾公开声明:如闽府不改正政策,"则拒绝对闽经济合作"②,等等。同时,蒋介石派遣大批特务和军事特派员潜入福建和人民革命军内部进行分化瓦解和破坏工作,收买和策动一些地方实力派和不坚定分子倒戈。

此外,蒋介石还极力拉拢帝国主义各国支持南京政府而扼杀闽府。南京政府曾照会各国政府,请求拒绝承认福建人民政府并不给予任何形式的援助。英、美、法等国迅速予以答复,电称"对此皆表同情"③。当时的苏联急于与南京政府发展关系,对闽变也进行指责,苏《消息报》甚至发表评论认为,闽变领导人"所宣示之口号无论如何激烈,彼等与中国之真正革命运动绝无共同之点","无非为一种诱取中国民众之企图"④。福建人民政府成立后,日本大使有吉到南京访问汪精卫,声明日本无意援助闽变。蒋、汪立即派与日本有较深关系的陈仪赴日本,以厦门不驻兵为交换条件,请求日本协助镇压闽府。1934年1月,日、英、美借口保护外侨生命财产,日舰派480人,英舰派40人,美舰派30人,强行占领福州要地,配合蒋系军队进攻福建人民政府。

当蒋介石对福建大搞政治攻势的同时,不断派飞机袭扰福建重镇,又派军舰封锁福建海面,给闽府造成沉重压力。他在南昌根据获得的各方情报和审度了当时的整个国内形势,认定非迅速扑灭这一事变,将

① 《解决闽局的合理途径》,《益世报》1933年11月23日。
② 《大公报》(天津),1933年12月8日。
③ 《大公报》(天津),1933年12月2日。
④ 《大公报》(天津),1933年12月8日。

会严重地动摇他的统治地位。蒋介石在与熊式辉、顾祝同、陈诚等紧张谋划后，自任"讨逆军"总司令，从进攻中央苏区的主力中抽调九个师，又从南京、杭州抽调两个师，合计十一个师约十五万人的嫡系部队①，分三路向福建进攻。他声称："我们此次讨逆，名义虽不叫剿匪实际上完全与剿匪一样，尤其是我们要根本剿灭赣南的土匪，非同时剿灭福建方面接济土匪的叛逆不可。"②其军事部署是：

以蒋鼎文为第二路军总指挥，率李玉堂第三师、李延年第九师，于11月底由江西南城辗转进闽北浦城，继占政和、屏南，1934年1月初对水口形成包围态势。以张治中为第四路军总指挥，率王敬久第八十七师、孙元良第八十八师，由驻地南京、杭州等地进抵闽北浦城、建瓯一带。原驻闽北的刘和鼎部，投蒋后改为三十九军，归张指挥。该路军于1月初完成对古田县的包围。以卫立煌为第五路军总指挥，率冷欣第四师、李默庵第十师、宋希濂第三十六师、刘戡第八十三师、汤恩伯第八十九师，分批从江西抚州，通过部分苏区，经邵武、顺昌与刘和鼎部配合，1月初包围了延平（今属南平市）。另外，以毛邦初为空军指挥官，集中大部分飞机于浙南、闽北，执行侦察、轰炸与战役配合；以陈绍宽为海军指挥官，进行海上的侦察与封锁。蒋介石亲自到建瓯设立行辕，指挥各部展开攻击③。

福建是四战之地，闽府军除因与红军有约无西顾之忧外，其他诸方面均要设防，当时部队经整编号称七万余人，实际上基干部队十九路军仅约五万人。当时没有形成一个可靠的战略后方基地，若处处设防，则处处薄弱，缺乏机动作战能力。闽府领导人曾寄希望于各地响应事变，群起攻蒋，对自己的战斗力估计过高，对蒋的残酷镇压掉以轻心，曾认为"蒋介石根本无一可调之兵"，"目前集中浙闽边境者，仅赵观涛、张治

---

① 《申报》月刊，1934年第3卷第2期。
② 王德胜编：《蒋总统年表》，台北1956年增订本，第159页。
③ 宋希濂：《我参加"讨伐"十九路军战役的回忆》，《文史资料选辑》第37辑。

中等数师,此种军队,十九路军不知遭过多少,实不值我人一击"①。

　　直到 12 月中旬,蒋介石大军压境时,闽军委会才在福州召开紧急会议,商议对策。会上有三种方案,蔡廷锴主张集中主力于闽北,趁蒋军入闽未稳之机,先歼灭刘和鼎部,继迎击蒋军先头部队,争取主动。蒋光鼐等提出将主力调闽南,背靠广东,西与红军联合,与蒋军作持久抵抗,或率主力打入浙东,打乱敌人的战略部署。陈铭枢、李济深、黄琪翔等则主张集中主力保卫福州。经过辩论,多数赞成固守福州,形成决定。按照这一方案,十九路军调集主力部队集中于福州周围。原驻闽西、闽北的第一军和第二军第六十一师撤回福州,相继放弃建阳、建瓯、浦城、崇安、邵武、松溪、顺昌、将乐、泰宁、永安等阵地。原驻泉州、莆田、仙游等地的第二军第二师、第三军第三师、第四军除留周力行一个团外,都调进福州地区。闽北前线只留谭启秀第五军,分驻延平、水口、古田等战略据点。这种部署将福建兵力的三分之二,号称四个军,实有兵力 21 个团,四万余人,集中守卫福州。分散在其他地区的兵力有 11 个团,约二万余人。这显然有利于蒋军分割包围,各个击破,不利于十九路军的战略防御和机动出击,以至于使闽府在军事上处于被动挨打的境地。

　　1934 年 1 月 5 日,蒋军对闽北重镇延平发起攻击,十九路军第五军师长司徒非率一个团一千余人据险顽强抵抗。在蒋军几十门大炮和几十架飞机攻击和轰炸及宋希濂等几支部队轮番冲击下,天险九峰山失守,守军被迫投降。1 月 6 日蒋军占领延平。

　　在蒋军对延平发动猛攻之时,闽府再次于福州召开军事会议,陈铭枢等被迫变更原来计划,决定全军主力从福州分路西进,一路经大湖、雪峰驰援古田;一路沿甘蔗、白沙、水口开向延平。不料延平骤失,它与福州之间的战略要地水口也于 1 月 7 日遭蒋军猛攻。第五军军长谭启秀率军部和两个团在此驻防。在蒋军李延年、李默庵、李玉堂共三师十

　　①　《江声报》(厦门),1933 年 12 月 11 日。

二个团及其他部队协同进攻下,第五军无力坚持待援,当晚水口陷入敌手,谭启秀单身乘木筏突围。此时,蔡廷锴、蒋光鼐等又获悉蒋军有趋永泰企图切断十九路军后路的迹象。1月8日,经白沙军事会议决定,十九路军向闽南撤退,企图背靠广东与苏区,保存实力。蔡廷锴命第四军军长张炎为福州戒严司令,通知闽府各机关和人员作撤退安排,决定主力南下,在峡兜附近过乌龙江,命区寿年第三军先占仙游,掩护主力,又命毛维寿第二军速占惠安、泉州等地。

　　古田位于福州的西北部,丛山环抱,形势险要,是福州的重要屏障、战略要地。原由十九路军第五军师长赵一肩率三个团防守,此时已被张治中率领下的蒋军第八十七、八十八师团团围困。张定下了"此次攻取方略,先攻延平,次攻水口,两地克服,则古田之敌如瓮中捉鳖,可避免攻坚所受之牺牲"①。此计得到蒋介石的首肯。十九路军主力南撤,古田守军陷入绝境,遂于1月12日被蒋军占领,至此闽北战事结束。当天,南京国民政府发布命令,任命军政部次长陈仪为福建省政府主席,省政府暂设延平。

　　1934年1月12日晚,李济深、陈铭枢等与十九路军及海军将领商讨撤退事宜。此时闽变当局已难以驾驭福建局势,卢兴邦等已倒向南京,致使福州与永泰、仙游等地间的交通受阻。南京的海军陆战队先后在连江、福清等地登陆,福州陷于四面受敌的境地。十九路军当局经仓促讨论决定,当晚开始行动,分两路向漳州、泉州撤退:一路经洪山桥,由福湾公路的湾边角出发;另一路是主力,由福峡公路的峡兜过乌龙江,分别向预定目标前进。1月13日,设于福州的福建人民革命政府停止办公。当天,蔡廷锴等通电表示将在漳州设人民政府,在泉州设总部,继续坚持战斗。李济深、陈铭枢、蒋光鼐、黄琪翔、陈友仁、徐谦、余心清、章伯钧、胡秋原、梅龚彬、何公敢等人民政府领导人分别乘飞机、轮船、汽车离开福州。蔡廷锴暂留福州,处理善后,并商请萨镇冰维持

---

① 国民政府战史编纂委员会档案,中国第二历史档案馆藏。

福州秩序等事宜。1月15日，十九路军安全过江，蔡廷锴离榕赴泉。16日，南京政府海军陆战队及蒋鼎文率部占领福州，同时下令所属各部对十九路军继续追击和堵截。

南京第五路军卫立煌部南进追击十九路军，其所属第八十三师刘戡部在仙游以南与十九路军张君嵩师接触。张师英勇反击，掩护十九路军主力撤离涂岭一线。担任后卫的部队又在莆田阻击蒋军，保证十九路军主力南下泉州。蔡廷锴曾下决心在泉州地区组织反击战，苦撑残局，力图使十九路军能在闽粤边界立住阵脚。他离福州后于16日至莆田，主张先集中兵力于仙游，击败卫立煌部后南下，遭第一师师长邓志才和第二军军长毛维寿反对，遂改令三、四两军及邱兆琛纵队归区寿年指挥，一面堵后，一面掩护西侧部队继续南撤。17日，蔡廷锴率部由莆田经涂岭抵泉州，立即召开紧急会议。他决定本人离军去闽西，希望部队火速分路西进闽西保存实力，宣布将一方面军部队交毛维寿代指挥。当晚，蔡乘机抵漳州。

掌握着十九路军主力指挥权的毛维寿早有归降蒋介石之意。这与戴笠派遣特务潜入福建策反有关。戴笠曾派特务运用私人关系，联络十九路军六十一师参谋长赵锦雯，策反该师师长毛维寿等许以高官厚禄。当十九路军向闽南退却时，戴笠赶往厦门，亲自指挥策反，并到漳州与毛维寿等密谈，软硬兼施迫毛维寿、沈光汉等降蒋。毛维寿先是有意放弃晋江口洛阳桥的战略要道，让蒋军轻易占据，致使十九路军聚集的泉州无险可守。在此前，黄强已于1月9日将厦门交给南京政府海军要港司令林国赓，所带部队被收编。20日蒋军从厦门嵩屿港登陆，占领同安、漳州，切断泉州十九路军西撤之路。这时，蒋军八十三师参谋处长符昭骞，奉命进泉州，找张炎等接洽。1月21日，沈光汉、毛维寿、区寿年、张炎联名发表降蒋通电，宣称："同室操戈，贻害邦国，智者不为。光汉等决议一致脱离人民政府，拥护中央，促李、陈、蒋、蔡诸公先行离开，并推戴戟出任维持，一切政治问题，静待商决。化干戈为玉帛，保护国之安宁，全国明哲，谅表同情。除令各部队集结停止军事行动,静待和平处理。"①经十九路军代表与蒋介石方面接洽,决定将十九路军缩编为第六十、六十一、七十八、四十九共四个师。毛维寿被任命为十九路军总指挥。

1月22日,蒋军宋希濂师占莆田,续向泉州推进;王敬玖师与刘戡师相配合进逼泉州,形成包围的态势。闽府第一方面军参谋处长范汉杰暗通国民党当局,使蒋介石对闽方军事了如指掌。蒋鼎文拟定收编十九路军办法,营长以上离营,余则点械收容。蒋介石即日复电照准,令十九路军集合莆田、福清、惠安听候改编。次日,蒋鼎文电泉州十九路军将领,限三日内作出明白表示。沈光汉等复向蒋介石要求仍驻泉州并保留十九路军名义,另派戴戟来闽负责改编,至25日晚仍未开出泉州。30日,蒋军以重兵相逼,强行取消十九路军番号,任命毛维寿、张炎为第七路军正副总指挥,统率所部。不久又制造借口将各师缴械,强令各师分赴河南归德、开封等地整训,并将连、营以上军官全部更换为蒋军嫡系,彻底肢解了十九路军这支闻名遐迩、战功卓著的抗日军队。

蔡廷锴退抵龙岩时,尚有周力行团及余部四千余人。蔡曾拟与闽西地方武装傅柏翠等合作,以游击战同蒋介石周旋。由于粤军陈济棠等的步步进逼,使他感到坚持反蒋已无实力,参加红军又无决心,最后决定让余部接受粤军改编为一个旅。闽变领导人李济深等分别离龙岩往香港后,陈济棠将这个旅缴械遣散。周力行(即周士第)果断机智地投奔苏区,幸免于难。徐名鸿在通过广东大埔时,被粤军查获,并以"叛国叛党"的罪名惨遭杀害。徐名鸿临危不惧,曾言:"死后如立'社会主义者徐名鸿之墓',吾愿足矣。"②2月上旬,蒋军第三师进驻龙岩,至此,闽府的最后一块基地,十九路军的最后一支部队也完全丧失了,"闽变"终于以彻底失败而结束。

---

① 《江声报》(厦门),1934年1月22日。

② 转引自冯玉祥1935年3月日记。

福建事变发生之际，全国人民抗日民主运动遭受蒋介石镇压，革命形势发生曲折的变化，闽变的领导者敢于冲破南京统治集团的牢笼，打起抗日反蒋联共的旗帜，表现了爱国主义与革命政治的探索精神，是难能可贵的。这次事变的迅速失败有多方面的原因，最根本的原因是当时以蒋介石为首的南京政府的经济、军事实力仍比较强大，尚处上升的时期，以福建一隅之地和一军之力，要推翻蒋介石独裁政权，显然是不可能的。而在实际上闽变的领导者对局势的估计过于盲目乐观，以为可能出现"登高一呼，四方响应"的局面，这显然是不符合实际的，由于轻敌思想，认为蒋介石抽不出兵力前来镇压，从而没有作坚实迎敌的准备。在政治措施上又有些失当，例如放弃孙中山的三民主义，取下孙中山遗像等，这些做法也使自己陷于孤立。在人民政府内部未能形成坚强的领导核心，内部不能统一，又遭到蒋介石派遣的奸细的严重破坏。福建人民政府作出联共的决定是可贵的，但在当时对联共和军事合作仍存有疑虑，态度不够坚定。在中共方面虽有苏区领导人毛泽东、朱德、周恩来、彭德怀等的正确支持，但由于左倾领导占据统治地位，使双方的合作大打折扣，没能发挥应有的作用。闽府领导人在发动群众，依靠群众方面虽作了一些工作，远远不够，因而常处于孤立无援的境地。这次事变在当时的条件下遭受失败，人们是可以理解的，但失败得如此迅速，以至使一支英勇善战的铁军顷刻间被消灭，则令人感到意外，作为历史经验教训是值得认真总结和研究的。

福建事变虽然失败，但其正义性和历史意义是应该肯定的。它对抗日民族统一战线的形成，以及后来在中国共产党领导下团结一切力量，打倒蒋介石，解放全中国，都提供了有益的历史经验。"闽变"的领导人后来也大多在民族解放事业中作出了贡献。

第三章　国民党统治的加强

第一节　军事独裁体制的确立

一　蒋介石总揽兵权，控制全局

蒋介石于 1931 年 12 月第二次下野后，感到短期之内建立个人独裁统治绝非易事。他退而求其次，便起用过去的政敌汪精卫。蒋介石在 1932 年 1 月中旬专程从浙江奉化往杭州与汪氏会晤，达成了权力分配的协议，商定组成蒋汪合作的国民政府，由汪负责内政外交，出面对日折冲樽俎；蒋负责军事，专主"剿共"内战。同年 3 月 18 日，蒋就任国民政府军事委员会委员长，并兼任参谋本部参谋总长。他专任军事职务达数年之久。在此期间，他既没有国民党领袖的名义，也不是政府首脑，但实际上国民党政权的全局仍归他支配。他自己牢固地控制着军队，而南京政府的财政资源、党政要害机关等绝大部分也控制在拥蒋派手里。蒋竭力推行"攘外必先安内"的政策，继续采取各种措施，强化国家机器，加强对人民的统治和对抗日民主运动的镇压。

国民政府军事委员会的建立及其体制演变，有一个发展变化过程。早在 1925 年 7 月国民政府在广州成立时就设立了军事委员会，其职权是在国民党的指导、监督下，管理、统率国民政府所辖境内海陆军、航空队及一切关于军事的各机关。北伐战争开始后，又设国民革命军总司令部，蒋介石任总司令，规定军事委员会内各机关改隶总司令部。1927 年 4 月 18 日南京国民政府成立时，为了表示不承认武汉国民党二届三中全会对军事委员会的改组，标榜南京政府符合法统，声称 1927 年 4

月 21 日国民政府军事委员会从广州迁进南京办公,当时规定,军事委员会是国民政府的最高军事机关,负全国陆海军编制、统御、教育、经理、卫生及充实国防之责。蒋介石经历了第一次下野后,于 1928 年 1 月复任国民革命军总司令,旋又在其总司令部组织大纲中规定"国民革命军总司令得兼任军事委员会主席"。同年 10 月蒋介石就任南京国民政府主席,通过国民政府组织法,兼任陆海空军总司令,统辖全国武装部队。11 月 7 日,国民政府发布命令:军事委员会着即裁撤,该会所有一切事务限于 11 月 10 日以前结束,分别移交军政部、参谋本部、训练总监部、军事参议院。在蒋介石第二次下野期间,1931 年 12 月下旬国民党中央四届一中全会决定对中央政府政治体制进行了某些改革。首先,缩小国民政府主席的权力。全会通过的《关于中央政制改革案》规定,"国民政府主席为中华民国元首,对内对外代表国民政府,但不负实际政治责任,并不兼其他官职",实际上是虚位元首,会议推举林森担任此职。其次,实行五院分立制。新政制规定,行政院负实际行政责任,五院独立行使五种治权,各自对国民党中央执行委员会负责,实行五权分立。第三,高级官吏任免权分散行使。这实际上是国民党统治集团内部权力的调整。它有防止和打击蒋介石继续实行个人独裁的企图。

　　1932 年 1 月 28 日,"一二八"事变发生。次日,国民党中央政治会议开会,决定重新设立军事委员会。同年 3 月 5 日国民党四届二中全会称,这次重设军事委员会,"目的在捍御外侮,整理军事,俟抗日军事终了,即撤销之"①。但实际上国民党当局并不履行诺言,军事委员会成立后,在较长时间内,国民党以"攘外必先安内"为基本国策,不把主要精力用于对日作战,而集中军事力量"剿共"。当年出版的《中国国民党年鉴》也承认:国民党"于沪战结束后,指导国民政府设置军事委员

　　①　《关于军事委员会案》(1932 年 3 月 5 日国民党四届二中全会),荣孟源主编:《中国国民党历次代表大会及中央全会资料》下册,光明日报出版社 1985 年版,第 155 页。

会,以蒋中正任委员长,本三分军事,七分政治之原则,督师剿赤匪"①。

在国民政府中,政策和机构常因人而设,因人而易。重设的军事委员会,委员长集权程度较前大为提高,取消了主席与常委共同署名的制度,常委与委员长不是共同领导关系,而是辅助关系。由于国民政府主席不负实际政治责任,国民政府委员会毫无实权,军事委员会虽直隶国民政府,但国民政府没有哪个机构,哪位领导人能领导军事委员会。它实际上只对中央政治会议负责,蒋介石拥有全权。

蒋介石在跌宕起伏的政坛生涯中,更认识到控制军权的重要性。他于1932年5月1日对天津《大公报》记者发表谈话称:"从前本人求政治统一太急,又以为其力足以扫除统一障碍,认为可先办成统一,再整顿军事,以统一军令。""军政为统一政治之基本。本人愿努力治军,巩固中央。"②他下决心先抓军权,再及党权、政权,最终集党政军大权于一身,实行专制独裁统治。

1932年6月上旬,蒋介石以军事委员会的名义颁发陆军师暂行编制表,规定统一各师编制,军为直辖单位,军长不兼师长,共编48个军96个师,形成了一支由蒋直接控制的"中央军"。为了加强这支正规化的军队,还逐步聘请大批外国军事顾问,大量购买外国军火,补充和更新武器装备,其首要目的是适应反共战争的需要。1932年6月下旬,蒋介石亲自出马任鄂豫皖三省"剿匪"总司令。其司令部组织大纲规定:"凡指调豫、鄂、皖三省剿匪之陆海空军,均归总司令节制指挥外,所有该三省党务及政务事宜,由中央特许,统受其指导办理之。"③

蒋介石主持军事委员会后,机构迅速扩大,内除设办公厅外,增设了第一厅、第二厅、第三厅、调查统计局。1932年8月设立军事委员会北平分会,蒋介石兼委员长,处理北方的一切军事事宜,从此东北军也归蒋直接指挥。1934年5月,航空署改组为航空委员会,直隶军事委员会,蒋兼任委员长。继又设立许多派出机关,如南昌行营、武汉行营、广州行营、四川行营、西安行营、武昌行营等。在《南昌行营组织大纲》中规定,"军事委员长为处理赣、粤、闽、湘、鄂五省剿匪军事及监督、指挥剿匪区内各省党、政事务之便利起见,特设南昌行营"①。还规定了严密的组织系统,除设办公厅外,有第一、二厅、审核处、训练处、经理处、总务处。在办公厅内又有秘书长室、主任室、侍从室,在主任室内再设人事课、文书课、机要课、调查课。军事委员会把全国各地划分若干绥靖区,先后设有驻豫、驻鄂、驻赣、驻闽、驻陕、驻广州、驻南宁、驻北平、驻太原、驻豫皖、驻湘、驻贵滇黔、川康、驻甘、冀察等绥靖公署②。各公署"绥靖主任由国民政府特派之,隶属军事委员会委员长,并受参谋总长、军政部长及训练总监之指导"③。行营和绥靖公署除负责指导军事外,并干预甚至控制各地区的政治、经济、文化和社会生活。军事委员会又领导各省和大卫戍区的保安司令部及卫戍司令部。各省划分若干行政区,设保安司令,县设保安总队。总之,通过一整套的机构,军事委员会建立了对全国的军事统治网,蒋介石成为总揽军权的铁腕人物,从而也控制着国民政府的统治中枢。

在军事委员会内,蒋介石还设立了一个特殊机构,即军事委员长侍从室。它对蒋建立独裁统治起着特别的作用。正如程思远所指出:"蒋当总司令,权力中心就在总司令部;蒋当国府主席,权力中心就在国民政府;现在蒋当委员长,权力中心就转移到他的侍从室。以后蒋的侍从室变成了一个太上内阁,凌驾于党政最高领导之上,'中正侍秘'、'中正

---

① 《国民党政府政治制度档案史料选编》上册,第466页。
② 《民国职官年表》,中华书局1995年版,第450—451页。
③ 《国民党政府政治制度档案史料选编》上册,第526页。

侍参'的电令,拥有最高无上的权威。"①

如前所述,蒋介石出任军事委员会委员长后,以"攘外必先安内"为基本国策,集中主要军事力量继续"围剿"中国工农红军。先在汉口成立鄂豫皖三省"剿共"总司令部,继而设立军事委员长南昌行营。他在赴鄂、赣指挥部队时,总要随身带几个亲信侍从人员、秘书、副官和临时抽调的参谋人员等。这在起初并没有确定正式名称和机构,实际上已是侍从室的雏形。接着蒋把侍从秘书、副官、随行参谋人员及侍卫人员等组织在一起,成立侍从室,属南昌行营编制。在 1933 年 6 月 20 日由国民政府颁布的《军事委员长南昌行营组织大纲》中,侍从室已正式列入南昌行营的组织系统表内②。侍从室的主任先是林蔚,后由晏道刚继任。其编制为第一组警卫,第二组秘书,第三组调查及记录,第四组总务,另附设侍从参谋若干人③。以后经过逐渐扩充和发展,到 1936 年 1 月,侍从室改组,称为"国民政府军事委员长侍从室"。设侍从第一和第二两个处(到抗日战争时期增设第三处)。一处掌军事,晏道刚、钱大钧先后任主任;二处掌政治、党务,陈布雷为主任。每处下设三个组。处主任直接对蒋介石负责。另外,保卫蒋介石驻留和行动安全,由警卫大队和侍一处第三组负责,设侍卫长统一指挥这两个机构的行动,侍卫长由钱大钧兼任。侍从室官兵待遇很特殊,其工资、津贴等远在国民政府各机关之上。

侍从室设立之初,工作偏重于军事方面,1936 年 1 月改组后进入一个新的阶段。这时蒋介石兼任行政院长,又集党、政、军大权于一身,领导一切,侍从室的职权也扩大到党、政、财、文,国民政府各院、部、会没有哪一个机构的职权有如此全面。蒋介石赋予它的权力不仅是办理一些事务,而是参与策划机密要事,掌握高级官员考核任免,拟发命令

---

① 程思远:《政坛回忆》,广西人民出版社 1983 年版,第 58 页。
② 《国民党政府政治制度档案史料选编》上册,第 468 页。
③ 《陈布雷回忆录》,台北传记文学出版社 1967 年版,第 98 页。

文电,实际上凌驾于院、部、会等机关之上。概括地说,侍从室一处第二组和二处第四组是侍从室的核心。一处二组为蒋的军事参谋,掌握范围包括军政、军令、军训、国防设计、绥靖、运输、空军、海军、军法、人事、情报等。二处四组是蒋的党政秘书,主管政治、党务、秘书等。后来权力更加集中,常常包办行政院业务。尤其值得注意的是侍从室在人事方面的特殊作用。侍从二处第五组初为蒋介石储备行政官员而设,由陈布雷兼组长,组内设侍从秘书,无定员,无定职,一律上校待遇,备蒋召见咨询,陆续派往其他部门工作。后来蒋的权力膨胀,凡属国民政府军事委员会与行政院所属机关、部队及中央和地方其他行政单位高级军、政主管官员的任免,都必须蒋亲自核定后,才交由主管部门发布任命。总之,侍从室设立后经过发展演变,由军事委员会委员长的侍从办事机构,逐渐变成蒋介石独裁统治的"内廷"。正如深知内情者指出,"侍从室就像封建皇帝的内务府或内书房",不同的是侍从室管得宽,党、政、财、文样样都管[1]。此外,1932 年 4 月 1 日,在国民政府军事委员会内设立了调查统计局(简称军统局),将 CC 系特务组织和复兴社特务处集于军统局,局长先是贺耀组,1935 年 4 月起由陈立夫继任。军统局的设立也使蒋介石能更得力地使用这一支特殊力量。

毛泽东曾说:"蒋介石代替孙中山,创造了国民党的全盛的军事时代。他看军队如生命……创造了一个庞大的'中央军'。有军则有权,战争解决一切,这个基点,他是抓得很紧的。"[2]为了抓住军队,蒋特别注重掌握军校。他早已将黄埔军校迁入南京并改为中央军校,其官邸就设在军校校园的中心(黄埔路)。蒋介石长期兼任中央军校和其他多所军事政治学校的校长。这就使大多军官及县长以上的官吏都成了蒋

① 秋宗鼎:《蒋介石的侍从室纪实》,《文史资料选辑》第 81 辑第 107 页;朱明镜:《我所知道的蒋介石总统府》,《江苏文史资料》第 9 辑第 41 页。
② 《战争和战略问题》,《毛泽东选集》第 2 卷,人民出版社 1991 年版,第 545—546 页。

的门生,成为蒋家王朝的基干力量。

蒋介石又懂得,单有军权尚不足以确保其稳固地位,只有通过重税、外国贷款获得大宗财源,或得到大城市的实业家、商人、银行家等的财政金融支持,才能支持军队,保持权力。因而,南京政府建立后,长期由宋子文、孔祥熙这两位蒋的亲戚和其他江浙籍实业家、银行家掌管财政。在行政院中,汪精卫任院长,宋子文则为副院长兼财政部长,这就保证了军事委员会有充足的财力为保障。蒋介石不断提出大宗军火的订单,交由宋子文、孔祥熙向德、美、英、意等国订购,从中获取高额的佣金,有的年份高达数千万元。这也为蒋、宋、孔等提供聚敛财富的重要来源。1935 年 4 月,蒋介石以国民政府名义在原来为筹措"剿共"经费而建立起来的豫、鄂、皖赣四省农民银行的基础上加入 250 万元官股,改称中国农民银行,蒋任理事长,不久也准其发行钞票,加入法币系统。这个银行后来成为陈果夫、陈立夫所控制的 CC 系金融资本的核心。同时,又设立以经营进出口军火为主的中央信托局和从事储蓄、汇兑的邮政储金汇业局,形成了以"四行二局"为中心的金融垄断体系。蒋介石等还将军事委员会的势力逐渐延伸到工业及经济范围。1932 年 11 月,成立国防设计委员会,隶属于国民政府参谋本部,会址设于南京。1935 年 4 月易名为资源委员会,隶属于军委会。该会起初负责统制全国钨、锑等战略产品运销事宜,1936 年起在湖南、江西等地筹建中央钢铁厂、中央机器制造厂、中央电工器材厂、湘潭煤矿、龙溪河水电厂等二十余家重工业厂矿。这样,蒋介石掌握的军事力量就有了比较坚实的经济后盾。

蒋介石与汪精卫联合组成中央政府以后,胡汉民处于在野地位,南京政府形成蒋汪双头政治,从形式上看,蒋主军,汪主政,但实际上只有主军的蒋介石才能指挥国民政府全局,并且逐渐趋向蒋的个人独裁。蒋汪之间既勾结又争夺,关系时有变化,这是南京政府内争的主要表现。在强大的拥蒋派制约下,汪的地位风雨飘摇,几次提出辞职,经蒋出面周旋才继续留任。稍后,汪企图通过对日外交途径,逐步攫取权力,逼蒋让步,虽一度得手,成为日本最信赖的外交对手,却引起主张抗日的亲欧美派人士的愤怒,激起广大民众的强烈反对。1935年11月1日,在国民党四届六中全会开幕式上,汪精卫遇刺后,南京政权再次完全由蒋介石所把持,他又集国民党党政军最高权力于一身(详后)。

二　国民政府军队的基本建制与征兵制的实行

(一)重要军事机构

南京国民政府军队的最高统帅机关是国民政府军事委员会(简称军委会)。

根据国民党四届二中全会1932年3月5日所通过的《国民政府军事委员会暂行组织大纲》规定:国民政府军事委员会直隶国民政府,为全国军事最高机关,职掌"国防绥靖之统率事宜";"军事章制、军事教育方针之最高决定";"军费支配、军实重要补充之最高审核";"军事建设、军队编遣之最高决定";"中将及独立任务少将以上任免之审核"。该会设委员长一人、委员七至九人,由中央政治会议选定,国民政府特任①。7月16日,又对组织大纲进行修改并公布。依据新大纲规定,加上参谋总长、军政部长、训练总监、海军部长、军事参议院院长及委员会各厅主任为当然委员,共十七至十九人。其中互推三至五人为常务委员,"辅助委员长筹划一切事宜"②。委员长之下辖办公厅,内分第一、二、三厅,分别职掌国防用兵和陆地测量、军事训练和军事教育、军事咨询和研究等事项。此外还有专门为委员长个人服务的侍从室等。

随着军事委员会权力的扩大,其组织逐步扩充。1934年5月航空署从军政部划出,改组为航空委员会,直隶军委会,蒋介石兼任该会委员长,宋美龄任秘书长,下设若干厅、处分管各项业务。所有空军部队、

---

① 《中国国民党历次代表大会及中央全会资料》下册,第155—156页。
② 《军事委员会暂行组织大纲》,董霖编著:《中国政府》第2册附录。

空军院校及场站,均归该会领导。

继而,军委会又陆续增设了铨叙部,统管陆海空人事;审计厅,负责全军审计;政治训练处,掌管全军政治训练;资源委员会,掌管资源的调查、资源的开发和资源的动员事项;调查统计局,掌管军事、党派情报以及禁烟委员会等机构。

为了集中力量消灭红军和其根据地,镇压人民,南京政府还在各地设立各种军事机构。为"围剿"共产党领导的苏区,设立剿共司令部;为对根据地进行围攻或对某重要地区人民进行统治,设立委员长行营;自1930年至抗战前,全国共设十余处绥靖公署;为强化对中心城市的军事统治,设警备司令部或卫戍司令部,如南京警备司令部、杭州警备司令部、平津卫戍司令部等。剿匪司令部是蒋介石集中军事力量对红军进行武装"围剿"和对苏区进攻的军事指挥机关,它的全称是"剿匪总司令部"。剿匪总司令部,一般分为两个层次,即大司令部辖小的司令部。如设在湖北沙市的鄂湘边区剿匪总司令部,直接隶属于军事委员会及豫鄂皖三省剿匪总司令部,总司令承军事委员长及豫鄂皖三省剿匪总司令之命,指挥所辖之军队。

军事委员会之外,还有一些重要军事机构,主要是:直属国民政府的参谋本部、训练总监部、军事参议院和隶属于行政院的军政部、海军部,这些部、院按规定也归军委会指导、节制。

参谋本部掌理国防用兵及陆地测量事宜,如军事情报的搜集、作战方案的制订、军队的管理教育、军事编制的变动等。参谋本部设参谋总长一人,上将或中将衔,参划军机,执掌国防用兵各计划,综理部务,统率全国参谋人员,监督其教育并管辖陆军大学等学校以及驻外使馆武官、陆地测量等。设次长一人,中将衔,协助总长办理部务。

训练总监部掌理全国军队及所辖学校教育和国民军事教育等事宜。部内设总务厅和步兵监、骑兵监、炮兵监、工兵、辎重兵监等,并设政治训练处、国民军事处和军事编译处,必要时增设特种兵监和海军兵监等。设训练总监一人,上将衔,综理部务,负责规划、监督全国军队及所辖军事学校教育以及国民军事教育等事宜；设副监二人，中将衔，辅佐总监处理部务。训练总监部直辖的学校有：中央陆军军官学校及军官训练班、航空队、陆军步兵、骑兵、工兵、炮兵、辎重兵等学校。

军事参议院，是南京政府建立的最高军事咨询建议机关，设院长一人，上将衔，综理全院事务；设副院长一人，上将或中将衔，辅助院长处理院务。设军事参议若干人，将级，平时专备咨询建设，并担任点验、校阅、演习及特派等事宜，战时则选任为高级指挥官或担任其他重要职务。担任军事参议、咨议的人员，按规定必须是"曾任重要军职，学识优长，勋望卓著，久在党国服务之海陆空军将官及上校"；又规定参议为90人至180人，咨议为60人至150人，其中上将参议不得超过25人，中将参议不得超过50人①。实际上大多是安置一些高级闲散军官。

军政部隶属于行政院，成立初期掌理全国陆、海、空军行政事宜，监察指导各省区有关军政事务。设陆军、海军、航空、军需、兵工等五署和总务厅、审计处。设部长一人，上将或中将衔，经理部务，监督所属各厅、署、处的行政事宜；设次长二人，中将衔，辅助部长处理部务。由于海军署和空军署先后扩为部和委员会，1932年后军政部实际上仅掌管陆军行政。

海军部前身为军政部的海军署。1929年7月改署为部，直隶行政院，管理全国海军行政事务。内设总务、军衡、军务、舰政、军学、军械、海政等司和一个经理处。设部长一人，上将或中将衔，综理部务；政务次长、常务次长各一人，中将衔，协助部长办理部务。

（二）军队的编制和整理

（1）陆军的编制与整理

南京国民政府建立之初，其军队分别掌握在蒋系、冯系、阎系、桂系等军事实力派手中，蒋介石直接控制的"中央军"只占军队总数的一小部分，为了加强对各派军队的控制，蒋介石既对军事机构进行整顿，也

---

① 钱端升等著：《民国政制史》上册，商务印书馆1945年版，第290页。

对军事建制与编制进行大规模整理。

当1928年末蒋介石在形式上统一全国时，全国陆军主力有四个集团军。第一集团军，以蒋介石嫡系的部队为主干，由蒋介石任总司令。第二集团军为西北军，以冯玉祥为总司令。第三集团军为晋系部队，以阎锡山任总司令。第四集团军为桂系部队，以李宗仁为总司令。以上四个集团军"战斗员额几逾百万"[①]。此外，还有新易帜的东北军及其他一些地方部队。集团军以下的编制为军、师、旅、团、营、连、排、班。

1929年1月南京国民政府召开编遣会议，决定对全国各系军队实行压缩编遣，同时实行统一编制，平时不设军。师以下设旅，旅以下为团。师分为甲、乙、丙三种。该编遣方案只有利于蒋介石嫡系部队的扩充，因而遭到各地方实力派反对，未能实行。南京政府在一项报告中作如下记述："当十七年北伐告成，全国统一之际，全国军队均在政府统制之下，计有中央直辖部队及第一、二、三、四各集团军，第八路军暨其他闽、川、滇、黔、东三省各部队约计总数不下一百八十余万人。军队愈多，编制愈不一致。于是政府乃于十八年设国军编遣委员会，将全国军队收缩整理拟分期裁减，仅留五十万人。所有战时名义及编制一律取消。另由该会制定陆军暂行编制表，呈准公布施行。按此项编制，以师为最高单位，更分甲乙丙三种师。甲种师以步兵二(三)旅，每旅三团为基干；乙种师步兵三旅，每旅二团；丙种师，步兵二旅，每旅二团，并各配属其他特种兵若干。以便依各部队之质量分别改编，改编后每师原额约一万四千余人。乃编遣会成立决议各案正在进行，而李、白、阎、冯等即相继叛变，遂复中止。"[②]

1930年蒋冯阎中原大战前后，蒋介石曾将其嫡系部队和受其指挥

---

①　秦孝仪：《中华民国重要史料初编——对日抗战时期》绪编(一)，台湾国民党中央党史编纂委员会1981年版，第185页。

②　中国国民党第四次全国代表大会《国民政府总报告》(1931年11月)，秦孝仪：《中华民国重要史料初编——对日抗战时期》绪编(一)，第195页。

的地方杂牌军编制为若干"路"军,每路军设总指挥,统率几个师、旅不等。并在师直属队中增加了野战医院及修械所。1932 年 6 月 4 日,军事委员会通令对陆军实行统一编制,以军为直辖单位,隶属于军政部。初编制正规军为四十八个军,每军两个师,后不断扩建,到 1933 年 3 月,已达六十余军。各军长直隶于军政部,各师长对军长负责,军长不得再兼师长。每师增设工兵、辎重、通信等特种营,以提高战斗力。在 1932 年 1 月至 1935 年 7 月西南政务委员会存在期间,两广军队自成体系。

　　1935 年 1 月,国民政府在南京召开军事整理会议,布置整军工作。3 月,在武昌成立陆军整理处,任命陈诚为处长,负责全国陆军的整顿和训练。1936 年初南京政府开始第一期整编陆军 10 个师,称为"调整师"。到年底,共整编了 20 个调整师,配置了德国装备。继而又决定在以后二年每年调整 20 个师,连同已调整完的 20 个师,共 60 个师,"以作国防之基干"。另外,还决定同时整理 60 个师,称为"整理师",补充装备,使各师单位编制划一,"作为预备队,及守护地方之用"①。至1937 年 7 月国民政府对陆军实际调整、整理共八十五个师又九个独立旅,又有已适用调整编制而尚未充实者五个师。同时,国民政府对特种兵进行了整理。1937 年上半年,共编装甲兵一个团、炮兵四个旅又二十个独立团、铁道兵一个团、装甲汽车一个团、通讯兵两个团、工兵两个团。到 1937 年 7 月全国抗战爆发前夕,国民政府陆军已整理与未整理部队共计步兵一百八十二个师又四十六个独立旅,骑兵九个师又六个独立旅,加上特种部队,共约一百七十余万人。预定使用于第一线作战者,有步兵八十个师又九个独立旅,骑兵九个师,炮兵两个旅又十六个团。

　　(2)空军的建立和发展

　　南京国民政府成立后,着手筹组空军。1928 年 10 月,蒋介石命令在中央陆军军官学校成立航空队,开展飞行教育训练,培养航空人员。

---

　　①　秦孝仪:《中华民国重要史料初编——对日抗战时期》绪编(三),第 375—376 页。

同年 12 月,南京中央陆军军官学校航空队正式成立,由张静愚任队长,厉汝燕任副队长,李珉任飞行主任。同时,南京政府军政部设立航空署,由熊斌任署长。1929 年 5 月,南京航空司令部成立,张静愚为司令,蒋逵为参谋长,下辖三个航空队。1932 年 9 月中央航空军官学校在杭州笕桥正式开学,蒋介石兼任校长,毛邦初任副校长。1934 年 5 月,航空署从军政部划出,改组为航空委员会,蒋介石兼任委员长,宋美龄为秘书长,陈庆云为主任。原来附属于陆军的空军,成为独立的军种,并从国外购进数十架各种型号的飞机。这时空军编制共有八个中队。主要用于进攻红军根据地和参与对付其他军事实力派的战争。

随着国民政府对全国抗战的着手筹划,空军建设也得到了一定程度的加强。1935 年增加了六个中队。1936 年由于蒋介石用收买分化的手段使广东空军共六个中队归附南京,当年国民政府空军合计增编了十七个中队。至 1936 年底,增至三十一个中队,编成九个大队。其中三个航空机大队,三个驱逐机大队,两个侦察机大队,一个攻击机大队,共辖二十六个中队,还有五个直属中队和四个运输机队。总计全国空军共有各类飞机六百余架。全国有 262 个机场,六个飞机修理厂分设于南京、南昌、洛阳、广州和重庆。1936 年南京政府与意大利合办南昌飞机制造厂。1937 年 2 月又与德国合资兴建萍乡中国航空器材有限公司。至 1937 年春,中央航空学校和航空机械学校已培养飞行员、机械师各七百余名。同年 5 月,全国划分为六个空军区,先后在南昌、南京成立第三和第一空军区司令部。

(3)海军的改编

南京国民政府成立后,设海军总司令统辖海军,1928 年 12 月设海军署隶属于行政院军政部。当年共有各种舰艇 44 艘,排水量为 30281 吨①。此时,南京国民政府名义上虽"统一"了中国,实际上各军事实力派割据地方,海军将领也纷纷投靠各派势力,大致形成三个系统,即蒋

---

① 《海军沿革(1912—1938)》,中国第二历史档案馆藏档案。

介石控制的福建系、张学良的东北系和陈济棠的广东系。为统一海军，1929 年 3 月，蒋介石在上海召开海军编遣会议，4 月成立海军部，以陈绍宽任部长。将海军编为四支舰队：闽系为第一、二舰队，直属海军部，实为以蒋介石为首的中央嫡系。其中第一舰队下辖海容、海筹等 12 艘军舰，1934 年增至 15 艘。第二舰队下辖楚有、楚泰等 15 艘军舰，1934 年增至 21 艘①。东北海军为第三舰队，为原东北海防舰队和旧渤海舰队余部合编而成，归东北边防司令官公署节制。广东系为第四舰队，由广东拥有的一些舰艇组成，由陈济棠指挥。

　　国民政府虽成立了海军部，全国海军仍难以统一调遣。东北系仅有一支舰队，却拥有当时吨位最大最新式的海圻、海琛、肇和三艘主力舰，实力与拥有两支舰队的福建系差不多。1931 年后，东北系以青岛为基地，控制了长江口以北的广大海面。福建系则以马尾、象山为基地，控制了福建沿海至长江口以南的海面。广东海军没有大型军舰，实力较弱，遂以大亚湾为基地，控制了广东周围海域。1936 年 6 月，驻青岛的三艘主力舰因不满舰队司令沈鸿烈而脱离东北系逃往广东，但不久其中两艘又改投福建，东北系海军由此衰落。广东海军由于一些军舰年久失修，实力大减，至 1935 年，不再称第四舰队，改属广东江防司令部管辖。作为中央海军的福建系，经过历年建造舰艇的努力，又收编东北系两艘主力舰，还从日本定制宁海舰一艘，仿制平海舰一艘，实力有所增强。海军部成立后，曾制订了"海军建设六年计划"，但"为经费所限制，未能作大量之建设"②。至 1937 年全国抗战前夕，中国海军的编制仍为三个舰队，包括新建旧有合计 66 艘舰艇，其中吨位最大者为3000 吨，小者为 300 吨，连鱼雷快艇 12 艘在内，排水量总数仅为 59034吨③。

① 　包遵彭：《中国海军史》下编，中华丛书编审委员会 1960 年版，第 862—863 页。
② 　秦孝仪：《中华民国重要史料初编——对日抗战时期》绪编（三），第 380 页。
③ 　陈书麟、陈贞寿编著：《中华民国海军通史》，海潮出版社 1993 年版，第 383 页。

（三）外国军事顾问

在变幻纷繁的民国舞台上，始终活跃着一批来自苏、德、美、日等国的顾问。他们或受中国政府的聘请，或受本国政府的派遣。这些顾问来华后，有的运筹帷幄，指挥作战，有的折冲周旋，排解纠纷和穿梭外交。以黄埔建军为起点的国民党军队在大陆存在的二十多年里，与外国军事顾问的联系随着政治形势的变化而几经改变。

从1927年4月南京国民政府成立至抗日战争初期，来华服务的主要是德国顾问。德国顾问来华适应了两国的互相需要。国民政府需要德国的建军经验、军事技术进行内战和军政建设；德国需要中国的资源进行扩军备战。蒋介石在镇压军事实力派的反抗、"围剿"工农红军、整训军队等重大活动中，均获得德国顾问的帮助。

蒋介石夺取广东国民政府军政大权以后，就有意用德国军事专家代替苏联顾问，并通过曾留学德国的中山大学教授朱家骅出面物色德国顾问。1927年10月底，德国军事专家鲍尔上校到达广州，12月22日在朱家骅陪同下到达上海，会见蒋介石。这时蒋刚从日本回国，正准备重新上台。双方经过会谈，蒋介石正式聘请鲍尔为军事总顾问，但为掩人耳目，其公开头衔为"经济事务顾问"。1928年夏，鲍尔从德国率领一个由他负责的25人的顾问团来到南京。顾问团包括十名负责军训的军官、六名军械后勤军官、四名警政专家和五名经济、市政管理、铁路管理、医疗、化学方面的专家[1]。德国人把帮助蒋介石巩固政权视为实现"把中国变成德国的市场"[2]的重要条件。

鲍尔建议蒋介石的第一件事是加强军队训练，造就一支精锐的效忠于中央的部队，蒋十分赞同。鲍尔带领顾问团每周五晚上在南京三元巷国民革命军总司令部为国民党高级军官讲授德国的战略战术，并帮助蒋创办一批特种军事学校，如炮兵学校、坦克学校和无线电通讯学

① 《德国驻华军事顾问团工作纪要》，台北1969年版，第5页。
② 尤特内：《战时中国》，纽约1940年版，第8页。

校,大多由德国顾问教授。在1929年的编遣会议上,鲍尔为蒋起草了"军队编遣方案"。他建议把中国的军队改建成类似德国陆军的"分级式体制",即大量裁撤冗员,训练一支规模较小、战斗力较强的中央军。由于各军事集团间的矛盾,这一方案终成泡影。鲍尔在华工作仅半年,就染病去世。鲍尔临终推荐海尔曼·克瑞贝尔上校来华代理顾问团长,不足一年,顾问工作无大进展,以健康不适而辞职。

真正接替鲍尔遗缺的是1930年5月来华的盖尔格·佛采尔将军。他曾任德意志帝国陆军军务局局长,利用自己在军方的关系和影响,使德国国防部正式介入了顾问团的事务,此后顾问团成员的派遣和部分对华军火交易便由德国国防部负责。佛采尔在中国四年之久,他帮助蒋介石训练了后来成为中央军教导师的第八十七师和第八十八师,并亲任中央军校总教官。在他建议下,国民政府设立了通信、工兵、汽车、高射炮、海岸要塞炮兵等学校,建立了首都演习场和射击场。佛采尔曾多次赴南昌参加部署对中国工农红军的"围剿",提出"长驱直入"的战法,但由于在几次"围剿"中遭失败而未被重视,1934年春离职回国。

同年4月,在蒋介石的坚邀下,德国又派曾先后任德国国防军总参谋长、总司令的赛克特将军和他的副手冯·法肯豪森来华。在此之前,赛克特曾于1933年来华会见蒋介石并到华北等地考察,写成"陆军改革建议书",提出了有关军队训练、整顿等五项建议。赛认为国民党军队的"整个军事体系、训练、行政和财务必须隶属于一位领导人物之下"[1],主张集中权力于蒋介石。他还认为"军政部各部门,包括高级主管、军事部长在内,必须隶属于最高军事统师之下",这是"获致较大成效的先决条件"[2]。这些建议正符合蒋介石的心意。因此赛克特正式

　　①　《赛克特将军致蒋总司令重整中国陆军建议书》,见《传记文学》第41卷第6期,台北传记文学出版社,第116—120页。
　　②　《赛克特将军致蒋总司令重整中国陆军建议书》,见《传记文学》第41卷第6期,第116—120页。

受聘任职,蒋介石在南京为赛克特提供了最好的生活待遇和特权,设立了"总顾问办公厅",以法肯豪森为他的"总顾问参谋长"。德国顾问团此时扩展为五个部,即新部队训练部、旧部队训练部、军需和军工部、人事组织部和翻译部,共有德籍顾问61名,加上中方的"顾问事务处"人员共有120人①。在陆军大学、参谋本部、炮兵司令部、空军司令部、军需部和铁道部等各重要机构都有德国顾问。南京国民政府与德国之间的军火交易更加频繁,1934年初,一次就向德国国防部定购了22辆6吨级中型坦克、22辆2吨级轻型坦克,坦克炮弹16060发;轻机关5000挺;20响驳壳手枪10000支,配子弹500万发;德国二四年式七九步枪10000杆②。中德之间的政治关系也更加密切,1934年蒋介石派遣"政府考察团"前往德国。1935年4月,赛克特因年老体弱辞职回国。他回国后仍受蒋介石委托为发展中德关系继续周旋。

根据赛克特的推荐,法肯豪森继任德国军事顾问团团长。他在中国工作了四年多,直到中国全面抗日战争爆发之后。1935年8月20日,法肯豪森向蒋介石提交了一份《关于应付时局对策之建议》,阐述了他对于中国国防及抗日战略的构想。他的建议获了国民政府的重视,有些项目被逐渐落实。例如,到1937年抗战爆发时止,在法肯豪森主持下,中国军队整编30万人的计划已完成80%。同年5月17日,蒋介石亲自下令,"派法肯豪森为德国军事总顾问"。

蒋介石对德国军事顾问充分信任,力争与德国扩大合作,除了双方急切的现实需要外。还另有缘由。蒋对纳粹组织及其有效地在全国建立独裁统治很推崇,对德国在战败后的迅速崛起甚为钦佩,也是重要原因之一。

1935年11月23日蒋介石致函已回国的前德国军事总顾问塞克特,渴望加强中德两国在政治、经济、军事诸方面的全面合作,提出了一

①　柯伟林:《德国与中华民国》,江苏人民出版社2006年版,第124页。

②　国民政府财政部档案,中国第二历史档案馆藏。

些具体要求。同时,他向希特勒、德国国防部长及经济部长各致一函,托赛克特转交。1936 年,中德两国易货贸易合同签字,正式生效时,蒋又于 4 月 13 日致信向希特勒贺寿称:

> 德国总理希脱拉先生勋鉴:先生寿辰在迩(四月廿日),敬以充分诚意遥致庆贺。先生为德国力增光荣,时深钦佩。近时对于德华两国间经济合作热心主持,合同现在签字,使国交益敦亲睦,建设得有基础,尤为欣慰,特致谢忱,敬希察照①。

1936 年 5 月 13 日,希特勒复信蒋介石,内称:

> 赛克脱上将转来去年十一月二十三日大函一件,至为欣感。钧座决定与敝【鄙】国友谊合作,以实施建国事业,尤希引为幸慰者也。希于钧座勋业倾仰已久,关切亦深,尤愿竭尽绵薄,以资推进之助。中德两国之货物互换,实给予两国经济进展以莫大裨益,获蒙钧座异数关垂,谨为申谢。

> 贵代表团由顾振先生之导领,希获与之接席劳问,藉审钧座对于经济合作之感想,鄙见亦同,并深信两国互助合作所应有之先决条件已根本具备,而两国密切友谊之结合,必给予吾两民族以莫大福利,是以希对于此次交涉之良好结束至为庆幸者也。谨布尺楮,以表欣感,倘钧座不遗【弃】,尚希接受敝【鄙】国国防军之荣誉刀一柄,藉表希个人敬仰钧座及贵国之微意②。

继而,蒋介石希望德国能派来高级官员具体商谈合作事项,经赛克特等人的多方努力,当年 7 月,希特勒派纳粹第七军军长莱谢劳(Reichenan)炮兵中将来华考察,并对中国"国防经济诸问题"提供咨询。莱谢劳返德时,蒋介石再次修书致希特勒,托其转递。

实际上,基于双方利益关系的中德关系并不是建立在平等的基础

---

① 中国第二历史档案馆编:《中德外交密档(1927—1947)》,广西师范大学出版社 1994 年版,第 336 页。

② 中国第二历史档案馆编:《中德外交密档(1927—1947)》,第 335 页。

上的,蒋介石对希特勒的期望是一厢情愿。希特勒发展对华关系,是从他的全球战略考虑,"决不承认有必要与中国建立长期的友谊关系"。尤其是"雅利安种族优越论"使他对当时比较贫弱的中国表示歧视,在希特勒《我的奋斗》一书中,他将中国人与黑人同列为"劣等民族",以致遭到中国驻德公使刘崇杰的非正式抗议①。这不能不给中德关系蒙上阴影。30 年代由日本侵华而引发的中日矛盾,对中德关系的发展牵制很大。希特勒等德国政要人物既企图维持在中国的利益,更不惜牺牲中国来谋取与日本结盟,中国在他的战略中充其量只能是配角,"希特勒决不会因中国某些人对他的诸媚而给予回报"②。由于德国军事顾问团在中国的活动,引起日本当局的不安,他们通过外交途径,向德国政府施加压力,要求将德国军事顾问调离中国。终于在 1938 年 6 月间,法肯豪森被德国政府"勒令率团回国"。

　　这一时期在国民政府军中服务的还有美国、意大利等国的军事顾问。1931 年春,国民政府在美国顾问裘育德的协助下,在杭州笕桥成立中央航空学校。在该校担任飞行、机械和航空医务等方面教学的美国顾问共十三人③。抗战前夕,1937 年 6 月,美国空军退役军官陈纳德以私人身份应聘担任中央航校顾问。由于当时中国一部分军用飞机购自意大利,为此国民政府也曾聘请以劳地为首的意大利顾问来华协助建立空军。1934 年,在洛阳增设航空分校,学员全盘接受意式教育。意大利顾问对中国空军的发展也有一定影响。

　　(四)军衔制与军事教育

　　南京国民政府于 1931 年 4 月 13 日公布《陆军军官官佐及士兵等级表》,1934 年 7 月 24 日及次年 1 月 10 日重新制定了陆、海、空军的

---

　　①　郭德钰等主编:《德国外交档案:1928—1938 年之中德关系》,第 55 页。

　　②　柯伟林:《蒋介石政府与纳粹德国》(中译本),中国青年出版社 1994 年版,第 171 页。

　　③　陈栖霞等:《蒋介石空军重要训练基地——笕桥中央航空学校》,《浙江文史资料选辑》第 5 辑。

《官制表》和《士兵等级表》。基本沿用了北京政府时期的军官等级和军衔称谓,即将、校、尉三等九级,增加准尉一级,介于军士和军官之间,并规定军官军佐衔称上须冠以本军种字样,如陆军少将、空军中校、海军上尉等。士兵分为军士、兵卒两等,级数称谓不尽相同,陆空军为六级,海军为八级。各专业士兵称谓有别,如机械、通信、摄影、测候等专业兵种,称一、二、三等军士,上、一、二等兵。1935年3月,国民政府决定把上将分为一、二两级,并增设特级上将,然有名额限制。整个军衔等级增至十八级。此次规定凡中将建有殊勋者升任二级上将,又建殊勋者晋为一级上将。不设大将或元帅制,以特级上将为最高军衔,授予陆海空军最高军事长官,实际上这一级衔是专为蒋介石而设的。1936年,又在中将与上将之间增加上将衔一级,授予合乎上将条件,但因员额所限而未能晋升者。军用文官或佐属,分简任三阶,即同中将、少将、上校;荐任二阶,即同中校、少校;委任三阶,即同上尉、中尉、少尉。

在抗战前,国民政府军队还实行官、职区分制度,任官要求较严格,其升迁凭"资"与"绩"。每级都有最高年龄限制,超龄即须退役,后因战争频繁,退役制度并未实行。军官,包括军用文官,必须经过军队院校培养或专业训练才能被选用。但上述制度只限蒋介石嫡系部队,其他派系的军队仅为参照执行。

在统一了全国各军、兵种军衔制后,国民政府于1934年12月还对内蒙、西康、西藏、新疆等边疆地区的武职人员实行一种特殊的军衔制度,共分三等十级。其称谓类似清末的军官衔称,依次为都统、副都统、协统、都领、副领、协领、都卫、副卫、协卫、准卫。

国民政府创办不少军事学校。中央陆军军官学校(简称中央军校)是南京国民政府设置最早的军事教育机构。1928年创办,直隶于南京国民政府军事委员会,蒋介石、李济深、何应钦分任校长、副校长和教育长。1929年以后,张治中接任教育长,实际负责军校教育,校务一切事宜,直至抗战开始。其办学宗旨完全服从于蒋介石的统治需求,主要为其培养陆军基层军官,并短期训练部分在职军官,以此建立一支以黄埔

系为骨干并具有现代化训练素质的国民党武装。该校每年招收 18 至
20 岁高中毕业生约千人,学制三年,毕业后以少尉补用。1932 年增设
高等教育班,招收上尉以上军官深造,学制一年。至抗战前夕,共办五
期,每期 500 人。另外,1931 年国民政府接收了北京政府的陆军大学,
从北平迁至南京续办,并设正规班,主要招收军事机关的中尉至中校级
军官,学制三年。陆大设有战术系、情报系、军制系、后勤系等,另设特
别班、补习班和函授班。

　　在空军军官的培养方面,1931 年 7 月,在杭州笕桥成立中央航空
学校,由美国、意大利军官担任教练。该校分为初、中、高三个班。初级
班设在洛阳、广州,中级和高级班设在杭州本校。到 1937 年 2 月,毕业
的飞行生约 700 人、机械生 340 人。1936 年,又在南昌创办中国航空
学校,到 1937 年,共有毕业生 319 人。

　　在海军的培训方面,有福州海军学校、青岛海军学校等,1932 年在
镇江(后迁江阴)设电雷学校,实际也是培养海军舰海、轮机人员的。其
中福州海军学校(前身为马尾船政学堂)在 1930 年规定,各省市可按定
额保荐学生应考,在南京复试后,按成绩录取。

　　此外,1931 年以后,南京政府还创设了步兵、炮兵、骑兵、工兵、辎
重兵、警官、防空等学校,学制多为一年,招收中尉至少校级军官,各校
每期人数约 100 至 200 人。同时,还创办了兵工、军需、军医、测绘、兽
医等学校,学制一般为三年(兵工五年),各校每期招收高中毕业生数十
至百余人。

　　1933 年 7 月,蒋介石为"整军饬政"和准备第五次"围剿"中央苏区
红军,在庐山开办"中国国民党赣、粤、闽、湘、鄂北路剿匪军军官训练
团",简称"庐山军官训练团"。由蒋兼任团长,委"剿匪中路军"总指挥
陈诚为副团长,聘请数名德国军事顾问及美、意军事教官,分期抽调赣、
鄂、湘等省"剿共"部队校、尉级军官实行短期轮训。蒋介石特手编《剿
匪手本》、《剿匪要诀》、《剿匪部队要旨》等作为教材。1933 年内该团共
办了三期,轮训军官七千五百余人。1934 年夏,蒋介石又下令召集全

国各部队高级将领分三批赴庐山集训。

南京国民政府军队的训练,一般由团一级制定年度计划主持进行。训练的依据和内容,是译自日本的典(步兵、炮兵、工兵操典)、范(射击教范)、令(阵中要务令及内务、礼节等条例)。1935年,步兵学校参考日、德操典,结合国民政府军队的情况,编写了一部步兵操典,由训练总监部颁行。训练分为制式(基本)和战斗(应用)两个阶段。每一个阶段,均从单兵开始到班、排、连、营、团,进行检阅和合练。

(五)征兵制的实行

近代中国军队向采募兵制。南京国民政府成立后,开始改募兵制为征兵制。1928年拟订《征兵制实行准备方案》。1929年7月,军政部制定兵役法八条原则,规定"将现时募兵制度渐改为征兵制度"①。1933年6月17日公布《兵役法》,经1935年3月2日修正并定于1936年3月1日施行②。《兵役法》共十二条,将兵役分为国民兵役和常备兵役两种。国民兵役是基础兵役,凡年满18岁至45岁的男子应征入伍后为现役,为期三年,期满后为正役,为期六年,平时在乡应赴规定之演习,战时召集回营;正役期满为续役,至40岁为止,任务同于正役。该法又规定,"在地方自治未完成之区域,得就年龄合格、志愿服兵役之男子募充之"。也就是可以继续实行募兵制。这表明这部《兵役法》采取了征募并行的折衷办法,这就为带兵长官用"抓壮丁"方法扩充个人实力开了方便之门。

1935年11月,国民党"五大"通过了《请改良兵役制度,实行征兵案》与《应速行全国征兵制》案,确定1936年为《兵役法》实行之年。当年3月,兵役主管机构军政部将全国划分为60个师管区、10个预备师管区,每一师管区配置一个调整师为主,一个整理师为从。5月间,先

---

① 《中华民国史档案资料汇编》第5辑第1编军事(1),第264页。

② 经1935年3月2日修正公布的《兵役法》,《中华民国史档案资料汇编》第5辑第1编军事(1),第275—277页。

行在河南、安徽、江苏、浙江、江西、湖北六省设立 12 个师管区,每一师管区下辖四个团管区。7 月间开始调查、检查、抽签等征兵事宜。

1936 年 9 月 8 日,国民政府发布《推进兵役制度昭告国民令》,要求全国人民服兵役。通令称:"凡我国民须知服兵役为人人应尽之义务。际此国步艰屯之时,宜有发愤自强之计。征兵制度为充实自卫力量根本要图,各国行之已久,急起直追,未容再缓。务期全国人民一致醒悟,共策进行。其依法应服兵役者,尤当淬励奋发,踊跃应征。"至当年 12 月,全国共征召五万新兵入营,这是民国史上首次依征兵制征召的新兵。

国民政府也比较重视国民军训工作,提高国民的军事素质。1933 年 8 月,蒋介石提出,"高中及中学大学生毕业时,应先习军事教育三个月,方给文凭",中央应设一国民军事训练处,"将全国优秀者轮流军训"[①]。到抗战爆发时,全国已训练高中学生 22.4 万人,专科以上学生 6.434 万人。1936 年《壮丁训练实施纲要》颁布后,当年便训练完毕壮丁五十余万人,正在训练者约一百万人。兵役制度的改革和国民军训的推行,为全面抗日战争爆发后兵源的及时补充做了一定的准备。

三　保安队和民团的编组训练

民国成立后,由于乡村面积广大,警力不足,地方治安全靠民团、乡团等地方武装维持。但多无统一名称与编制,各行其是,妨碍政令的推行。南京国民政府建立后,蒋介石为巩固其统治,重视加强对地方武装的控制。1928 年 5 月间还在二次北伐期间,蒋介石连续致电南京政府内政部、浙江和安徽省政府,要求迅速在各县"编练民团"[②]。1929 年 7 月,南京政府公布了《县保卫团法》,规定:"凡各县原有之乡团,及其他

---

①　《抗战前的国防建设史料选辑》,台北《近代中国》第 47 期。

②　秦孝仪:《中华民国重要史料初编——对日抗战时期》绪编(一),第 398—399 页。

一切自卫组织,均应依本法之规定,改组为保卫团。""各县保卫团之组制,每闾为一牌,以闾长为牌长;每乡或镇为一甲,以乡长或镇长为甲长;每区为一区团,以区长为区团长;县为总团,以县长为总团长。""凡二十岁以上,四十岁以下之男子,均有入保卫团受训练之义务。"①但此法实施结果却使保卫团为地方豪绅所把持,鱼肉乡民,为所欲为,民怨沸腾。蒋介石也认为:"查向日各地方之民团,虽极为发达,而其腐败情形,与弊害之大,亦不堪殚述。一县之内,各区各乡,自为主宰,甚至一村一姓,均据为私有,十九皆为土劣豪猾所把持操纵,形成零碎分割之状态,编制参差,枪械窳敝,勒收捐税,敛财中饱,实际毫无力量,动辄闻警先逃。邻县邻乡之匪警,尤视为秦越,不相救助,绝对不能保护地方。而平时则官吏被胁持,民众受其压迫,不惟无益,适成祸胎。"②为此,1933 年 1 月,豫鄂皖剿匪总司令部公布了《剿匪区内各省民团整理条例》,训令各省执行。从此国民政府除统率正规军外,还加强了地方武装力量,统一建立省以下的地方保安机构和保安团队。

《条例》针对已往各地民团原有的弊端,详立体制,加以整顿。首先,改正名称,规定凡各县武装民团,一律改称各县保安队;凡武装不健全的民团,及无武装之壮丁,在红军未到过的县,一律称为壮丁队,凡红军到过之各县,一律称为"铲共义勇队"。其次,划一编制,各县保安团以中队为单位,每一中队总计官兵为 117 人,以上设保安总队、保安大队,各分甲、乙两种。甲种保安总队辖九个中队以上,乙种保安总队辖六至九个中队;甲种保安大队辖四至六个中队,乙种保安大队辖二至四个中队。省以下保安队按下列系统管辖或指挥:省保安处长——各区行政督察专员兼区保安司令——各县县长、保安总(副)队长、保安大

————————
　　①　《保卫团法》,戴鸿映编:《旧中国治安法规选编》,群众出版社 1985 年版,第208 页。

　　②　秦孝仪:《中华民国重要史料初编——对日抗战时期》绪编(一),第 398—399 页。

(副)队长——中队(副)长。《条例》还规定,"保安队各负本县清剿匪共,维持治安之责任。但遇邻县联防会剿时,应受区保安司令之指挥。遇大军驻在本区或本县作战时,应随同区保安司令共受驻军高级将领之指挥,不分畛域,尽力协助。遇有必要时,区保安司令并得将甲乙两县之保安队互调驻防"。为此,各县保安队必须进行军事与政治训练。军事训练分为术科与学科两种,内容包括战斗教练、警戒勤务及封锁纲要、陆军刑法摘要、连坐法等。政治训练内容包括三民主义问答、党国组织大要、保甲条例摘要,公民常识(国民对于国家社会的责任及其应尽的义务)、精神讲话(礼义廉耻、忠孝仁爱、信义和平及衣食住行应守的规则等项)等。

《条例》又规定"铲共义勇队或壮丁队""概由十八岁以上四十五岁以下之男子编成"。一保编为一小队,一乡或镇有二保以上者合编为一联队,一区合编成一区队,一县合编成一总队。其官长队兵,"概为无给职",但因救灾、御匪、修路不能回家膳宿时,由保甲经费酌予必要的给养①。

规定"铲共义勇队"或壮丁队的任务是:"一、编成巡察队,专任巡逻、放哨、侦查、搜捕及一切警戒事项;二、编成通信队,专任联络、报信、转递公文及一切通报事项;三、编成守护队,专任防御工事、电杆、桥梁及一切交通设备之守护事项;四、编成运输队,专任军实军粮之分站运输及其他一切协助事项;五、编成工程队,专任防匪碉楼、堡塞或其他工事之设备暨过境公路干线或本地方应备支线之修筑、缮补事项;六、编成消防队,专任水、火、风灾之警戒及救护、抢险事项。"②

---

① 《剿匪区内各省民团整理条例》,《国民党政府政治制度档案史料选编》上册,第455—456页。

② 《剿匪区内各省民团整理条例》,《国民党政府政治制度档案史料选编》上册,第456页。

　　以上各项任务,通常由省保安处派定专员指导各县组织训练班,分赴各区就地训练或调集各级队长、队副轮流训练。具体训练时间,由各省保安处规定。各乡镇和各保还要将队员、队丁名额及各种机械种类数目造具清册,由区报县,由县报省保安处。

　　以上队员、队丁的行动还要按照保甲户口条例的规定,实行"联保连坐切结",彼此要"互相劝勉监视,绝无通匪或纵匪情事,如有违犯者",共"负连坐切结之责"。

　　1934 年 6 月 1 日,蒋介石在南昌主持召开苏、浙、闽、鄂、豫、皖、赣、湘八省保安会议,讨论保安团组织、军事训练及保甲组织等事项。当时,上述八省的"民团"已扩大到 1700 万人。会议决定训令各省切实训练保安团警,统一名称,划定管辖区,统一经费,整顿训练,并制定了《各省保安制度改进大纲》,以使保安队能"执行宪兵、警察职务以保卫地方之安宁,并普及国民教育与确立宪兵制度之基础"①。大纲规定,"省设全省保安司令,由军事委员会委员长呈请国民政府任命各省政府主席兼充。在省政府中特设保安处,秉承全省保安司令之命,掌理全省保安事宜"②。至此,保安团队的统率体制更加健全。总的原则是:"各省保安团队以达到国家管理为最终目的。其进行步骤,应首先统一于县,进而统一于区,再进而统一于省"③,逐步形成保安团队由国家管理,地方使用,在省内划定若干团管区,轮训壮丁,以便由小规模的抽丁制过渡到大规模的征兵制。该大纲还提出整齐训练。这也就是要逐渐达到"寓兵于团"、"寓教于军"、"寓管于卫"的目的。

　　1934 年 7 月 29 日,蒋介石制订《改善保安团队大纲》,函送国民党中政会、行政院备案。大纲计七章三十一条,要旨为统一名称,训练划一,统一经费等,令苏、浙、闽、豫、鄂、皖、湘、赣、陕、甘等省切实遵行。

---

① 程懋型:《现行保安制度》,中华书局 1936 年版,第 58 页。
② 《国民党政府政治制度档案史料选编》下册,第 349 页。
③ 《国民党政府政治制度档案史料选编》下册,第 349 页。

至 1935 年多数省的保安团队整编完毕或正在进行。据上述各省呈报，当时已改编的保安团队情况如下：

江苏省：已有保安团四团，共十二个大队，五十八个中队。各县保安大队，计十四个，共一百六十一个中队，另有实业大队四个，共十三个中队。

福建省：有省属保安团八个，共辖二十个大队，七十六个中队；又四个独立大队，共十七个中队。区属二个保安团，共辖七个大队，十九个中队；又四个独立大队，共辖十二中队。县属四十三个大队，共辖八十二中队；又十三个独立中队，另收编民军二团，辖十六个大队，又十三个独立大队，十三个独立中队。

河南省：有省属保安团四团，附无线电台，又保安团十一团，还有骑兵、炮兵、特务、通讯、汽车，共五个中队。

浙江省：有省属保安团四团，共辖十二个大队，四十八个中队；又一个迫击炮中队，一个通讯排，三个无线电台。区司令部九个，军医院一个。县属保安大队十五个，辖六十个中队，又有县属训练队若干。

湖北省：有省辖保安团四团，区保安大队四十二个，共辖一百七十个中队，又有一个机关炮分队。

江西省：有省保安团二十团，共计六十一个大队，二百四十九个大队，每中队枪兵九十名。

安徽省：有省辖团二团，一个独立大队，共步兵二十七中队，特种兵五中队；新编十个团，共步兵一百二十个中队，特种兵十个中队。

陕西省：各县保安队编制人数，计有官长 1262 人，队兵 18104 名。

湖南省：共分八个保安区，共有保安团十七团，及一个独立营，二个独立连。

甘肃省，设治局等十三个，保安队有五个大队，辖十中队，十二个分队①。

---

① 参见秦孝仪编：《中华民国重要史料初编——对日抗战时期》绪编（一），第505—508 页。

第二节　保甲制度与特务组织的建立

一　保甲制度的内容和实施

(一)保甲制度的历史演变

中国的保甲制度是县以下的一种地方统治制度,既是传统的人口户籍管理制度,又是历代统治者为应付战乱,统制民力,实行人口管理军事化的一种办法。它的历史久远,萌芽期可追溯至西周,到宋代已较为完备,历代相沿,至明、清又有较大的发展。清王朝被推翻后,保甲制度曾经松弛。南京国民政府成立后,蒋介石提出要在其统治区内编组保甲民团的旨意,得到了部分省地方长官的响应。至30年代在全国推行了"保甲运动",成为国民政府辖区内占主导地位的人口管理制度。

1928年5月23日,当国民政府二次北伐期间,蒋介石以总司令名义从徐州给内政部长薛笃弼发出急电,指出应在江苏、浙江、安徽三省"速即筹备清查户口,清丈土地,编练民团,订立保甲,修筑马路"等,认为"今日各地警察腐败已极,欲求整顿,非经长时间之教练不可,故为今之计,莫若兴保甲,办团练,此法虽古,可行于今,且甚易兴办而能确实也"①。同时蒋介石也分别电促浙江代省主席蒋伯诚、安徽代理省主席孙棪,"须编练民团与订立保甲,亦为当今急务,尤须限期成立"。随后,两省分别复电表示积极进行。浙江省政府复电称:"关于编练民团及订立保甲法一案,亦已积极筹备,本省街村制及施行秩序皆经议决公布,现正通令限期将街村闾邻长副一律选出,令使责成编练保卫团及实施保甲连坐办法。并已拟具街村保卫团条例及闾邻连坐法草案,提出

────────

① 参见秦孝仪编:《中华民国重要史料初编——对日抗战时期》绪编(一),第398—399页。

委员会讨论,一俟议决,即行颁布施行。"①此后,因各地派系斗争,内战不断等原因,地方机构未能及时整顿。保甲制度也在一些地方施行,但因中央当局并未颁布统一的保甲法规,各地杂乱不一。20年代末,江苏、广东等东南沿海各省已经开始有保甲组织,而名称并不统一。如江苏以五至十家为一"甲",三十至五十家为一"保"。又如广西有"村甲制",云南有"团甲制",而广东则以二十五家为一"牌",以数牌为一"甲"。全国多数地区有"闾邻制",即以五户为一邻,五邻为一闾。

　　1928年10月,国民党二届中常会第一七九次会议通过《下层工作纲领案》,将保甲运动列为全国七项运动之一。南京政府也称要遵照孙中山的遗训,拟定"地方自治"法规,作为"训政"时期的重要任务。自1929年6月起,陆续颁布条例,在全国推行县——区[或乡(镇)]——闾——邻的层级制度。如在1930年颁布的市组织法里规定:市区划分为区、坊、闾、邻四级组织,以"五户为邻,设邻长;五邻为闾,设闾长;二十闾为坊,设坊长;十坊为区,设区长"。县组织法规定,县以下分为区、乡、镇,乡镇之下设闾、邻。但这些规定均没有得到顺利推行,而很快被保甲制度所取代。

　　1931年夏,蒋介石对江西苏区发动第三次军事"围剿"时,为了配合军事进攻,"剿匪"总司令部党政委员会的地方自卫处研究了保甲制度,草拟了保甲法规,下令在江西修水县等四十三县试行"编组保甲,清查户口"工作,废止旧有的乡(镇)闾邻组织,继而将保甲推广到江西全省。1932年6月,蒋介石调动大军发动第四次"围剿"时,将在江西试行的保甲法规加以修订,于8月在豫、鄂、皖三省接近苏区的地区颁布《施行保甲训令》及《剿匪区内各县编查户口条例》。从此,保甲制度被南京国民政府以法律形式在河南、湖北、安徽等省正式施行。当时,蒋介石在《豫鄂皖三省剿匪总司令部施行保甲训令》中,列举了"地方自治"的七大弊端,极力鼓吹推行保甲的必要性。他称未经训练的农民仍

---

　　①　参见秦孝仪编:《中华民国重要史料初编——对日抗战时期》绪编(一),第505—508页。

守旧习,缺乏自治能力。自治人员的选举也为人们所忽视,导致各乡镇间邻组织始终没有健全。农村百业凋零,无实力同时举办自治与自卫,而土劣却借团防之名培植武装,大肆搜括。自治法规繁琐,无法执行。此外,中国农村家族制度本来极为发达,如要安定地方,只有以家族中心的家长制"以为严密民众组织之基础,乃可执简而驭繁"。因此,挽救之道在于办保甲,"先谋自卫之完成,再作自治之推进"①。

1934年,国民党中政会第四三二次会议议决由行政院通令各省市切实办理地方保甲。据此,行政院于同年12月通知各省普遍实行保甲制度。保甲制度便由"剿匪区"推向全国,从此进入所谓"保甲的复兴"②阶段。

(二)保甲条例的主要内容

国民政府宣称编组保甲的目的在于"严密民众组织,彻底清查户口,增进自卫能力,完成剿匪清乡工作"。其主要内容是:

(1)编组保甲,清查户口。《剿匪区内各县编查保甲户口条例》规定,"剿匪区内各省县长应根据实际情形划分全县为若干区,依照本条例之规定,限期编组保甲,清查户口"③。各县地方原有层级太多,名目不一的自卫组织一律编为保甲。编组标准的基本形式是十进位制,以户为单位,设户长,十户为一甲,设甲长一人,十甲为一保,设保长一人,十保以上为乡镇。即使是寺观庙庵之僧尼,水上漂泊之船民,或公署兵营之公务人员及其他公共处所的住户,均属在编之列。在具体实施时,采用了有弹性的做法,规定"甲之编制以十户为原则,不得少于六户,多于十五户","保之编制以十甲为原则,不得少于六甲,多于十五甲","乡(镇)之划分以十保为原则,不得少于六保,多于十五保。"继而,各县由县长派员充任保甲户口编查委员分赴各区会同保甲长挨户清查人口,

① 见闻钧天:《中国保甲制度》,商务印书馆1935年版,第547—549页。
② 李宗黄:《现行保甲制度》,中华书局1945年版。
③ 《国民党政府政治制度档案史料选编》上册,第407—408页。

各户成员逐一登记,内容包括性别、年龄、婚姻、文化程度、职业、家中有无枪支,连失踪或迁居异地死亡者也要登记在册。以上事项经过复查审核后,由当局编造清册,并按编定各户挨次发给门牌,令各户张挂户外易见处,以备军警及保甲长随时检查。

(2)订立规约,推行联保连坐。保甲编定后,由保长负责召集甲长开会议,强行订立《保甲规约》,强迫民众承担各种义务,如勒令住民协同盘查境内出入人员,遇有形迹可疑分子必须报告,甚至帮助捉拿、取缔;对于"匪患"进行警戒、通报及搜查;修筑碉堡、公路和交通设备;关于经费筹集、征收、保管、支用及办理报销;对保甲职员及"住民怠于职务"者的处罚等事项。同时强制实行"联保连坐法"。联保就是各户之间实行联合作保,共具保结,互相担保不做违法之事;连坐就是一家有罪,结内他户举发,若不举发,结内各家连带坐罪,规约规定各户户长除一律加盟保甲规约外,"应联合甲内他户户长至少五人,共具联保连坐切结,声明结内各户互相劝勉,监视,无通匪或纵匪情事,如有违犯者,他户应即密报惩办,倘瞻徇隐匿,各户须负连坐之责。"①"此项切结,由甲长面交各户长,依次签名,不能亲书姓名者,得请人代书,但须在姓名之下捺印,并由甲长签押。有为匪、通匪、纵匪,证据确凿之户,则执行搜索、逮捕之紧急处置。否则邻居各户,不得借口拒绝与联保,保内除公共处所外,凡各寺庙,亦应互具联保连坐切结……新迁入户,应与同甲各户联保。"②内政部也发布连坐暂行办法,规定出具连坐切结时,由户长签名盖章或画押,一式两份,正结存县,副结存区。各户如发现另户为匪、通匪、窝匪等情,应立即报告,如隐匿不报,便以"庇护罪"或"纵匪罪"论处。

(3)抽选壮丁,编练民团。保甲内18岁以上、45岁以下的男子编成壮丁队,平时受军事政治训练,必要时编成武装民团,分区分期实行

①　《国民党政府政治制度档案史料选编》上册,第411页。
②　闻钧天:《中国保甲制度》,第678—679页。

集合训练。在一些有红军活动的地区,则组织"铲共义勇队",各甲的壮丁编为班,甲长兼充班长;各保设分队部,保长兼任分队长。其任务是救灾御匪,搜捕"匪共",建筑碉楼堡寨、公路,递送情报、通信,守护、巡查地方、清查户口等。

(4)强迫劳役,摊派费用。保甲条例规定,壮丁队及住民要在保长、甲长督率下,办理救灾、御匪或建筑碉楼、堡寨、公路等事务。保甲经费得向保甲内之住民征集。保甲经费则名目繁多,数不胜数。例如保长办公处书记之生活费,保甲长因公赴县之旅费,壮丁出队时之伙食费,保长办公处其他必要杂费等都要由保甲经费开支①。这就既加重了住民的负担,又为保甲长进行敲榨勒索提供借口。

(5)保甲长的选任与职权。保设保办公处,有正副保长及民政、警卫、经济、文化干事各一人,保长兼任壮丁队或"铲共义勇队"队长和保国民学校校长,与乡(镇)长一样,亦实行政、军、文"三位一体"。保甲制对保甲长人选极为严格,有的省份明文规定有"以下情事之一者不得充任保甲长:一、年未满二十者;二、寄居当地未满二年者;三、有危害民国行为曾受徒刑之宣告者;四、剥夺公权尚未复权者;五、曾为赤匪胁从虽准悔过自新尚无忠实事实表现者;六、吸食鸦片及麻醉毒品者;七、无正当职业且无恒产者;八、行为不正乡里不齿者。"②这些规定保证了保甲长必须代表地主、富豪的利益。力图通过保甲强化国民党的统治基础,并牢固地控制民众。保甲长的人选,形式上是保甲内互相推举,实际上在地方政府的操纵和庇护下,当选保甲长的人大多是那些地方豪绅、地主富农或与当权者有千丝万缕联系的人。保甲条例还规定"县长查明保甲长不能胜任,或认为有更换之必要时,得令原公推人另行改推"。按条例规定,保长的职责是承区长的指挥监督,负维持保内安宁秩序之

---

① 《江苏省保甲办理经过情形及今后整理计划》(1937年2月),中国第二历史档案馆藏。

② 《江苏省清查户口编组保甲规程》(1934年2月),中国第二历史档案馆藏。

责,具体规定是:监督甲长执行职务;辅助区长执行职务;教诫保内住民毋为非法;辅助军警搜捕匪徒;对"悔过自新者"之察看管束;检举或处罚违犯保甲规约者;分配督率保内应办防御工事之设备或建筑;执行保甲规约上之赏恤事项;经费收支与预决算之编制;壮丁队之督率训练,武器保管等。甲长的职责是承保长指挥监督负责甲内安宁秩序之责,具体为:辅助保长执行任务;清查甲内之户口编制门牌取具联保连坐切结;检查甲内奸宄及稽查出入境人民;辅助军警及保长搜捕匪犯;教诫甲内住民毋为非法;抽选壮丁,训练服务等。实际上,在保甲长中有些人私设公堂,鱼肉人民,盘剥勒索,无恶不作。

(6)配合国民党军"围剿"红军。保甲法所采取的措施都是针对"围剿"红军而订立的,在具体条文中还立专条加以强调,如第二十七条规定,"壮丁队遇军警搜捕匪共时,应受军警长官之指挥,尽力协助,于搜捕、追剿已达本区域以外时,亦应受军警官长之指挥,互相应援"①。第三十八条又规定,凡是侦察到红军动向,破获了红军重要机关,擒获了红军重要人物,搜获了红军埋藏的枪支粮食等,因而立功或伤亡者,均可受到奖赏或抚恤,鼓动一些不明真相的民众或坚决反共分子充当炮灰。

(三)保甲制度的施行

豫鄂皖三省剿匪总司令部于 1932 年 8 月颁布《剿匪区内各县编查保甲户口条例》时,并制订各路完成保甲限期进度表,说明进行步骤及其办法,要求三省各路在当年 9 月、10 月、11 月等月开始编查。由于准备工作不足,各省工作有所推迟,例如河南定当年 12 月 1 日为保甲编查开始期,在大约三个月内分三期展开编查工作。

第一期主要办理事项是:县政府将"编查保甲户口条例"研究讨论后,用白话向民众公布,说明推行的理由、意义及施行程度;划分县属为若干区,指定区公所地点,宣布旧制区乡镇间邻组织一律停办;筹措办

---

① 《国民党政府政治制度档案史料选编》上册,第 412 页。

理编查经费,并制订各区需要开办费的标准,由地方款项下先行筹垫支付;选派地方绅士为保甲户口编查委员,分赴各区协同区长赶办保甲;决定先行挨户编号日期。县长赴各区视察,并将上述各项实办情况按旬上报。

第二期主要办理事项是:区长会同编查委员先行挨户编号,暂不查户口,而令各户推定户长;区长与编查委员分批召集户长,讲明编查的意义和方法并令各户推定甲长;区长委定甲长,编甲、户号数上报县政府;设甲长办公处,区长与编查委员召集甲长,讲明甲长的责任和编查保甲的意义及方法;推举保长,并由区长和编查委员召集他们讲明保长的责任;区长编定保号,呈请县长委任保长,继而互推联保主任和组设保与联保办公处;保长编定保甲经费收支预算,汇呈区长核呈县长决定;县政府根据保甲条例规定的样式,印制编查保甲的各项表册、门牌、联保连坐切结等。

第三期主要办理的事项是:县长召集区长和编查委员会议,决定实行编查户口的日期与程序;区长召集保长,保长召集甲长,依次开会,分发表册门牌切结并告之填写方法,由县长指挥监督各区长,区长会同编查委员指挥监督各保长,保长指挥监督各甲长户长,编挂门牌以及详细填写户口调查表,然后逐级汇总复查上报;制定各项保甲规约,由保、甲、户长签名,各甲长将切结分交各户长,共具联保连坐切结并汇呈保长、区长;县长赴各区巡视督饬各区保甲长等实行各项保甲任务等。

至1933年,豫、鄂、皖三省分别上报基本完成编查保甲,清查户口的工作。其中河南省的经扶、固始两县,湖北的通城、阳新、黄安、宣恩、鹤峰五县,安徽的嘉山、立煌两县延至1934年才先后宣告编查完毕。江西省编查保甲虽在豫、鄂、皖三省之先,因战争频繁剧烈,至红军长征后才完成编查工作。福建省各县于1934年8月开始编查,至次年结束。陕西、甘肃、江苏、浙江、湖南在1936年进行编查①。到1936年底为

---

① 秦孝仪:《中华民国重要史料初编——对日抗战时期》绪编(一),第497页。

止,全国有湖北、湖南、安徽、陕西、福建、浙江、江苏、甘肃、宁夏、江西、河南、绥远、四川十三个省及北平、南京两市先后推行了保甲制度①。

从 30 年代初开始推行的保甲制度,陆续在全国范围落实编查,绝大部分省份皆以《剿匪区内各县编查保甲户口条例》为蓝本,结合实际贯彻实行。也有个别省份在具体名称和实施上并不完全相同。如1935 年 1 月颁布的《绥远省政府试办保甲暂行规定》中规定,"编查保甲仍沿用原有之组织,以户为单位,户设户长,户以上为邻,邻以上为闾,闾以上为乡镇,乡镇以上为县区"。"乡镇长同于保长阶级,闾、邻长同于甲长阶级"②。各省份编办保甲时间的先后也不尽一致,约于1934 年至 1935 年间达到高潮。江苏省主席陈果夫亲自审定的《关于江苏省办理保甲案》在 1936 年初发布时指出:"本府为安定社会充实民众自卫力量起见,令饬南通、盐城、淮阴、东海、铜山五行政督察区所属各于本年四月一日起先行试办,其他各县于本年十一月起一律举办。"③

蒋介石通过推行保甲制度,加紧对城乡人民的控制、束缚和掠夺,加强了地方民团的武装力量,配合了"剿共"战争,同时编查了户口对开展经济建设和巩固其独裁统治发挥一定的作用。1937 年 2 月国民政府内政部向国民党五届三中全会的报告中说:"值兹非常时期,民众应有严密组织,以资运用,地方应有自己力量,以助国防,均有赖于保甲制度之健全。"④这时,鉴于全国人民和国民党人士强烈要求"停止内战,联共抗日"的呼声,这次会议也通过了实际上结束内战的决议案。在形势的推动下,国民政府不得不将 1932 年颁布的《剿匪区内各县编查保

---

①　参见《申报年鉴》1936 年。

②　《绥远省政府试办保甲暂行规程》(1935 年 1 月),中国第二历史档案馆藏。

③　见王云骏:《民国保甲制度兴起的历史考察》,《江海学刊》1997 年第 2 期,第132 页。

④　《中国国民党五届三中全会内政部工作报告》,《革命文献》第 71 辑,第335 页。

甲户口条例》作了某些修改，以《修正保甲条例》的名称向全国公布。修正后的保甲条例比以前的条例有了一些小的变化。从立法程度和施行范围看，原条例颁布机关是鄂豫皖剿匪总司令部，仅在所谓"剿匪"省份推行，《修正保甲条例》则经立法院通过，由行政院令全国实行；从举办保甲的目的看，原条例以"剿匪"为中心，而修正条例则标榜"本条例依县自治法第七十四条之规定制定之"①；修正的条例删去了原条例中"赤匪"、"匪共"、"御匪"等词语，多少有利于国共两党联合抗日的谈判和准备对日抗战动员。

二　"中统""军统"特务组织的形成及其活动

蒋介石为镇压共产党和人民革命运动，消除异己势力的反抗，加强内部控制，维护和巩固独裁统治，吸取和运用历代封建统治者以及德、意等国法西斯统治的经验和措施，建立了庞大的特务系统，并成为南京国民政府统治体制的一个重要特点。特务组织主要有以 CC 系"党方"组成的"中统"和黄埔系"军方"组成的"军统"。

（一）"中统"特务组织的形成与主要活动

中统特务组织是由 CC 系特务组织发展演变而成的。CC 是以陈果夫、陈立夫为首，掌握着国民党党务大权而坚决拥戴蒋介石的一个派系。早在 1926 年北伐战争期间，陈果夫和陈立夫为扩大蒋介石的势力，以地域为纽带，网罗陈肇英等一批反共分子，组成旨在反对和破坏国共合作的"浙江革命同志会"；同年底又拉拢以段锡朋为头目的江西反布尔什维克组织（简称"AB 团"）混合在一起，从事拥蒋反共活动。接着，蒋介石利用国民党中央组织部长职位，和该部代理部长陈果夫合谋，在上述组织中挑选了一批亲信，准备充当各省、市党部负责人，以夺取各级领导权。1927 年春，一部分未能到职的省、市党部委员集中于

---

① 《修正保甲条例》第 1 条，见《旧中国治安法规选编》，第 252 页。

上海待机。8 月，蒋介石下野，在暗中安置黄埔军校出身军事干部的同时，便把这部分待分配的人员交陈果夫负责，以备东山再起。1927 年 9 月 10 日，国民党中央特别委员会正式在南京成立，实权为桂系和西山会议派所把持，宁、汉、沪三方虽然形式上获得统一，但内部仍充满着矛盾和斗争。此时，陈果夫等立即在上海召集同伙商量对策，决定号令各地的国民党党政人员一致行动，结成组织，反对南京特委会，拥蒋上台。二陈经过紧张的筹备，于 1927 年 11 月初在上海成立了一个秘密组织，取名为中央俱乐部(英文译名为 Central Club，简称 CC，恰好与二陈的英文第一个字母相同)。CC 组织最初只有三四十人，"以浙江、江苏、山东、山西、南京、上海等省市的党部执行委员张强、洪陆东、许绍棣、潘公展、苗培成、马元放、郑异(后以字行，名郑亦同)、萧铮、程天放等为主干……并拥护戴季陶、丁惟汾、陈果夫等为领导人，负指挥责任。"[1]以后，各省党部的骨干陆续加入该组织，发展到一百多人。蒋介石复职后，CC 成员分赴各地任职，丁惟汾赴北京，戴季陶赴南京，CC 由陈果夫单独领导。这时，中央俱乐部名义上取消，实际上原来参加这个小组织的成员却在陈果夫、陈立夫的控制下，更加紧密地抱成一团。1927 年 12 月，蒋介石在国民党二届四中全会后任中央组织部长，职务由陈果夫代理[2]。1929 年，陈果夫、陈立夫当上中央委员，陈立夫兼任中央执行委员会秘书长，大权在握。他们除了继续拥护蒋介石、排斥国民党内其他派系或组织外，更重要的是积极开展反对共产党、反对人民民主的活动，他们主持中央及地方的清党委员会，大肆迫害共产党员和进步人士，在全国造成白色恐怖。CC 通过党务整理，从中央渗透到地方，控制了各级党部和组织部。从此，CC 便逐渐形成为国民党内一大派系，在政治上为其他派系所望尘莫及。

---

①　庞镜塘：《"中央俱乐部"——CC 的组织及其罪恶活动》，《文史资料选辑》第 18 辑，第 62 页。

②　徐咏平：《陈果夫传》，台湾正中书局 1978 年版，第 606 页。

　　CC 集团以国民党中央组织部调查科为基础,逐步扩大,形成了全国性的特务系统。国民党二届四中全会后,陈果夫被推选为中央民众训练委员会委员、常委,同时仍任国民党中央组织部副部长,而且将主要精力放在组织部。蒋介石挂着中央组织部长的名义,具体事务都由陈果夫办理。陈为加强国民党的控制和对共产党及其他党派的防范,便对组织部进行整理和改组。在部内设立普通组织科、海外组织科、军人组织科、编审科、调查科、总务科等,其中尤以调查科为最重要。他大肆排除异己,安插 CC 派人员,将其弟陈立夫调来充任调查科主任。这次新设立的组织部调查科又称党务调查科,是奉蒋介石的特殊使命而设立的。这时蒋已取得了国民党党、政、军大权,为要建立独裁专制统治,需要建立特务组织,以对付共产党、革命力量及其他反蒋势力。为了掩人耳目,便将特务活动转到党务调查科下,该科名义上进行党务调查,实际上进行特务活动。所以蒋强调这项工作"成败利钝,关系党国存亡"。

　　陈立夫主持调查科后,忠实地执行蒋介石的命令,将调查科办成一个纯粹的特务组织。初步确定调查科的主要任务是:调查党员的思想及派系隶属,收集国民党内异己派系的情报;收集共产党和其他党派的情报;配合国民党军警机关,破坏共产党组织,逮捕共产党人。为有效实施这项计划,还要在全国各地建立地方组织,广泛建立特务网。经二陈提出并报蒋介石批准,1929 年先从国民党中央党务学校毕业生中选派十人充实调查科。1930 年,又从经过政治警察训练的中央军校第六期毕业生中挑选二十人参加调查科工作,并在南京中山东路的中央饭店旁设立秘密办公处。调查科的机构也在原来采访、整理两个股的基础上增加了特务组等,还向一些重要地区如上海、武汉等派遣了特派员。从此,特务组成为调查科的核心组织,标志着调查科完成了特务化过程。

　　陈立夫充当国民党调查科首届主任时间不长,便调任南京国民政府军事委员会机要科主任兼国民复兴委员会秘书长。但他对调查科却牢牢控制不放。先后继任的是 CC 派的核心骨干人物张道藩、吴大钧、叶秀峰，因二陈感到不够满意，便如走马灯似的撤换了，到 1930 年派其表弟徐恩曾出任调查科的第五届主任，将权力交徐掌管。二陈由于建立特务组织效力，深得蒋介石的欢心。1931 年 12 月，蒋提拔陈立夫为国民党中央组织部副部长，1935 年再跃升为中央组织部长。陈果夫则于 1934 年被蒋调任江苏省政府主席。而国民党中央组织部以至各级组织、人事大权及党务、经费的管理权与支配权长期仍控制在 CC 集团手中。1935 年底，国民党第五次全国代表大会决定将调查科扩大为调查处，在各省市党部内设立调查部。还在地方党政机关指定专人为"肃反委员"，指挥特务活动，形成了一个以调查处为中心遍布全国的 CC 特务系统网。

"九一八"事变后，CC 集团积极贯彻蒋介石"攘外必先安内"的方针。蒋为对江西苏区发动大规模的军事"围剿"，要求调查科紧密配合，还特批军需署发给特务费 10 万元，以供其扩大组织的需要。二陈决定，以原来从中央军校挑选来的特工人员为基础，再次扩大人员编制，1932 年设立特务工作总部（简称特工总部），由徐恩曾为主任。这是 CC 集团的一个重要组成部分，但始终以一个完全秘密的组织存在，对外活动从不用"总部"的名义，而用化名和代号。秘密办公地点设在南京道署街（今瞻园路）一百三十二号瞻园内。

特工总部在二陈直接控制下，设置了一整套严密的特务机构，主要部门有：一、书记室，为总部的核心部门，主要为插手各地方的组织人事安排；侦查、破坏共产党及其他党派的组织，指引逮捕、关押以至杀害共产党人和进步人士；对被捕人员进行"审理说服"即劝降诱叛工作。书记室下设四个组，室主任和各组长均由二陈安排 CC 派骨干担任，由濮孟九任书记，王思诚任副书记①。二、总督察，为监督考核特工人员而设，如发觉其成员有"不忠"言行，可随时进行各种处罚，轻则被训斥，关

---

① 《中统内幕》，江苏古籍出版社 1987 年版，第 21 页。

禁闭,重则被关押,直至处死。二陈赋予这一部门掌握有对特务的生杀大权,被称为"特务中的特务"。先后担任督察的是刘不同、王杰夫等人①。三、设计委员会,为特工总部中重大问题进行咨询,参与设计,向总部或直至二陈提出意见或建议。由张冲为主任②。四、情报科,为刺探、搜集共产党及其他党派的情报,将所得的情报逐日编成《每日情报》,分送二陈等过目,遇有特别重要的,用规定的格式纸张抄报蒋介石。情报科长由刘桂担任。在北平、天津、上海分设情报站,各情报站配有专用电台,与南京情报总台直接联系③。五、训练科,对特工总部及所属特务室人员进行训练,强化思想,提高技能。编辑《动力》、《群力》等内部刊物和其他书刊。陈立夫对培养训练特务提出要求说:"重质不重量,宁可少,不可滥。我们不许用那种北洋军阀招兵方式,举起旗子叫人跟着走就算自己的兵。我们要孙猴子,找了一个孙猴子,可以放弃一百个猪八戒。"④训练科长由王云亭担任。六、总务科,主管会计、事务、文书、保管武器弹药等,科长先是周伯良,后由章祖模继任。七、电讯总台,负责与所属机构及临时派出活动的小组联系通报。电讯总台下辖五六个分台,分别与各地联系通报,电台所用电码不同于一般电报局所用的电码,总台长由范本中担任。此外,特工总部在各省市建立了下属机构,上海、南京等特别市称为"区",省、市及铁路干线称为"特务室"。省特务室设主任、秘书各一人,下设总务、情报、组织、行动等科⑤。

　　CC集团曾在蒋介石的授意下,派出一些骨干到德、意考察,效法希特勒、墨索里尼法西斯党的模式,准备在国内建立类似的秘密组织。1932年由陈果夫、陈立夫出面纠集一批亲信,秘密成立"青天白日团"

---

① 张文:《中统 20 年》,《江苏文史资料选辑》第 23 辑。
② 《中统内幕》,第 17—20 页。
③ 张文:《中统 20 年》,《江苏文史资料选辑》第 23 辑。
④ 刘恭:《我所知道的中统》,《文史资料选辑》第 36 辑,第 94 页。
⑤ 张文:《中统 20 年》,《江苏文史资料选辑》第 23 辑。

（简称"青白团"）和"中国国民党忠实同志会"（简称"同志会"），作为整个 CC 集团的核心组织。这两个组织均以蒋介石为最高领袖，以陈果夫、陈立夫为正副干事长，张厉生、张道藩、余井塘、叶秀峰、徐恩曾为常务干事。他们招纳盲目崇拜蒋介石的分子，仿效德、意法西斯和封建帮会的做法，入团、入会者要在阴森恐怖的气氛中履行手续，并举行带有神秘色彩的仪式；要宣誓绝对拥护蒋介石为国民党唯一领袖，一切唯蒋之命是从，如违背誓言，甘受严厉的制裁。曾经参加过"青白团"的刘不同回忆说："入团手续多在南京陈氏兄弟螺丝转弯故居办理。在这个居所里，梁间蛛网纵横，台上烛光惨淡，桌前壁上挂着一幅身佩匕首、脚穿马靴、目光凶恶直视的蒋介石像。陈立夫、张厉生、余井塘或徐恩曾等，就在此阴暗气氛中叫入团者面向孙中山先生遗像和蒋介石像举起右手宣誓：永久拥护蒋介石为领袖，实行三民主义，遵守纪律，严守秘密，至死不渝，云云。"[1]陈立夫还要召集新成员训话："违反纪律要遭到严酷的处分，甚或处死；领袖叫你如何就得如何，抗命为纪律所不容。"[2]

　　二陈通过"青白团"和"同志会"这种核心组织操纵整个 CC 系统，并成立各种外围组织，把势力渗透进政府部门和文教、经济等机构中去。为了将其组织发展到全国，先后派出一些骨干分子到各地去建立地方组织，如派张道藩到浙江，吴醒亚到上海，张厉生到华北，程天放到江西，苗培成到安徽，叶秀峰到四川，余井塘到江苏，陈肇英到福建等。这些人到各地，按 CC 集团的一套严密系统，凭借当地国民党省、市党部，秘密建立起地方分会和外围组织，其中主要有以下三个：

　　各省市的忠实同志会。1933 年，CC 集团秘密指示各省、市党部的亲信，挑选国民党员中忠实拥护蒋介石的分子，另行编成特种组织。这些"忠实分子"编组时经过填表宣誓等手续后，须逐级上报。"忠实同志"的活动，一方面是秘密联络拥蒋和 CC 集团的分子，介绍其入会。

---

① 张文：《中统 20 年》，《江苏文史资料选辑》第 23 辑。
② 刘不同：《国民党的魔影——CC 团》，《文史资料选辑》第 45 辑，第 233 页。

被介绍入会的人，须经过调查审核和个别谈话，认为合格后，才能履行填表宣誓等手续，被批准入会后又负有发展组织的责任。另一方面，入会的成员须从事反共和反对各进步党派的活动，还负有监视一般党员，对上有反映情况或告密的义务，必须接受 CC 和省市负责人交给的任务。

上海的干社。吴醒亚到上海后，纠集 CC 主要成员，于 1934 年建立"干社"。其纲领、章程仿效德国法西斯党的蓝本，公开提出"坚决信奉法西斯主义"，"坚决奉行一个领袖、一个主义、一个党的最高信条"。由吴醒亚任干社社长，潘公展为副社长，丁默邨为干事长，二陈特派其嫡堂弟陈宝华任该社事务组主任。干社出版了《社会主义月刊》，大肆宣扬法西斯主义。

北平、天津的诚社。二陈派遣张厉生到华北，在平津之间秘密联络串联 CC 集团和国民党骨干分子，于 1934 年冬天建立"诚社"，参加者达一百多人。其纲领标榜效法曾国藩、胡林翼等，在"诚"字上下功夫，拥护蒋介石为领袖，服从三民主义、国民党、蒋介石，实行统制政治、经济、文化，提倡中国本位文化，提倡封建道德①。由张厉生任诚社总书记，胡梦华为副总书记，李白虹任总干事。CC 集团拨给专项经费。诚社出版了《存诚》月刊、《诚报》旬刊，进行舆论宣传。

此外，在上海还有潘公展、吴开先领导的"上海协会"，吴醒亚组织的"寅社"，在东北有齐士英组织的"东北青年学社"，山东有王潜组织的"学行社"，山西有苗培成组织的"平民中学派"，湖北有钱云阶等组织的"十人团"，等等。这些组织建立后，进行拥蒋反共，破坏抗日民主运动等项活动。

CC 系是蒋介石反共和巩固其统治的得力工具，进行了多方面的活动，在抗日战争前主要有：

（1）执行"清党"工作。1927 年"四一二"政变后，国民党中央和各

---

① 胡梦华：《CC 外围组织诚社始末》，《文史资料选辑》第 14 辑，第 155 页。

省市党部组织了"清党委员会",旨在彻底反共,肃清进步力量。蒋介石亲自部署"清党"工作,指出:"第一期之清党,为紧急处分,其时共产党徒谋叛正亟,非各地同时采用极严峻之手段,无从遏抑乱萌;第二期则为根本整理,肃清共产党徒之根株勿使复活,此必有待于缜密统一之方案。"①CC系秉承蒋介石的旨意,大量逮捕和杀害共产党员和进步人士。据后来中统局向国民党五届十中全会报告,从1928年至1930年,"共捕获中共高干十五人,中级八十人,下级及普通党员一万五千人"。虽然这个报告隐瞒了非法杀人的数字,非法捕人数字也大大缩小了,但仍然可见其反动统治之一斑。

(2)借"肃反"迫害异己。在各省市"清党"结束后,各省市党部将"清党委员会"改组为指导委员会或整理委员会,办理党员登记,确定党籍。CC分子把一些坚持孙中山三大政策或对国民党的倒行逆施有所疑虑者视为异端,多方刁难,不准恢复党籍,甚至横加迫害。据浙江14个县的不完全统计,1928年初有国民党员2.29万人,参加登记者1.7万人,被审查确定准予重新获得党籍者仅为1.2万人②。同时,国民党组织部党务调查科在各省市党部指定CC系的亲信为"肃反委员",使其以公开身份对国民党各级地方组织和党员进行监视。对有反蒋举动或对蒋介石、国民党不满者,常以"反革命"的罪名予以整肃。

(3)设置"反省院"非法审讯。1929年12月,国民政府立法院通过并颁布了《反省院组织条例》。接着一些省市设立"反省院"或"感化院",由国民党中央组织部党务调查科遴选各省市党部的委员中二陈的亲信兼任院长。"反省院"的组织,名义上是各省最高法院的一个机构,实际上是CC系的特设监狱,借司法机关为掩护,实行对政治犯的非法

---

① 蒋介石:《对于第二期清党之意见》(1927年4月底),中国第二历史档案馆藏。

② 国民党浙江省党务指导委员会编:《浙江党务》1928年第18期。

审讯和拘押。"管制和方法,主要是以教育训练为名,实则采用刑逼或利诱的方法,使政治犯出卖同志,背叛组织,向国民党'立功自首'"①。"反省院"的人事任免和工作处理办法,完全听从 CC 系统安排,只有经济开支由法院承担。

(4)控制政府部门和机关团体。30 年代以后,CC 组织扩展到国民政府各部门。1934 年,陈果夫出任江苏省政府主席,又进而控制了一些地方政府部门。CC 集团还派骨干分子到各省担任行政督察专员或实验县长,将其触角伸向全国的四面八方。CC 分子也常打入机关团体,对工作人员特别是进步人士加以监视、调查甚至迫害。当时国民党党章中列有"党团运用"一项,规定"凡有党员所在的机关团体或学校,于基层组织之外,指定个别党员,专负对党外人士进行监视、调查,并随时向党组织密告的责任;必要时还要接受党组织的指示,在所在单位进行种种阴谋活动"②。CC 成员,特别是中统特务分子常借用"党团运用"为名,实行报复陷害,使各机关团体和学校常充满了白色恐怖。

(5)通过邮查,钳制通讯和言论。CC 集团通过南京国民政府内政部和警察机构,在各重要城市的邮电局设立邮电所,以中统派在各省市党部的调查统计室为主体,对各地报刊和信件进行非法拆封检查。如发现有反抗国民党、蒋介石的言行,立即严密追查,残酷迫害当事人员,以此钳制人们的通讯和言论自由,等等。

1935 年 5 月,蒋介石为了进一步强化特务活动,把党务调查处(调查科扩大而成)与复兴社(力行社)特务处归入"国民政府军事委员会调查统计局"这个总的特务机关的编制,将原复兴社与 CC 派两大特务组织集合在一起,进行统一管理,由当时任中央党部组织部长的陈立夫兼任局长,副局长由当时首都警察厅长陈焯兼任③。军统局下设三个处,

---

① 柴夫编:《CC 内幕》,中国文史出版社 1988 年版,第 71 页。

② 柴夫编:《CC 内幕》,第 71 页。

③ 《民国职官年表》,中华书局 1995 年版,第 439 页。

第一处为党务处,即 CC 系特务,处长徐恩曾。第二处为军警处,由复兴社(力行社)特务处处长戴笠任处长。第三处为邮电检查处,处长丁默邨。但这个局的特务来自"党方"和"军方"两支不同系统,矛盾迭起,纠纷不止。1938 年 8 月,蒋介石将调查统计局改组,以"党方"第一处为基础扩建为"中国国民党中央执行委员会调查统计局",简称"中统";以"军方"第二处为基础扩建为"军事委员会调查统计局",简称"军统"。

　　(二)"军统"特务组织的形成与主要活动

　　军统的前身是力行社的特务处。1932 年 3 月,蒋介石召集黄埔系的骨干分子建立了一个法西斯主义性质的秘密政治组织,称为"三民主义力行社"(简称"力行社"),亲任社长。紧接着力行社成立了其二级外围组织"革命军人同志会"和"革命青年同志会",三级外围组织"中华民族复兴社"。为掩护力行社核心组织的机密,力行社成员一般以复兴社名义相称,力行社的骨干分子包揽了复兴社上层核心机构的组织领导,戴笠领导的力行社特务处,也称作复兴社特务处。这一系统特务活动的起源,实际上还可追溯到南京国民政府建立之初,蒋介石首次执政的年代。

　　1927 年 8 月,蒋介石在国民党内各派纷争中暂处不利地位,即将首次下野之时,为了东山再起作了一系列的布置,其中一项是指使他的侍从副官胡靖安(黄埔军校一期毕业生)纠集了一批黄埔军校学生在上海充当坐探,为蒋收集政治军事等情报。戴笠(黄埔军校六期肄业生)也参加了这项情报工作。蒋介石担心他的黄埔嫡系因自己的下野而土崩瓦解,在 9 月 20 日发表《告黄埔同学书》,号召他们深刻反省,吸取失败的教训,认清失败的"第一个重大的原因","是全体同学意志不能统一,精神不能团结,不顾团体的重要,只逞私人的意气,同室操戈,自相残杀"。他要求黄埔师生经受住"挫折和失败","屏绝一切骄傲、奢侈、放纵、浪漫的恶习","忍辱知耻","重新创造革命的基础"①。蒋介石有

_____

① 《国闻周报》第 4 卷第 39 期。

计划地选派黄埔毕业生中一批亲信骨干到日本和德国等留学,至1931年夏,人数已达六十余名。1928年初蒋介石复任国民革命军总司令等职后,戴笠以国民革命军总司令部上尉参谋、少尉副官等身份接替胡靖安从事情报活动,胡受蒋派赴德国留学。戴笠等人在上海、南京一带广泛搜罗流氓、帮会分子和一些革命叛徒,为蒋介石收集情报。1931年底,戴出任陆海军总司令部密查组组长,开始正式主持特务工作。

　　1931年"九一八"事变发生后,东北大片国土沦丧,蒋介石受到舆论的压力,被迫再次下野。就在这多事之秋,国民党内有一群拥蒋的少壮军人,试图筹组一个政治组织,以"拯救党国"。他们是滕杰、贺衷寒、康泽和邓文仪等为首的黄埔军校一至六期毕业的一批青年军官和留学生,戴笠、桂永清、曾扩情、郑介民等也积极参与了这一活动。他们经过磋商,由滕杰拟定了一个计划,主张在极端秘密下,以黄埔学生为骨干,按集权原则建立一个意志统一,纪律森严、责任分明和行动敏捷的组织,有效地解决国内外提出的紧迫问题,定名为"三民主义力行社"。此事向下野在奉化老家的蒋介石报告后,蒋经过反复考虑,"决定接受力行社的组织计划,以应付国内外的危机"①。1932年1月下旬蒋返回南京后迅速召见滕杰、贺衷寒、康泽等人,认为他们的计划很适当,表示愿意亲自领导这个组织。继而蒋还多次召见滕杰等人,在讲话中强调必须贯彻"攘外必先安内"的方针,他说:"日本已有五十年的侵华准备,装备精良,我华北平原,绵长海岸线和长江水道,都极适于他陆海空军之活动。现代化武器杀伤力极强,机械装备行动迅速。我们虽地大、物博、人众,一点准备没有,有什么用?……故只有忍辱负重。"②

　　3月1日,力行社在蒋介石的直接领导和主持下在南京励志社召开成立大会。蒋在会上宣布力行社干事会成员名单,并作为入会者的

<hr>

①　邓元忠:《三民主义力行社史初稿》(4),台北《传记文学》第40卷第6期。
②　干国勋:《关于所谓"复兴社"的真情实况》,台北《传记文学》第35卷,第3期。

监誓人,誓词是:"余誓以精诚,力行三民主义,恢复革命精神,复兴中华民族,牺牲个人一切利益,服从命令,严守秘密,完成革命建国任务。如违誓言,愿受最严厉制裁。谨誓。"①宣誓完毕后,蒋介石向这批宣誓人说:"三民主义力行社从此正式成立了,我将尽心竭力来领导你们。大家从此要更加精诚团结,努力奋斗,不达目的,决不中止。我现在预祝大家成功。"②

力行社设干事会为领导机构。首任常务干事兼书记为滕杰,第二任为贺衷寒,第三至第五任分别是酆悌、刘健群和康泽,后两人改称书记长。首届常务干事有滕杰、贺衷寒、桂永清、潘佑强、康泽。干事以胡宗南、邓文仪、萧赞育、曾扩情等十二人组成。候补干事以干国勋、戴笠等十一人组成。干事会下设四个处:总务处处长李一民,助理何日纲;组织处长萧赞育,助理胡轨、李新俊;宣传处长康泽,助理梁干乔;特务处长桂永清,不久改为戴笠,助理郑介民。稍后,增设检查处和军事处。力行社在一些省设有分社,东北则派特派员。还在中央军校,军政部门等设有分社、支社和小组等,涉足党政军各要害部门,而以军事部门为主要发展方向。

力行社实行领袖独裁制,一切重大问题都由蒋介石最后裁决,具有高度秘密性质;组织结构分多层次,核心组织与外围组织、秘密组织与公开组织、武装与非武装组织之间,既严格区分,又相互制约。它追逐当时正在意、德等国泛起的法西斯主义狂潮,鼓吹法西斯的"救国"独裁论,宣扬"只有仿效意大利和德国的法西斯残酷斗争的精神"③,才是拯救中国的出路,宣称"建立中心偶像是统一国民党的重要条件"④。为蒋介石实行专制独裁统治鸣锣开道。此外,还宣传暴力与恐怖,主张以

---

① 中国第二历史档案馆档案。

② 干国勋:《关于所谓"复兴社"的真情实况》,台北《传记文学》第35卷,第3期。

③ 《国民党与法西斯蒂运动》,《社会新闻》1933年8月24日。

④ 《组织与领袖》,《社会新闻》1933年5月15日。

野蛮、残暴的手段，对付中国共产党、其他革命势力和国民党内的反蒋派，推行"攘外必先安内"的政策。

作为法西斯组织的核心部分，力行社本身在组织吸收中控制很严，须经蒋介石批准才能加入。它的第二层组织"革命军人同志会"，主要吸收军队中的高级军官；"革命青年同志会"，吸收党政机关里的中层以上官员，也吸收一些知识分子。潘佑强曾任革命军人同志会常务干事兼书记，杜心如任组织处长，娄饴铠为训练处长，易德明任总务处长兼助理书记。后来蒋介石担心损害国民党军队的团结，下令将该会撤销。革命青年同志会由葛武启任常务干事兼书记，干国勋任组织处长，康泽等任宣传处长，刘城之任总务处长兼助理书记，桂永清、酆悌等任干事或候补干事。复兴社是力行社第三层的外围组织，名义上是一个推动民族复兴的组织，吸收一般青年和知识分子，也吸收帮会分子等。其事务由革命青年同志会办理，在全盛时期社员众多。力行社常用复兴社的名义进行特务和其他活动。此外，力行社外围组织还有"亚洲文化协会"、"民族运动委员会"、"中国童子军励进社"、"忠义救国会"等。

力行社一经成立，蒋介石就指定德国顾问为总社干部讲授情报工作，并决定成立特务处。1932年4月1日，戴笠领导的特务处在南京正式成立，后来军统局决定以4月1日为其创建纪念日。有的学者也认为，军统特工事业，"探本溯源，力行社实开其先河"①。特务处初设一室二科，唐纵任书记室书记。第一科负责侦查，以郑介民为科长。第二科负责执行，由邱开基任科长。稍后，增设第三科，掌管通讯，以梁干乔为科长。特务处的主要任务，一为情报工作，搜集国内外的政治、军事、社会、经济、文教等的动态和静态情报；二为策反工作，策反对立方面的人物、瓦解对方组织、进行潜伏伺机破坏；三是行动，包括绑架、暗杀、逮捕和警卫，监视和破坏革命活动。特务处逐渐成为力行社中的一个特殊部门，它自成系统，对蒋介石交办的事项直接向蒋负责，力行社

---

①　良雄：《戴笠传》，台北传记文学出版社1980年版，第51页。

干事会不得过问；对干事会交办的事项，才向干事会负责。1932 年 9 月，戴笠奉派为国民政府军事委员会调查统计局第二处处长。这使戴笠得以政府正式机构的招牌和身份来掩护秘密的力行社特务组织，并能名正言顺地取得编制和经费，而力行社特务处的活动并不直接受当时军委会军统局的节制。

1933 年，蒋介石为配合"围剿"苏区红军的需要，在南昌行营秘书处设立调查课，是专设的特务处情报机构之一，由蒋的侍从秘书、力行社干事邓文仪兼任课长。此前在武汉的豫鄂皖三省剿匪总司令部秘书处第三科和禁烟密查组均受其指挥。1934 年 7 月，邓文仪因对南昌机场失火案调查不力等原因失宠于蒋而被褫职，戴笠奉派兼任南昌行营秘书处调查课上校课长，这使他所统辖的特务实力大增。1935 年 5 月，蒋介石在军事委员会内设立调查统计局，由陈立夫任局长、陈焯任副局长，下设三个处，第一处为党务处，由徐恩曾任处长；第二处为军警处，由戴笠任处长；第三处为邮电检查处，由丁默邨任处长。力行社特务处和南昌行营调查课都并入军委会调查统计局第二处。在合并之前，力行社特务处已有六百七十余人，这时人员猛增至一千七百余人，还增加了一些特务的骨干分子，成为军统特务组织的中坚力量。

力行社特务处在各省市设有特务的区和站，各区、站长由特务处直接派任，挂名复兴社省市支社干事会的干事。大体上在重要地区设立"区"，各省设"站"，以下设"组"，其系统是区辖站，站辖组。另外，在南京建立了国际组、铁道通讯组、财政密查组等。还在军警宪各部门建立特务机构，如在宪兵司令部设立政训处，由戴笠先后派梁干乔、张炎元担任处长。在宪兵团、营设立政治训练员，其成员皆由特务处推荐，经政训处考试后任用。各省保安处设立谍报股，股长由该地的特务站（组）长兼任。在军警系统设置的特务机构和派遣人员，其编制和经费由各该部门负责，人员配备和活动则由特务处安排和指挥。戴笠曾说明其意图："我们之所以要掌握许多公开机关，就是要以公开机关来掩护秘密工作的前进。""我们的工作由于任务的特殊，必须采取秘密的方式,以严密的组织,在公开工作掩护之下进行。因为在公开工作掩护之下而从事特殊的任务,才不致引起别人的注意与防范,甚至于加以危害,才可以达到我们的目的。"①

特务处以秘密组织来领导公开机关,按规定只有纵的领导,没有横的关系。不属于自己本身范围的工作,不准过问。在开初阶段宣布,特务处的内外勤或派驻在公开机关的特务是终身职业,不准退出(后来突破此项规定),泄密就是违反组织纪律,轻则禁闭关押,重则判无期徒刑甚至死刑。戴笠为控制掌管特务人员的思想和行动,建立了督察制度,在特务处增设督察室。特务处的特务,不仅监视查察党政军公务人员和社会人士,也监视特务处的内外勤特务。监视查察特务处的特务,由特务处督察室负责,派出秘密督察和公开督察监视查察每个特务的言行。特务和特务之间也互相监视。特务处设有监狱和拘留所、禁闭室。除了囚禁共产党员、进步人士和革命青年外,也囚禁被特务头目认为违犯法纪的特务。如同戴笠对特务处及其所属人员实行黑社会势力式统治一样,惩治违犯内部法纪的特务分子也全由戴笠等头目说了算。凡投入秘密监狱的人,既不经正式审判,也不宣布明确刑期。但这些貌似森严的纪律并不能真正控制住整个特务组织,其内部的明争暗斗长期存在,并不能成为铁板一块。

军统特务组织的主要活动有:

(1)反对和镇压共产党及其他革命力量。军统特务把共产党及其领导的革命力量作为首要敌人,是他们破坏和消灭的主要对象。军统特务组织为蒋介石发动对苏区的第四、第五次"围剿",以消灭工农红军、摧毁工农政权而竭尽全力。蒋介石在南昌行营中设立调查课,令康泽组织别动队,其任务是在"围剿"红军的国民党军队中和湘、赣、豫、鄂、皖等苏区发达的省份,进行反共军事间谍活动,搜捕共产党,镇压人民革命斗争,侦察监视"剿共"部队官兵。力行社特务处为"剿匪"而举

---

① 乔家才:《铁血精忠传》,台北《中外杂志》第 24 卷第 5 期。

办了多期训练班,培训特工人员。1933年春为配合碉堡政策对中央苏区的"围剿",由康泽任"星子特别训练班"主任,首期招收军校各期毕业生六百余人,授以匪情、情报、化装术、突击战、通讯联络、夜袭等特别训练,修业四个月,结业后以中队、分队、小队、小组等编制,组成"剿匪别动总队",康泽出任总队长。他们携带手枪、炸弹、特制的轻便通讯工具,化装游动于山区村落间,破坏中共地下组织和有关人员,加速缩小包围圈,并推行保甲制度,组织"铲共义勇队",收容训练逃亡地主组成还乡团。他们还派遣特务潜入农村苏区,进行刺探情报、破坏和暗杀活动。在国统区力行社通过特务行动网四处活动,严密侦察、监视中共的活动,破坏中共地下组织及其外围组织,暗杀共产党人和革命人士,收买叛徒,派遣特务打入革命组织内部进行活动等。1932年力行社特务处一成立,即着手对国际革命组织之一"泛太平洋产业同盟"秘书保罗·卢格及妻子以所谓"危害民国罪"进行审讯。1933年6月,为对付宋庆龄及中国民权保障同盟的活动,戴笠亲自指挥上海的军统特务,暗杀了中国民权保障同盟总干事杨杏佛。1934年11月,戴笠又指挥华东区行动组,在沪杭公路上暗杀了著名报界名人、爱国人士史量才。同时,力行社和宪兵第三团在平津等地残酷镇压民众运动,组织屠杀囚禁共产党人和革命青年,例如1934年11月谋杀了察哈尔抗战的前敌总指挥共产党员吉鸿昌等。在上海、武汉、厦门等地,特务处曾破坏中共组织多处,并广泛搜罗中共的叛徒,用以破坏革命。例如,顾顺章①叛变后,由陈立夫、徐恩曾的CC特务机构移交力行社特务处,成为戴笠手中的反共工具。

(2)为蒋介石剪除异己,镇压反对派。蒋介石实行的"安内"政策也包括镇压国民党内部的反对派,力行社特务组织也成为蒋镇压反对派

---

① 顾顺章(1904—1935),上海吴淞人。早年入南洋兄弟烟草公司任事务员。曾赴德国留学,回国后加入中国共产党。1930年9月当选为中共中央政治局候补委员。1931年4月在武汉被国民政府军警逮捕后叛变。

的得力工具。1933年6月,力行社特务组织以"华"机关为代号所开列的暗杀名单,就包括大批国民党反对派人士。在镇压和瓦解反对派发动事变方面,军统特务组织发挥了特殊作用。1933年11月发生的福建事变是以十九路军领导人蒋光鼐、蔡廷锴等为了反蒋抗日而发动的。事变发生之前,戴笠就通过打入十九路军中的特务分子获得情报,立即派闽籍特工多人前往监视福建局势。当十九路军与苏区红军签订《反日反蒋的初步协定》后,南昌行营调查课特工从其往来密电中破译,侦知福建当局与红军有了联系。戴笠即派遣特务处执行科长邱开基运用私人关系,联络十九路军六十一师参谋长赵锦雯,策反该师师长毛维寿,并安排特务分子加紧在十九路军将领中做分化收买工作。12月间,蒋介石开始对福建展开大规模军事进攻,于1934年1月先后攻占延平、水口、厦门,16日进驻福州。军统特务分子周昭琼等赶往厦门、漳州等与毛维寿等密谈,软硬兼施,迫使毛维寿和沈光汉等于1月26日通电降蒋,使福建人民政府很快瓦解而失败。

军统特务组织为蒋介石对付异己势力的另一重大活动是参与瓦解两广事变。力行社特务处成立后便设立了华南区,先后派吴乃宪、梁干乔为特派员,驻香港指挥。1936年春,戴笠获港粤区有关两广军队调动、备战的情报,立即加强了特务力量。两广事变发生之前,梁干乔等便派特务在粤海陆空军中进行策反。粤空军实力雄厚,拥有六个中队,一百多架飞机,是陈济棠多年苦心经营的一支武装,军统特务把分化瓦解粤空军作为重点目标。当陈济棠树起抗日反蒋旗帜时,戴笠亲自会见广东空军司令部参谋长陈卓林,以每架飞机二万元的奖金和升官为诱惑,策动广东空军投蒋。1936年7月,广东空军司令黄光锐领衔通电反对陈济棠,率空军归附南京政府,迫使陈济棠下野出走香港。

(3)对国民党陆海空军的控制。力行社以军事委员会政训处为总机关,在各级部队和各军事学校、各军事机关设立政训处,派驻政工人员。其主要任务是监视、侦察军官、士兵和学生的思想行动,宣传反共,进行法西斯主义教育,并通过有关机关对"共产党嫌疑分子"予以禁闭、开除、交军法机关转送监狱处置。

力行社还控制了军队中国民党的党务系统,在陆海空军部队师以上单位和各军事机关、军事学校成立特别党部,并由力行社特务分子担任党的特派员和书记长等职。管辖军队党务事项的党务处,名义上隶属于国民党中央党部组织部,实际上由力行社主要骨干分子负责掌握。

(4)对全国青壮年实行军事控制。力行社插手对全国青壮年实行军事组织的训练。军训活动的开展以训练总监部下设的国民教育处为总机关,各省市设国民军事训练委员会,各省市及各中等以上学校都派驻军训教官。这些教官大都由力行社特务分子担任。各中等以上学校编成总队或大队,由军训教官对学生实施军事训练和军事管理,并借此监视和控制学生的思想和言行,从中发展力行社的外围组织复兴社的成员。

(5)为蒋介石收集国际情报。力行社从1932年起开始派复兴社员到日本和欧洲留学,以军校同学调查科名义进行考试,挑选合格出国社员,受派的学生有发展组织和搜集情报的任务。1934年复兴社在日本有一百多名社员。到欧洲的社员分别到英国、丹麦等国学习经济、军事、合作、国防、警政和保安等专业。从1934年起,蒋介石派力行社成员去各大使馆任武官。由“革命军人同志会”拟定选派办法。国民政府参谋本部办武官训练班。第一期受训的邓文仪去苏联,其余人员分别到英国、法国、日本、意大利、德国、美国等,这为力行社在欧美的组织发展提供了便利,也为蒋开辟了广阔的情报来源。1934年,在欧洲的中国留学生中有一百多名复兴社成员,柏林设有复兴社的分社组织,下辖有伦敦、巴黎、罗马、莫斯科支社。各支社小组每周有一次聚会,每月向柏林分社提供一份书面报告,柏林分社向南京总社作一次报告。在新加坡和菲律宾也有力行社的耳目。

(6)宣扬法西斯主义。力行社信奉的是法西斯主义的理论,宣扬法西斯主义思想是它的一项基本任务。蒋介石公开鼓吹法西斯主义,是

1931年5月5日在南京召开的国民会议上。蒋介石在开幕词中说训政时期要借鉴和实行法西斯主义。他认为在当今的社会阶段,"意大利在法西斯蒂党当政以前之纷乱情形,可以借鉴"。他说:"法西斯蒂之政治理论","认定国家为至高无上之实体,国家得要求国民任何之牺牲,为民族生命之绵延,非以目前福利为准则。统治权乃与社会并存,而无后先,操之者即系进化阶段中统治最有效能者"。他提出,"今日举国所要求者,为有效能的统治权之行施"①。蒋介石如此鼓吹借鉴和实行法西斯主义,有力地说明了他所要实行的"训政"的实质。

在力行社成立的同时,黄埔军校第六期的毕业生杨周熙写了本《三民主义法西斯化》的小册子,呈送蒋介石审阅。蒋将其改名为《三民主义之复兴运动》,批准按原文出版②。力行社是1933年至1936年法西斯主义思潮在中国泛起的大本营。力行社主办一大批报刊和书店,南京有拔提书店、《中国时报》、《我们的路》,上海有《前途》,南昌有《扫荡日报》,等等。他们大肆鼓吹"绝对拥护一个党、一个领袖",出版蒋介石言论集、蒋介石传记、希特勒《我的奋斗》等书籍。

力行社大肆鼓吹法西斯主义的领袖独裁论。它的喉舌《社会新闻》发表社论认为:"法西斯主义是濒临毁灭的国家自救的唯一工具,它已经拯救了意大利和德国……因此,再也没有别的路可走了,只有仿效意大利和德国的法西斯残酷斗争的精神了。"③他们狂妄地断言:"中国的出路,无疑是法西斯主义的出路……中国的前途,无疑是法西斯主义的前途。"④力行社的骨干分子大力鼓吹"服从领袖是无条件的,每个人必须真挚坚定地与他同生死,共患难"⑤。《社会新闻》社论鼓吹:"建立中心偶像是统一国民党的重要条件,是复兴中国革命的第一步。我们不

①　《国民会议记录》,国民党中央执行委员会档案,中国第二历史档案馆藏。

②　康泽:《复兴社的缘起》,《特工秘闻》,中国文史出版社1990年版,第68页。

③　《国民党与法西斯蒂运动》,《社会新闻》,1933年8月24日社论。

④　陈穆和:《法西斯蒂与中国出路》,《社会主义月刊》第1卷第7期。

⑤　刘健群:《银海忆往》,台北传记文学出版社1966年版,第35页。

必隐瞒，我们需要中国的墨索里尼。"①而谁是中国的墨索里尼呢？在一篇题为《领袖的认识》的文章中一语道破说："在今天革命阵线上，德力足以感人，威力足以创业的，就莫如蒋介石先生了！……因此我说蒋先生是中国革命的唯一领袖。"②这些鼓吹法西斯主义的言论虽然曾有过一些煽动性，起了某些蛊惑人心的作用，但历史已经证明，这些言论是极其荒谬的。

①　《组织与领袖》，《社会新闻》1933 年 5 月 15 日社论。

②　贺衷寒:《领袖的认识》(1933 年 9 月)，见中国文化服务社北平分社 1945 年版。

第四章 国民政府对苏区的"围剿"

第一节 对鄂豫皖、湘鄂西和中央 苏区的军事"围剿"

南京国民政府在蒋介石与汪精卫重新合作执政后,确定以"攘外必先安内"为基本国策,对日本的侵略继续采取屈辱妥协的方针,而倾全力部署对共产党领导的红军和苏区的军事"围剿"。1932年5月,南京当局同日本签订了《淞沪停战协定》后,调动八十多个师六十余万军队,由蒋介石亲自坐镇南昌督师,向红军和苏区发动了第四次"围剿"。这次战争从1932年6月中旬到1933年3月下旬结束,历时九个月。前三个月,集中主力二十四个师又五个旅,以"稳扎稳打,并进长追,逐步压缩"的战术,重点进攻鄂豫皖和湘鄂西苏区。翌年1月,调集兵力二十九个师另四个旅,以"分进合击"战术重点进攻中央苏区。虽然国民党军在前期作战中进占了鄂豫皖、湘鄂西苏区的大部分地区,迫使红四方面军和红三军主力转移,但在进攻中央苏区时,受到红一方面军大兵团的伏击,损兵折将数万人,再一次遭受惨重的失败。

1931年9月,国民党军对中央苏区的第三次"围剿"遭到粉碎,被歼三万多人,在此后一段时间内转为守势,没有能再发动大规模的进攻。12月14日国民党第二十六路军1.7万人在该路军总参谋长赵博生(中共秘密党员)和第七十三旅旅长董振堂等率领下,在江西宁都起义,改编为中国工农红军第五军团,使红军增加了一支重要力量,促进了中央苏区的迅速扩大。在赣南,已拥有18个县的范围,其中兴国、雩都、寻邬、会昌、瑞金、石城、宁都、广昌皆拥有全县,面积纵370多公里、横 270 公里，人口 245 万人以上。在闽西，拥有以长汀县为中心，包括长汀、上杭、武平、永定等县。当时赣南、闽西苏区已连成一片，成为比较巩固的中央苏区。主力红军编成红一方面军①，毛泽东任总政治委员、总前委书记，朱德任总司令，下辖第一、三、五军团，约六万人。地方部队有独立师、独立团等，此外还有民兵。全国苏维埃第一次代表大会于 1931 年 11 月 7 日至 20 日在瑞金召开，宣告中华苏维埃共和国临时中央政府成立，毛泽东当选为中央执行委员会主席，项英、张国焘为副主席。设立中华苏维埃中央革命军事委员会（简称"中革军委"），由朱德任主席，王稼祥、彭德怀为副主席，统一领导和指挥全国红军。

其他根据地如闽浙赣、湘赣等苏区也有所发展。还有鄂豫皖苏区，地处长江以北，京汉路东，在 1932 年上半年经过黄安、商（城）潢（川）、苏家埠、潢（川）光（山）4 次进攻战役后，得到空前发展。这时鄂豫皖苏区迅速扩大，"东起淠河，西迄平汉路，北达潢川、固始，南至黄梅、广济，总面积达四万余平方公里，人口 350 余万，拥有黄安、商城、英山、罗田、霍丘五座县城"②，跨越 26 个县的区域。主力红军 4.5 万余人，地方武装二十余万人，其规模仅次于中央苏区，直接雄视南京，威迫武汉。湘鄂西苏区地处湖南、湖北两省之交，洪湖苏区是湘鄂西的主要苏区。1932 年春，红军第三军出击襄北获得胜利。这时，洪湖苏区扩大到东起洪湖，西抵沙市，北接京山，南邻洞庭湖的广大地区，建立了十五个县苏维埃政府。全区主力红军达 1.5 万余人，地方武装也有较大发展。

从总体上说，当时全国苏维埃拥有十六万平方公里的面积和一千多万人口，红军共发展到十五万人左右。但在革命发展的有利形势下，"左"倾冒险主义的错误政策也给苏维埃政权和红军的发展带来了极大的困难和危害。

① 1931 年 11 月中华苏维埃共和国临时中央政府成立后，一度取消红一方面军建制，至次年 6 月恢复。
② 徐向前：《历史的回顾》（上），解放军出版社 1985 年版，第 187 页。

　　1931年9月中旬,因王明决定去莫斯科担任中共驻共产国际代表,并仍对中共中央实行指导,中共新成立了以博古负总责的临时中央政治局(中共临时中央先仍设在上海,至1933年初始从上海迁入中央苏区)。临时中央成立后,继续推行并进一步发展了以王明为代表的"左"倾冒险主义错误。他们对"九一八"事变后民族危机的空前严重和由此引起的国内阶级关系的深刻变化缺乏正确的认识,没有在新形势下高举抗日民族统一战线的旗帜,而是更加强调国民党政权同苏维埃政权之间的对立。1931年9月20日,中共临时中央认为:"国民党统治的崩溃,正在加速的进行着。""目前中国政治形势中心的中心,是反革命与革命的决死的斗争。"①他们对形势的分析、阶级关系的估量以及所采取的政策和策略存在严重错误,其中危害较大的是统一战线中的关门主义,革命组织内部的肃反扩大化,经济政策和土地革命中的"左"倾错误。1932年1月9日,中共临时中央作出《关于争取革命在一省与数省首先胜利的决议》,对革命形势作了夸大的估计,认为红军和游击队的发展已经"造成包围南昌、吉安、武汉等重要的与次要的大城市的形势"。因此,"过去正确的不占取大城市的策略,现在是不同了"。决议规定长江以南的红军主力夺取赣江流域的吉安、抚州、南昌等中心城市,以实现湘、鄂、赣各省的首先胜利;长江以北的各地红军应积极进攻,造成威胁武汉、长江下游及平汉铁路的态势。中共临时中央的"左"倾冒险主义方针在根据地的党和红军中逐步得到贯彻,排斥了毛泽东对红一方面军的领导,使红军在进行反"围剿"时遇到更多的困难,付出了巨大的代价,分述如下:

一　对鄂豫皖、湘鄂西苏区的军事"围剿"和进占

　　1932年初,国民党确立了由蒋介石主军、汪精卫主政的统治体制。

---

　　①　《由于工农红军冲破第三次"围剿"及革命危机逐渐成熟而产生的党的紧急任务》(1931年9月20日),《六大以来》(上),人民出版社1981年版,第146页。

蒋介石重新上台后,对中国共产党领导的革命势力在全国的迅速发展深感不安,极为仇视。蒋后来在追述当时的形势时惊叹地说:中共"在瑞金成立'苏维埃临时中央政府',并且开辟了鄂豫皖区、鄂中区、鄂西区与鄂南区,相互联系,包围武汉。其扰乱范围,遍及于湘、赣、浙、闽、鄂、豫、皖七省,总计面积至二十万方里以上,社会骚动,人民惊惶,燎原之火,有不可收拾之势"①。3月18日,蒋介石就任国民政府军事委员会委员长兼参谋本部参谋总长。此时,他一再鼓吹"剿共"是"救国"的唯一途径,提出了"攘外必先安内"作为指导内政、外交的基本政策。4月,蒋任命何应钦、陈济棠为闽赣粤三省"剿匪"总、副司令。何应钦于月末赴赣部署"剿共"事宜,接着调兵遣将,特派刘建绪、余汉谋、陈诚分任赣、粤、闽三省"剿共"指挥。5月24日国民政府公布任命蒋介石为鄂豫皖三省"剿匪"总司令。蒋、汪随即联名发表通电,声称"救国必先剿共",对于共产党"必须以有效的方法去抵制它们,必须不顾一切代价去应付它们"。6月初,南京政府将英勇抗战的十九路军调离京沪地区,分两路入闽"剿共"。蒋介石本人也从南京赴汉口再转庐山,召集国民党军政要员,进行"剿共"谋划。如前所述,6月15日蒋在庐山主持召开鄂、豫、皖、赣、湘五省"清剿"会议,会商第四次"围剿"红军计划。汪精卫、何应钦、何成濬、熊式辉、何键、陈诚、钱大钧等数十人出席。会上,蒋重申"攘外必先安内"的误国政策。他回顾以前几次"围剿"失败的教训,认为共产党有民众的拥护,仅凭军事力量难以征服,要用分化瓦解的办法,争取民心,以军事政治相互配合,齐头并进,提出"七分政治,三分军事"的口号。会议讨论决定五省"剿共"的全盘计划,对红军采取大包围方法和"进剿"方略以及饷粮筹措等,并决定先以主要兵力消灭鄂豫皖、湘鄂西的红军,然后全力进攻江西中央苏区,确定采取重兵进攻,分区"围剿"的办法,达到各个击破的目的。会议还决定拨款3500万元作为"围剿"经费,禁止就地筹饷。接着在汉口正式设立鄂豫

---

①　蒋介石:《苏俄在中国》第1编第3章第4节。

皖"剿共"总司令部,宣布第四次"围剿"开始。"剿共"总部设于汉口,运输总部设于蚌埠。

6月28日,蒋介石在汉口就任豫鄂皖三省"剿匪"总司令部总司令。经过编组策划,拟定"剿共"要诀:"以少击众,以实击虚,以整击零,以正击奇。"战术为:"纵深配置,并列推进,步步为营,边进边剿。"①下组设左、中、右三路军。以左路军"围剿"湘鄂西苏区;中、右两路军"围剿"鄂豫皖苏区。

"围剿"鄂豫皖苏区的中路军司令部设于河南信阳(后迁湖北广水),蒋介石兼任司令官,刘峙为副司令官,指挥六个纵队和一个预备队。第一纵队指挥官张钫,辖第四十五、七十五、七十六师和新编第二十师,驻河南潢川、固始、光山地区。第二纵队指挥官陈继承,辖第二、三、八十、五十八师和两个骑兵旅,驻河南信阳、罗山地区。第三纵队指挥官马鸿逵,辖第三十五师和骑兵第三旅,驻河南信阳、广水等地。第四纵队指挥官张印湘,辖第三十、三十一师、第二十二路军的特务旅,驻湖北宋埠、黄陂及麻城地区。第五纵队指挥官上官云相,辖第四十七、五十四师,驻湖北蕲春、广济地区。第六纵队指挥官卫立煌,辖第十、八十三师,驻湖北孝感、花园地区。总预备队指挥官钱大钧,辖第八十八、八十九师集结于汉口。另有三个航空队分驻汉口、合肥、蚌埠,支援地面部队作战。

右路军司令官由李济深兼任,副司令官为第三军军长王均,司令部设于安徽六安,指挥三个纵队、一个预备队。第一纵队指挥官徐庭瑶,辖第四师等,集结于正阳关地区。第二纵队指挥官王均(兼),辖第一、七、十二师,集结于六安、霍山地区。第三纵队指挥官梁冠英,辖第三十二师,集结于霍山南部至潜山地区。预备队指挥官阮肇昌,辖第五十五、五十七师,集结于合肥。此外,第十三师驻平汉路花园至孝感段两侧,第三十三师驻浠水,新编第二十师等驻光山,第三十八、四十旅驻六安、

---

①　王德胜编:《蒋总统年表》,台北世界书局1982年版,第154页。

霍山、正阳关等地,担任"驻剿"。中、右两路军总兵力有二十四个师另六个旅,约三十万人。

国民党"围剿"军的"进剿"方案为首先进攻"平汉路以东,潢川麻城之线以西地区","以黄安七里坪新集为目标,达到将红军第四方面军主力驱逐出鄂豫皖边境,然后再以"两师兵力由水路移到安庆上路,东西夹击皖西红军根据地。再由北而南,将红军主力压迫至长江北岸聚而歼之"①。其总体意图为:集中主力于平汉铁路东侧,以中路军的第一、二、三纵队为主攻,第四、五、六纵队和右路军各纵队为助攻。"围剿"计划分为:"第一步,从东西北三面发起攻击,从东南方向将红四方面军驱出鄂豫境;第二步,实施东西夹击,将红军主力压至长江北岸,聚而歼之。"其"围剿"战术以"纵深配备,并列推进,步步为营,边进边剿","遇红军主力,据地固守,待援合围;击破红军主力后,并进长追,四面堵截,等等"②。国民党当局还在政治上进行编组保甲,实行"连坐法",强化各地党政机关和地方武装,动员外逃的土豪劣绅"回乡执政"等措施,以配合军事进攻。

当国民党军向鄂豫皖苏区大举进攻时,担任中共鄂豫皖中央分局书记兼军事委员会主席张国焘,被胜利冲昏头脑,竟认为"国民党动员任何多少部队,都不堪红军一击"③,还以为国民党军已临近崩溃,只能作为"偏师"。他积极地执行临时中央关于攻打中心城市、争取一省数省首先胜利的"左"倾冒险主义方针。"围剿"开始前,他盲目轻敌,不做反"围剿"准备,命令红军向平汉路信阳至广水段出击。其时值7月,骄阳似火,红军冒着酷暑在信阳一带打了几仗,攻占了鸡公山,战果不大。红四方面军总指挥徐向前等鉴于敌人正在加紧部署"围剿",于6月底

①　中国第二历史档案馆藏档案。

②　徐向前:《历史的回顾》(上),第198页。

③　《中央致鄂豫皖苏区党省委信》,《中共中央文件选集》第9册,中共中央党校出版社1991年版,第145页。

到7月初先后两次建议停止在平汉线上的进攻作战,将主力集结于适当地区休整,认真做反"围剿"的准备。1932年7月初,张国焘在湖北夏店主持召开中共鄂豫皖分局会议,否定徐向前等的正确意见,坚持继续"不停顿的进攻"的错误军事方针。会后调集红军主力第十、第十一、第十二、第七十三师及独立第一师南下进攻麻城。湖北麻城为武汉的屏障,是国民党军长期经营的一个坚固城池。蒋介石命令国民党军死守麻城,以便牵制红军兵力,并配合中路、右路军作战。张国焘"围攻麻城"的决定,实际上正中蒋介石的圈套,导致红军在这次反"进剿"作战中从一开始就处于被动地位。

8月上旬,正当红四方面军主力深陷麻城而不能自拔时,国民党军开始大举进攻,向苏区的中心区域逼近:其中路军第一、第二纵队进至大新店、宣化店、花山集一线,第三、第六纵队进至夏店、蔡店、长轩岭等地。右路军第一、第二纵队进至霍丘南之河口、丁家集一带,蒋介石见各纵队进展顺利,便改变其原定的稳扎稳打的战法,于8月7日下令"总攻",命令各路"进剿"军疾速进击,深入根据地中心,企图一举消灭红军。10日陈继承的第二纵队开始向七里坪急进,卫立煌的第六纵队进抵河口一带并向黄安进犯。

当黄安处于危急时,张国焘才决定撤麻城之围,命令已疲惫的红四方面军主力仓促赶向黄安以西应敌。8月10日夜,红四方面军总部率领第十一师、第十二师、第七十三师兼程向黄安进发,迎敌第六纵队;同时以第十师开向七里坪,阻击敌第二纵队。11日至13日,红军主力与国民党军第六纵队对峙于黄安城西的冯寿二、冯秀驿地区,双方互有伤亡。这时,陈继承的第二纵队正从宣化店向七里坪进犯,红军后路有被敌袭击的危险。红军总部决定率主力转向七里坪,集中力量打击敌第二纵队。13日下午,黄安被国民党军占领。

红四方面军主力赶到七里坪后,在柳树河东布防。8月15日,集中四个师迎击敌第二纵队,歼其四个团的大部,将敌击退。17日,卫立煌的第六纵队两个师由黄安北犯,红军向檀树岗转移,另寻战机。21

日,敌第二纵队由七里坪北上,会攻鄂豫皖苏区的政治中心新集。张国焘命令红军主力北上保卫新集。27日,敌第二纵队四个师从西面向红军扑来,双方在胡山寨地区激战数日,红军歼敌两千余人,本身也有较大伤亡。9月6日,国民党军第一、第六纵队从北、南两面向红军逼近。红军面对不利形势,主力向以金家寨为中心的皖西北苏区转移。豫南新集、商城相继陷落。

红四方面军主力到达皖西金家寨、燕子地区后,虽于9月10日同红二十五军会合,但又面临国民党军重兵压境的严重局面。9月中旬,张国焘等曾致电中共中央告急。苏区中央局在前方指挥作战的周恩来、毛泽东、朱德、王稼祥接到临时中央转来的张国焘等的电报后立即回电,对红四方面军提出建议:为了打破敌人深入苏区的分路合击,红军应诱敌深入,争取"在运动中选择敌薄弱部分,猛烈打击与消灭敌人一部后,迅速转至另一方,以迅速、果敢、秘密和机动求得各个击破敌人,以完全粉碎四次'围剿'"。但这时张国焘已由盲目轻敌变为惊慌失措,认为"红军只可打一仗,就没有打第二仗的力气了"①,不愿执行上述正确方针。

9月底,红四方面军主力进入英山地区,未获战机。10月上旬西进重抵黄安附近的高桥、河口地区。在此期间,张国焘曾致函中共鄂皖边工作委员会书记郭述申,命他与东路游击队司令员刘士奇、二十七师师长徐海东等组成鄂豫皖工委,留在皖西继续坚持斗争。10月10日,张国焘在河口以北的黄柴畈召开紧急会议,决定红四方面军主力撤离苏区,向西转移;留下的二十七、七十五师与各独立师团等在苏区坚持斗争。11日夜,鄂豫皖分局和红四方面军总部率红十、十一、十二、七十三师及少共国际团,共约二万余人,枪械1.5万支,撤出苏区,越过平汉铁路,向陕南、川北地区转移。为此,蒋介石特电告南京国民政府主席

---

① 鄂豫皖省委《关于反四次"围剿"及坚持斗争给中央的报告》,1935年1月15日。

林森:"金家寨已克,长江北岸赤匪不难根本肃清。刻来庐山准备清剿江西残匪,期得早日平定,以慰廑念。"①

　　红四方面军经鄂西北、豫西南进入陕西汉中地区,再南越秦岭、大巴山,于12月进入川北地区,部队尚有1.5万余人。接着红四方面军乘四川军阀混战之机,占领了通江、南江、巴中等县,至1933年2月创建了川陕边苏区。红四方面军离开鄂豫皖苏区后,中共鄂豫皖省委重建红二十五军(军长吴焕先、政治委员王平章),同时整顿了各地游击武装,共约二万人,继续在鄂豫皖苏区坚持斗争。这样,国民党军就地消灭红四方面军的企图未能实现,但进占了鄂豫皖苏区的大部分地区,并对留下的红军游击队继续进行"清剿"。

　　蒋介石在对鄂豫皖苏区进行第四次"围剿"的同时,对湘鄂西苏区也发动了第四次"围剿"。

　　"围剿"湘鄂西苏区的左路军由武汉"绥靖"主任何成濬兼任司令官,第十军军长徐源泉任副司令官兼总指挥。下分设四个纵队和一个预备队。第一纵队指挥官万耀煌,辖第十三师,驻应城地区;第二纵队指挥官萧之楚,辖第四十四师,驻皂市等地;第三纵队指挥官张振汉,辖第四十一师,驻旧口、沙洋等地;第四纵队指挥官刘建绪,辖独立第三十七旅,驻天门、岳口等地;另有长江上游"剿匪"总指挥王陵基直辖的李宗鉴新编第七旅、刘光瑜第五旅等以及一些地方保安团,预备队有第十军特务团、第四十一师一个团、鄂北保安第一团、第八十二、三十四师各一部等,总兵力十万余人。

　　7月初,国民党左路军下达"第一期进剿计划",强调步步为营,稳打稳进,企图先包围歼灭襄河北岸的红军,然后转入襄河南岸作战。其部署是:四个纵队及一个预备队,集中向襄北苏区进攻;王陵基指挥的川军向襄南苏区进攻;其余部队担任游击、堵截佯攻、牵制等任务。

————————————

① 《中华民国重要史料初编——对日抗战时期》绪编(二),第387页。

中共湘鄂西中央分局负责人夏曦在蒋军大规模进攻的前夕,仍推行王明的"左"倾政策,在肃反中犯了扩大化的错误,枉杀了不少优秀干部和军事骨干,严重削弱了党和红军的战斗力。在军事部署上按照临时中央关于"湘鄂西红三军除一部兵力巩固洪湖根据地外,主力应积极在襄北发展"的军事训令,命令红三军主力再次进到襄河以北的京山、应城、皂市之间地区寻求作战。

7月15日起,徐源泉命令国民党军第一、二、三纵队分别由景家墩、皂市、白马庙等据点,向京山地区合击红三军;其第四纵队则由岳口向张截港、泗港推进,企图控制渡口,阻止红三军南渡襄河。红三军在强敌压迫下,一部撤至襄南,主力转至京山、应城、皂市、天门之间活动,牵制敌人。鉴于敌军兵力强大,红三军决定转移到襄南打击川军。7月底,红三军在荆门东南的沈家集和曾家集一带与川军激战。8月初,从襄河西岸的敌军赶来增援川军。因而红军撤至熊口、莲花寺等地。国民党军乘机占领了钟祥、京山、天门、沙洋等地,基本上控制了襄北地区。红军转战襄南,伤亡很大。

8月上旬,国民党军制订了旨在摧毁洪湖苏区的"第二期进剿计划",相应地调整了作战部署:以第三、四纵队为左翼军,由岳口进攻苏区中心区;第一、二纵队留在襄北担任"清乡",并作为左翼军总预备队;川军第二十一军两个纵队为右翼军,在东荆河西岸担任堵截任务,又以海军一部封锁长江,防止红军南渡。

这时,中共湘鄂西中央分局的战略方针由冒险进攻转为消极防御,命令苏区构筑碉堡,准备固守。为了牵动敌军并取得粮食与物资,夏曦命令红三军第七、八师向沙市、草市进攻;由第九师担任熊口、莲花寺的防务。红军在进攻沙市和草市中虽消灭了一些敌人,但本身也遭到较大损失。鉴于敌人的包围日益缩小,在内线已不能破敌,贺龙等人提出集中主力转到外线作战,以便在运动中消灭敌人。但夏曦拒绝采纳正确建议,错误地决定分兵两路,一路由夏曦指挥,辖第七师、警卫师和地方部队,在苏区内分兵把口,固守洪湖苏区;红三军主力为另一路,由军长贺龙、政委关向应率领,转入襄北敌占区打击、牵制国民党军。对此,毛泽东、周恩来、朱德等曾于9月中旬电示湘鄂西分局,指出:分兵作战只有利于敌人。"敌以重兵围紧鄂西苏区,红三军宜立即集结全军力量,机动的选择敌之弱点,先打击并消灭他的这一面;以地方武装及群众的游击动作牵制其他方面,然后才能各个击破敌人"。但夏曦拒不接受,仍坚持分兵作战。

8月下旬,国民党军左翼第三纵队占领了东荆河南岸要地峰口和府场,红七师等部仓促反击失利。9月3日,湘鄂西苏区中央局所在地瞿家湾等地相继失守。红军在作战中损失巨大,夏曦只得率红七师一部和警卫部队向西南江陵地区转移。贺龙、关向应率红三军主力与敌军艰苦周旋,至9月中旬才转至京山地区。襄北主要城镇早已落入敌手。驻扎江陵地区的国民党军获知红三军主力重来,立即调集四个多旅会同守军对红军追击和堵截。从9月底红三军采取时分时合、忽东忽西等灵活战术,在旧口、应城、安陆、随县、枣阳之间,与敌军周旋,多次打击敌人,保存了本身基干力量。

夏曦所率的红七师等在转移途中,遭受国民党军截击,损失重大,抵沙岗后,洪湖中心区已被鄂军占领。他感到此地也难以立足发展,遂合红七师北上,与红八、九师会合。9月中旬,尚存的洪湖和湘鄂边苏区的一些独立团也到达沙岗地区。夏曦将这些人马编为独立师,10月上旬,他率独立师向洪湖西北方向突围,后来在大洪山与红三军会合,继而转战于湘鄂川黔边境。独立师走后,国民党军相继占领全部洪湖苏区。在此前后,湘鄂边、巴兴归、襄枣宜等苏区也被国民党军夺占。

红三军绕道豫西南和陕南,于1932年年底到达湘鄂边鹤峰地区,准备重新建立苏区,未能实现;1933年底进入四川,攻占黔江,准备在湘鄂黔区建立苏区,又未能实现。在一年多的时间内,红三军始终处于流动状态,部队由1.4万余人减少到3000人。1934年5月红三军西渡乌江,转战到贵州东部地区,至9月创建了黔东根据地。

二　对中央苏区的军事"围剿"

蒋介石督师"进剿"鄂豫皖、湘鄂西苏区的同时,加紧策划对中央苏区的"围剿"。1932 年 8 月 21 日,蒋召集何应钦等在庐山商定六省"剿共"的严密计划,拟定消灭赣、粤、闽边区红军的办法:粤军直攻赣粤边红军和苏区,驻赣州、吉安、抚州、南丰各军向宜黄、乐安红军包抄,切断赣粤边红军归路,再以新调到赣各部加入,在赣东将红军整个消灭。由于红军的坚决反击,此项战略目的未能实现。

1932 年冬,蒋介石先后击败鄂豫皖和湘鄂西红军后,即抽调部队部署对中央红军发动大规模的进攻。12 月 30 日,以何应钦为总司令的赣、粤、闽边区"剿匪"总司令部下达第四次"围剿"江西红军的命令,决定分兵三路向江西中央苏区"进剿"。以驻赣部队大部编为中路军,陈诚为总指挥;闽北、闽西部队编为左路军,蔡廷锴任总指挥;赣南、粤北部队编为右路军,余汉谋任总指挥;并限令各路军于 1933 年 1 月 6 日前到达指定地点,随即实施"围剿"计划,总兵力达 50 万人,包括 29 个师四个旅,两个航空队。其作战部署是:中路军总指挥陈诚,指挥三个纵队,共十二个师,约十六万人,为"进剿"军主力。第一纵队指挥官罗卓英,辖萧乾第十一师、李明第五十二师、陈时骥第五十九师,集中于宜黄、棠荫地区,向黄陂、广昌等地攻击前进。第二纵队指挥官吴奇伟,辖李默庵第十师、霍揆彰第十四师、孙连仲第二十七师和吴奇伟兼率的第九十师,主力集中于临川、龙骨渡地区,随后与第三纵队配合,向黎川红军主力攻击前进。第三纵队指挥官赵观涛,辖周浑元第五师、周喦第六师、李延年第九师、樊崧甫第七十九师,先在金溪、浒湾附近地区集中后,与第二纵队联络,然后向黎川攻击前进。还有刘绍先第四十三师为预备队,集中于宜黄、乐安地区后,与第一纵队联络。

左路军总指挥蔡廷锴,指挥六个师一个旅。刘和鼎第五十六师一个旅,周志群暂编第四旅,区寿年第七十八师的两个团,戴戟第六十一师的一个旅向光泽攻击，并与中路军配合。第五十六师的第一六八旅"清剿"将乐、顺昌附近红军并维护建阳、建瓯、延平间的交通安全。卢兴邦新编第二师负责"清剿"永安、清流、沙县、归化等地红军，并维护永安、沙县间的交通安全。沈光汉第六十师、第七十八师一个团，张贞第四十九师先"清剿"白沙、溪口、梅村、古田、蛟洋、坎市附近红军，然后向连城推进。

右路军总指挥余汉谋，指挥六个师一个旅。李振球第一师，叶肇第二师（两个团），张瑞贵第三师，张枚新第四师，王赞斌第四十四师，陈章独立第二旅，"清剿"南康、寻邬、信丰、安远、上犹等地红军，并适时向北推进。李汉魂独立第三师，维护南雄、大庾、信丰等地交通安全。

另有王懋德第二十八师及第两师两个团，"清剿"赣江两岸吉安、吉水、万安、安福、峡江、新淦、遂川等地红军并维护交通安全。许克祥第二十四师与陶峙岳第八师的一个旅驻南城，第八师另两个旅驻南丰，"清剿"两城间的红军并维护交通安全。李云杰第二十三师为总预备队，机动控制于南城西北的滕桥附近。航空第三、第四两队，以南昌为空军基地，与各路"进剿"军协同作战，并担任侦察、轰炸及通信联络。

1933 年 1 月 29 日，蒋介石从南京到达南昌，亲自坐镇指挥对中央苏区进行第四次"围剿"。30 日，蒋介石在南昌国民党江西省党部作《剿匪要实干》的训话，声称此次"剿匪"之成败，关系国家存亡，亦即我民族能否自卫自存之"试金石"，号召所属要"硬干、实干、快干"，"要下有匪无我，有我无匪的决心"[①]。31 日，蒋介石召集军事会议，拟订"剿共"具体计划。中路军总指挥陈诚、江西省政府主席熊式辉、"剿匪"总部参谋长贺国光、第一纵队指挥官罗卓英、第二纵队指挥官吴奇伟、第二十六路军总指挥孙连仲、第十师师长李默庵、第五十三师师长李韫珩等参加。会上决定江西全省动员"剿共"，并确定了作战方略。

─────────

① 蒋介石：《剿匪要实干》，《蒋总统集》第 1 册，台湾"国防研究院"1961 年版，第 609—611 页。

　　中央苏区第三次反"围剿"胜利后,中共临时中央和苏区中央局根据 1932 年 1 月临时中央所作的《关于争取革命在一省与数省首先胜利的决议》,执行进攻中心城市的冒险主义战略,指挥中央红军在 1932 年连续进行了多次进攻战役。从 2 月 4 日至 3 月 7 日,首先攻打国民党军固守的赣南重镇赣州,历时 33 天,未能攻克,红军伤亡很大,不得不撤出战斗。4 月,毛泽东率由红一、五军组成的东路军入闽作战,抓住有利时机,取得攻克漳州等十余座城镇的胜利。这一胜利,鼓舞了红军的士气,获取了大批物资给养,帮助恢复和扩大了闽西、闽南根据地。6 月,红一方面军发起南雄、水口战役,共击溃粤军十个团,但未能大量歼灭敌人。8 月,在攻占东安、宜黄战役中,歼敌三个旅,俘敌五千多人。红一方面军在 1932 年进行的上述进攻作战,虽然取得一定的胜利,但并未达到实现一省数省首先胜利,或是以进攻战略打破敌军的"围剿"的目的,反使红军受到相当大的消耗。

　　在蒋介石大举"围剿"中央苏区的严重军事形势面前,究竟采取什么样的军事方针,才能有把握地粉碎国民党军队的大规模的军事进攻,当时负责指挥前线战争的毛泽东、周恩来、朱德、王稼祥等,同临时中央和苏区中央局的项英等几名成员之间发生了原则性的分歧。临时中央不顾敌强我弱的军事形势,不进行战前的认真准备工作,竟指令前线指挥机关,要求红军在敌人合围之前立即出击,攻城打援,迅速击破敌人,求得速胜,以夺取中心城市,实现江西一省的首先胜利。

　　1932 年 8 月 8 日,毛泽东重任红一方面军总政委。同时前方还成立了最高军事会议,由周恩来、毛泽东、朱德、王稼祥四人组成。他们不同意临时中央和苏区中央局下达的这一"左"的军事方针。9 月 25 日前线指挥机关致电苏区中央局,指出:"在目前敌情与方面军现有力量条件下,攻城打增援部队是无把握的。若因求战心切,鲁莽从事,结果反会费时无功,徒劳兵力,欲速反慢,而造成更不利局面。"9 月 26 日,红一方面军总司令朱德、总政委毛泽东发出《在敌人尚未大举进攻前部队向北工作一时期的训令》。这是红军粉碎蒋介石对中央苏区第四次

"围剿"的正确战备计划。它首先分析了敌人第四次"围剿"的策略、攻击意图和部署。为了有把握地粉碎敌人的"围剿",《训令》对红军的战略任务作了规定:"向北地区做一时期(十天为一期)争取群众、推广苏区以及本身的教育训练工作。这一行动的任务,是要消灭敌人的零星的游击力量,肃清这一地区的反动武装","以至造成更有利于与北面敌人决战和消灭敌人主力的条件"①。《训令》还决定以宜黄、乐安、南丰一带作为未来和敌军决战的战场,在宜黄、乐安、南丰一带地区粉碎敌军四次"围剿",同时明确指出了中央苏区军事行动的方向和当时形势下的主要战略意图,为第四次反"围剿"作了充分的准备工作。

　　但是,这个《训令》却遭到临时中央和苏区中央局的坚决反对。从9月29日到10月1日,苏区中央局连续三次给前方指挥机关发出电报,指责这一《训令》"完全离开了原则",是"极危险的布置"。1932年10月上旬,苏区中央局召开了宁都会议,会上展开激烈的争论。有的参加者认为是"开展了中央局从未有过的反倾向斗争"。多数人认为前方军事领导人"有以准备为中心的观念,泽东表现最多"。他们把主要矛头指向毛泽东,提出要把他召回后方,专负中央政府工作的责任。会后,中央军委发出通令,调毛泽东回政府主持工作,接着又撤销了他的红一方面军总政委的职务。正当中央苏区第四次反"围剿"的紧要关头,这种处置使前线指挥机关处于困难和不利局面。然而,毛泽东虽被排挤离开了红军领导岗位,仍关心着第四次反"围剿"战争的进行,领导着中央政府做了大量配合工作。在红军中,周恩来、朱德等仍坚持正确的战略主张和作战原则,为取得胜利而团结奋斗。

　　宁都会议前后,湘鄂西和鄂豫皖苏区的第四次反"围剿"相继失败。国民党当局将主力调往江西,把"围剿"重点转到中央根据地,但大举进攻苏区的部署一时尚未就绪。会后,朱德、周恩来随军从广昌出发,赴

---

　　①　周恩来、毛泽东、朱德、王稼祥:《关于目前敌情和军事行动问题的请示报告》(1932年9月23日),《党的文献》,1990年第2期,第36页。

前线指挥作战。他们果断地决定:乘敌方部署未定的时候,迅速击破其一方,并打通同赣东北红军的联系。10 月 18 日、19 日、22 日,红军连克赣闽边界的黎川、建宁、泰宁、邵武四城,11 月间又克光泽、资溪和金溪。这一重大胜利扩大了苏区地域数百里,建立了闽赣省,并使闽北和闽西苏区连成一片。

同时,朱德、周恩来、王稼祥连续向红一方面军全体指战员说明:敌人"正将四次'围剿'的重心从湖北移到江西","加速的在布置大举进攻中央苏区","敌人大举进攻的时机已经到了"。号召全体红军战士"团结得像一个人一样,来消灭敌人,来争取比【第】三次战争还伟大的胜利"①。

1932 年 10 月 13 日,中华苏维埃中央执行委员会发布关于战争紧急动员的《第十二号命令》,在敌人"正倾全力来布置对中央区的大举进攻"的严重形势下,提出进行紧急动员的十四项任务,其中包括政治动员、军事准备、群众参战和后方工作、战时的经济工作,等等。《命令》要求在"战争的形势日益紧迫"的情况下,要以全力来动员全苏区工农群众,要以最大的速度,来充分准备一切战争工作。中央苏区和红军要"以一切的力量,一切的经济和一切牺牲去准备战争,去粉碎敌人的大举进攻"②。《命令》发布后,苏区内党、政、军、民各个方面,在各条战线上进行了大量的组织和动员工作。在政治上运用苏维埃各种组织、城乡代表会议和选民大会,在群众中进行广泛深入的政治动员,让广大工农群众充分认识"敌人大举进攻的严重性";在军事上,中央工农民主政府决定加紧扩大红军,壮大革命军事力量。

当时,红一方面军统率着一、三、五共三个军团,十一、十二、二十一、二十二军等四个军,以及两个独立师,约七万人。由于双方兵力悬殊,红军的决策是:乘敌人部署尚未完成的时候,主动地打到外线去,打

---

① 《红色中华》第 40 期,1932 年 11 月 14 日。

② 《土地革命战争纪事》,解放军出版社 1989 年版,第 284—285 页。

乱敌军进攻中央苏区的部署。

　　1933年元旦,红一方面军在黎川城举行北上誓师大会。朱德、周恩来发布训令指出:"这次行动是粉碎敌人大举进攻的主要关键。争取这次行动的全部胜利,消灭当前敌人,特别是陈(诚)、罗(卓英)、吴(奇伟)、周(浑元)各部,冲破抚州(河)流域的敌人围攻线,破坏敌人大举进攻的前线布置","这是开始一九三三年四次战役伟大胜利的中心任务"①。

　　1月初,陈诚指挥的赣粤闽边区"剿匪"中路军以抚州为中心,采用外线作战、分进合击的战略原则,向苏区黎川、建宁、泰宁地区包围和截击。红军在誓师后,迅速向北隐蔽前进。1月5日,红军在黄狮渡袭击歼灭了敌第五师的第十三旅,生擒旅长周士达,北上首战告捷,继而又占领金溪城。

　　在红军的进攻面前,驻在临川的国民党军三个师经浒湾分两路向金溪、黄狮渡增援,在南城的一个师从南面策应,企图南北夹击红军,同红军主力决战。朱德、周恩来乘敌尚未会合之际,下令攻击浒湾,经过一天激战,击溃敌人援兵,于1月9日占领浒湾。黄狮渡、浒湾战役的胜利,为打破国民党的第四次"围剿"创造了有利条件。

　　正当红军出师告捷之时,苏区中央局按照宁都会议确定的错误军事方针,屡电红一方面军总部,要求红军主力出击,先发制人,并特别强调要攻占敌军重兵把守的南丰、南城,进而威胁并夺取中心城市抚州、南昌,以打破敌人的"围剿",争取江西一省的首先胜利。1月24日,中央局致电周恩来、朱德、王稼祥和前方负责人,要求以红军所有主力"先攻取南城、黎川、广昌,然后再进攻和取得南丰"。还以命令的口吻强调:"我们要你们站在一条路线",执行中央和中央局的指示。对此前方负责人有不同意见,周恩来多次致电中央和中央局陈述前方意见,明确提出强攻坚城南城和南丰的不利条件有五点:一是暴露我军企图;二是

---

　　①　朱德、周恩来、王稼祥:《关于向北行动工作的训令》,1933年1月1日。

容易受敌人夹击;三是损伤太大;四是不能筹款;五是耗费时日,并提出应在敌人部署未完毕前,在抚河东岸连续求得在运动中解决敌人。

这时,国民党当局加快了对中央苏区发动第四次"围剿"的部署。2月6日,蒋介石亲自兼任江西省"剿匪"总司令,并设置南昌行营,统一指挥"围剿"中央苏区的军事行动,采取"固守城防"的新策略。朱德、周恩来等原来设想的先发制人,在抚河以东调动并消灭敌人的计划已不可能实现。2月初,红军主力转移到黎川附近待机。2月3日,周恩来等致电中央局:"连续的残酷的战斗立刻就到,战争与军事布置更应确定统一指挥。提议中央局经常给我们前方以原则上与方针上的指示,具体部署似宜属之前方。"①次日,中央局回电认为:"在目前敌人据点而守的形势下,无法避免攻击坚城。"并称根据中央指示电,"在总政治任务之下,应以抚州(临川)为战略区。目前行动,先攻南丰为适宜"②。

在中央局一再坚持要强攻南丰的情况下,红一方面军于2月9日由黎川附近向南丰地区开进。南丰城东临抚河,位于南北狭长的平原地带,为抚河战线敌人进攻中央苏区的重要据点。国民党军第八师约5个团驻守该城及周围地区,另有1个团驻防里塔圩和新丰街。11日,红二十二军占领里塔圩,新丰街的国民党守军归路也被红军截断,退回南城。12日黄昏后,红三军团和红五军团各一部在夜雨中向南丰发起攻击,与敌激战一夜,红军"缴获不足一营,损失却超过三百,三军团为主攻,师长彭鳌及两团长均阵亡"③。战至次日,红军未能突破敌人主要阵地。

国民党"进剿"军中路总指挥陈诚深知南丰地势险要,是尔后"进剿"赣南的支撑点,除要求陶峙岳的第八师固守南丰外,还令驻在南城的许克祥部第二十四师驰援南丰。2月13日调整了部署,"令其各纵

①　《周恩来年谱》,人民出版社、中央文献出版社1989年版,第241页。

②　中共苏区中央局:《关于作战计划致周朱王电》,1933年2月4日。

③　《周恩来选集》上卷,人民出版社1980年版,第64页。

队向赣南挺进,尤其第一纵队速在宜黄地区集中,解救南丰之外围"①。其第一纵队指挥官罗卓英则根据陈诚的部署,于14日向所属各部队下达攻击命令:命第一师开至宜黄、棠阴;"着第五十二师师长李明率该师经蛟湖向黄陂附近集中,第五十九师经霍源向河口附近集中,以备编入本纵队序列参加作战"②。这时,"进剿"军第二纵队也向南丰开进。该纵队第九十师抵东馆,四十三师向宜黄开拔,14日到达公陂,二十七师已集中永丰、新淦。而南丰守军在东、北门外和城墙上增筑了坚固的工事,阻击红军。根据敌我情况的变化,周恩来、朱德当机立断,决定改强攻南丰为佯攻,先消灭增援敌军。"当求得于预期遭遇的运动战中消灭敌之一翼,以各个消灭之"③。13日夜,除留少量部队担任佯攻任务迷惑敌人外,红军主力撤离南丰,并由十一军装扮为红军主力,由新丰街渡河向黎川开动,以吸引敌第二、三纵队向黎川方向移动。主力则迅速秘密地转移到敌援军前进方向的广昌以西的东韶、洛口和吴村一带。

　　陈诚错误地把开往黎川的十一军当成红军主力部队,立即制定了在黎川、建宁地区围歼红军的作战计划,令第三纵队由金溪出黎川,攻红军正面;第二纵队由南城东向,对红军进行侧击;第一纵队由乐安、宜黄出击广昌,堵截红军归路,并深入苏区袭击红军后方。

　　周恩来、朱德看到国民党军已为红军的部署所迷惑,其第二、三纵队东向黎川,位于西面的第一纵队比较孤立、突出,并且临近红军主力集结地带,据此认定罗卓英所率第一纵队"是对我军最危险之一个纵队",决心"以主力西进,迅速击破敌主力之第一纵队三个师"④。为此,周恩来在22日深夜向苏区中央局和中央政府发出《抚河等地敌情及我

---

　　①　蒋纬国总编著《国民革命战史》第4部《反共戡乱》上篇第3卷,台湾黎明文化事业股份有限公司1980年版,第577页。

　　②　《国民革命战史》第4部《反共戡乱》上篇第3卷,第600页。

　　③　《周恩来选集》上卷,第65页。

　　④　朱德:《黄陂东陂两次战役伟大胜利的经验与教训》,《朱德选集》,人民出版社1983年版,第8页。

战略部署》的电文说："抚河之敌以第二纵队集中南城相机进攻里塔圩，以三纵队策应企图吸我于中路决战，然后以宜乐之第一纵队配合南丰出击之敌迂回我后，我军今日已开始向西南运动，但仍佯攻南丰与游击新丰、里塔，迷惑敌人引动宜乐之敌，如宜乐敌人出动即往迎击，否则准备集中东韶、洛口掩蔽目标，待机出击。"同时，命令红军一、三、五军团、十二、二十一、二十二军继续秘密向西移动。周恩来、朱德鉴于敌人兵力密集，在南丰地区与敌决战对红军不利，于23日命令红军全部撤离南丰，连夜转移到广昌以西的东韶、小布、洛口地区隐蔽集结，待机歼敌。红军撤围南丰"在运动战中消灭增援敌人"①的部署，虽与中央局命令有出入，但却使自己由被动变主动，是取得第四次反"围剿"战争胜利的关键。毛泽东在《中国革命战争的战略问题》中高度评价了这一正确而果断的决定，认为"第四次反'围剿'时攻南丰不克，毅然采取了退却步骤，终于转到敌之右翼，集中东韶地区，开始了宜黄南部的大胜仗"②。

红军决心首先予以消灭的国民党军中路第一纵队的三个师，正是陈诚所部第十八军的三个基干师。其第十一师为陈起家、发迹之师；第五十二师原是1932年春从韩德勤手中编并，委任第十一师副师长李明为该师师长；第五十九师原是1932年秋从川军张英手中编并，委任第五十二师副师长陈时骥为该师师长。后第五十二、五十九师虽受命被编入第五军序列，由军长罗卓英节制，实际上仍为陈诚控制，属陈之嫡系部队。

红军退到根据地中的东韶、小布、洛口地区后，进行休整，待机破敌。此时陈诚仍没有窥破红军主力的战略行动意图，命令所属三个纵队迅速向黎川、广昌推进，企图以分进合击的战术，围歼中央红军。第一纵队担负着迂回到黎川背后抄袭红军后路的任务，其第五十二、五十

<hr/>

① 《周恩来选集》上卷，第64页。
② 《毛泽东选集》第1卷，人民出版社1991年版，第221页。

九师由吉安一带集中乐安。罗卓英率第十一师由临川向宜黄推进,企图为解南丰之围,将主力集中于宜黄以南地区,与向南进的第二纵队,合力围歼红军在南丰、广昌地区。24日,罗卓英下达攻击命令。2月25日,正值第五十二、五十九师开拔之际,担任第一纵队预备队的第四十三师,于乐安城东20里处获得一份红军乐(安)南军分区司令部致乐(安)北军分区司令部的文件,内称:"我工农红军正围攻南丰,旦夕可下,惟乐安之两师白军,若向河口、黄陂前进,则我红军不特无法攻下南丰,本身亦感至大危险。万望派人监视此两师敌人,果其南来,即迅速报告,予当率乐大两团竭力抵抗之。"①实际此乃红军设下的圈套,故意只提"两团"兵力,以便麻痹第五十二、五十九师。该二师长坚信上项情报,认为确无红军主力。26日在李明指挥下,第五十二、五十九师兵分两路,从乐安出动,计划到黄陂会合后再直趋广昌。其行进路线是:第五十二师经太平圩、登仙桥、大小龙坪、蛟湖到黄陂;第五十九师经东坑岭、西源、霍源到黄陂。两路之间隔着一座海拔800至900米高的摩罗嶂大山,彼此不易联系。

　　红军主力早已在2月23日、24日由南丰附近隐蔽转移到东陂、河口之线集中完毕,分作左、右两翼:右翼为第五军团和第二十二军,沿东陂一线进至黄陂,西向迎敌;左翼为第一、三军团和第二十一军,沿金竹、王都、竹坪之线,隐蔽接敌②。红一方面军总部还在25日就下达了准备作战的命令说:敌五十二、五十九师将于26日由乐安出动,27日到达黄陂地区,要求红军提前进入阵地埋伏,准备围歼进入伏击圈的敌人。26日,发布《第一方面军命令》指出:"乐安敌人两个师有于本月26日向东黄陂前进"之动态,"我方面军拟于27日以遭遇战在河口、东陂、黄陂以西东坑岭、固岗、登仙桥以东地带侧击并消灭乐安来敌";命林彪、聂荣臻指挥一军团、三军团、二十一军为左翼队,"由五都苦竹圩三

---

　　①　《国民革命战史》第4部《反共戡乱》上篇第3卷,第605页。

　　②　《聂荣臻回忆录》上册,战士出版社1983年版,第169页。

线取平行道路向北前进侧击敌人,其主力应控制左翼兜击其侧背";命董振堂、朱瑞指挥五军团、二十二军为右翼队,"由东陂进至黄陂向西兜击敌人并掩护我右侧向东北两方面侦察警戒",命"第十二军为预备队"。

国民党"进剿"军第五十二师为这次行军的右纵队。该师冒着濛濛细雨,在崎岖山道中以一路纵队行进一天。2月27日黎明时,其第一五五旅超越第一五四旅,就前卫位置,并为缩短行军长径,相互掩护侧背,将三个团分为两个纵队前进。中午,该师在蛟湖遭预伏的红军主力左翼猛烈围攻,并被拦腰切为前卫第一五五旅第一五四旅和师部、后卫第三○九团等数段,进行围歼。战斗进行到28日上午,第五十二师已被红军基本歼灭,师长李明负重伤被俘,不久死亡。"全师人员损失下级干部三分之二,士兵六千余名"[1]。

第五十九师于26日拂晓与第五十二师同时从乐安出发,为这次行军的左纵队。因淫雨连绵,道路泥泞,行进艰难,进程缓慢,当晚宿营在大罗排、杨家、罗山街附近地区。27日晨全师继续开拔。下午3时,该师到达西源西端隘路口,两侧山峰陡立,形势十分险要。这时埋伏于霍源附近摩罗峰东麓的红军主力右翼第五军团和第二十二军居高临下,用步机枪猛烈射击,将第五十九师大量杀伤,并将其分割包围。28日,红军左翼第一、第三军团在解决了第五十二师主力之后,又抽出一部赶到右翼佛岭坳。右翼各支红军便在清晨向第五十九师发起全面攻击。第五十九师第一七五旅旅长杨德良被击毙,第一七七旅旅长方靖受伤。师长陈时骥率小部残兵窜逃于附近山中,尚寄希望于李明师,特写信派员送往大龙坪,要求李明迅速援助。此信送到大龙坪时即被红军缴获。29日晨,陈时骥率余部拟退回乐安,因迷失方向,遂搜雇一农民为向导;不料该农民将其引至登仙桥附近,为红军就歼,陈本人被俘[2]。据

----

① 王多年:《国民革命军战史》第4部第3卷,第22页。
② 《国民革命战史》第4部《反共戡乱》上篇第3卷,第613页。

红一军团政委聂荣臻回忆：在围歼国民党军第五十九师主力后，"最后清查俘虏时，没有发现敌人的第五十九师师长。我们知道，五十九师师长叫陈时骥，是个麻子。于是发动部队继续搜查。后来军团部电台班上山砍树回来架天线的同志告诉我，我们抓到了一个俘虏，是个当官的。我问脸上有没有麻子，说是有，就这样把他从俘虏中清查出来了"①。

陈诚在临川获悉第五十二师、五十九师被红军截击后，立即命令在宜黄的第十一师前往增援。第一纵队指挥官罗卓英急率第十一师由宜黄经杏坊而至河口，方知第五十九师主力已被歼；旋指挥第十一师赶到西源接应。

红军本打算在黄陂大捷后继续消灭敌第十一师，只是地理条件、电讯联络不及时等原因，错过时机。这时，敌人第二、第三两纵队正从南城、南丰地区兼程西援，准备夹击红军。为争取主动，红军从3月2日起，陆续撤离战场，转移至小布、洛口、东韶地区，待机继续歼敌。

这次黄陂战斗，红军共歼国民党军第五十二、五十九师，俘虏官佐一百多人，其中有五十二师师长李明、五十九师师长陈时骥、旅长三名，士兵五千余人，总计五千二百余人，缴获长、短枪五千六百余支，机关枪一百多挺，获得了一次巨大的胜利。蒋介石闻讯后，于3月4日致电陈诚："第五十二与五十九两师在固岗、霍源横遭暗袭……中正接诵噩耗，悲愤填膺。"②3月23日蒋又电告何应钦、黄绍竑："此次剿赤挫失，短时期内必难进展，且各将士皆屡求北上抗日，故无剿赤斗志，可否请商两广与闽先负剿赤任务，陈部仍在赣中堵剿，以期早日肃清，俾得一致对外也。"③

黄陂战斗以后，由于苏区军民严密封锁消息，国民党军仍然摸不清红军去向。3月中旬，陈诚改变进攻计划，将分进合击的作战方针改为

---

① 《聂荣臻回忆录》上册，第173页。
② 《中华民国重要史料初编——对日抗战时期》绪编（二），第390页。
③ 《中华民国重要史料初编——对日抗战时期》绪编（二），第391页。

中间突破,并调整部署为:以第三纵队第六师在抚州守备,第七十九师在宜黄地区为预备队;以第二纵队为前纵队;第一纵队余部及第三纵队第五、第九师为后纵队由黄陂、东陂地区向广昌方向进攻,企图攻占广昌,寻求歼灭红军于广昌地区。16日,国民党军前纵队到达新丰市、侯坊、草台冈一线,后纵队位于东陂、黄陂、蛟湖地区。

红军仍坚持集中主力,在运动中各个歼敌的原则。先以红十一军配合独立师、团及地方武装,牵制和吸引进攻广昌之敌前纵队,主力部队仍以待机姿态,准备侧击敌之后纵队。

陈诚误认为红十一军是红军的主力,立即命令前纵队加速向广昌推进,并将后纵队之第五师配属前纵队指挥。第一纵队指挥官罗卓英根据陈的命令,即部署第十一师为先头部队,于3月20日经东陂向草台冈南进;第五十九师残部在第十师之后跟进,第九师为后卫。这样,后纵队只剩十一、九师、五十九师等残部,愈显孤立和突出。20日,前纵队进到广昌西北的甘竹、洽村一线,而后纵队尚在东陂、徐庄、草台冈地区。这个地区地势险恶,道路崎岖,部队在山中行进,只能一线拉开,前后相距百十里。

红一方面军总部抓住时机,决心集中优势兵力,首先歼灭敌第十一师于草台冈、徐庄地区,尔后相机各个歼灭其他进犯之敌。朱德、周恩来联名向参战的红军各部队发布命令:"我军拟于二十一日拂晓,采取迅雷手段,干脆消灭草台冈、徐庄附近之十一师,再突击东陂、五里排之敌。"①

3月11日凌晨,位于草台冈附近的国民党军第十一师和第五十九师残部,于大雾中遭红军左、右两路军的猛烈进攻。第十一师乃骄兵悍将,曾顽强挣扎,使围攻黄柏岭的红军遭到较大损失。聂荣臻回忆说:"敌人十一师居高临下,凭火力进行顽抗","因系仰攻,我军伤亡较大"②。红军战士英勇战斗,反复冲锋,白刃肉搏十余次,血战持续到下

午 1 时,终于消灭了敌十一师大部,师长萧乾及两个旅长受重伤,团长三名死亡,缴枪、俘虏各在六千以上。

当国民党军第十一师遭红军围歼时,第九师一个团和五十九师残部在罗卓英督令下,曾积极进行援救。21 日晚 7 时许,朱德、周恩来电令:"各兵团应不惜一切疲劳乘夜消灭东陂敌人,以便打敌增援部队,诸兵团统由彭(德怀)滕(代远)指挥。"①红军遵令乘夜追击,又消灭敌第十一师一部及东陂之第九师一小部,第五十九师余部亦被消灭殆尽。第十一师被歼以后,陈诚所率的中路军各部队纷纷后撤,转为守势。在中路军向中央苏区"进剿"期间,蒋介石曾令其左路军和右路军积极策应中路军作战。但是,这两路军队同蒋介石之间矛盾很深,各自为保存实力,不愿积极配合,加上苏区军民广泛开展袭敌扰敌活动,他们之间也难以达到预期的协同作战的目的。这样,国民党军对中央苏区的第四次"围剿"便以失败告终。

国民党军第四次"围剿"红军所付出的代价是沉重的,仅黄陂、东陂两役共损失第五十二、五十九、十一共三个师,被红军俘虏一万余人,缴枪一万余支,还有其他多种军用物资,包括不少最新式的武器装备。蒋介石对三个师嫡系部队被歼懊丧不已。他在给陈诚的手谕中沉痛地写道:"惟此次挫失,惨痛异常,实有生以来唯一之隐痛!"②陈诚接读手谕后,惶恐地在书后附言:"诚虽不敏,独生为羞!"③向来飞扬跋扈的罗卓英在致负伤住院的萧乾信中说,"昨今两日抚视负伤回来之官兵,每忍泪不敢外流者,恐伤伤下之心,堕部下之气耳",并称"英在今日已成党国之大罪人"④。

1933 年 4 月 1 日,江西省政府主席熊式辉密电南京国民政府和蒋

---

① 彭德怀、滕代远签署的《草台冈战役详报》
② 《红色中华》第 71 期,1933 年 4 月 20 日。
③ 《红色中华》第 71 期,1933 年 4 月 20 日。
④ 《红色中华》第 71 期,1933 年 4 月 20 日。

介石报告"剿共"失败情形,请速调部队赴援。电称:"江西剿匪前有第五、第二十七、第九十二师之损失,最近一月以来有第五十九、第五十二、第十一各师之挫败,计师长死伤四员,旅长六员,团长十六员,步枪损失当以万计。"他认为江西情况严重,红军"赤化民众,如火燎原。赣南大股攻城略地,更无可奈何",他准备亲自赴京面陈详情,还悲叹:"现在各军士气已馁,若再敷衍,将全局崩溃不可收拾矣!"乞蒋速筹办法,加调得力部队并派大员到赣"督剿"。4月4日,蒋介石以江西告急,由南京乘专机赴江西,5日到达南昌,6日偕熊式辉、贺国光到临川视察。7日,蒋召见中路军各将领作"剿共"布置,在训话中声称:"我们的敌人不是倭寇而是土匪,东三省、热河失掉了,自然在号称统一的政府之下失掉,我们应该要负责任",不过"没有多大关系"。"我们要以专心一志剿匪","不能不消灭这个心腹之患"。"无论外面怎样批评谤毁,我们总是以先清内匪为唯一要务"。

4月10日,南京国民政府军事委员会惩处在宜黄、东陂一带"围剿"失利长官:中路军总指挥陈诚"骄矜自擅,不遵意图",降一级,记大过一次;第五军军长罗卓英"指挥失当,决心不坚",革职留任;第十一师师长萧乾"骄矜疏忽",记大过一次。4月11日,蒋介石决定派刘峙任抚河、信河"剿匪"督办,取代陈诚指挥临川一带的"剿共",并从刘峙、张钫等部中抽调三师一旅入赣。这表明:蒋介石、国民党虽在"围剿"红军和苏区的战争中屡遭失败,仍不肯改弦更张,而仍以"围剿"为"唯一要务"并顽固地坚持下去。

第二节 对中央苏区第五次军事"围剿"和
追堵红军长征

一 第五次军事"围剿"和中央红军开始长征

蒋介石在对中央苏区第四次"围剿"失败后,决心倾举国之力进行第五次大规模"围剿"。

1933 年 5 月 21 日,蒋介石撤销赣粤闽边区"剿共"总司令部,在南昌设立由他主持的国民政府军事委员会委员长南昌行营,委任江西省主席熊式辉兼行营办公厅主任;行营原参谋长贺国光为第一厅厅长,主管军事;行营秘书长杨永泰兼第二厅厅长,主管政治。行营全权管理赣、粤、闽、湘、鄂五省党军政要务,并由南昌行营组设党政军调查设计委员会,为五省一切党政军参谋部。蒋亲自部署和指挥对中央苏区的第五次"围剿"。

6 月 8 日,蒋介石在南昌召开"剿共"军事会议,检讨对红军前四次"围剿"失败的原因与教训,针对红军的特点和长处而弃旧图新,取长补短,博采众议,确定第五次"围剿"的基本原则为"三分军事,七分政治"。蒋介石说:作为基本原则的"三分军事,七分政治",意思是指军队而言,用三分的力量作战,用七分的力量来推行作战区的政治[①],"具体点说,就是我们一方面要发挥军事的力量,来摧毁土匪的武力;一方面要加倍地运用种种方法,消极地来摧毁土匪所有的组织,及在民众中一切潜势力,尤其是匪化的心理,更应该设法变更。……尤其是要教化一般民众,使他能倾向我们的主义,以巩固我们在民众中精神的堡垒"[②]。在第五次"围剿"中实施党政军合一,军事独裁统治与政治欺骗相结合的新方略。

为实施"三分军事,七分政治"的基本原则,1933 年 7 月,蒋介石接受了柳维垣、戴岳的建议,在江西庐山海会寺举办军官训练团(全称为中国国民党赣粤闽湘鄂北路剿匪军官训练团)。蒋亲自任团长,命陈诚为军官训练团副团长兼教育长、"陆大"校长杨杰任总教官,由"军事学

---

①　张其昀主编:《先总统蒋公全集》第 1 册,台湾中国文化大学出版部 1984 年版,第 209 页。

②　秦孝仪主编:《先总统蒋公思想言论总集》第 11 卷,台湾国民党中央党史编纂委员会 1984 年版,第 233—234 页。

校"和实战部抽调的四十八名军官充任教官。训练团还聘请了以曾任德国国防军总司令赛克特为首的军事顾问团,以劳地为首的意大利军事顾问团,以裴育德为首的美国军事顾问团,加强军队的技术战术训练。

训练团的任务是"刷新干部思想,统一战术行动,完成党政军总体战之战争体制"。蒋介石对受训的党、政、军干部说:"举办训练的唯一目的,就是要消灭赤匪,所以一切的设施,皆要以赤匪为对象。"①"我们要从此奠定一个新的伟大的基础,来完成剿匪的工作。"②

训练团设政治、战术、射击、通信等六门课程。军事课教授堡垒战、山地战、夜战、险路战及伏兵战等,还进行侦察、警戒、搜索、联络、掩护、爬山等军事技术训练。训练团把政治训练置于首位,开设蒋介石主持编写的《剿匪手本》、《剿匪要诀》、《军人精神教育》、《剿匪部队训练要旨》等课。蒋还亲自讲授《民众组训》、《战时政治》等课,还指定《曾国藩剿捻实录》、《增补曾胡治兵语录》、《豫鄂皖剿匪总司令部新颁党政军条规及行营第四厅新颁各条规则》、《军人必读》等作为受训人员必读书目。庐山军官训练团从 7 月 18 日至 9 月 18 日共开办三期,轮训军官七千五百余人。北路军三十多个师的团以下军官几乎都参加了轮训。训练合格者发给文凭,并附赠蒋介石相片一张,"军人魂"短剑一把。

蒋介石为强化政治"剿匪"之效,制定了《剿匪临时施政纲要》13 项,把厉行保甲视为"最要紧的政治工作"。于 8 月 27 日重颁《整理保甲方案》,保甲内实行互相监督和互相告发的连坐制度:一人通匪,全家同罪;一家为匪,全甲同罪;一甲为匪,全保同罪,有杀无赦。为笼络人心,还采取了某些改良措施,如整肃军纪、核减赋税、整饬吏治等抚绥伎俩。为对红军进行组织战和精神战,同年 8 月,行营颁发了《剿匪区招

---

① 蒋介石:《庐山军官团训练的要旨和训练方法》,《蒋总统集》第 1 册,第 633 页。

② 秦孝仪主编:《先总统蒋公思想言论总集》第 11 卷,第 283 页。

抚投诚赤匪暂行办法》、《胁从与自新分子办法纲要》。年底又颁发《欢迎投诚告红军官兵书》。此外还设立了"投诚招待所"、"感化院"以期分化瓦解红军队伍。

"以武力为中心"乃第五次"围剿"根本点①。蒋介石为不走前四次"围剿"惨败的老路,提出要"精研战术,周详准备"②,重新制订了新的战略战术原则:在战略上"以动制静",在战术上"以静制动",放弃过去"剿匪"惯用的"长驱直入"、"分进合击"速战速决的方针,采用持久战与堡垒战的新战略战术,即"战略攻势,战术守势,步步为营,稳扎稳打"的碉堡推进战略战术。其基本要点是:在战略进攻时完全依托碉堡作为战术防御手段;在部队步步推进中沿途构筑稠密的碉堡体系;在主要碉堡之间及其前后,构筑众多小堡,碉堡之间修建公路相连通,组成梅花式的纵横相贯的碉堡群,碉堡群间隔不超过二里;部队推进与构筑碉堡群并头前进。自吹谓攻有岿然不动之抗,守无丧师失地之虞。这样,就形成逐步推进,稳扎稳打,十里八里向前,压缩苏区之势。蒋介石说:"匪区纵横不过五百里。如我军每日能进展二里,则不到一年,可以完全占领匪区。"③据统计,在1934年1月,国民党军仅在江西苏区构筑碉堡、堡垒、桥头堡、护路堡、圩塞等各种碉堡4920座,到"围剿"终时,达14294座④。仅第三路军在第五次"围剿"中,就构筑碉堡4244座⑤。为沟通碉群修筑公路五千余公里。

国民党军利用碉堡和公路组成的封锁网,对苏区实行严密的"三封"政策,即经济封锁、交通封锁和邮电封锁。颁布《封锁匪区办法》、《粮食统制办法》、《匪区食盐、火油、药料、电器运购办法》、《邮电封锁暂

---

① 《国民革命战史》第4部《反共戡乱》上篇,顾祝同序。
② 《蒋总统秘录》第9册,第117页。
③ 《国民革命战史》第4部《反共戡乱》上篇,"剿匪"第4卷,第14页。
④ 《碉堡业务报告书》,蒋介石南昌行营第一厅第六课编,中国第二历史档案馆藏。
⑤ 《五次围剿战史》下册,第9图。

时办法》等十三种禁令。1933 年 7 月以后,南昌行营在苏区周围的县份中,先后设立粮食管理处、食盐、煤油管理所和交通管理处。在地域上划分为"安全区"(白区)、"半匪区"、"邻匪区"及"全匪区"(苏区),除安全区外,其余按其类别实行相应的封锁办法。此外,还严禁粮秣、食盐、煤油、布匹、中西药及有关军用物资运往苏区;凡发至"匪区"的邮电一律停止拍发传递,以期"使敌无粒米勺水之接济,无蚍蜉蚁蚁之通报",企图用这些办法饿困疲惫红军,迫其进行决战。

蒋介石为筹措第五次"围剿"经费,大量举借内外债及加征各种苛捐杂税。1933 年,南京政府以卷烟、面粉、棉纱、火柴等税为担保,与美国财政善后公司订立中美棉麦大借款 5000 万美元;《航空密约》借款 4000 万美元,并按此项借款由美国供给军用飞机、战车及化学武器。同时,还向英国借款 500 万元、向德国借款 1000 万元,又以签订丧权辱国条约《塘沽协定》,从日本借到 2 亿日元;假借修建潼西铁路为名,向英、法借款 800 万元。1933 年先后发行"爱国库券"2000 万元,短期公债 400 万元,还将财政支出的 80% 用作军费。据中央信托局经办军火的统计,在 1933 年和 1934 年两年间,购买军火费用达 6059 万余元[1],从意大利购买 36 架飞机和大批新式坦克车,从法国购买 30 架轰炸机,从捷克订购 50 万克郎的机械,还从英国订购 500 万英镑的军械。

在军事方面,蒋介石吸取以往失败的教训,采取持久战与"堡垒主义"的新战略和"以守为攻,乘机进剿,运用合围之法,兼采机动之师,远探密垒,薄守厚援,层层巩固,节节进逼,对峙则守,得隙则攻"[2]等原则,并对部队进行了适应山地灵活机动作战的整编,以求精简层次,利于指挥。撤销过去师辖两旅六团或三旅九团的编制,把原一个师整编

---

① 《中央信托局经办各项军械军火及航空器材数额统计图》,1936 年,中国第二历史档案馆档案。

② 台湾国民党"国防部"史政局:《剿匪战史》(2),台湾中华大典编印会 1967 年版,第 241 页。

成三个师或两个师;每师辖三个团。团以上各级指挥部均设侦察队,扩大运输队;每团派遣政训员十余名。同时加强武器上的火力配备,每团配备重机枪连,每连增加轻机枪数,统一调动了福斯炮团。对士兵进行适应山地战的多种战术技能训练。行营还颁布斩则九项,制订管制士兵办法,实行军人"连坐法"。蒋介石还委派钱大钧、蒋鼎文在保定、汉口训练处大量招募训练新兵,以补充扩大国民党军队。

　　1933 年 8 月底,部队整编结束后,蒋介石加快了军事部署,从江苏、浙江和北方各省调集了总兵力达 100 万,计正规陆军 64 个师、7 个旅、6 个团并有各省地方保安团,又有 11 个航空队,飞机 105 架。准备对各地苏区同时发动"围剿",而直接用于中央苏区的兵力达 50 万人。10 月 2 日,蒋介石在南昌召集第五次"围剿"部队师长、参谋长以上高级将领会议,部署"围剿"计划。蒋在会上作《剿匪成败与国家存亡》的演说,要求各将领"振作精神"、"信仰统帅"、"服从命令"、"尽职报国"、"视死如归","来造成百战百胜的成功"①。同时提出"严密封锁、发展交通、挺进游击、争取主动"四项战略;"以迂为直(曲线行动)、独立作战、全力决战、注重工事、就地固守、以静制动、以拙制巧、以实击虚、纵深配备(梯次序列)、机动灵活"等 11 项战术和"侦察、搜索、警戒、联络、掩护、观察"六项要务。蒋对此一再"耳提面命,期在必胜"②。10 月 17 日,蒋介石颁发行动纲要和"围剿"计划,指示各"进剿"部队遵照"战术守势、战略攻势"、"步步为营,稳扎稳打"的原则,"以占领所必争之要地为目的"。计划规定:以歼灭赣南"匪军"主力及"流窜"于闽西、鄂南、赣西北、浙赣闽边区"匪军"为目的,区分为北路军、西路军、南路军及浙赣闽边区。定于 10 月中旬开始"围剿",以政治配合军事,本战略攻势、战术守势及组训民兵之原则,构筑绵密之碉堡封锁线,防止"匪军流窜",逐步缩小包围圈,期于最后聚歼"匪军"于赣南地区,以北路军为"进剿"主力。

①　王多年:《国民革命军战史》第 4 部第 4 卷,第 5 页。
②　王多年:《国民革命军战史》第 4 部第 4 卷,第 11 页。

按该"围剿"计划,各路军战斗序列为:北路军总司令顾祝同,前敌总指挥蒋鼎文,指挥三十三个师、三个旅,担任"围剿"主攻,下辖第一路军顾祝同兼总指挥,副总指挥刘兴,辖四个师、一个骑兵旅及第二纵队、税警总团,部署于吉水、新淦、永丰、乐安、宜黄地区,构筑碉堡封锁线;第二路蒋鼎文兼任总指挥,副总指挥汤恩伯,辖六个师、一个补充团,部置于金溪、胜桥、崇化地区,构筑碉堡封锁线;第三路军总指挥陈诚,副总指挥薛岳,辖十八个师、一个补充旅,其中以十四个师编为机动作战的第五、第七、第八三个纵队,四个师和一个旅为守备队;赣闽边区警备部队司令赵观涛,总预备队总指挥钱大钧,辖五个师,集合于南城、南丰、硝石、黎川等地区,并于抚河一带构筑碉堡封锁线,在第一、二路军的策应下,向广昌方向步步推进,寻找红军主力决战而歼灭之。北路军总司令部直接指挥的两个师,驻于赣江西岸的安福、吉安、万安、遂川一带,协同西路军围攻湘赣边区的红军。南路军总司令陈济棠,副总指挥白崇禧,辖一、二、三军,共十一个师及一个旅,扼守赣、粤边境的寻邬、安远、信丰、赣县、南康、上杭、上犹、崇文及武平地区,防止红军向南发展及渡江西进,并逐步向北广昌方向推进,配合北路军作战。还动用大量飞机,掩护和支援地区部队向广昌、瑞金方向进攻,担任远距离侦察和对苏区交通、道路、桥梁、渡口及主要城市进行轰炸。西路军总司令何键,指挥九个师、三个旅,其主力部署在阳新、大冶、通山、平江、万载、铜鼓一带,并构筑封锁线。该路军同北路军赵观涛指挥的浙赣闽边守军五个师及四个保安团,担任围攻闽浙赣、湘赣和湘鄂赣苏区。同时阻止红一方面军向赣东北及赣江以西方向运动。由蔡廷锴、蒋光鼐指挥的第十九路军七个师及两个旅,将主力结集于闽西北地区的邵武、将乐、顺昌、延平、沙县、永安、龙岩一带,阻止红军向东发展。

1933年9月25日,国民党"围剿"军乘红军东方军、中央军分离作战之机,第三路军总指挥陈诚令其第八纵队刘兴的三个师,由南城、硝石向中央苏区北部要地黎川发动进攻,揭开了对中央苏区第五次"围剿"的战幕。蒋介石在此后近两个月中,多次电令北路军各纵队与红军激战于黎川、临川、金溪一带,在空军火力配合下,迫使红军陷于北路军主力和堡垒群火力网之间,数度濒临夹攻的险境。

国民党的"三封"政策,给中央苏区造成了极大的困难,苏区的食盐、布匹、煤油、药材等生活必需品极端匮乏。有些地区连一捆纸也不能出去,一两盐都不能进来;粮源越来越少,缺粮情况严重。中央红军的枪械、弹药很困难,"全部火力却只有不到十万支枪,没有大炮,手榴弹、炮弹和弹药来源极其有限"①,又没有任何外援。中央直属独立师枪支不齐全。地方红军的独立团,每团人数千计,武器配备三分之二为火力,三分之一为白刃②。

中央苏区所面临的形势是严重的,第五次反"围剿"开始时,敌我之间真正的实力对比大大超过五比一。要夺取第五次反"围剿"的胜利是十分艰巨的。但也并非全无希望,就当时主客观情况来看,也存在有利于红军的条件:蒋介石面对日本帝国主义的进攻,仍顽固地采取妥协政策,而集中一切力量进行反共内战,激起了全国民众的义愤和国民党广大官兵的不满。蒋介石调集百万之众的军队"围剿"苏区,虽然在数量上占压倒优势,但国民党军队派系林立,各派之间矛盾重重,貌合神离,难以协同作战。红军可以利用敌人之间的矛盾,各个击破,消灭敌人的有生力量,转劣势为优势。经过四次反"围剿"的胜利,使赣南、闽西与湘赣苏区连成一片。中央苏区已跨越湘、赣、闽、粤四省,辖有二十多个县,纵横数百里,大有回旋余地。中央主力红军和地方红军部队总兵力已达十万人,还有近二十万人的赤卫队。苏区的政权建设、土地革命和经济建设等取得很大成就,苏区军民"在一切为了前线的胜利"的口号下,斗志旺盛。

在第五次反"围剿"战役打响前两个月间,中共中央已估计到蒋介石要发动新的第五次"围剿","是比以前的四次'围剿'更加剧烈和残酷

---

① 斯诺:《西行漫记》,三联书店1979年版,第160页。

② 王多年:《国民革命军战史》第4部第4卷,第20页。

的战争"。"要胜利的粉碎这次'围剿'","必须紧张我们一切的努力,动员尽可能的广大群众,去参加革命斗争和革命战争"①。1933年7月29日,毛泽东在《红色中华》上发表《新的形势与新的任务》一文,指出:为着争取全部粉碎敌人第五次"围剿"的伟大胜利,首先应该增加自己的力量,提高胜利的信心,把一切献给战争。其次必须保障红军给养与群众生活必需品的充裕的供给,打破敌人的经济封锁,争取革命战争的物质条件。最后"要反对一切对于战争的疲倦心理,尤其要反对那些在敌人五次'围剿'面前,表现惊惶失措,退却逃跑的机会主义者,但同时我们也要反对'左'倾的空谈与胜利的宿命论者"②。8月,在中央苏区分别召开的南部十七县和北部十一县经济建设大会上,毛泽东以苏维埃中央政府主席身份作了《粉碎五次"围剿"与苏维埃经济建设的任务》等报告,提出"争取一切有利条件去粉碎敌人的五次'围剿'"③,此外还有苏区广大军民前四次反"围剿"斗争胜利的经验。如果有正确的政治路线和战略战术方针,不失时机地利用国民党各派军阀间的矛盾,针对敌人碉堡战术的固有弱点,充分发挥红军的游击战、运动战的战略战术,粉碎蒋介石第五次"围剿"是有可能的。但是,"左"倾教条主义者不能正确估计敌我双方的形势,推行错误的政治路线和军事路线,从而导致第五次反"围剿"战争出现了十分不利的局面。

　　1933年初,中共临时中央在王明"左"倾教条主义统治下,党在白区工作几乎损失殆尽,连以博古为首的中共临时中央政治局在上海也站不住脚,不得不迁到中央苏区首府瑞金。10月初,中共临时中央所留用的军事顾问李德④也到达中央苏区。博古不信任中央苏区有军事

---

①　《中共中央文件选集》第9册,第276页。

②　《毛泽东年谱》上卷,人民出版社、中央文献出版社1993年版,第407页。

③　《毛泽东年谱》上卷,第407页。

④　李德,原名奥托·布劳恩(1900—1974),德国人,曾在苏联军事学院学习,由共产国际派往中国东北做情报工作。后在上海被中共临时中央政治局负责人留用为军事顾问。1939年返苏联,后回东德。

工作经验的原领导者,并完全排斥了毛泽东对红军的正确领导,委派李德"主管军事战略、战役战术领导、训练以及部队和后勤的组织问题"①。这样,李德实际掌握了中央军事指挥大权,以独断专行的作风代替了中央革命军事委员会(简称"中革军委")的集体领导,使王明"左"倾教条主义在中央苏区占统治地位。在政治上,他们提出了"两个政治决战"、"保卫与扩大苏区"、"争取苏维埃在全中国的胜利"等"左"倾口号;在战略战术上,推行"大军对大军的作战"的军事冒险主义,提出"御敌于国门之外"的错误方针,要求红军"不放弃苏区一寸土地",致使红军在反"围剿"战争一开始,就丧失了争取胜利的可能性。

当国民党军向黎川发动进攻时,"左"倾冒险主义者仓猝命令东方军从福建将乐、顺昌地区北上就敌;命令"第一方面军应即结束东方战线,集中泰宁出其西北地带,消灭进逼黎川之赣敌"②。毛泽东、萧劲光等根据敌军进攻势态和敌强我弱的情况,为避免被敌包围消灭,主动撤出黎川。28日黎川被敌占领。中革军委为收复黎川,命令东方军主力进攻硝石、资溪桥、黎川之敌,同时命令中央军主力由永丰、乐安地区东移,攻击和牵制南城、南丰地区之敌,以策应东方军对黎川的进攻。10月6日至7日,东方军红三军团在黎川东北的洵口与敌不期而遇,消灭敌赵观涛第六师两个多团,并生俘第十八旅旅长葛钟山。洵口之战本是第五次反"围剿"中一个意外的胜利,李德片面夸大此役具有普遍意义,主张红军陈兵苏区边缘,主动向敌人碉堡、重兵把守的据点进攻,命令东方军向陈诚部黄维第十一师重兵据守的硝石进攻,连攻5日未克,在红军伤亡惨重的情况下,被迫撤出战斗。这样,中央红军在反"围剿"的初战中,"就丧失了主动权"③。

―――――――――

① 奥托·布劳恩:《中国纪事》,现代史料编刊社1980年版,第46页。
② 《军委关于消灭进逼黎川之敌的作战部署》,《中共中央文件选集》第9册,第359页。
③ 《毛泽东选集》第1卷,第221页。

17日,南城之国民党军四个师进抵硝石,北路军陈诚命令第七纵队四个师向资溪桥推进,又令黎川附近的第八纵队主力进抵资溪桥。至此,蒋介石在硝石至资溪桥不到20公里的地区集中了七个师又一个旅的兵力,构筑碉堡封锁线,吸引红军进而歼灭之。

"左"倾教条主义领导者无视红军面对优势之敌,仍主张采取冒险主义路线,命令红军主力插到堡垒地区间隙中去攻打坚固阵地,并说,"如果原则上拒绝进攻这种堡垒,那便是拒绝战斗"①。10月18日,中革军委命令第一军团结集于抚河以东,准备以第一、三、五军和第三师、第九师等部队,攻打黎川东北的敌巩固阵地资溪桥。后又两次电令前方红军在敌的援队未到前,先以有力兵团向敌碉堡外与其间隙间的部队实施突然袭击,全力争取与敌在资溪桥地区决战的胜利。22日,红军以第三、十三、十五师向资溪桥、潭头市发起进攻,以求牵动敌人;第三军团集结于石峡、洵口地区,第一军团主力集结于湖坊地区,准备突击被牵动的敌人。此时,东方军司令彭德怀、政治委员滕代远两次向中革军委提出建议,认为资溪桥敌"工事均相当坚固",不应攻打该地,并提出向信河流域机动作战的意见。但中革军委以不能实现为由,拒绝采纳,坚持攻打资溪桥。结果,红军进攻数日,未能实现战术意图。而红军主力集结于敌军堡垒周围,日间遭到敌机轰炸,晚上露营,兵力消耗特甚。26日,不得不放弃在资溪桥地区与敌决战的计划。

10月28日,中革军委决定正式组建第七、九军团。第七军团军团长寻淮洲、政治委员萧劲光,下辖第十九、二十、三十四师和第十军南下之独立团;第九军团军团长罗炳辉、政治委员蔡树藩,下辖第三、十四师和独立一、四两个团。此后,中革军委命令第七军团伸入抚州附近地区活动,以期调动金溪、南城和南丰之敌。11月11日,第七军团在向浒湾方向进攻时,在八角亭附近遭到由浒湾、金溪、琅琚出击之敌的夹击,

---

① 《中革军委关于十月中战役问题致师以上首长及司令部的一封信》,1933年11月20日。

红七军团在八角亭一带构筑工事阻击敌人。12 日,红三军团赶到,从东面包围敌人。敌据碉堡应战,这时在临川的敌第二路预备队邢震南部四师赶赴支援,红三军团主力多次向敌阵地进攻,均久攻不下,在敌人密集火力和飞机低空扫射下,遭到重大伤亡,被迫撤出战斗;第七军团也因终日遭敌机轰炸,阵地被突破后,仓忙后撤,这一仗红军伤亡一千一百余人。

　　11 月 15 日,中央红军主力第一军团和第九军团之十四师,奉命突破由见贤桥至棠阴敌堡垒封锁线北上,经韩庄、上蛟源、温方岭向东北方向出击,以配合东方军的作战。此时,蒋介石再次手令各部"对封锁线碉楼楼区配备,应采取欧战(第一次世界大战)末期战斗群式配备,增加堡垒个数。每个碉堡守备兵力减为一班,最大一排,星罗棋布,形成面式地带,以火网控制全地带及交通,守军以弹性战斗要领决战于地带以外。匪如潜入地带之内,则以各个碉楼构成之火网,予以极大之损害"①。16 日,陈诚立即集中第五、七纵队共十个师的兵力,从南城、新丰街、里塔圩侧击,企图断红军归路,在封锁线以北地区消灭红军。红军中央军遂折回至云盖山、大雄关地区。17 日,国民党军以五个师的兵力,向云盖山、大雄关阵地攻击,双方激战数日,红军遭敌飞机的猛烈轰炸,蒙受重大伤亡,第一军团二师政委胡阿林牺牲,第一、二师师长均负重伤,红军伤亡六百余人,被迫放弃阵地,从白区转移到苏区内部。

　　第五次反"围剿"自 9 月下旬开始至 11 月中旬,临时中央和中革军委顽固地放弃积极防御和诱敌深入的战略方针,坚持军事冒险主义,采用阵地战、正规战来迎战强大的国民党军,命令红一方面军各军团分别御敌于苏区之外,去打黎川以北敌之巩固阵地兼是白区之硝石。一战失利,又打东南之资溪桥,又失利。继而在盱江上游西岸和赣江中游东岸地区"辗转寻找于敌之主力和堡垒之间,完全陷入被动地位"②。近

　　①　王多年:《国民革命军战史》第 4 部第 4 卷,第 45 页。
　　②　《毛泽东选集》第 1 卷,第 220 页。

两个月的战斗,以惨重的代价证明了"左"倾冒险主义者"御敌于国门之外"是完全错误的。

"左"倾主义领导者在实行所谓"全线出击",攻打敌之坚固阵地遭到几次挫折后,由军事冒险主义转为军事保守主义,采取消极防御的战略方针。李德提出了"短促突击"战术原则,要求红军和苏区人民修筑堡垒防御阵地,以堡垒对堡垒,处处设防、节节抵御。李德畏敌如虎,不敢大胆实行向敌人后方无堡垒地区作战的方针,一味采用阵地防御,与敌人拼消耗,企图实现"迟滞敌人的进攻,削弱其力量,以达到制止敌人五次围剿的最终目的"①。

1933 年 11 月 20 日发生福建事变,迫使蒋介石改变军事部署,从进攻中央苏区的北路军抽调嫡系部队九个师和宁、杭地区抽调两个师,分别由江西和浙江入闽"讨伐"十九路军。蒋介石也飞闽北建瓯直接指挥"讨伐",对中央苏区暂时采取守势。"福建事变"造成了红军第五次反"围剿"战争由被动转为主动的有利时机。毛泽东主张红军主力"应该突进到以浙江为中心的苏浙皖赣地区去,纵横驰骋于杭州、苏州、南京、芜湖、南昌、福州之间,将战略防御转变为战略进攻,威胁敌之根本重地,向广大无堡垒地带寻求作战"②,调敌军回援重地,粉碎敌人的第五次"围剿"。

彭德怀依据当时敌我双方形势的变化,亦向一方面军总政委和博古建议:"留五军团保卫中央苏区;集中一、三军团和七、九两个军团,向闽浙赣边区进军,依方志敏、邵式平苏区威胁南京、上海、杭州,支援十九路军的福建事变,推动抗日运动,破坏蒋介石的第五次'围剿'计划。"③但是,"左"倾临时中央拒绝采纳毛泽东、彭德怀的正确建议,指责彭德怀的建议"是脱离中央与苏区的冒险主义",害怕红军转向敌人后方会失去苏区,又不愿援助十九路军,坐失利用敌人内部矛盾扭转战局的良机。

---

① 《军委对各部任务及动作的指示》,1933 年 11 月 28 日。
② 《毛泽东选集》第 1 卷,第 236 页。
③ 《彭德怀自述》,人民出版社 1981 年版,第 184 页。

1934年1月，中共中央局决定，红一方面军总部与中革军委合并，方面军所属部队由中革军委直接指挥，称中央红军。2月3日，中革军委改组，主席仍由朱德担任，周恩来、王稼祥任副主席。但军事指挥权仍然握在博古和李德手里。

1934年2月，蒋介石镇压了福建事变后，调整了军事部署。2月13日，蒋在南昌召集顾祝同、陈诚、熊式辉、陈调元及西、南两路将领举行重要军事会议，部署推进第五次"围剿"后期计划。21日，南昌行营重新调整兵力部署，将入闽军队改编为东路军，委任蒋鼎文为东路军总司令，率第二路军与第五路军及预备队共十六个师又一旅二团，向中央苏区东面的建宁、泰宁、龙岩、连城等地推进，目标是夺取广昌及中央苏区中心长汀和瑞金，协同已组成的北、西、南三路军，形成对中央苏区红军的四面合围之势。同时，北、南、西三路军都增强了兵力，于1934年1月下旬重新开始对中央苏区的进攻。在国民党军进攻前，临时中央和中革军委要求红军在各处构筑碉堡，企求以阵地防御结合"短促突击"顶住敌人；另一方面又经常轻率地要求红军主力向敌人的堡垒阵地或有堡垒依托的敌军发动进攻。在这种错误的方针指导下，从1934年1月下旬至3月下旬，中央红军进行了一系列的阵地防御战与反击战：1月25日，第五军团在黎川以南的横村、樟村的阵地防御战；2月15日，红一军团在黎川西南的凤翔峰和三岬峰的战斗；1月26日，第一、九军团和第三军团四师反击进占建宁以北邱家隘、坪寮之敌的作战；2月9日，第九军团在鸡公山的阵地防御战；3月11日至15日，第一、九军团协同第三军团对南丰西南三溪圩、三坑之敌的阵地反击战；3月25日，第一、三军团反击由将乐进占泰宁、新桥之敌的作战等。尽管红军在战斗中英勇顽强，但均未取得战术上的胜利，更没有击破或打乱敌人的围攻计划，红军自身反而遭到重大损失。仅3月中旬，林彪率红一军团，彭德怀率红三军团在三溪圩、三坑的反击战中，由于临时中央拒绝改变错误的方针，红军失去了战胜立足未稳之敌的良好时机，无法攻破敌之坚固堡垒，致使红军伤亡二千二百多人。

4月上旬,国民党北路军和东路军进抵黎川以南的康都、西城桥至泰宁地区。4月10日,北路军第三路军集中11个师进攻广昌。"进剿军"企图首先占领甘竹,然后打开中央苏区北大门广昌,最后攻占瑞金。陈诚以罗卓英指挥的五个师为河西纵队,沿抚河西岸进攻;以樊崧甫指挥的五个师为河东纵队,沿抚河东岸进攻;预备队第四十三师在河西跟进。"进剿军"在宽10华里的正面上,采取河东受阻时河西推进,河西受阻时河东推进,和筑碉交替推进的战术。在敌军强劲攻势面前,临时中央和中革军委无视红军数月来连续作战,严重减员和没有休整的情况,匆忙抽调在建宁地区的第一、三军团及第五军团十三师、在龙冈地区的二十三师,协同原驻广昌地区的第九军团,共计九个师的兵力,在甘竹至广昌40华里宽的战线上进行阵地战,构筑大量堡垒群,仍采用"短促突击"的战术,同敌人进行"决战",企图"保卫广昌"。4月14日,当红军主力集中抚河东岸,顽强抗击向大罗山、延福嶂进攻之敌时,抚河西岸之敌乘机占领了甘竹。19日,抚河东岸的"进剿军"攻占大罗山、延福嶂的红军阵地。当日黄昏,红军进行多次反击,未能阻止敌人进攻,被迫撤退。20日,敌人沿抚河东西两岸分别向高州塅、长生桥推进,红军再次向抚河东岸饶家堡、苦竹坑之敌反击,亦未能歼灭敌人。

21日,中共中央委员会负责人博古、中革军委主席朱德、代总政治部主任顾作霖联合署名发布《中央、军委、总政保卫广昌之政治命令》:"我支点之守备队,是我战斗序列之主柱,他们应毫不动摇的在敌人炮火与空中轰炸之下支持着,以便用有纪律之火力射击及勇猛的反突击,消灭敌人的有生力量。"①并向红军指战员提出"为着保卫广昌而战,这就是为着保卫中国革命而战"②、"胜利或者死亡"③等错误口号。27日,抚河东西两岸敌人同时向广昌发起总攻。红军第九军团三师、第五

---

① 《聂荣臻回忆录》上册,第193—194页。
② 《五次战役之第二步的决战关头我们的任务》,1934年4月23日。
③ 《战斗报》社论,1934年4月28日。

军团十三师于抚河东岸牵制敌人,以第九军团十四师扼守广昌,集中第一、三军团和二十三师,再次对广昌西北之敌反击,不敌国民党军飞机大炮的猛烈攻击。28日,广昌失守,红军向广昌以西以南转移。广昌保卫战历时十八天,虽给敌人以重大杀伤,国民党军伤亡惨重,但红军也损失重大,共伤亡五千五百余人,占参战总兵力的五分之一。

国民党军占领广昌后,集中第八纵队三个师、第十纵队四个师,于5月15日向建宁发动进攻。在敌飞机大炮同时猛烈轰炸和炮击下,红军被迫向宁化退却。16日敌军占领建宁。此后,敌又攻占了古龙冈以北的银龙下等地。至此,西起龙冈,中经广昌,东迄建宁、泰宁和归化一线,已被国民党北路军和东路军控制。4月18日,红军苦战四天,阻击向筠门岭进攻的敌南路军,红军伤亡近二千人。21日,筠门岭失守,敌军推进到会昌以南的永和墟和龙和墟附近,并构筑碉堡准备向会昌进攻。

7月上旬,国民党军为了加紧对中央苏区中心地区的"围剿",重新调整部署,以三十一个师的兵力,从六个方向,依托堡垒群向中央苏区发动全面进攻。北路军六个师向兴国推进;第六路军四个师向古龙冈推进;第三路军六个师进占头陂,尔后集中九个师向宁都、赤水、驿前、小松及石城进击;又以东路军为主的六个师,由朋口、连城向长汀推进;南路军三个师由筠门岭向会昌、雩都方向进击;再以三个师集结于南丰、广昌地区,作为总预备队。

这时,中央苏区经过数月连续作战,人力物力消耗甚大,苏区进一步缩小,红军已失去在内线粉碎敌人"围剿"的可能。在中央苏区处于十分危急的情况下,毛泽东又提出:红军主力应"向湖南中部前进,调动江西敌人至湖南而消灭之"的正确主张。中革军委的"左"倾领导者拒绝采纳,也未采取任何措施保存红军有生力量,反而要求红军"用一切力量继续捍卫苏区,来求得战役上的胜利"①,并实行六路分兵"全线抵

---

① 《中央关于反对敌人第五次"围剿"的总决议》,《中共中央文件选集》第10册,第466页。

御"的错误方针,同敌人硬打硬拼,同优势的敌人拼消耗。六路分兵抵御部署为:以红军第三军团六师、二十一师扼守兴国西北高兴圩、老营盘一线,抵御敌第五纵队的进攻;以新成立的第八军团二十三师、新编红二十一师,在兴国古龙冈以北地区,抵御敌第六纵队的南进;以第五军团十三师在头陂地区,抵御敌第五纵队的进攻;以第三军团四、五师和第五军团三十四师在驿前以北地区,抵御敌第三、十纵队的进攻;以第一、九军团及二十四师在朋口、连城以西地区,抵御敌东路军向长汀的进攻;以第二十二师在会昌以南的筠门岭地区,抵御敌南路军的进攻。

8月5日,国民党北路军集中九个师兵力,在飞机、大炮的强大火力支援下,向半桥、驿前以北地区发动进攻。红三军团主力和红五军团一部,在高虎脑、万军亭到驿前约30华里纵深内,修工事、筑碉堡,以五道支撑点为骨干的防御阵地进行固守,击退了敌人的多次集团冲锋,重创其精锐部队八十九师。红军也因伤亡二千三百余人,其中干部六百余人,不得不于28日放弃驿前以北的全部阵地。

国民党军其余各路军与北路军同时向中央苏区腹地发动进攻。1934年9月初,红一、九军团和二十四师,在温坊地区以运动伏击战歼灭东路军一个多旅;在西线,红军在永新、安福地区也给敌以沉重打击。但局部的战役胜利,已无法扭转中央苏区红军的被动局面。至9月下旬,中央苏区被压缩至瑞金、会昌、雩都、兴国、宁都、石城、宁化、长汀的狭小地区。

10月上旬,国民党北路军和东路军、南路军前后进抵兴国、古龙冈、宁都、石城、长汀、会昌一线,企图进而占领宁都、雩都、瑞金,以实现"围剿"红军的目的。此时,博古、李德已被敌人的进攻气势所吓倒,仓皇决定放弃中央苏区。

撤出中央苏区,实行战略转移,是关系到中共中央及红军的命运,中国革命前途的重大决策。可是,李德独断专行,竟没有在政治局的会议上提出讨论。"关于为什么退出中央苏区、当前任务怎样、到何处去等基本的任务和方向问题,始终秘而不宣"①,当然也就没有对广大干部和红军指战员进行解释和动员。李德竟认为:"突围成功的最重要的因素是保守秘密。只有保守秘密,才能确保突然行动的成功。这是取得胜利的不可缺少的前提。"②根据中共中央的决定,中革军委于10月7日下令,红军主力的防御任务由地方兵团接替,将第一、三、八、九军团和第五军团向瑞金、雩都、会昌地区集中。10月10日,中共中央和中革军委率领主力红军五个军团和中央军委机关直属部队编成的两个纵队,从瑞金出发,开始了向湘西方向的战略转移。

蒋介石的第五次"围剿",经历了一年之久。红军为打破敌人的"围剿",进行了英勇顽强的战斗,给国民党军以重大创伤。但是,以王明"左"倾冒险主义领导者博古为首的中央,坚持采取错误路线,拒绝采纳毛泽东等提出的正确意见,最后导致第五次反"围剿"的严重失败,中央红军被迫进行长征。

二　追堵红军长征

蒋介石在命令国民党"进剿"军合围中央苏区时,唯恐中央红军向西转移,早在1934年5月便发巧电(18日)致广州陈济棠、长沙何键称:"赣南残匪将必西窜,酆县、桂东、汝城、仁化、始兴一线碉堡及工事,务请组织西南两路参谋团着手设计,一面准备部队,一面先征集就地民工、构筑碉堡为第一线。其次郴州、宜章、乐昌、曲江乃至英德为第二线。先待第一线工作完成,再修第二线。总期于此两个月内第一线碉堡设法赶成,以为一劳永逸。"③

正当国民党军向中央苏区全面推进频频得手之时,1934年8月,

---

① 《中共中央文件选集》第10册,第467页。

② 奥托・布劳恩:《中国纪事》,第106页。

③ 《中华民国重要史料初编——对日抗战时期》绪编(二),第404—405页。

红军第六军团在任弼时、萧克、王震率领下,从湘赣苏区突围西征。10月,红六军团进入黔东,同红三军会合。继而,红三军改编为红军第二军团,贺龙任军团长,任弼时任政治委员。之后,两军发起湘西攻势,创建了湘鄂川黔根据地。

中央红军第五次反"围剿"失败,被迫进行长征。1934年10月10日,中共中央、中革军委率领中央红军第一、三、五、八、九军团和教导师及中央、军委机关、直属部队共8.6万多人,从江西瑞金、雩都,福建长汀、宁化出发,开始战略转移,准备进至湘西同红二、红六军团会合。留下红二十四师和十多个独立团等共1.6万余人和部分党政工作人员,由项英、陈毅领导,在中央苏区坚持斗争。

蒋介石据报,于10月26日以宥电令薛岳、周浑元两纵队作"追击行动"。31日,又以世电致广州陈济棠、南宁白崇禧、长沙何键和陈诚、顾祝同、蒋鼎文等,责成"诸兄务将西窜匪部聚歼于湘江以东地区,勿使漏网,如果堵剿不力,以后再任匪踪在其防线之内窜过,以邻为壑,则贻害党国甚大,不问其情形如何,当概以纵匪论,令出法随,决不宽假。除西路与北路各军如前电部署追堵外,切望南路军抽出廿团以上兵力,限十一月十日前集中郴州以北地区,与西北两路军协力兜剿,以期克奏肤功也"①。

11月,南昌行营制定了追剿计划,其中规定:"我军以歼灭匪军之目的,乘各股匪军尚未聚集之前,分别于湘桂边境、湘鄂川边境、川北地区,各以有力部队,分途围剿,各个击灭之。"②11月下旬,南昌行营命令赣、闽两省对所占领的苏区实行"绥靖清剿",务求达到"斩草除根","消除后患"。

蒋介石还筹设四道封锁线"追剿"、"堵截"突围西移的红军。第一道封锁线设于江西信丰与安远之间,企图以此阻挡红军去路。由粤军

① 《中华民国重要史料初编——对日抗战时期》绪编(二),第405—406页。
② 王多年:《国民革命军战史》第4部第5卷,第4页。

陈济棠部余汉谋纵队防守。但蒋介石在配备兵力时蓄意北重南轻,以便在中央军占领赣南后,促使红军进入粤境,从而使红军与粤军拼杀,两败俱伤。陈济棠审时度势,早于10月已与红军达成"就地停战,取消敌对局面","必要时可以借道"的秘密协定,使蒋的图谋落空①。

中央红军各部于1934年10月17日南渡雩都河(即贡水),向突围前集结地开进。21日晚,中央红军主力按中革军委的部署开始突围西征。此时,陈济棠履行与红军达成的协议,采取让路保境政策,划定通路让红军在短时间内通过其辖区。红军于10月21日至22日顺利突破第一道封锁线后,并于26日之前全部渡过信丰河,向湖南汝城、城口一线前进。

第一道封锁线被红军突破后,蒋介石立即在南昌召集高级将领和幕僚杨永泰、熊式辉、林蔚、贺国光、晏道刚等商讨对策,并以东路军占领瑞金所获资料得悉,红军可能不是战术行动,而是战略转移。中央红军欲去湘西会合红二、六军团。10月31日,蒋下令组织新防线,确定"追剿方针,偏重堵剿,截其西窜"。其中特令"南路军速将汝(城)、仁(化)、曲(江)三县封锁线上努力堵截,以迟滞匪之行动,并以大部追击之";"桂军应控制于全(县)兴(安)间,并速巩固黄(沙河)、全(州)、兴(安)、桂(林)四县市碉堡线"②。

在蒋介石调集部队之时,中央红军于11月3日至4日分两路从南康进入广东仁化县地域,徒涉锦江时,布防在这里的粤军警卫旅奉命不准堵截。粤军主力则集结于乐昌、仁化一线,使红军得以顺利地转向城口。11月5日至8日,中央红军由汝城、城口之间,突破湘军设防的湖南桂东、汝城至广东仁化间的第二道封锁线,进入湘南粤北地域。

蒋介石见红军西进甚急,为阻截红军渡过湘江进至桂、黔边境,企图围歼红军于湘江以东地区。11月12日蒋委任何键为"追剿军"总司令,指挥西路军和北路入湘薛岳、周浑元两部,共十六个师专事"追剿";令粤军陈济棠主力进至粤、湘、桂边截击;桂军白崇禧以五个师扼守灌阳、兴安、全州至黄沙河一线。

　　11月13日至15日,中央红军攻占宜章城,并从郴州、宜章、乐昌之间,突破由湘军何键部、粤军陈济棠部共同防守的第三道封锁线。18日,中革军委决定,红军分左右两路向道县、江华方向进至临武、蓝山、嘉禾地域。中央红军开始突围后,"左"倾领导人实行逃跑主义,不采取机动灵活的战术轻装前进,反而采取大搬家的办法:带上所有"坛坛罐罐",行动十分缓慢。当红军西进至湘江一线时,已面临着十分严峻的形势。

　　11月14日,何键在衡阳成立"追剿"总司令部后,将"追剿军"分为五路:第一路司令刘建绪,率章亮基、李觉、陶广、陈光中四个师,向全州以北黄沙河地域集结,依湘江东岸筑堡堵截;第二路司令薛岳,率吴奇伟纵队,韩汉英、欧震等五个师进至零陵地区集结,沿湘桂公路进行侧击,防止中央红军北上与贺、萧二、六军团会合;第三路司令周浑元,率谢涛福、萧致平、万耀煌等四个师,由资兴、郴县向道县方向追击,防止红军南下进入桂北;第四路司令李云杰,率王东原等两个师同第三路配合,沿中央红军右翼突围道路追击;第五路司令李韫珩,率一个师协同粤、桂军,向江华方向沿中央红军左翼突围道路尾追。

　　11月17日,蒋介石南昌行营针对红军突破一、二、三道封锁线后的战略意图,发布湘西地区《剿匪计划大纲》,目标是防止中央红军"长驱入黔,会合川匪,及蔓延湘西,与萧贺合股",以求围堵中央红军于"黎平、锦屏、黔阳以东,黔阳、武冈、宝庆以南,永州、桂林以西,龙胜、洪州以北地区,以消灭之"①。这样,蒋介石的"湘江会剿"总兵力达三十个师,三十多万人,撒开一个大包围圈,形成了第四道封锁线。同时,这个

----

　　①　胡羽高:《共匪西窜记》,第127页。

《计划大纲》规定："湘、鄂、川、黔、桂各省政府及部队,应动员民众,择要构筑碉堡,并加强地方团队组织;尤其湘省之湘江两岸、黔省之乌江、川省之嘉陵江两岸地区,应构筑绵密碉堡群",严密防堵①。24 日,蒋介石以"川中军队系统不一,未能发挥清剿力量"为借口,命贺国光率参谋团入川,"督率川黔剿共军事",企图达到"统一川军,困死红军",控制西南各省的目的。

11 月 18 日,中央红军分两路继续西进,右翼红一军团于 11 月 22 日攻占道县城。左翼红五军团在天堂圩击溃李云杰部,从上游强渡潇水。红九军团于 24 日占领江华,随即全军在道县至江华间渡过潇水。白崇禧深恐红军从恭城、贺县入广西攻占桂林,急令桂军主力集中恭城、贺县一线,随后,又令全州、兴安守军撤出,南下龙虎关、恭城一带。这使全州至界首间百里湘江两岸守兵空虚。11 月 25 日,中革军委决定,中央红军分四个纵队,从兴安、全州、灌阳之间抢渡湘江。27 日,中央红军一、三军主力进至广西全州、灌阳。红一军团二师由塘圩直驱湘江东岸大坪,守军民团逃窜。红军过湘江后,直达脚山铺、鲁板桥一线构筑工事,阻击湘军进攻。红三军团四师主力渡过湘江进至界首,并控制了界首至脚山铺之间 60 余里湘江两岸,为中央红军突破湘江防线制造了极为有利的条件。当时"左"倾领导者把战略转移变成"一种惊慌失措的逃跑的以及搬家式的行动"②,舍不得丢掉辎重,致使红军行动滞缓,每天仍以 30 至 40 里的速度行进,未能及时赶到渡口。这时,敌人急调兵力形成四面合围之态势,从而迫使中央红军在广西全县以南湘江东岸与国民党"追剿"军激战达一星期,虽然突破了敌人第四道封锁线,渡过湘江,却付出了惨重的代价,人员折损过半。红军和中央机关人员由出发时的八万余人锐减至三万余人。

湘江战役后,国民党军以为中央红军将由西延地区经绥宁、洪江、

黔阳与湘西红二、六军团会合，急调兵力于黔阳、洪江一线围堵中央红军。12月2日，何键将五路"追剿军"改编为两个兵团：第一兵团司令刘建绪，下辖第二、三路，并令一部兵力协同桂军尾随红军追击，其主力由黄沙河、全州一线向黔阳、洪江地区疾进，企图围堵红军于北去湘江的路上。同时，又电请贵州军阀王家烈部配置于锦屏、黎平一线，阻止红军西进贵州。

　　12月10日，中央红军占领了湖南西南的通道县城。这时，桂军在红军左侧后追击，已到达马蹄街、石村、独境山一带；何键第一、二兵团刘建绪、薛岳、周浑元、李云杰16个师已进至通道城以北的城步、绥宁、靖县、洪江、黔阳、芷江等地构筑碉堡；这样，敌军以五六倍于中央红军的兵力，在中央红军北上西去湘西的路上张网以待。如果中央红军北去湘西，必将钻进敌军十几万大军围困的口袋。12月12日，中共中央在通道城召开紧急会议，会上毛泽东力主放弃与二、六军团会合的原定计划，改向敌兵力薄弱的贵州前进。这一建议得到中央红军大部分领导人的赞同，中央红军遂改变进军方向，转兵图黔。12月13日，中央红军占领贵州黎平县城。18日，中共中央在黎平召开政治局会议，会议再次肯定了毛泽东的正确意见，决定不去湘西与二、六军团会合，作出了《关于在川黔边建立新苏区的决定》。《决定》指出："鉴于目前所形成的情况，政治局认为过去在湘西创立新的苏维埃苏区的决定在目前已经是不可能的，并且是不适宜的。""政治局认为新的苏区应该是川黔边区地区，在最初应以遵义为中心之地区，在不利的条件下应该移至遵义西北地区。"①这次会议纠正了红军前进方向，红军也避免了被覆灭的危险，标志着红军战略转变的开始。

　　黎平会议后，中央红军经贵州腹地向黔北进军，连克锦屏、剑河、镇远、施秉、黄平、余庆、瓮安等县城，12月底占领乌江南岸的猴场。中共中央于1935年1月1日在猴场召开政治局会议，大多数赞同毛泽东提

─────────────

① 《中共中央文件选集》第10册，第441—442页。

出的红军应在川黔地区迂回战斗,以便粉碎蒋介石"追剿"的意见。会议作出《关于渡江后新的行动方针的决定》,指出"关于作战方针以及作战时间与地点的选择,军委必须在政治局会议上作报告",以加强政治局对军委的领导①。这就改变了军事工作由博古、李德包办的状况。随后红军渡过乌江,把国民党的"追剿军"甩在乌江以东和以南地区,于1月7日占领黔北重镇遵义城,从而使蒋介石在湘江以西消灭红军的计划落空,并为中共中央总结经验教训创造了条件。

1935年1月15日至17日,中共中央在遵义召开政治局扩大会议。参加会议的政治局委员有:毛泽东、朱德、陈云、周恩来、洛甫(张闻天)、博古(秦邦宪);政治局候补委员有:王稼祥、邓发、刘少奇、凯丰(何克全);中央秘书长邓小平;红军总部和各军团负责人有:刘伯承、李富春、林彪、聂荣臻、彭德怀、杨尚昆、李卓然;其他人员还有李德、伍修权(翻译)。会议开始时,由博古主持。会议中心议题是:一、决定和审查黎平会议所决定的暂时以黔北为中心建立苏区问题;二、检讨在第五次反"围剿"与向西转移中军事指挥上的经验教训。会上博古作了关于第五次反"围剿"的总结报告。博古在报告中极力为"左"倾错误和第五次反"围剿"失败的错误军事领导进行辩解,把失败的原因归之于帝国主义和国民党反动派力量的强大。周恩来作了副报告,分析了第五次反"围剿"和长征中军事指挥上的错误,并进行了自我批评,主动承担了责任。洛甫以毛泽东的思想为指导,作了反对"左"倾军事路线(通常称"反报告")的发言。接着,毛泽东作了长篇的重要讲话,他指出:博古、李德等在军事指导上的错误,是犯了进攻中的冒险主义,防御上的保守主义和转移中的逃跑主义,正确阐述了中国革命战争的战略问题,指明了今后的正确方向,得到了绝大多数同志的赞同。

会议作出了《中央关于反对敌人五次"围剿"的总结决议》,并确定了红军今后的行动方向是渡过长江,在成都的西南或西北地区建立

---

① 《中共中央文件选集》第10册,第446页。

苏区。

会议最后作出如下决定：（一）毛泽东增选为中央政治局常委。（二）指定洛甫同志起草决议，委托常委审查后，发到支部中去讨论。（三）常委中再进行适当分工。（四）取消三人团，撤销博古、李德对军事的领导，仍由最高军事首长朱德、周恩来为军事指挥者，周恩来是党内委托对于指挥军事下最后决心的负责者①。

会议结束后，中常委进行了分工，确定毛泽东为周恩来在军事指挥上的帮助者。由洛甫（张闻天）接替博古负总的责任。随后，军委决定设前敌司令部，朱德为司令员，毛泽东为政治委员。3月11日左右，成立由毛泽东、周恩来、王稼祥组成的三人军事小组，负责指挥全军的军事行动。在当时的战争环境中，这是中共中央最重要的领导机构。

遵义会议集中纠正了王明"左"倾冒险主义在军事上的错误，从组织上结束了错误领导在党中央的统治；开始确立了毛泽东在红军和中共中央的领导地位，在最危急的关头挽救了红军，挽救了党，从此，中国革命走上了正确发展的道路。

中央红军进占遵义后，蒋介石于1月10日再次电颁《追剿纲要》。令四川"追剿军"总司令刘湘"由黔东推进川南，相机进出黔北堵截，湖南何键向黔东追剿，两广桂军向黔桂边境推进，贵州薛岳总指挥及王家烈军向黔北追剿"②。合计调集川、湘、黔、滇、桂及中央军薛岳兵团共一百五十多个团，从四面八方向遵义地区合围，企图阻止中央红军北进四川同红四方面军会合，或东入湖南同红二、六军团会合，围歼于乌江西北的川黔两省边境地区。1月中旬，薛岳兵团两个纵队八个师尾追红军进入贵州，控制贵阳后，开始沿息烽北上，进抵乌江南岸；国民党驻川参谋贺国光及川军刘湘组织"川南剿匪总指挥部"，派潘文华十二个旅三十六个团的兵力，在赤水、古蔺、叙永地区布防封锁长江，阻止红军

---

①　陈云：《遵义政治局扩大会议》，《中共党史资料》第6期，第8页。

②　王多年：《国民革命军战史》第4部第5卷，第19页。

入川;黔军王家烈两个师,沿打鼓新场,向遵义逼近;湘军四个师结集于湘川黔边境酉阳至铜仁一线,阻止红军东进;桂军廖磊两个师抵黔南都匀;滇军孙渡三个旅进驻毕节。

遵义会议后,中央红军进行整编,扔掉了笨重的辎重,精简了机关,充实了战斗连队,加上干部团,全军缩编为十六个团:红一军团编两个师六个团,红三军团编三个团,红五、九军团各编三个团。按照遵义会议渡江北上的决定,全军于1月19日分三路向赤水、土城及其附近地区进发,准备渡过赤水,夺取蓝田坝、大渡口、江安之线各渡河点,迅速北渡长江。

蒋介石发觉了中央红军的动向,急电令"以追剿军蹑匪急追,压迫该匪于川江南岸地区,与扼守川南行动部队及各要点之防堵部队,合剿而聚歼之"①,并很快调集川军四十多个团封锁了长江。

中央红军在三人军事小组的指挥下,一反长征初期消极避战、被动挨打的局面,在云贵川边地区进行了一场高度机动的运动战。1月29日一渡赤水河,进入川南。这时,国民党军分路对中央红军进行围追堵截,并且加强了长江两岸的防御,企图围歼红军于川南地区。中共中央和中革军委根据敌情的变化,决定中央红军暂缓渡江,改在云贵川边境地区机动作战。2月11日,中央红军掉头向东,于18日至21日二渡赤水河,返回黔北地区。红一、三军团于2月25日"迅速袭取桐梓"。

蒋介石已于2月中旬撤销了国民政府军事委员会委员长南昌行营,另在武昌设行营,并常亲自来往于武汉和重庆之间,指挥"追剿"红军。此时红军突然回黔北攻占桐梓县城,完全出乎他的意料。桐梓守军不得不退守娄山关。25日晚红六军团攻占娄山关。27日,红一、三军团又在遵义以北粉碎黔敌三个团的阻击,28日晨再次占领遵义。

时值蒋介石嫡系吴奇伟率五十九、九十三两个师从贵阳赶抵遵义

---

①　蒋介石1935年1月19日电,《红军转战贵州》,中共贵州省委党史办编印,1981年,第96页。

城郊老鸦山一线,并令五十九师主力和九十三师一个团为左路,向红花岗、老鸦山进攻;黔军两个团为右路,由忠庄铺向遵义进攻。九十三师主力和五十九师一个团控制忠庄铺为预备队。中革军委决定集中主力,歼该敌于遵义以南地区。红三军团十三团阻击敌五十九师于老鸦山,歼敌大部。同时,红一军团二师迂回至遵义南,击溃右路黔军万式炯团后,又直指吴奇伟指挥部忠庄铺。吴奇伟见右路被突破,战局对其不利,令五十九师停止进攻老鸦山,率残部向滥板凳方向逃窜,于次日退回乌江南岸。

遵义战役激战五日,连克桐梓、娄山关、遵义,击溃和歼灭吴奇伟两个师、王家烈部八个团,俘敌约三千人,缴获枪支二千余支,子弹十万余发。这是中央红军长征以来最大的一次胜利,打开了黔北的新局面,极大地鼓舞了红军的士气,并使红军得到了短期休整的机会。

遵义战役后,蒋介石兵力损失惨重,他认为这是"国军追击以来之奇耻大辱"。3月2日,他决定亲赴川、黔督战,整理川政,再次由汉口飞抵重庆,于3日通电川、黔各军由其亲自统一指挥,"无命令不得擅自进退"。同日,又电令川军郭勋祺率所部三个旅,令桐梓黔军于6日集中大渡里、排居场附近,向遵义城东北地区进攻;周浑元部集中于枫香坝、鸭溪口一带,向遵义西北地区进攻;吴奇伟部主力集结茶山渡附近,在茶山渡至乌江取攻势防御;另派一部与周浑元部联络"堵剿"红军。

针对蒋介石部署,3月13日中共中央政治局决定:中央红军"仍以黔北为主要活动地区;并应控制赤水河上游作为转移枢纽,以消灭薛岳兵团及王家烈部队为主要目标"①。15日,中央红军主力进攻鲁班场守敌周浑元第二纵队,敌依托碉堡和优势火力及飞机的支援,顽抗死守,战斗陷入对峙,一时无法全歼敌人。此时,黔军援军第一纵队已迫

---

① 《红军在贵州资料汇辑》第2辑,中共贵州省委党史办编印,1983年,第40页。

近西安寺。中革军委决定撤出战斗,向北进攻茅台。17 日,中央红军在赤水上游茅台渡口附近西渡赤水(三渡赤水),再入川南古蔺地区,佯作北渡长江姿态。

蒋介石为防堵中央红军北渡长江,急令薛岳各部向川南进击;滇军由黔西进抵大定、毕节一线防堵;川军郭勋祺由两河口至仁怀、古蔺尾追;黔军坚守打鼓新场、三重堰、毛坝一线,以达"聚歼该匪于叙、蔺以南,赤水以西,毕节、仁怀以北地区之目的"①。

这时,红军以一个团伪装主力在古蔺一带游击,以调动敌人向西。毛泽东则指挥红军主力由镇龙山以东地区突然折而东向,于 3 月 21 日晚分别在川南太平渡、黔北二郎滩等渡口迅速四渡赤水。在临江场、楠木坝、花苗等地掉头南下,巧妙地从纷纷北上追击的敌军间隙中穿插南下,并在枫香坝、白腊坎一带突破敌人的封锁线,将大部分敌军甩在赤水河西岸。3 月 31 日,全军迅速南渡乌江,进至息烽西北地区,把几十万国民党军留在乌江北岸。

中央红军依据敌情判断,认为继续在黔北建立以遵义为中心的根据地,或北上渡长江入川,均已无可能,只有西进云南,渡金沙江入川北上。为了摆脱"围剿"的敌军,必须把滇军调出来,以减少入滇障碍。中央决定由一个团伪装主力,东进开阳,佯作去湘西会合红二、六军团之态势,而令红军主力集结于清水江西侧。3 月 24 日蒋介石偕夫人宋美龄和顾问端纳及陈诚,由重庆飞贵阳督师"剿共"。他指挥各军在遵义至鸭溪之线构筑碉堡楼,围困中央红军。4 月 2 日,蒋介石向滇军发电称红军"显有东窜之势"②。当"追剿军"进行部署以阻止红军东进时,红军主力突然逼近贵阳,扬言"攻打贵阳城,活捉蒋介石",并直接威胁贵阳机场。蒋介石闻讯后惊惶失措。据当时任蒋的侍从室主任晏道刚回忆说:"在贵阳东南几十里地区不断发现情况,贵阳人心惶惶。蒋心

① 蒋介石 1935 年 3 月 19 日电,《红军转战贵州》,第 27 页。
② 1935 年 4 月 2 日电文,《红军在贵州资料汇辑》第 2 辑,第 657 页。

神不安。""4月5日夜,贵阳外围风闻有红军游击队活动,蒋又问黔灵山、东山、螺丝山、照壁山、图云关、大小关等处的工事及城防守备兵力强度,特别关心清镇飞机场的情况,彻夜不安。"①蒋匆促严令前线各部队衔尾疾追红军,又急电滇军孙渡等各路军火速驰救贵阳。为安全计,蒋于4月7日离贵阳飞昆明督战。正当国民党军各部向贵阳急奔时,中央红军于4月8日急转向南,分两路从贵阳、龙里之间突破敌防线,直插兵力空虚的云南。4月10日,蒋介石又判断红军将渡司拉河(岔河),即又从昆明飞贵阳,策动十余万兵力尾追红军,并两次亲自乘飞机盘旋前线上空,利用通信袋向各部指挥官投下"手令",指示机宜。

红军入滇,昆明空虚,云南军阀龙云深怕红军攻打昆明,不得不急调省城周围各县民团防守昆明,又电催在曲靖以东的第三纵队直开昆明。这就进一步削弱了滇北各地和金沙江南岸敌之防御力量,为红军北渡金沙江打开了通道。

当蒋介石得知红军入滇后,如大梦初醒,才明白毛泽东率红军四渡赤水,南渡乌江的真实目的不是东进,而是相反,自己在贵阳督战一个多月,只是徒劳无功,白忙一场,为时晚矣。

在滇军孙渡南返救援昆明时,中共中央和中革军委于4月29日给中央红军各军团发出指示,指出:"应利用目前有利的时机,争取迅速渡过金沙江,转入川西消灭敌人,建立起苏区根据地。"当时,中央红军分为三路:红一军团为左纵队;红二军团为右纵队;军委纵队和红五军团为中纵队,由寻甸、嵩明地区转向西北前进。5月3日,中纵队之先遣队干部团当晚在皎平渡偷渡成功,并控制了渡口。左纵队抢占了龙街渡口,右纵队也抢占了洪门渡口。5月9日,中央红军在皎平渡全部渡过金沙江。是日夜,龙云电告蒋介石:红军"已过江无疑。闻讯之后心中如焚……实职之调度无方,各部队追剿不力,尚何能尤人! 惟有请钧

---

① 晏道刚:《追堵长征红军的部署及其失败》,《围追堵截红军长征亲历记》上册,中国文史出版社1990年版,第16页。

座将职严行议处,以谢党国"①。两天后敌军抵达金沙江南岸时,红军已取道通安进击会理。至此,中央红军冲出了几十万国民党军围追堵截的包围圈,取得了以少胜多,实现战略转移的决定性的胜利。

5月12日,中共中央政治局在会理县城附近之铁厂举行扩大会议。会上批评了林彪怀疑毛泽东的正确领导,反对机动作战的错误,决定立即北上,穿过彝民区,渡过大渡河,与红四方面军会合。

红军北上,既要通过对汉人抱有很深成见的彝族聚居区,又要渡过天险大渡河。大渡河西岸都是陡峭的高山,水深流急,地势险要,易守难攻。蒋介石企图歼灭红军于大渡河畔,声称要使红军成为"石达开第二"。蒋电告大渡河南北各军说:"大渡河是太平天国石达开大军覆没之地,今共军入此汉彝杂处,一线中通,江河阻隔,地形险峻,给养困难之绝地,必步石军覆辙,希各军师长鼓动所部建立殊勋。"为此蒋介石策划了利用天险,南追北堵的围歼红军的计划。他调动了十余万人的兵力,以求"封锁朱毛(于)金沙江以北,大渡河以南,雅砻江以东地区,根本消灭"②。令薛岳率其主力出会理,向西昌尾追进击,以第三纵队向盐边、盐源推进,沿雅砻江西岸布防。同时令川军第二十四军主力由泸定至富林沿大渡河筑堡,阻止红军北进,再以第二十军主力和第二十一军一部向雅安、汉源地区推进,加强大渡河以北的军事防御。

中央军委获悉蒋介石已开始向大渡河方向调集重兵围堵,决定迅速北进,争取渡江先机。

5月20日,左路红军攻占冕宁县,进入彝民聚居区。中央红军正确执行了民族政策,刘伯承根据彝族的习俗,同彝族沽鸡家族首领小叶丹歃血为盟,结为兄弟,帮助沽鸡家族成立了"中国工农红军彝民沽家族支队"。红军因此得以顺利地通过大凉山彝族地区。24日夜,红军

①　中共四川省委党史工作委员会编:《红军长征在四川》,四川省社会科学院出版社1986年版,第18页。
②　薛岳:《剿匪记实》(1936年冬)。

先头部队红一团以迅雷不及掩耳之势攻占了大渡河右岸的安顺场。

5月25日晨,一支由十七勇士组成的渡河奋勇队,在岸边火力支持下,分乘两条小船,冒着敌人的猛烈火力强渡成功,红军顺利地渡过大渡河,守敌被迫溃逃。

由于大渡河水深流急,不能架桥,全军只凭十只小船,在几天内很难完成渡河任务。而此时川军杨森部第二十军将抵安顺场,尾追的薛岳部第五十三师也日益迫近,形势十分严峻。中革军委决定,红一师及干部由安顺场渡河后,沿大渡河左岸北上,红军主力沿大渡河右岸北上,迅速夺取泸定桥。先头部队红四团兼程急进,两天走了160公里,终于在敌人援军到达之前,于29日晨占领泸定桥西桥头。

泸定桥横跨大渡河,长101米,宽2.6米,东桥头同泸定城相连,守敌川军两个团,桥板已被敌人拆除,仅剩悬挂的铁索,形势十分险恶。5月29日下午4时,由红四团第二连的二十二名英勇战士组成的突击队,手持冲锋枪,背挎马刀,腰缠手榴弹,在全团的火力支持下,冒着敌人的密集火力,攀踏铁索,冲向对岸,穿过敌人在东桥头燃起的烈火,胜利占领大桥,进入街口与敌展开巷战,经过三小时的战斗,守敌被歼,打开了中央红军北上的道路。6月2日,红军全部渡过大渡河。蒋介石要使红军成为"石达开第二"的梦想彻底破灭。

中央红军渡过大渡河后,继续北进。在天全河击溃川敌杨森部六个旅的阻击,于6月7日占领天全。这时,红四方面军获悉红一方面军渡过金沙江北上,为了摆脱蒋介石重兵围攻的不利局面,由岷江地区分路西进,第三十军八十八师和第九军一部向懋功急进。6月8日攻克懋功,接着占领了懋功附近夹金山下的重镇达维。中央红军在迅速突破川军杨森部的芦山、宝兴防线后,翻越了海拔四千多米的夹金山。6月18日,中共中央、中革军委和中央红军主力到达懋功地区,实现了中央红军和红四方面军的会合。

中央红军同红四方面军会师后,中共中央根据全国形势和当时情况,提出了继续北上创建川陕甘苏区的战略方针。张国焘则主张南下川康边。6月26日中共中央政治局在懋功以北的两河口举行会议,决定中央红军和红四方面军共同北上,创建川陕甘苏区。7月21日,中共中央任命张国焘为红军总政委。8月上旬,红军总部将各军就驻地分成左、右两路继续北上。左路军由朱德、张国焘率领,以红四方面军主力和红一方面军①的五、九军组成,从卓克基地区向阿坝地区前进;右路军由徐向前、陈昌浩率领,以红一方面军一、三军和红四方面军的两个军组成,从毛儿盖出发,向班佑、巴西前进。毛泽东、周恩来和中共中央同右路军行动。红军指战员历尽艰辛,通过茫茫的松潘草地分别于8月下旬到达目的地。8月29日至31日,右路军一部在包座全歼国民党军第四十九师约五千人,打开了通向甘南的门户。

在北进途中,张国焘仍坚持南下主张,电令徐向前、陈昌浩执行。红军前敌总指挥部参谋长叶剑英将这一严重情况向中共中央报告。在此情况下,中共中央决定率领右路军红一方面军的第一、三两军(原一、三军团,9月12日改编为红军陕甘支队)先行北上。9月17日突破天险腊子口,18日占领哈达铺,进入甘南。继而,红军又突破国民党军的渭河防线,翻越六盘山,于10月19日到达陕甘苏区的吴起镇。至此红一方面军历时一年的艰苦转战,纵横十一省,长驱2.5万里,粉碎了数十万敌军的围追堵截,战胜无数的艰难险阻,实现了史无前例的战略大转移,完成了震惊中外的长征。蒋介石和南京政府追堵"剿灭"红军的图谋彻底失败了。次年10月,中国工农红军第二、四方面军也到达陕北,红军三大主力终于会师。

第三节　对革命文化的"围剿"

南京政府发动尊孔读经的复古运动和对革命文化的"围剿"是推行

---

① 1935年8月上旬,中共中央决定恢复红一方面军番号,周恩来任司令员兼政委。

文化专制政策的重要内容和表现,也是对红军和苏区进行军事"围剿"的配合和呼应。

一　文化专制与尊孔复古

南京国民政府时期,国民党当局出于"一党专制"的集权政治的需要,不仅把持着中国的社会与经济的命脉,而且极力推行文化专制主义。其手法不仅融合了中国古代的文化专制,渗进近代法西斯主义的文化禁锢,而且打着三民主义和"训政"等旗号。

南京政府成立伊始,便公然宣称:"本政府所行政策惟求三民主义之贯彻,凡反对三民主义者即反革命。"[1]蒋介石更鼓吹:"思想之统一,比什么事都要紧";要确定"三民主义为中国唯一的思想,再不好有第二个思想来扰乱中国"[2]。实际上,蒋介石和戴季陶一样,打着孙中山的旗号,对孙中山的主义和思想随意篡改与歪曲,其重要特点之一就是将三民主义儒学化,给它接上中国古代正统思想传承的"道统"。蒋介石曾以一种新的专制主义作为他推行个人独裁和巩固其统治地位的武器。他虽然十分欣赏意大利和德国的法西斯主义,但仍继续打着三民主义的旗号。他不主张公开提"三民主义法西斯化"的口号,而赞赏用"三民主义之复兴","三民主义为体,法西斯主义为用"[3]的提法。他解释作为"体"的三民主义,其"基本思想渊源于中国正统的政治思想和伦理思想"[4]。正是在"三民主义为体,法西斯主义为用"的口号下,蒋介石把西方的法西斯主义与中国封建社会的政治伦理思想相结合,成为

①　《国民政府定都南京宣言》(1927年4月18日),《中华民国史档案资料汇编》第5辑第1编《政治》(1),第1页。

②　蒋介石:《中国建设之途径》(1928年7月18日),《先总统蒋公全集》第1册,第55页。

③　《法西斯蒂与中国出路》,《社会主义月刊》第1卷第7期。

④　蒋介石:《三民主义之体系及其实行程序》,《先总统蒋公全集》,第1279页。

具有封建性的法西斯主义,这也是蒋介石对革命文化进行"围剿"的武器。1928 年 10 月在国民政府颁布的《中华民国训政纲领》中规定,在必要时,国民党当局可对民众的言论、出版等自由权,"在法律范围内加以限制"。后来进一步规定思想必须一元化,所有民众读物"应把握三民主义为唯一出发点,不许有其他思想存在其间"①。

南京政府推行的文化专制主义政策的重要内容之一,是大力鼓吹和推行国民党党治文化和党治文艺。其特征是将国民党的意识形态国家化。这种意识形态集中表现在蒋介石的力行哲学。

蒋介石极力谋取军事上、政治上的"领袖"地位之外,还极力谋求思想领域中的"领袖"地位,以便确立"有效能"的集团统治,为此提出了所谓"力行哲学"。"力行哲学"的直接思想来源是宋、明两代哲学家陆九渊、王阳明的"心"学。它强调:"心即理"、"心外无物"、"心外无事"、"心外无理"、"道不外索"等命题和"致良知"学说。这一哲学把封建道统和秩序说成是"天生的良知"。蒋介石"力行哲学"的显著特点是强烈的政治实用性质。他把"行"抬到异乎寻常的地位,认为"唯认'行'的哲学,为唯一的人生哲学"②。他歪曲孙中山的"知难行易"说,以所谓"国家意志"对抗人的政治自由权利,以迷信盲从的"力行"对抗独立思考的精神自由。蒋介石对"阳明之学"推崇备至,认为"当努力以提倡之",以达到"一个主义、一个政党、一个领袖"的政治目的。总之,"蒋介石提倡力行哲学,其中心是要人民于不识不知之中,盲目地服从他,盲目地去行"③。

蒋介石直接操纵的力行社,极力鼓吹文化专制论调。力行社成员提出"文化统制是社会、政治、教育以及一切活动的症结……它是民族

---

① 《中华民国史档案资料汇编》第五辑第一编《文化》(1),第 58 页。
② 蒋介石:《自述研究革命哲学经过的阶段》,《蒋总统集》第 1 册,第 580 页。
③ 周恩来:《论中国的法西斯主义——新专制主义》,《周恩来选集》上卷,第 146 页。

复兴的灵魂,具有不可思议的魔力,能使每个人不知不觉地被它所统治"①。力行社认为要用"国家至上"的文化,去取代所谓"颓废的文化"。他们要效法希特勒、墨索里尼对旧文化发起毫无怜悯的进攻,重演秦始皇焚书坑儒的故伎,宣扬由于秦始皇焚书坑儒才打下秦朝建国的基础。他们甚至提出,文化统制的目标不局限于文化上。所有的社会现象、行动,都是文化统制所干预的对象,狂妄地叫喊"秦朝文化统制的成功,恰好是我们今天要仿效的"②。上述极权主义的主张,反映力行社所追求的文化专制主义的目标是:不仅要连根拔除文化上的自由和民主,而且要将他们所梦寐以求的"新的共同生活的文化模式"深入熔染到民众的习惯中去③。

　　蒋介石为把三民主义、法西斯主义和封建伦理道德融为一体,早在1928年4月,南京政府就下令恢复孔孟旧道德,把"忠孝仁爱信义和平"和"格物致知、正心诚意、修身齐家治国平天下",作为道德"标准"④。1933年2月国民党中央为配合对红军和苏区的军事围攻,令各级党部及社会团体悬挂"忠孝仁爱信义和平"匾额。接着国民政府教育部又宣布以"忠孝仁爱信义和平"为"小学公民训练标准"。陈立夫在担任国民党中宣部长时提出,要用上述"八德"作为对付共产党一切偏激宣传的对策。在蒋介石等的鼓噪下,思想文化领域掀起了一股"尊孔祀圣"、"复古读经"的浊流。

　　当1928年4月南京国民政府发动"二次北伐"期间,身为国民革命军总司令的蒋介石就亲去山东曲阜祭孔。随后,他发布保护孔庙令,宣称"保护孔庙之义,盖欲为共产主义根本之铲除,非提倡固有的道德智能,不足以辟邪说而正人心"⑤。1931年2月,蒋介石在南京讲《中国

①　茹春蒲:《文化统制的根本意义与民族前途》,《前途》第2卷第8期。

②　李冰若:《中国历史上的文化统制》,《前途》第2卷第8期。

③　茹春蒲:《文化统制的根本意义与民族前途》,《前途》第2卷第8期。

④　《国民政府公报》第51期,1928年4月。

⑤　《孔府档案》。

教育思想问题》，提出把"尧、舜、禹、汤、文、武、周公、孔子以来的仁义道德思想"，"作教育正统思想"，这样中国的"教育从此一定更有一日千里的发展"，"共产党……也将由此而肃清"①。1933年9月他又对"军官训练团"讲《军人精神教育之精义》，认为"军人的精神是智仁勇三者，而三者之中又以'仁'为最要"，诬蔑中国共产党和工农红军是"匪"，"'剿匪'就是行'仁'"②。蒋号召"用'仁'字为中心的三民主义来打倒'共匪'不仁的邪说异端"。国民党军队就是在蒋介石"行仁"的旗号下，在第五次军事"围剿"中，实行极其野蛮的烧、杀、抢政策的。

　　南京国民政府为配合对苏区的第五次军事"围剿"，在孔子诞辰当日掀起了一个尊孔祀孔高潮。当日蒋介石特派国民党中央党部秘书长叶楚伧为代表到曲阜祭孔，南京政府行政院、立法院、司法院、考试院、监察院、内政部、教育部都派代表参加祭祀。山东省主席韩复榘亲自陪祭③。国民政府及国民党中央党部同日在南京联合召开"孔子诞辰纪念会"。8月27日，上海"各界在文庙举行孔诞纪念会，到党政机关及各界代表一千余人"④。此外，北平、天津、汉口、长沙、广州、太原、杭州、南昌等地国民党党部和地方政府都召开祭孔会。南京政府军政部长何应钦、立法院副院长邵元冲、上海市长吴铁城、湖南省主席何键等纷纷发表尊孔反共演说。11月，国民党中央常委会通过"尊孔祀圣"的决议。

　　在学校中推行"尊孔读经"是国民党用封建思想毒害学生、禁锢思想的重要手段。南京政府行政院1931年发布第三三五号训令，限令各学校制造匾额，一律蓝底白字，横书"忠孝仁爱信义和平"八字，悬挂在礼堂或公共场所，为的是使师生们对此所谓训民要则见之怵目惊心，时刻勿忘⑤。1934年湖南、广东等省都强令中小学读经，将"四书"、"五

　　①　《中国教育的思想问题》，《蒋总统集》第1册，第565—566页。
　　②　《庐山训练集》上编，第167页。
　　③　《续修曲阜县志》第1卷，第27页，1934年版。
　　④　《申报》，1934年8月30日。
　　⑤　《教育杂志》第23卷第9号，"教育消息"。

经"及古文编入教科书内容。各地中学毕业会考,语文题目都是经书的原句。

南京政府为配合对工农红军的军事"围剿",1933年7月开始,在江西、福建、安徽、湖北、河南五省推行反共的"特种"教育。9月3日,蒋介石"南昌行营"颁发《赣闽皖鄂豫五省推行特种教育计划》和《计划纲要》,所谓"特种教育"主要在国民党军队占领的苏区及游击区施行,分为成人班和儿童班两种。其中成人班公民课的主要内容是宣传三民主义,灌输"忠孝仁爱信义和平"等固有道德,讲授公民生活常识,进行反共宣传,以消灭革命思想。其次为自卫教育,实施保甲制度和保卫、打靶、侦察等训练,担任建筑碉堡、挖掘战壕、修筑道路、组织"铲共义勇队"、搜查游击队以及埋藏的武器弹药物资等。

二 对革命文化的"围剿"

南京政府在对苏区发动多次军事"围剿"的同时,对其统治区的文化运动也进行长期的文化"围剿"。这两种"围剿"是相互配合的,实施情况和当时的政治斗争形势的起伏是相一致的。

南京政府成立后就开始打击革命文化,摧残进步团体,迫害进步人士。1927年5月,郭沫若因发表《请看今日之蒋介石》,揭露蒋叛变革命、屠杀工农等罪行,而遭到通缉,后被迫流亡日本。此时,国民党中央党部秘书处以"武汉寄来之讨蒋特刊,阅之深为骇异"[1]为由,请示蒋介石后,立即派员到邮局查扣,此为封锁进步书刊之肇端。继而国民党对报刊图书实施《宣传品审查条例》,大量查禁进步图书和报刊。1929年7月明文列入《中央查禁反动刊物表》的就达173种。上海国民通讯社、创造社、艺术剧社等被先后查封。

---

① 《国民党为破坏中共革命宣传开始邮电检查有关文件》,中国第二历史档案馆藏。

　　国民党的压迫和"围剿"并不能阻止革命文化的传播。1929年秋，中共中央为统一领导革命文化运动，设立了文化工作委员会，以上海为中心，推进革命文化的新发展，左翼作家联盟等进步文化团体相继成立。蒋介石对查处进步文化甚为重视，中原大战结束后便对革命文化运动发动了大规模的"围剿"。1930年9月，国民党当局密令取缔"左联"等组织，通缉鲁迅等进步文化工作者。10月，在南京枪杀"剧联"盟员宗晖。12月，南京国民政府颁布《出版法》四十四条①，对于报纸杂志和书籍的出版、发行施加种种限制。任何机关团体或个人出版纸物，都必须在首次发行十五日前，以书面向所属的省政府或中央直辖市政府转内政部申请登记。凡被视为"意图破坏中国国民党或三民主义"，"意图颠覆国民政府或损害中华民国利益"的出版物，一概不得出版。1931年7月，国民政府又颁布《出版法施行细则》二十五条②，对《出版法》中的原则和办法更加具体化。例如规定："未经许可出版而擅行出版之书籍概行扣押"，"凡经许可出版之书籍，如出版后与核准之原稿不符，内政部得予以禁止或扣押之"，等等。1931年被国民党当局查禁的书刊有228种，以"共产党宣传刊物"、"宣传共产主义"、"鼓吹阶级斗争"、"普罗文艺作品"等理由被查禁的有一百四十多种。同时，在国民政府通过的《危害民国紧急治罪法》中，把反对国民党反动派的行为说成"危害民国"，以"叛国"论罪，可定罪判处死刑的条文多达八款。例如第二条第二款规定："以文字图画或演说为叛国之宣传者"，"处死刑或无期徒刑"③。1932年11月，国民党中央宣传部公布了《宣传品审查标准》，宣称：凡是宣传共产主义的便是"反动宣传品"；批评国民党便是"危害民国"；对其统治不满则是"反动"；有关这些方面的文稿一律禁止

---

　　①　《出版法》于1930年3月17日订立，见《中华民国史档案资料汇编》第五辑第一编《文化》（一），第78—84页。

　　②　《出版法施行细则》于1930年5月订立，见《中华民国史档案资料汇编》第五辑第一编《文化》（一），第84—87页。

　　③　《危害民国紧急治罪法》，《东方杂志》第28卷第3号，第121页。

出版。这个《标准》的颁布,预示着注册登记制向审查制的发展。

1933年秋,国民党武汉警备司令部等单位派人到全市各书店密查"反动刊物",事后向蒋介石南昌行营报告说,他们密查的对象,一是"共党之通告议案等秘密文件及宣传品",二是"普罗文学"①。报告中建议"组织专审机关","聘任对于此类文艺素有认识者若干人,悉心审查";并要求国民党中央"通饬各省严密查禁,以遏乱萌"。南昌行营将报告转到南京政府,于是行政院据此作出四项决定:"(一)内政部审查此类刊物时,须更严密,毋使漏网;(二)建议中央积极施行民族文学之计划;(三)由教育部密令各学校,注意学生思想及关于课外阅读之指导;(四)中央宣传委员会及内政部决定已禁止出版物,现仍流行市面者,应由各执行机关切实认真取缔。"行政院于1933年10月向教育部等有关单位发出密令。教育部又将该密令下达各大学。武汉警备司令部还附上一份"中国普罗文艺家姓名(或笔名)表"②。

国民党当局还设置公开或秘密的稽查机构,禁止进步革命文化的发行流通。1934年5月,国民党中宣部在上海成立"图书杂志审查委员会"。6月,公布《图书杂志审查办法》。规定凡出版的图书杂志,"应于付印前","将稿本呈送中央宣传部图书杂志审查委员会声请审查"③,同时公布《新闻检查大纲》。按照这些法令和措施,稍有进步内容的出版物都要受到干涉,甚至没收查禁。鲁迅对国民党的书刊检查作了不少揭露:"于是每本出版物上,就有了一行'中宣会图书杂志审委会查证……字第……号'字样。"审查员们的工作,"就是不断的禁、删,禁、删,第三个禁、删",他们"总要在稿子上打几条红杠子"④。"那时可真厉害,这么说不可以,那么说不成功","向一种日报的副刊去投稿罢,

①　普罗文学亦即无产阶级革命文学。"普罗"是法文和英文译音的缩写,当时进步作家为避免国民政府注意而采用的译名。

②　《中华民国档案资料汇编》第五辑第一编《文化》(一),第232—234页。

③　张静庐编:《中国现代出版史料》乙编,中华书局1957年版,第525页。

④　《且介亭杂文二集·后记》,《鲁迅全集》第6卷,第461—462页。

副刊编辑先抽去几根骨头,总编辑又抽去几根骨头,检查官又抽去几根骨头,剩下来还有什么呢?"①"总审"的稿本,有的被长期扣留或销毁,有的被删改得支离破碎。鲁迅的一本《二心集》,原有三十多篇文章,被删后只剩下十六篇,书店出版时改名为《拾零集》,但在杭州还是被没收了②。

　　根据国民党中宣部等编印的秘密材料,自 1928 年至 1937 年 6 月,国民党查禁的书刊有一千一百多种。国民党当局给这些被查禁、扣留的报刊、书籍罗列了种种罪名,例如有:"含有反动意识"、"攻击党政当局"、"挑拨阶级斗争"、"宣传共产主义"、"不妥"、"欠妥"、"鼓吹抗日"、"普罗文艺"、"左倾"、"言论反动"、"妖言惑众"、"讥评政府",等等。其中遭禁罪名最大、数量最多的是宣传共产主义和阶级斗争的包括中共出版的书刊。例如国民党中宣部将从 1929 年至 1935 年曾经查禁或查扣的社会科学书刊,"加以编纂,汇成一览",定名为《中央取缔社会科学反动书刊一览》,共列书刊 676 种③,被注明"共产党刊物"的计有 422 种,占 60％以上。其次被列为"普罗文艺"而查禁的书籍有 309 种④。仅 1934 年,国民党上海市党部奉令"派员挨户至各书店,查禁书籍至百四十九种之多,牵涉书店二十五家"⑤。

　　南京政府甚至动用警察、特务及流氓暴徒袭击捣毁进步革命文化机构,绑架暗杀进步革命人士。国民党当局根据检查书刊获得的线索,经常派遣特务、侦探,组织流氓暴徒持械袭击和捣毁进步的报馆、书店和电影院,砸碎门窗家具,焚烧报刊书稿等。例如,上海艺华影片公司因聘请了一些左翼作家担任影片的编导工作,拍摄了一些进步影片,国

---

　　① 《花边文学·序言》,《鲁迅全集》第 5 卷,第 418 页。

　　② 《且介亭杂文二集·后记》,《鲁迅全集》第 6 卷,第 461 页。

　　③ 《中央取缔社会科学反动书刊一览》,《中华民国史档案史料汇编》第五辑第一编《文化》(一),第 246—277 页。

　　④ 张静庐主编:《中国现代出版史料》丙编,第 145、164—172 页。

　　⑤ 《中央党部禁止新文艺作品》,《大美晚报》(上海),1934 年 3 月 14 日。

民党特务就扬言说:"艺华公司系共党宣传机关,普罗文化同盟为造成电影界之赤化,以该公司为大本营",要求当局命令该公司,"立即销毁业已摄成各片,自行改组公司,消除所有赤色分子"①。1933 年 11 月12 日,一批特务、暴徒以"影界铲共同志会"的名义捣毁该公司,同时发函警告上海各大小电影院不准放映各种所谓"鼓吹阶级斗争、贫富对立的反动影片","否则以暴力手段对付"②。良友图书公司因在其出版的书刊中开辟栏目刊登一些进步的新文学作品,也在同月遭到袭击。国民党特务还发信威胁各书局,各刊物一律不得刊行、登载、发行所谓"赤色作家所作文字",否则"必以较对付艺华及良友更激烈更彻底的手段"来对付③。受到袭击、捣毁的还有发表宋庆龄为首的"中国民权保障同盟"揭露国民党暴政文章的美国人士编辑的《中国论坛报》,以及曾受陈铭枢等人投资的神州国光社等等。

　　南京政府对于进步革命的作家和文化人,有的先以投寄匿名恐吓信、列入黑名单等进行威胁,其后则绑架、逮捕直至暗杀。1931 年 2 月7 日,上海警备司令部秘密杀害了"左联"的五名作家李伟森、柔石、胡也频、殷夫和冯铿。鲁迅也因此案牵连而被迫离家避难。上海大批进步出版单位和书店,随之又遭封闭。1932 年 7 月,上海反帝大同盟大会被特务破坏,到会代表当场被枪杀者八十余人。1933 年 4 月,北平文化界人士发起安葬革命先烈李大钊,遭到军警阻挠,向送殡队伍开枪射击,当场有青年学生及文化界人士等多人受伤,四十多人被捕。"左联"作家、共产党员洪灵菲在这次事件中被秘密杀害。同年 5 月,应修人等在上海牺牲,丁玲、潘梓年、田汉、阳翰笙等被捕入狱。6 月,中央研究院总干事、中国民权保障同盟总干事杨杏佛被特务暗杀于上海。宋庆龄、蔡元培、鲁迅以及许多社会知名人士也被列入黑名单。上海

---

①　《大美晚报》(上海),1933 年 11 月 13 日。

②　《准风月谈·后记》,《鲁迅全集》第 5 卷,第 379 页。

③　《大美晚报》(上海),1933 年 11 月 13 日。

《申报》馆总经理史量才因发表一些反对不抵抗政策的言论,也于1934年11月在沪杭公路上遭到特务刺杀。稍后,爱国人士杜重远因《新生》周刊发表《闲话皇帝》一文,被诬为妨碍"中日邦交"罪名而入狱。在全国很有影响的《生活周刊》和生活书店也先后被查封,负责人邹韬奋被迫流亡国外。对此,当年中国左翼作家联盟曾发表宣言揭露说:"国民党在虐杀我们的革命作家以前,已经给我们革命文化运动以最高度的压迫了,禁止书报,通缉作家,封闭书店;一面收买流氓、侦探、堕落文人组织其民族主义和三民主义文学运动,以为如此就可以使左翼文化运动消灭了,然而无效,于是就虐杀了我们的作家。"①

尽管南京政府全力进行文化"围剿",取缔了一些进步文化团体,查禁了大量进步革命书刊,逮捕和杀害了不少革命作家,但是这种文化"围剿"阻挡不住进步和革命的文化运动的发展。

第四节　新生活运动

30年代初期,蒋介石面对着内外交困的统治危机。对内,他以全力发动对中国工农红军的多次军事"围剿",并在其统治区进行文化"围剿",但既不能阻挡共产主义运动在中国的发展,也不能使其动荡不安的统治秩序得到稳定。他感到这种革命思想的威慑力量比军事威胁还要可怕,曾感叹地说:"此种思想上之流毒,实较有形匪患尤甚。"随着民族危机的加深,各地抗日反蒋运动日益蓬勃发展。蒋介石为使其专制独裁统治能够在社会生活方面得到体现,于1934年初在南昌发起一个企图恢复中国固有道德,达到"民族复兴"的所谓"新生活运动"。

按照蒋介石等人煞费苦心的策划,新生活运动试图从国民生活的衣食住行基本方面入手,用"礼义廉耻"等封建的伦理纲常、四维八德,

①　《中国左翼作家联盟为国民党屠杀大批革命作家宣言》,《三十年代左翼文艺资料选编》,四川人民出版社1980年版,第155页。

与德意日法西斯的统治手段、资本主义国家的某些生活方式相混合,来整治人们的思想,规范人们的言论行动,使之摆脱共产主义和其他民主主义思想的影响,以维护国民党的政治统治,达到其控制下的国家复兴。

一　新生活运动的组织发起

新生活运动的组织发起,与国民党内的"三民主义力行社"关系密切。如前所述,力行社成立于1932年3月,蒋介石亲任社长,是直接效忠于蒋本人的秘密组织。蒋介石企图以这个组织为核心加强对全国的控制,为其专制独裁统治开创一个新时代。1933年9月,蒋就在力行社成员中鼓吹"伟大的中国的第二期革命,现在已经临到我们头上"①。要求他的亲信们负起责任,为实现对全国的极权统治出谋划策,贡献方略。

力行社成员多数到国外考察过,十分倾慕西方的社会生活。有的成员去德国考察,更觉得那里秩序井然,而国内却是糜烂杂乱,遂有倡导新生活的建议。1933年11月,蒋介石在南昌行营成立"党政军调查设计委员会",下分政治、党务、军事三组,以力行社成员为骨干,制订军事、政治的大政方针。其中政治组的设计任务之一是中国文化的改进,目标是"要从教育学术和一切文化事业上,将国民心理和社会风气,以至民族的气质性能,使之革新变化,以保根本的挽救危亡,复兴民族"②。这实际上就是后来新生活运动所揭示的基本思想。力行社成员在建议报告中已包含有"礼义廉耻中,应表现在衣食住行"③的思想,遂被蒋介石采纳为新生活运动的重要内容。这一运动的筹划设计工作

---

①　《先总统蒋公全集》第1册,第794页。

②　《先总统蒋公全集》第1册,第794页。

③　邓元忠:《三民主义力行社史稿》,台湾实践出版社1984年版,第418页。

由政治组中的数名委员暗中进行，其中邓文仪作为力行社的发起人与主要负责人之一，主持了新生活运动的规划工作。

　　1933年冬至1934年初，蒋介石离开南昌亲自调兵遣将镇压福建事变，他还是留下一些亲信筹划新生活运动的事宜。经过一段时间的酝酿准备后，蒋介石于1934年2月9日乘机飞回南昌指挥江西"剿共"战事。2月12日，蒋介石在南昌行营扩大纪念周的集会上发表题为《教养卫》的训词。他说："现在我们国家的存亡，差不多完全要看我们江西做关键，如果江西能将土匪剿清，社会安定……我们的国家和民族一定由此复兴起来！"他还说："现在中国，所以衰败至此的原因，就在一般人不知道自己负有建设国家和复兴民族的责任，更不知道自己有尽此责任的能力，因而苟且偷安，敷衍塞责。一人如此，大众皆然，于是养成一种偷惰颓败的风气，使整个国家和民族陷于危亡的状态。"[①]为此，蒋介石提出"要努力于'教'、'养'、'卫'三件事，而以教育的方法，作一贯的推进。关于'教'，要以'礼义廉耻'为基本要义。关于'养'，要注重'衣、食、住、行'四项基本生活的修养——（整齐、清洁、简单、朴素）。关于'卫'，要从'严守纪律，服从命令'，做到共同一致。"[②]这次讲话是新生活运动出台的前奏。

　　2月19日，江西南昌各界五百多人齐集百花洲附近的乐群电影院，南昌市各学校的校长、国民党党政军界官员都参加扩大的总理纪念周。蒋介石在会上发表题为《新生活运动之要义》的讲演。他首先强调"改革社会"，"复兴一个国家和民族，不是用武力所能成功的"，而是"第一，就是要使一般国民具备国民道德；第二，就是要使一般国民具备国民知识"；而国民道德是通过"衣食住行"四项基本生活表现出来，其道德的标准就是"礼义廉耻"。他认为东西方资本、帝国主义国家的人们，

---

　　①　《蒋介石在南昌行营扩大纪念周的训词——"教养卫"》，《中华民国史档案资料汇编》第五辑第一编《政治》(五)，第745页。

　　②　《蒋介石在南昌行营扩大纪念周的训词——"教养卫"》，《中华民国史档案资料汇编》第五辑第一编《政治》(五)，第752页。

一切行动统统合乎现代国民的要求,合乎"礼义廉耻","不要廉耻的饭他们不吃,不要廉耻的衣他们不穿,不合礼义的事情他们不做",要求中国人的行动要效法洋人。其次,他要求党政军学商各界,特别是教育界、知识界,"首先能够一齐奋发,以'昨死今生'的精神,共同协力来做除旧布新的工作,然后一般国民才有效法"①。蒋介石宣称:"我们现在在江西一方面要剿匪,一方面要使江西成为一个复兴民族的基础。要达此目的,必须自江西,尤其是从江西省会所在的南昌这个地方开始,使一般人民都能除旧布新,过一种合乎礼义廉耻的新生活。"他断言新生活运动在"半年以内,一定可以风动全国,使全国国民的生活都能普遍的革新。那时,无论是要废除一切不平等条约,无论是要报仇雪耻,复兴我们的民族,都不是什么难事"②。

2月21日,南昌新生活运动促进会成立,蒋介石自任会长,邓文仪任主任干事,萧纯锦任副主任干事,李焕之任书记。次日,南昌新生活运动促进会召开首次干事会议,研究制订新生活运动推向社会的各项规划、章程。会议决定以南昌为试验区,逐步推行。3月11日,新运促进会在南昌公共体育场召开新生活运动市民大会,南昌及附近二十多县市民中有十万余人被要求参加大会。蒋介石、宋美龄夫妇均出席大会,蒋介石发表《力行新生活运动》的演说。3月18日,南昌新运促进会又组织市民新生活运动提灯大会。经过蒋介石及国民党各级机构的大力推动督促,在短期内南昌的面貌有了改观,新运促进会自称"规矩"、"清洁"两项已大改旧观。

南昌发起新生活运动后,迅速推向全国。南京、上海、福建、北平、江苏等省市,相继成立地方性的新运组织。例如3月21日,何应钦从北平致电国民党中央民众运动指导委员会,通告北平新生活运动促进会成立。5月,处于半割据状态的山东军阀韩复榘也发起组织新生活

① 《中华民国史档案资料汇编》第五辑第一编《政治》(五),第753—757页。
② 《中华民国史档案资料汇编》第五辑第一编《政治》(五),第758—762页。

运动。6月,蒋介石亲自拟定《新生活运动纲要》,7月颁行全国,作为各地推行新运的理论和组织依据。7月1日,南昌新生活运动促进会改组为新生活运动促进总会,作为全国开展新运工作的指导机关,蒋介石仍自任会长,熊式辉、邓文仪分任正、副主任干事,阎宝航为书记,并聘何应钦、陈果夫、张群、康泽、邓文仪、杨永泰、熊式辉、蒋孝先等国民党要员三十三人为指导员。同时颁布了各级新生活运动促进会组织大纲,规定各地各级新运促进会要接受总会指导,由当地最高长官主持,由民政、教育、警察、军事等部门派出的高级官员组成。基层乡村由区保甲长、工人由厂长或工会负责人、商人由各业公会负责人、学校由校长、公务员由机关主管、家庭妇女由妇女协会、军队由党部或政训处长或主管长官分别负责。

国民党中央民众训练部通令各地各级国民党党部,要求"以新运列为党务考绩"。这一措施进一步加速新运的推行。到1934年底,全国除东北及西南等数省外,南京、上海、北平、湖北、湖南、山西、山东、河南、河北、福建、安徽、陕西、江苏、浙江、甘肃、察哈尔、绥远、青海等省市均已完成新运的组织工作,平汉、陇海、胶济等铁路线也组织了新运促进会,独立开展活动。新运的组织工作在全国范围内基本完成。

二　新生活运动的内容及其实质

从1934年2月至7月,蒋介石先后发表了《新生活运动之要义》、《新生活运动之中心准则》、《力行新生活》和《新生活的意义和目的》等六篇演说,又手订《新生活运动纲要》、《新生活须知》等重要文件,稍后再加订《新生活运动公约》、《新生活运动推行方案》、《新生活运动歌》,形成了新生活运动的一整套理论、方针和方法。大张旗鼓地宣传,以使人们了解新生活运动的内容及其政治目的。

首先,蒋介石确定以"礼义廉耻"为新生活运动的准则。3月5日,蒋介石在南昌行营扩大纪念周上作《新生活运动之中心准则》的演说,他规定"新生活运动之中心准则为'礼义廉耻'",而其中"第一要紧的就是'礼'"。他要求人们要"学礼、知礼、行礼";"礼一定要有节","节就是合理的规矩节度"①。他特别强调礼是"四维"、"六艺"之首,是新生活运动的中心内容。他把礼解释为循规蹈矩,是同历代封建统治者崇尚"礼治"一脉相承的。《新生活运动纲要》则全面表达了新生活运动的内容和目的,"纲要"规定新生活运动的内容,"就是提倡'礼义廉耻'的规律生活";提出"'礼义廉耻',古今立国之常经,然依时间与空间之不同,自各成其新义"。"'礼'是规规矩矩的态度。'义'是正正当当的行为,'廉'是清清白白的辨别,'耻'是切切实实的觉悟"②。在《新生活须知》中作了比较通俗的说明:"何者为礼,敬恭是主,守法循理,戒慎将事,和气肃容,善与人处,孝亲敬长,克敦伦纪"。"何者为义,一心济世,厚人薄己,不争权利,急公忘私,弗辞劳瘁,扶善除恶,以彰公理"。"何者为廉,既明且洁,严慎取予,操守有节,辨别是非,力排谬说,崇尚节约,以惜物力"。"何者为耻,心存羞恶,不屑卑污,尊重自处,不甘暴弃,力求进步,不图苟存,宁死御侮"③。上述的释文表明,"礼、义、廉、耻"都是围绕"礼"来阐述的,而礼的核心就是要人们遵守社会定律和国家纪律,也就是国民党政权存在以及由该政权制订的法规法律。说到底是要老百姓做国民党政权的驯服臣民,从而消弭革命人民的正义斗争和共产主义运动的发展。

第二,新生活运动从改造国民的"衣、食、住、行"等日常生活为实行起点,这是新运的主要内容。蒋介石说:"新生活运动之意义和内容,可以综合起来说,就是:要使全国国民从衣食住行日常生活上表现我们中国礼义廉耻固有的道德习惯来达到行动一致的目的。"④在《新生活运

---

① 蒋介石:《新生活运动之中心准则》,《革命文献》第 29 辑。
② 《中华民国史档案资料汇编》第五辑第一编《政治》(五),第 765—766 页。
③ 《中华民国史档案资料汇编》第五辑第一编《政治》(五),第 772 页。
④ 蒋介石:《新生活运动言论集》,正中书局 1940 年版,第 50—51 页。

动纲要》中规定:"食衣住行之遂行,可分为资料之获得,品质之选择与方式之运用的三个方面。"其中"资料之获得应合乎廉",即"食衣住行之资料,须以自己劳力换得,或以正当名分取予";"品质之选择应合乎义",即"因人制宜,因时制宜,因地制宜";"方式之运用应合于礼",即"合乎自然的定律","合乎社会的规律","合乎国家的纪律"①。在《新生活须知》中规定,"食"要求"食具须净,食物须洁";"衣"要求"洗涤宜勤,缝补残破,拔上鞋跟,扣齐钮颗";"住"要求"住居有室,创业成家","剪甲理发,沐浴勤加","和洽邻里,同谋公益";"行"要求"举止稳重,步武整齐,乘车搭船,上落莫挤";等等②。总之,提出要"整齐、清洁、简单、朴素、迅速、确实"为具体标准,只有做到这六点,"才能是合乎礼义廉耻的新生活"。但从他通过"蔬米布帛"、"家常便饭"的规定中不难看出,他的目的是要使人们循规蹈矩、安分守己、严守纪律,不要"犯上作乱"。

　　第三,以生活的"军事化"、"生产化"、"艺术化"为追求目标,以"军事化"为最终目标。《新生活运动纲要》的结论中说:"新生活运动者,即除去不合理之生活,代之以合理之生活。"也就是说,"必须提倡以'礼义廉耻'为日常生活之规律"。"提倡'礼义廉耻',使反乎乱邪昏懦之行为,求国民生活之军事化","使反乎争盗窃乞之行为,求国民生活生产化";"使反乎粗野卑陋之行为,求国民生活之艺术化"③。一年后,蒋介石对这个"三化"问题又作了进一步说明:"所谓军事化者,并非欲全国同胞悉数武装悉赴疆场也,只期其重组织,尚团结,严纪律,守秩序,知振奋,保严肃,一洗从前散乱浪漫推诿因循苟安之习性已耳。所谓生产化者,亦非欲全国同胞胥作农工或尽事商贾也,只期我同胞人人能节约,能刻苦,能顾念物力之艰,能自食其力,以从事劳动生产之途,一洗从前豪奢浪费怠惰游荡贪黩之习性已耳。所谓艺术化者,更非欲全国

　　①　《中华民国史档案资料汇编》第五辑第一编《政治》(五),第768页。
　　②　《中华民国史档案资料汇编》第五辑第一编《政治》(五),第772—773页。
　　③　《中华民国史档案资料汇编》第五辑第一编《政治》(五),第770—771页。

同胞均效骚人墨客画家乐师之行为,只期其持躬接物,容人处事,能肃仪循礼,整齐清洁,活泼谦和,迅速确实,一洗从前之粗暴鄙污狭隘昏愚浮伪之习性已耳。"①蒋介石还规定了"军事化"的四项推行原则,即唤起尚武爱国之精神,注意迅速整齐之行动,实行简单朴质之生活,养成遵守纪律之习惯。他强调,只有"使全国国民都能过军事化的共同一致的新生活",才能解除内外交困的危机,"完成其安内攘外之目的",并要随时准备"捐躯牺牲,尽忠报国"②。新生活运动也提倡禁烟、禁赌、禁娼等。

蒋介石把新生活运动的内容和目的讲得天花乱坠。但新生活运动从开始就带有强烈的专制色彩。蒋介石把民众反抗邪恶势力的斗争,同国民党统治集团中的黑幕混为一谈,把国民党等统治者所造成的社会灾难,诬称为人民"麻木"、"堕落放纵"、"腐败昏庸"所致。蒋强调新运的基本要求是生活革命,要使中国传统伦理道德"礼义廉耻"的精神发挥出来,进而达到更高的目标,即找到一条"今日立国救民唯一之要道"。力行社的骨干、新运总会的干事贺衷寒讲得很明白:"新生活运动唯一的目的,就是要把'五四'的新文化运动底破坏运动,改变成一个建设运动。'五四'是把中国固有的精华完全不要,今天的新生活运动,是把中国固有的精华加以发扬。"③按照蒋介石所设计的"新生活",实质上是用中国几千年固有的封建道德与德意日法西斯的统治手段、资本主义国家的某些生活方式相混合,使人民停止反抗;同时也用这种混合体去号召他的党徒,在"一个主义、一个政党、一个领袖"的指挥下,为"攘外安内"政策效劳,巩固其独裁专制统治。

---

　　①　蒋介石:《新运周年纪念告全国同胞书》,《中华民国史档案资料汇编》第五辑第一编《政治》(五),第 774 页。

　　②　《新生活运动纲要》,《中华民国史档案资料汇编》第五辑第一编《政治》(五),第 771 页。

　　③　贺衷寒:《新生活运动之意义》,《新生活月刊》创刊号。

三　新生活运动的实施

新生活运动从 1934 年 2 月由江西南昌发起到 1937 年抗日战争爆发前,是它的发端和比较认真实施的阶段,其中又可分为江西和南京总会两期。

第一期,蒋介石确定从反共前线的江西省开始,"尤其是从江西省会所在地的南昌这个地方开始,使一般人民都能除旧布新,过一个礼义廉耻的新生活",即要对江西的人心加以"彻底改革",使其成为"一个建设国家复兴民族的基础"①,成为新运的试验地。"先以'规矩'与'清洁'两项为第一期运动之中心工作"②,"务使以后在南昌社会或市民身上找不到一点不守规矩、不讲清洁的习惯"③。规矩运动包括"服装要规矩,容貌要规矩,出门要规矩,待人接物要规矩,食衣住行要规矩,一切行动要规矩"④,也要戒绝嫖、赌、烟及酗酒等。关于清洁运动,要求个人方面从锻炼身体做好,次及衣服、被褥、饮食、器具、日常生活习惯等,都有严格的办法。对住户、商家、机关、学校、公共场所也有多项要求。如《新生活须知》中规定,要整理市容、打扫住屋、整理公共场所和交通秩序。不准赤膊,不准当街吸烟,不准随地吐痰,不准随地小便,走路要靠右边走,不准打人骂人,帽子要戴好,鞋跟要拔上,纽扣要扣正,等等。

南昌掀起了颇大的声势。首先通过大张旗鼓的宣传教育活动,达到家喻户晓。其次决定每月 1 日和 15 日为检阅日,检查规矩、清洁情

---

①　蒋介石:《新生活运动之要义》,《中华民国史档案资料汇编》第五辑第一编《政治》(五),第 758 页。

②　蒋介石:《新运周年纪念告全国同胞书》,《中华民国史档案资料汇编》第五辑第一编《政治》(五),第 774 页。

③　陈又新等编:《新生活运动之理论与实际》第 2 编,南京警官高等学校 1935 年版,第 19 页。

④　陈又新等编:《新生活运动之理论与实际》第 2 编,第 19 页。

况。由宪兵、警察和新运会干事组成检阅队,按南昌十五个区,分成十五队具体执行。如发现违反规定的商户,给予劝导、纠正及警告。第三是考核奖惩阶段,对成绩优良者,分别给予书面奖励、登报公布、或者发给奖状。对不合格者,给予书面警告,以至停业处分。新运会通报说:新生活运动开展后,南昌市"于短促期间,收效颇宏。而'规矩''清洁'两项,大异旧观"①。

与此同时,其他一些省市和铁路交通干线也开展"规矩"、"清洁"运动,还开展识字、体育、守时、节约、禁烟、禁赌、服用国货、造林、放足、举行集体婚礼等多项活动。

在新运推行一周年之际,蒋介石感叹新运的成绩进度"未能尽如吾人之所期"②,又提出新生活运动的第二步骤,即实施《新运纲要》中所提出的"军事化"、"生产化"、"艺术化"三大原则。1935 年 4 月,新运总会颁布实行新生活三化的初步推行方案,公布《劳动服务团组织大纲》,规定团员每日至少义务劳动一小时。当年各省劳动服务团共有 295 个,总人数达 6.9 万余人。至年底,四川、云南、贵州、宁夏等内地和边远省份也相继建立新运组织,还有十二条铁路及 1132 个县成立了当地的新运促进会。新运总会还提出开展守时、民众识字、体育、开渠、筑路、修桥补路、提倡国货、戒烟戒赌等运动。

1935 年 11 月,南京国民政府发起了"国民经济建设运动"。蒋介石提出"国民经济建设运动一定要与新生活运动同时并进,相辅相行"③。在此前后,各地纷纷开展新生活运动,利用劳动服务团为地方建设服务。如湖北省曾组织武昌市、汉口市市民中 18 岁—45 岁的男子、公务员、学生等参加,工期约 30 天。绥远省军队也组织了新运劳动

---

① 《新生活促进总会会刊》第 14 期,第 17 页。
② 《中华民国史档案资料汇编》第五辑第一编《政治》(五),第 774 页。
③ 《民国二十四年全国新生活运动》,新运促进总会 1936 年编印,第 49 页。

服务团,在 1935 年秋天,参加修筑道路的工程①。

　　1935 年驻华日军策动华北各省脱离南京中央政府,实行"自治"的一系列事件。民族危亡迫在眉睫,各族人民同仇敌忾,也促使国民政府开展对国民的军事训练,而这项工作也曾借助于新生活运动在各层次民众中进行。据记载,当时的江西、福建、湖北、河南、青海、山西等省以及一些铁路干线都以新生活劳动服务团为基础开展过国民军训。如平汉铁路全路的新生活劳动服务团团员自 1935 年 10 月以后,每周二、五下午 5 至 6 点钟集中军训。军事训练还在各行各业广泛开展,一些中、小学也组织起童子军,进行一些军事训练。

　　1936 年起,"新运"总会从南昌迁至南京,新生活运动发生了一些新的发展变化。1935 年 12 月国民党五届一中全会后,蒋介石兼任国民政府行政院长,实际上全面掌管了国民党的党、政、军的最高权力。关于总会迁京经过,新运总会有如下记载:"因会长离赣常川驻京,聆受训示,诸多不便,乃由阎书记宝航于是年十二月间率领一部工作同志先行来京,暂假黄埔路励志社设临时办公处,至总会全体同仁,于二十五年一月一日始行迁京,正式通告各地新运会知照;并另成立江西省新运会,以便负责指导各县市。旋因励志社办公地点纯系临时性质,复于二月间移入第一公园内陈列所旧址为总会会址。"②总会迁京后,调整了内部人事组织,蒋介石仍任会长,改任钱大钧为主任干事。又经过了几次改组,1936 年 3 月 1 日,改正、副主任干事为正、副总干事,由黄仁霖任总干事,实际负责新运具体实施工作。在总会下增设妇女指导委员会,宋美龄任指导长。此后,新运组织仍在扩大。1936 年 7 月陈济棠在广州宣布下野后,新运迅速在广东推行。至此,国民政府下属的省区,除被日本侵占的东北及盛世才控制的新疆、李宗仁控制的广西外,均成立了新运促进会。新运会扩展至二十一省和四个院辖市(南京、上海、汉

　　① 《民国二十四年全国新生活运动》,第 24 页。
　　② 《总会迁京经过》,《民国二十四年全国新生活运动·附录》。

口、北平），共 1355 个县，14 条铁路，另有海外华侨也成立 19 个新运促进会，总计 1412 个①。新运劳动服务团总数增至 495 万余人②。另外，新运总会制订了区乡镇新运会组织大纲，试图将新运由"城市推广至乡村"，还组织了大规模的视察活动，曾有 130 多人组成视察团，分赴江苏、浙江、安徽、河南等省以及重要铁路线及沿海、沿江等处视察。

新运总会迁南京后，其宣传得到高度重视。蒋介石以为前两年新运颇呈"沉闷现象"，1936 年起，将新运定期刊物《新运会刊》改为《新运月刊》，又出版了《新生活半月刊》，宣传新运理论，又组织编印新运丛书，新运标语、挂图、电影，并利用多种形式的广播，在全国广为传播新运的思想、理论。宋美龄还把"礼义廉耻"四个字译成英文，供外国人理解蒋介石发动"新生活运动"的意义。

蒋介石用推行新生活运动来维护和加强其专制独裁统治，也直接服务于南京政府的现行政策。在华北事变后至西安事变前，国民政府基本上是推行"攘外"与"安内"同时并举的政策，它一面进行一些经济建设，开展国民军训，作了一些抗战准备，另一面仍加强对共产党和反蒋进步势力的"围剿"。在共产党、红军比较集中的地方，新生活运动就主要被用来配合反共、"剿共"斗争。在红军长征过程中和胜利到达陕北等地后，西南和西北的一些省份的新生活运动就是这样。1935 年 6 月中旬，蒋介石到四川成都督促"剿共"，大谈"推行新运以实施文武合一的教育"，讲到具体任务就是要协力"剿共"。他说："今日最急之工作，为全省各县人士所当联合乡里，协助政府而以全力赴之者，厥有如下之六项：（一）清查户口，（二）整顿保甲，（三）修筑碉堡，（四）储积粮食，（五）联络乡村，守望相助，（六）兴建公路，便利运输。"③所有这些都是反共的战争准备工作。又如青海省新生活运动促进会曾确定本省新

---

① 《二十五年度本会工作概况》，《新运导报》第 4 期，第 85 页。
② 《新运促进会战时工作简报》，中国第二历史档案馆藏，第 2 页。
③ 《民国二十四年全国新生活运动》，第 23 页。

生活运动工作内容:"本会以本省现值剿匪时期,遵照委员长的《劝告川康陕甘青宁民众协剿赤匪书》内第六项规定,通告各县新运会即各劳动服务团,加紧工作,以造成防匪之精神壁垒。"①再如,绥远省征调新生活劳动服务团的劳力,投入建筑碉堡1125个,道路一千余里。山西省也把防共作为全省新运的中心工作,太原市还进行了所谓服务员的防共训练。

新生活运动从发展起到结束,历时长达十五年。其中1934年2月至1937年7月抗日战争爆发前,是蒋介石集团推行新运最卖力的时期。他们为此投入了大量的人力、物力和财力,对新生活运动的作用和影响寄予厚望。虽然《新运导报》发表评论说:"新生活运动之伟大功能,在此三年来所贡献于社会者,在军政党方面,在工商学方面,无不显出灿烂之异彩。"②但三年多的新运声势浩大而收获甚微,蒋介石也认为,新生活运动自创始以来,"就一般成效和实际情形来说,实在不能满足我们的期望,达到原来的目的"。"除了极少数的地方以外,一般对于清洁、整齐的两件事,尚且没有切实的做到"。"我们现在到处都可看到新运的标语,而很少看到新运的实效;到处都可看到新运的团体或机关,却是很少看得见有多数国民确实受了新生活运动的效果。至于一般社会能在食、衣、住、行中表现礼、义、廉、耻的四维,其生活方式能达到军事化、生产化、艺术化,而且厉行劳动服务,具备互助合作的品德,爱国家民族的现代精神,那当然更是少了"③。蒋介石说:"过去的工作,在推行方面,标语多而工作少,方案多而实行少。在推行对象方面,只注意到社会上层,而未及于下层;只注意到通衢马路,而未及于街头巷尾。所以三年来新运的结果,只做到表面一时的更新,而未达到永远

①　《民国二十四年全国新生活运动》,第669—670页。

②　《新运导报》第3期,1937年2月发行。

③　蒋介石:《新生活运动二周年纪念之感想》,《中华民国史档案资料汇编》第五辑第一编《政治》(五),第783—784页。

彻底的改革。"①这的确道出了这个运动的实际情况。

事实表明，人民群众并没有接受蒋介石设计的这种"新生活"。当时，反对独裁，停止内战，实行民主政治，团结抗日，是全国人心所向，蒋介石企图把人民的注意力引上"攘外必先安内"的轨道上去是徒劳的；在民族危亡日益严重，民众饥寒交迫的情况下，要求人们循规蹈矩，苟且偷生是不可能的；而在国民党的大小官吏普遍贪污腐化，不顾廉耻的情况下，蒋高唱"礼义廉耻"，更是一种极大的讽刺。

对蒋介石所宣扬的伦理道德的实质和欺骗性，中外都有政治家和学者进行过深刻的揭露。周恩来曾指出："在伦理建设方面，蒋介石强调四维八德的抽象道德，若一按之实际，则在他身上乃至他领导的统治群中，真是亡礼弃义，寡廉鲜耻！""也是以此惑人，要人民对蒋介石国民党实行忠孝仁爱信义和平，好便利他的压迫和进攻。"②冯玉祥在评价新生活运动时说："其实，新生活是说着骗人的。比如新生活不准打牌，但只有听见蒋介石来了，才把麻将牌收到抽屉里……又如新生活不准大吃大喝，普通人吃一桌饭只花八块钱，蒋介石左右的大官吃一桌约六十元，总是燕窝席、鱼翅席。不但大官是这样奢侈，大官的女人、奴才也是这样。""无论哪件事都能证明蒋介石是利用新生活的名称来骗人。实在说起来，蒋介石一生就决没有实行新生活。看看现在情形，再拿他找人写的几十本小书来看，就知道满没有这么回子事。那些书的名字，什么新生活与军事、新生活与政治，新生活与这个、与那个，几十个名堂，事实证明什么？政治是腐败到极点，军事是无能到极点，经济是贪污到极点，文化是摧毁到极点。"③英国著名的汉学家李约瑟在论述新生活运动时指出："那些国民党的领袖们也许本能地意识到他们的经济

---

① 蒋介石：《关于新生活运动三周年纪念的广播词》，《中华民国史档案资料汇编》第五辑第一编《政治》(五)，第787页。

② 周恩来：《论中国的法西斯主义——新专制主义》，《周恩来选集》上卷，第146—147页。

③ 冯玉祥：《我所认识的蒋介石》，黑龙江人民出版社1981年版，第204页。

制度是根本不适合中国国情的,因而高谈什么封建道德,提倡什么新生活运动之类的社会禁欲主义,在群众中大肆宣扬。而他们自己却大量搜刮财富,这和他们所倡导的新生活教条完全不相符合。这种心口不一、自相矛盾的做法更使人深刻地认识到他们的虚伪本质。所以,事实上,只有极小的一部分知识分子会受到国民党的诱惑。"①

　　新生活运动在抗战前所经历的三年多中,已显出由盛而衰的趋势。抗日战争爆发后,新运促进总会随国民政府先后迁至武汉和重庆,开展了一些战时的服务工作。虽然当时的工作已与其原初意义的社会活动不同,但新运的名义仍延续下来。1946 年 2 月,新运总会迁回南京。当蒋介石发动反共内战后,利用新运为反共、反人民,发动全面内战的工具,直到 1949 年国民党在大陆的统治总崩溃时,"这个运动已经走到尽头了"②。

---

①　李约瑟:《四海之内》,三联书店 1987 年版,第 38 页。
②　《黄仁霖回忆录》,台湾传记文学出版社 1984 年版,第 64 页。

第五章　华北事变和国民政府的对策

第一节　1935 年的国际环境

一　法西斯侵略的加紧

20 世纪 20 年代,法西斯主义首先在意大利攫取政权。进入 30 年代,资本主义世界经济危机更加深化,法西斯主义势力再次抬头。1933 年 1 月,以德国建立希特勒法西斯政权为开始,接着奥地利、保加利亚和罗马尼亚等东欧各国都建立了极权主义政权。在亚洲,1931 年"九一八"事变前,日本法西斯势力已控制了军部,实现了军部法西斯化。正是在军部的推动下,日本发动了"九一八"事变,又大大提高了法西斯的地位,扩大了军部的影响。军部法西斯分子利用这一有利形势,频繁制造政治事件、暗杀、政变等,进行一系列恐怖活动,加剧社会动荡、政局不稳,军部还乘机要挟内阁废弃政党政治,建立军部独裁。同时,英、法、美等国家中也兴起了法西斯运动。到 1934 年 12 月,法西斯主义已成为一种世界性潮流,竟然召开了国际性法西斯会议。法西斯主义的兴起表明,在资产阶级统治基础相对薄弱,封建主义、军国主义传统影响较为强烈的某些后起的资本帝国主义国家里,资产阶级中最富于侵略扩张要求和专制主义倾向的集团,为了对抗由俄国十月革命开始的无产阶级革命和社会主义运动的高潮,挽救濒临崩溃的资产阶级统治,为了争夺市场、领土和霸权,重新瓜分世界,终于摒弃资产阶级议会制度的统治形式,而走上法西斯主义的专制的道路。

意大利法西斯政权于 1922 年 10 月 30 日建立以后,墨索里尼怀有巨大的帝国主义野心,扬言要重建"新罗马帝国",把地中海变为"意大利湖",觊觎多瑙河流域和巴尔干地区,处心积虑地侵入非洲,采取了一连串的侵略扩张行动:1923年侵占希腊科孚岛,1924年—1931年征服利比亚,1934年蠢蠢欲动为侵略埃塞俄比亚进行准备,1935年10月入侵埃塞俄比亚。

希特勒于1933年1月夺取了德国政权。纳粹德国建立之日起,就以夺取世界霸权为目标,其最终的军事企图是征服全世界。纳粹党对内强化独裁体制,扩军备战;对外则以建设欧洲新秩序为目标,开始公然否定凡尔赛体系。1933年10月14日,希特勒借口军备的不平等,退出日内瓦裁军会议,五天后德国继日本之后又退出国际联盟。1934年10月,希特勒秘密下令把陆军由《凡尔赛和约》规定的10万人限额增加到30万人,海军人数增加一倍,并秘密建造两艘2.6万吨级的战斗巡洋舰。1935年3月,戈林宣布重建德国空军。同月16日,希特勒颁布法令实施普遍义务兵役制,规定25岁以下男女青年必须在战略工事、飞机场等地,进行强制义务劳动。经过紧张的扩军备战,德国军国主义已经复活,纳粹政府的战争机器就要开动起来了。

在亚洲,对凡尔赛—华盛顿体系的挑战也在进行。1931年日本发动"九一八"事变,用武力夺取了中国东北,接着又进一步向热河、察哈尔和华北其他地区扩张侵略势力。1933年1月3日,日军攻占山海关,2月21日开始向热河进攻,仅十几天时间就占领了热河全省,并在3月初进抵长城各口。守卫长城一线的中国军队激于爱国热情奋起抵抗,屡败日军。日军进攻长城各口受挫后便转向滦东进攻,占领密云、遵化、唐山等二十二个县。与此同时,在察东的日军从赤峰出发,进占商都、张北等县。在大片国土沦丧,平津受到严重威胁的情况下,南京政府再次向日本妥协,5月31日同日本关东军签订《塘沽协定》。根据协定中国军队撤退至延庆、昌平、高丽营、顺义、通州、香河、宝坻、林亭口、宁河、芦台所连之线以西以南地区。《塘沽协定》之后,日本侵华野心进一步膨胀,进一步对凡尔赛—华盛顿体系进行挑战。日本继1933

年 3 月 27 日宣告退出国联后，于 1934 年 9 月又宣布废止《华盛顿条约》。日本采取的这些措施，打破了英、法、美苦心营造的凡尔赛—华盛顿体系对日本的种种束缚与限制，为日本的侵略扩张扫除障碍。

从欧洲到亚洲，在 30 年代中期，法西斯势力更加猖狂，在世界各地着手点燃侵略战争的火焰，世界战争的危险正在威胁着各国人民。但是，西方大国面对法西斯势力的战争挑衅，采取了姑息、纵容的绥靖政策，从而更加助长了法西斯侵略的气焰。

二　日本侵华政策新方案的确定

日本通过长城作战逼迫中国签订《塘沽协定》后，虽暂时中止了对关内地区的军事进攻，但没有停止对华北的侵略。日本感到须在北方加强对苏备战，难以抽出更多兵力，而且用武力夺取华北，势将引起国际战争，固宜力避；但中国政局纷乱不已，北方军队号令不一，又对蒋介石怀有二心，如果日本乘席卷东北之威，临华北以压境之兵力，更佐以反间之谋略，可以不经过真正之战争，达到建立傀儡政权，分离华北之目的。为此，1933 年 7 月 6 日，日本陆军省和参谋本部向内阁提出《对华政策大纲》，其中关于华北问题的政策主要有两条："（一）虽然我们暂时容忍华北政权保持为南京政府的一部分，我们应当压迫它去实现《塘沽协定》的意义，排除对日货的抵制与抗日运动，保持并延伸这一形势的发展。（二）我们必须使华北政权压制国民党在华北的抗日活动，并使国民党逐渐减少力量，最后迫使其解体。"[①]9 月 25 日，日本海军方面提出《海军对华时局处理方针》，将中国分作华北、华中、华南三大部分而制定对策，其中作为一个独立问题明确使用了"对华北方策"的说法。该方针表明，日本在华北的方针不仅"通过履行停战协定，根绝抗日排货及其他反日运动，消除党部势力等，使华北的空气转向亲日"，而

---

① 　远东国际军事法庭战犯审讯记录(IMTFE)文件三，第 147 页。

且要"逐渐在实际上独立于中央政权的政令之外,恢复同日满两国的依存关系"①。日本陆军也于 10 月 2 日提出《帝国国策》,公然要求在华北设立"缓冲地带","培养适应于分离倾向的亲日分子并促使其组织化"②。接着,日本陆军省于 11 月 30 日在对内阁制定的《帝国外交政策》提出的最后修正案中,明确主张"支持中国大陆上之分治运动,驱逐国民政府势力于华北之外"③。这样,日本陆军与海军经过反复协商和讨论,一致确定了在华北"根绝排日"、"削弱国民党的势力"和"与中央政权"分离的政策。

日本军部策划的分离华北政策,终于得到日本政府的确认。1934年 12 月 7 日,日本陆、海、外三省官员经过协商,制订了《有关对华政策的文件》,提出日本在华北要达到的目标是,"形成南京政权的政令不能达及的情势",其政治上应努力达到"伸张我方权益和形成隔绝排日的普遍气氛,不论华北政权的主要班底由何人组成,均不能无视在华北的日、满、华特殊关系"④。据当时日本驻南京总领事须磨弥吉郎记录,日本所希望的结果大约有四种:(一)华北五省独立;(二)华北五省自主;(三)以河北省为中心建立自治地带;(四)设立局外中立裁兵地区⑤。

日本政府和军部的对华决策,迅速贯彻到关东军。1935 年 1 月 4日,关东军召开大连会议,关东军副参谋长板垣征四郎、特务机关长土肥原贤二、第二课长石本寅三、第三课长原田义和、参谋河野悦次郎、伪满军政部最高顾问佐佐木到一、驻山海关特务机关长仪我诚也、驻济南武官花谷正、驻上海武官影佐祯昭及驻平津武官等均出席。会议历时两天,除讨论加强对"满洲国"统治的措施外,着重研究分离华北问题,决定要在华北扶植能够"忠实贯彻日本要求的诚实的政权","始终企图

① ［日］岛田俊彦等编:《现代史资料》第 8 卷,第 9 页。
② ［日］岛田俊彦等编:《现代史资料》第 8 卷,第 12 页。
③ 张蓬舟:《近五十年中国与日本》第 1 卷,第 224 页。
④ ［日］岛田俊彦等编:《现代史资料》第 8 卷,第 23 页。
⑤ ［日］秦郁彦:《日中战争史》,第 62—63 页。

整个问题之解决，在未达到最后目的之前，则用侧击旁敲办法，逐步前进，以贯彻其最后吞并华北之主张"①。会后，关东军派土肥原考察中国南北各地形势，策划西南地方实力派进行反蒋活动。3月，关东军在土肥原回东北汇报其活动情况后召开第二次大连会议，并于3月30日确定了对华政策，提出"对于华北——（一）依据《塘沽协定》暨附带协议事项伸张日本既得权，导引华北政权绝对服从。（二）为使将来以民众为对象、在经济上造成不可分离的密切关系，即须迅速促进棉、铁等产业的开发和交易"②。这样，日本政府与军部经过近两年的讨论与研究，从上到下统一了对华北的分离政策，下一步就是开始实际步骤，即以分离为目标的所谓华北自治运动。

第二节　华北五省"自治"运动

一　"何梅协定"和《秦土协定》的签订

1935年4月，日本关东军司令官南次郎和中国驻屯军司令官梅津美治郎共同商定，为使华北五省"脱离南京政府，将该五省作为和在日本领导下的满洲国保持密切关系的一个自治区域"，首先"以制造事端作为提出要求的借口"③，将国民党势力逐出平津及河北省，最后达到"黄河以北事实上之独立目的"④。因此，5月间制造一个"河北事件"，6月间又制造一个"张北事件"，然后以此为借口提出苛刻无理的强硬要求，逼迫冀察地方当局接受其条件。

所谓"河北事件"，是日本关东军与中国驻屯军联合制造的一项阴

①　《申报月刊》第4卷第2号，1935年2月。
②　［日］古屋奎二：《蒋总统秘录》第10册，台北"中央日报社"译印，1977年版，第33页。
③　土肥原贤二刊行会编、天津市政协编译组译：《土肥原秘录》，第103页。
④　秦孝仪：《中华民国重要史料初编》第六编（二），第74页。

谋,主要指两件事:一是天津日本租界两个汉奸报社社长被杀所引起的风波;一是日军"围剿"抗日武装孙永勤部的军事行动。

5月2日深夜11时左右,天津日本租界汉奸报《国权报》社长胡恩溥在日租界寿街北洋饭店遭到枪击。日租界巡捕闻声赶到,未获凶手,将胡送至租界盐谷医院,因伤势过重于次日晨毙命。在胡恩溥遭枪杀五小时后,即5月3日凌晨4时左右,另一个汉奸报《振报》社长白逾桓在日租界须磨街义德里二十二号私宅内被枪杀,白身中三枪,当日本警察署人员赶到现场时已身死。这就是轰动一时的胡白被杀案。胡、白两人都是接受日本津贴的汉奸。他们受日本军方指使发行中文报纸,传播所谓"泛亚细亚思想",为日本侵略中国制造舆论。他们在日本租界办报,在日本租界被暗杀,中国当局自然不负任何责任。但是,日军却诬为"蓝衣社"所为。胡白案件的行刺人是谁,迄今仍是悬案。不论暗杀者是谁,日方利用该案作为寻衅的借口则是事实。

5月11日,日本驻北平公使馆武官辅佐官高桥坦到北平军分会会见代理委员长何应钦,提出:此次暗杀胡白事件扰乱了日本租界的治安,情形严重,日方万难漠视。他说在一天内暗杀两人,计划周密,必有多数经费及人员,决非少数人所为,想系国家机构或有力的团体所为,省市政府或系知情不敢取缔。何应钦以"白胡被刺事件,因系发生在日租界,我政府无从明了其真相"作答①。同日,高桥坦又会见南京政府外交部北平特派员程锡庚,仍称暗杀胡白案与中国的蓝衣社、宪兵特务队及青红帮有密切关系。高桥坦信口雌黄,却提不出确切证据。

正当胡白被杀案交涉不可开交之际,日方又提出所谓遵化县当局庇护并援助义勇军孙永勤部问题。孙永勤部是活跃在热河省南部长城一带的一支抗日武装。早在1933年3月日军侵占热河后,孙永勤就在家乡兴隆县黄花川领导农民暴动,组织抗日"民众军",发动抗日武装斗

---

① 李云汉:《宋哲元与七七抗战》,第68页。

争,打击日伪势力,从而得到人民群众的拥护和支持。1934 年 2 月,中共冀东特委派委员王平陆到孙部,民众军自此接受中国共产党领导,改编为"抗日救国军",孙任军长,下辖四个纵队,队伍发展到五千余人。在一年多时间里,先后攻克敌据点一百多个,消灭日伪军 1.5 万多人,沉重打击了日军的侵略气焰①。

1935 年 2 月,救国军在日伪"协剿"之下,被迫转移到河北遵化县境内。5 月,在茅山地区遭五千余日军包围和国民党军的协同"会剿",孙身患重病仍坚持指挥抵抗,不幸中弹牺牲,余部突围撤到长城外。日军镇压了这支人民武装的反抗斗争,接着又借口孙部进入非武装区得到地方政府的庇护,于 5 月 20 日由高桥坦向何应钦递交关东军书面通知的两项决定:(一)这次遵化县长等确有庇护孙永勤股匪的事实,过去国境附近的中国官吏也庇护过扰乱热河秩序的股匪,这是不能容许的。因此,关东军追问其责任。(二)关东军数月来虽然在扫除扰乱热河的孙永勤股匪,然而因为中国官方的庇护,动辄向中国领土内逃遁,因而不能消灭之。因此,日军不得已自动进入遵化一带,以期彻底消灭之②。

日本为利用上述事件进一步压迫南京政府,于 5 月 29 日日本中国驻屯军参谋长酒井隆偕驻华武官辅佐官高桥坦,一同到北平军分会居仁堂,访何应钦及北平政务整理委员会秘书长俞家骥,首先向国民党方面提出两点警告:

一、中国方面官宪主动地对满实行阴谋,援助长城附近的中国义勇军,对日实行恐怖主义等,是破坏停战协定的行为,而且其发动的根据地在北平、天津。如此,日军遂不但有必要再次越过长城而进入战区,且实有将北平、天津两地划为停战地区的必要。

①　河北省民政局:《浩气长存——河北革命烈士史料》(二),河北人民出版社1979 年版,第 162—167 页。

②　李云汉:《宋哲元与七七抗战》,第 70 页。

二、胡白之被杀案，鉴于胡白是日本军使用之人，所以践踏了庚子事件关于归还天津的交换公文①，不仅是明显的排外行动，而且实为对我日本的挑衅。实行排外行动，其后果的严重性，看一看庚子事件及满洲事变即可明白。

今后在发生此类行为或预知要发生时，日本军根据条约的权限，如果认为有自卫的必要将采取行动。而且，对由此而发生的事态，日军不负责任②。

然后，酒井、高桥提出如下要求：

一、蒋介石放弃对日二重政策。

二、起码把下述各机关，即宪兵第三团及类似团体、军事委员会政治训练处、国民党党部与蓝衣社撤出华北。

三、撤走作为上述各机关后盾的第二师、第二十五师。

四、罢免事件的直接间接当事者蒋孝先（宪兵第三团团长）、丁正（该团副团长）、曾扩情（政治训练处长）、何一飞（蓝衣社平津办事处长）。

五、罢免于学忠（河北省政府主席）③。

面对日方蛮横无理要求，俞家骥答复立即打电报向黄郛报告；何应钦则表示，关于罢免当事者等，要在自己的权限范围内尽量加以处理，其他在调查之后务必求得中日关系的改善。对此，酒井、高桥很不满意，进一步强调说："不仅是在何应钦权限范围内，而是必须在华北迅速实现放弃蒋介石的二重政策。"最后附言道："今天不是来商谈的，而是通告我军的决心！"④气势汹汹，颇有下最后通牒之意。

酒井、高桥提出要求后，日方从各方面向国民政府施加压力。5月

---

① 指1902年清政府与日本关于归还天津的换文。
② ［日］岛田俊彦等编：《现代史资料》第8卷，第61页。
③ ［日］岛田俊彦等编：《现代史资料》第8卷，第61页。
④ ［日］岛田俊彦等编：《现代史资料》第8卷，第79页。

30日，驻天津日军一个中队乘坐装甲车，手持机关枪、轻型炮等，在河北省政府门前举行武装示威。同时，日本飞机也飞临平津上空低飞盘旋。31日，日本驻天津总领事川越茂向河北省政府主席于学忠提出书面抗议，以策应军方的行动。与此同时，日本驻上海武官矶谷廉介于5月30日访晤黄郛，驻南京武官雨宫巽也于5月31日和6月3日两次访晤外交次长唐有壬，压迫国民政府方面接受日方要求。

在日方压力下，何应钦多次致电蒋介石、黄郛商讨对策，并提出在可能范围内决然自动办理数件的建议。这时奉行"攘外必先安内"的南京政府，正集中力量对长征途中的红军进行围追堵截，对日方在华北的挑衅则继续采取妥协退让政策，决定满足日方要求撤退宪兵第三团及北平军分会政训处，党部亦可考虑停止活动及宣传，并由何应钦向于学忠征询免职的意见。5月31日，南京政府命令原定7月1日迁往保定的河北省政府，提前于6月1日起开始迁移，并令何应钦尽量按日方要求"妥善办理"。6月1日，又把蒋孝先、曾扩情等免职。6月3日，蒋介石亲自把张学良由汉口召到成都，商量改组河北省政府和于学忠他调问题。至此，日方5月29日提出的要求，南京政府方面基本上一一落实了。

然而，日方并不满足，酒井、高桥又于6月9日向何应钦提出更为苛刻的要求：（一）河北省内一切党部完全取消（包括铁路党部在内）；（二）第五十一军撤退，并将全部离开河北日期告知日方；（三）中央军必须离开河北省境；（四）全国排日行为之禁止①，同时要求解散北平军分会政训处、蓝衣社、励志社及第二十五师学生训练班，罢免河北省政府主席于学忠等行政官吏。6月10日，何应钦会见高桥，根据国民党中央政治会议主席、行政院长汪精卫的指令，以口头形式答应了日方的全部要求。同日，南京政府发布《敦睦邻邦令》，要求人民"对于友邦务敦睦谊，不得有排斥及挑拨恶感之言论行为，尤不得以此目的组织任何团

---

① 南开大学马列主义教研室：《华北事变资料选编》，第143页。

体，以妨国交"，"如有违背，定予严惩"①。但日方对此仍不满足，催逼中方用文书形式答复。11日，日中国驻屯军司令官梅津美治郎派高桥给何应钦送去一份"备忘录"，要求：一、中国方面对于日本军曾经承认实行之事项如下：(一)于学忠及张廷谔之罢免；(二)蒋孝先、丁正、曾扩情、何一飞之罢免；(三)宪兵第三团之撤去；(四)军分会政治训练处及北平军事杂志社之解散；(五)蓝衣社、复兴社等有害于中日两国国交之秘密机关之取缔，并不容许其存在；(六)河北省内一切党部之撤退，励志社北平支部之撤废；(七)第五十一军撤退河北省外；(八)第二十五师撤退河北省外，第二十五师学生训练班之解散；(九)中国国内一般排外排日之禁止。二、关于以上诸项之实行并承认下记附带事项：(一)与日本方面约定之事项，完全须在约定之期限内实行，更有使中日关系不良之人员及机关，勿使重新进入；(二)任命省、市等职员时，希望容纳日本方面之希望选用，不使用有碍中日关系之不良人物；(三)关于约定事项之实施，日本方面采取监视及纠察之手段②。7月6日，何应钦经汪精卫同意复函梅津，内称："六月九日酒井参谋长所提各事项均承诺之，并自主地期其遂行。"③中日双方以梅津备忘录和何应钦复函的特殊形式实际达成的协议，史称"何梅协定"。该协定是南京政府对日妥协政策的产物，使日本又攫取了河北省和平、津两市的部分主权，助长了日本帝国主义者的侵略气焰。

河北事件的交涉尚未落幕，土肥原又制造张北事件。6月5日，日关东军驻阿巴嘎旗特务机关长大月桂等四人潜入察哈尔境内偷绘地图，在张北县被中国驻军扣留，不久释放。11日，张家口日本领事桥本正康和特务机关长松井源之助借口四名日本军人受到恐吓，向察哈尔省政府民政厅长、第二十九军副军长秦德纯提出三项要求：(一)惩办直

---

① 南开大学马列主义教研室：《华北事变资料选编》，第154页。
② 南开大学马列主义教研室：《华北事变资料选编》，第151页。
③ 南开大学马列主义教研室：《华北事变资料选编》，第152页。

接负责人;(二)第二十九军军长亲自道歉;(三)保证将来不再发生同类事件。并威胁说,五日之内得不到回答,日军将自由行动①。秦德纯感到事态严重,12日赶到北平向何应钦等报告事件经过和日方要求,并请示应付办法。

在松井提出要求前,驻热河的日伪军从6月9日起开始侵扰察哈尔省境,占领永安堡等地。11日,热河伪军进犯东栅子;12日,伪满国境警察队进攻小厂,均与二十九军发生冲突②。

日本为了利用张北事件在华北攫取更多的权益,6月17日,关东军司令官南次郎召集日中国驻屯军参谋长酒井隆、张家口日特务机关长松井源之助等,共同制订《对宋哲元交涉要领》,规定交涉的目的是,"希望使宋哲元军队今后绝对不能在察哈尔省内妨碍我行动",并为此向宋哲元提出:(一)第二十九军撤至长城西南地区;(二)解散一切排日机关;(三)宋哲元谢罪并处罚张北事件负责人。以上要求限两周内答复,并由土肥原负责交涉③。

6月23日,土肥原、高桥、松井与察哈尔省代理省主席秦德纯在北平举行谈判。关东军为配合土肥原谈判,调四千余兵力在古北口、南天门等长城一线进行实弹演习。在关东军咄咄逼人的威胁下,南京政府又一次妥协退让。6月27日,秦德纯根据南京政府的训令同意日方的下列要求:(一)对张北事件表示遗憾,将事件责任者免职;(二)撤退排日机关;(三)尊重日本在察哈尔省的正当行为;(四)二十九军撤出昌平、延庆、大村堡长城一线以东及独石口至张家口一线以北地区;(五)自6月23日起,两周内撤退完毕;(六)同意日本在察哈尔设置机构,聘请日本人为顾问,不干涉日本在内蒙的活动等④。此即《秦土协定》,

---

① [日]岛田俊彦等编:《现代史资料》第8卷,第78页。

② [日]岛田俊彦等编:《现代史资料》第8卷,第74页。

③ [日]岛田俊彦等编:《现代史资料》第8卷,第95—97页。

④ [日]日本外务省:《日本外交年表并主要文书》下册,日本外务省1978年版,第303页。

又称《察哈尔协定》。日本根据此协定实际控制了察哈尔省的北部地区。

"何梅协定"和《秦土协定》的签订,大大削弱了中国在华北的军事力量,使华北几乎成为非武装地带,从而便利了日本的下一步侵略行动。紧接着,日本即以军事为后盾,策动华北"自治",企图把华北变成第二个伪满洲国。

二　华北"自治"事件

在"何梅协定"、《秦土协定》签订后,日本便积极策划华北五省"自治"运动,企图使包括河北、察哈尔、绥远、山东、山西在内的华北五省脱离中国,在关内制造第二个"满洲国"。9 月 24 日,日本新任中国驻屯军司令官多田骏少将就华北问题在记者招待会上发表谈话,公然声称:"依靠华北民众的力量,逐渐使华北明朗化,这是形成日满华并存的基础。"并宣布日军对华北的三点态度:"(一)把反满抗日分子彻底地驱逐出华北;(二)华北经济圈独立(要救济华北民众,只有使华北财政脱离南京政府的管辖);(三)通过华北五省的军事合作,防止赤化。""为此,必须改变和建立华北政治机构"①。多田声明集中反映了日本帝国主义分离华北的侵略政策。

多田的分离华北言论,不仅反映军部侵华激进派的思想,而且也得到陆相和日本内阁的支持。9 月 28 日,陆相川岛义一综合陆军各方面的意见拟定的《鼓动华北自主案》提交给内阁,并于 10 月 4 日获得正式通过。这样,日本分离华北的活动提上了日程。

日本分离华北的活动,即所谓华北"自治"运动,是由关东军特务机关长土肥原、关东军副参谋长板垣与中国驻屯军司令官多田骏共同导演,由驻屯军参谋人员及驻华武官穿梭于北平、天津、保定、太原、济南

---

① 〔日〕秦郁彦:《日中战争史》,第 56—57 页。

等地具体策划的。10月,土肥原带着日本政府与军部的分治华北的使命到华北。其计划是:第一步先说服并切实掌握殷汝耕;第二步在宋哲元、阎锡山、韩复榘、商震四人中选择突破口;第三步再将其他三人包括进来。土肥原将此计划上报关东军,并得到批复:"最迟11月中旬,对宋哲元工作必须搞出头绪。"①土肥原按此计划开始谋略工作,他先是将领导华北"自治"运动的希望寄托在当时滞留华北的失意军阀吴佩孚等身上,但未成功。他又把目光转向太原绥靖主任阎锡山;但阎锡山在民族危机的刺激、蒋介石的安抚和抗日救亡运动的推动下,没有坠入日本的圈套。土肥原策动阎锡山失败后,又把目标转向宋哲元,他向宋哲元等人提出要求:(一)政治方面,通电宣告成立华北自治政府,将南京政府所任命的华北官员一律罢免,并控制北平、天津的反对华北自治言论。(二)经济方面,建筑津石(天津至石家庄)铁路,修改天津海关税则,便利日货输入,打击英美贸易②。宋哲元拒绝了土肥原的要求,并在10月19日发表公开谈话,说他就职后即奉中央睦邻令努力进行,在互不侵犯、平等的原则下与日本交涉,决无文字或口头上之任何秘密条件③。土肥原乃商妥关东军出兵威胁,并于11月11日向宋哲元提出限令11月20日前宣布"自治",否则日军将以五个师团的兵力攻取河北,六个师团的兵力攻取山东。

　　土肥原一方面对二十九军军政官员施加压力,另一方面操纵汉奸进行"自治"活动。他于11月19日策动汉奸组织所谓"河北民众代表联席会议"、"中华民主同盟会"、"国民自救会"、"山东人民自治协会"、"绥远军政自治协会"、"河北全省人民自救会"、"察绥商民联合会"、"天津工商联合会"等团体,联名致电北平宋哲元、保定商震、山东韩复榘、

---

　　①　土肥原贤二刊行会编、天津市政协编译组译:《土肥原秘录》,第43页。

　　②　鄂森:《土肥原与日本侵华》,上海政协《文史资料选辑》第17辑,第104—105页。

　　③　《国闻周报》第12卷42期。

太原徐永昌、绥远傅作义、察哈尔张自忠、北平秦德纯、天津程克、青岛沈鸿烈等，要求开放政权，允许"自治"①。这些所谓"民众团体"还致电南京政府和国民党五全大会，要求"自治"②。同时，停战区各机关、华北新闻公会、各学校在殷汝耕鼓动下，也出现了与之相呼应的舆论③。一时间，华北"自治"的叫喊声甚嚣尘上。

关东军与驻屯军均全力配合土肥原等人的活动。11 月 12 日，多田骏军司令官飞往济南会晤韩复榘，次日又有十余名日军将校至济访韩。韩复榘乃于 11 月 13 日向国民党五全大会发出要求开放政权的通电。而关东军也于 11 月 12 日向独立混成第一旅团长发出命令，令独立步兵第一联队等部于 11 月 13 日前在山海关附近集中，准备进入华北④。同时，日本海军还命令巡洋舰、驱逐舰驶往天津大沽口⑤。日本飞机则连续侵入北平上空。这是关东军以陆、海、空军三方面之示威指向宋哲元，从而表明日本侵略势力已经不惜动用武力来策动华北"自治"运动。

宋哲元接到土肥原限期 11 月 20 日前宣布"自治"的通牒后态度有所软化，宋以平津卫戍司令名义于 11 月 11 日向国民党五全大会发出要求结束训政、开放政权之通电⑥。13 日，宋哲元又向南京政府发出电报说，"由于日本方面的压迫，处于在 11 月 20 日至 22 日之间不得不宣布自治的苦境"⑦。到 19 日，宋的态度进一步软化，甚至准备向日方妥协。当日他给何应钦的电报说："刻下环境至为明显，似非少数军

---

①　《大公报》（天津），1935 年 11 月 20 日。

②　《新天津晚报》，1935 年 11 月 20 日。

③　［日］岛田俊彦等编：《现代史资料》第 8 卷，第 130 页。

④　《关东军关于向国境集中向参谋本部的报告》，引自［日］秦郁彦：《日中战争史》，第 320 页。

⑤　《关东军关于向国境集中向参谋本部的报告》，引自［日］秦郁彦：《日中战争史》，第 61 页。

⑥　《华北日报》，1935 年 11 月 12 日。

⑦　［日］岛田俊彦等编：《现代史资料》第 8 卷，第 131 页。

人自由之行动,彼方要求,必须华北脱离中央,另成局面,迭经拒绝,相逼益紧,不得已拟在拥护中央系统之下,与之研商,以(一)不干涉内政,(二)不侵犯领土主权,(三)平等互惠为限度,作进一步亲善表示。"①所谓"进一步亲善",实即准备"自治"的同义语。此时华北情势遂呈现空前紧张,外交部驻平特派员程锡庚于 11 月 18 日报告南京说:"华北新组织因彼方威迫限 20 日以前实现,否则将自行办理。现当局陷于不得不屈服之势,华北政局变化恐难幸免,唯地方尚称安谧。"②

　　面对华北河山瞬息变色的危急关头,南京政府在军事、外交方面予以应付,采取挽救危亡的措施。11 月 10 日即宋哲元发出真电的前一日,蒋介石特派参谋次长熊斌北上保定、北平,对宋哲元、韩复榘称:"中央政府对华北的具体方案已经决定,故为局部自治或独立运动而狂奔极为不利。"③蒋介石还接连致电宋哲元,勉励宋在日本武力威胁和政治压力面前,"应坚忍镇定,以申正气",并说"国家存亡,吾人成败,皆在此一举",希望宋"仍以百折不挠之精神与以不卑不亢相周旋。如能以最大之忍耐,而加以最后牺牲之决心出之,则无不可为之事"④。在 11 月中旬召开的国民党五全大会期间,南京政府其他要人也纷纷致电宋哲元予以鼓励。这时,蒋介石根据五全大会的精神,作了军事与外交上的部署。在军事上,以"在南京附近进行特别大演习,集中了几个师,并且把其中的一部分沿陇海线北上佯动,又准备了许多军用列车"⑤,摆出将要北上的态势;在外交上,指令中国驻日使馆与日本政府交涉,要求制止土肥原分离华北的行动,同时密切注意日本的动向。当蒋介石

　　①　秦孝仪:《中华民国重要史料初编》绪编(一),第 714 页。

　　②　外交问题研究会:《中日外交史料丛编》(五),中华民国外交问题研究会 1966 年版,第 469 页。

　　③　[日]岛田俊彦等编:《现代史资料》第 8 卷,第 130 页。

　　④　秦孝仪:《中华民国重要史料初编》绪编(一),第 711 页。

　　⑤　《国闻周报》第 12 卷第 46 期。

于 11 月 19 日晚得悉"日本内阁与元老等恐惹起国际纠纷,不准行使武力"①的情报后,立即电示宋哲元,告以土肥原并无代表日本政府的资格,令立即停止与土肥原间的谈判②。第二天,蒋介石还针对宋在 19 日给何应钦电报中提出的拟在拥护中央系统下与日妥协的主张复电宋,严厉予以斥责说:"来电所称,拟在中央系统之下,以不干涉内政,不侵犯领土主权及平等互惠为限度",是中了日本"诱陷之毒计","已超越地方官吏之地位"③。这时,北平各大学的校长、教务长等五十余人,当面向宋哲元表示,他们一致反对"自治"运动,要求宋力撑危局,勿使国家领土主权招致分裂④。就是在这种情势下,宋哲元于 11 月 20 日让萧振瀛向北平报界宣布"华北事件停止谈判",并通知土肥原"不能于 20 日宣布自治"⑤。土肥原逼宋哲元于 20 日宣布"自治"的计划遂告破产。其后数日内,土肥原对宋哲元继续加以逼迫,并怂恿冀东"非武装区"专员殷汝耕于 11 月 24 日宣布"自治",成立"冀东防共自治委员会"。伪冀东防共委员会的建立,不仅使宋哲元获得拒绝即行宣布"自治"的借口,且触发了华北各大学教授的严词指责,以及学生抗日运动的蓬勃开展,英、美两国亦表示严重之关切。正是在以上诸种因素的综合作用下,日本政府指示关东军,应对华北"自治"力谋轻缓之候。结果,在南京政府的主动提议下,设置"冀察政务委员会",以宋哲元为委员长。它是南京政府对日妥协的产物,虽隶于南京政府,但也为适应华北的特殊情况而具有很大的自主性。冀察政委会设立,使日本军方所期盼的"自治"政府完全失去设立的根据,土肥原扰攘数月之分离华北阴谋只得暂时搁置。

---

① 秦孝仪:《中华民国重要史料初编》绪编(一),第 711、713 页。
② 外交问题研究会:《中日外交史料丛编》(五),第 469 页。
③ 秦孝仪:《中华民国重要史料初编》绪编(一),第 714—715 页。
④ 李云汉:《抗战前华北政局史料》,台北正中书局 1982 年版,第 652 页。
⑤ 李云汉:《宋哲元与七七抗战》,第 93 页。

三　内蒙"自治"运动

　　民国以后,内蒙古在行政区划上经历了两次变动。1915 年,北洋政府将内蒙古的绝大部分划为热河、察哈尔、绥远三个特别区。1928年 9 月,国民政府内政部决定将上述特别区改为行省。1935 年前后,内蒙古共有六个盟(哲里木盟、昭乌达盟、卓索图盟、锡林郭勒盟、乌兰察布盟、伊克昭盟)、两个特别部(呼伦贝尔部、察哈尔部)、四个特别旗(土默特旗、阿拉善霍硕特旗、额济纳旧土尔扈特旗、依克明安旗)和一个牧场(达里冈崖牧场)。这些盟、部、旗分属于热河、察哈尔、绥远、黑龙江、吉林、辽宁、宁夏七个省。内蒙古地区的地理位置使它具有重要的战略地位。曾长期担任日本外相的重光葵战后回忆道:"在地政学上看,内蒙古地区在东亚大局中占一个重要地位。内蒙古是中国本土与'满洲国'利害冲突点,也是中、日、苏利害交叉点。"[1]"九一八"事变后日本征服"满洲",即意味着征服内蒙古的开始,日军占领了东北三省和内蒙古东部的呼伦贝尔盟、哲里木盟、卓索图盟。1932 年 3 月 12 日,日本内阁通过《处理满蒙问题方针纲要》,声称:"对于满蒙,力求在帝国的支持之下,使该地在政治、经济、国防、交通、通讯等各种关系上体现作为帝国生存的重要因素的作用。""由于满蒙的现状可以脱离中国本部政权而独立,成为一个政权统治下的地区,应逐步诱导,使它具有作为一个国家的实质。"其目的在于"将满蒙地区作为帝国对俄对华的国防第一线,不允许有外来捣乱行为"[2]。

　　1933 年春,日军占领昭乌达盟和热河省全境后,整个内蒙古东部

---

　　[1]　重光葵著、齐福霖等译:《日本侵华内幕》,解放军出版社 1987 年版,第90 页。

　　[2]　复旦大学历史系日本组编译:《日本帝国主义对外侵略史料选编(1931—1945)》,第 63—64 页。

沦为日本的军事统治范围，内蒙古西部则直接暴露于日本的进攻矛头之下，日本侵略者自 1933 年起将进占内蒙古西部作为"内蒙工作"的重点。"内蒙工作"实施的第一步是寻找傀儡和代理人。按照先以察东和锡盟为施策目标的侵略方针，日本侵略者在察东扶植李守信，在锡盟拉拢利诱德穆楚克栋鲁普（即德王）。是年初，李守信在通辽特务机关长田中玖的策动下，投靠关东军。关东军司令官菱刈隆要求李守信同日本合作，建立"大东亚共荣圈"。关东军参谋长小矶国昭对李守信说："关东军送你子弹 22 万发，手提机枪 15 挺，韩林春步枪 25 支，到奉天兵工厂去提取。另外，送你 3 万元。"[1] 3 月，田中玖任命他为"热河游击师司令"。5 月，关东军为稳定伪满洲国西南部与察哈尔省相接的"国境"地带，指令对李守信加紧进行工作，并指导该军按照既定方针，在察哈尔东部一带扶植亲日"满"势力，同时逐步使其势力向乌珠穆沁方面扩张。从此，关东军正式利用李守信的伪军向内蒙古西部扩张，并任命他为"察东警备司令"。8 月，李守信部占领察东重镇多伦。此后，多伦成为关东军侵略内蒙古西部的军事据点。1934 年 1 月，日本陆军参谋部决定了《对察施策》，规定施策目标先定为察东锡林郭勒盟，以后根据形势的发展再向西扩张范围。其方法以经济、文化为主（发展交通、开展贸易、开发实业、设立善邻协会等），继之相应地进行政治军事工作（建立蒙古军、巩固蒙古自卫军、设立通讯谍报机关等），使蒙古人于不知不觉间亲日附"满"，从而有利于"满洲国"的统治与国防，并使之成为对华北和外蒙施策的根据地。其施策任务由关东军领导下的特务机关实施[2]。9 月，关东军将多伦划为伪满洲国"察东特别自治区"，任命李守信为行政长官。"察东特别自治区"在日本人看来是"坚实的内

---

① 刘映元：《李守信投敌经过》，《文史资料选辑》（合订本）第 22 册第 63 辑，第 57—58 页。

② ［日］岛田俊彦等编：《现代史资料》第 8 卷，第 468—471 页。

蒙工作据点"①。

　　与军事上侵略察东的同时,日本侵略者又在政治上策划分裂内蒙古。1933 年 7 月 16 日,关东军制订《暂行蒙古人指导方针要纲案》,提出要在内蒙古西部树立排斥苏、中两国势力的自治政权,于是开始了在内蒙古王公中物色和培植其代理人的工作。在百灵庙蒙古地方自治运动以前,日本侵略者拉拢蒙古王公是以锡林郭勒盟盟长索诺木拉布坦(即索王)为主要对象的。但索王对日人存有戒心,日本的阴谋未能得逞。日本虽以索王为拉拢的主要对象,而对锡林郭勒盟副盟长德王很感兴趣。早在 1930 年冬,驻在张家口的日本特务盛岛角芳等曾以游历为名,到苏尼特右旗以及贝子庙、浩特济左旗进行活动。1931 年夏德王到北平时,盛岛和日本军事教官英佐在扶桑馆请其吃饭。席间盛岛盛赞成吉思汗的"丰功伟业",以迎合、煽动德王。1932 年,日本陆军大将林铣十郎、大佐松井石根函介笹目到苏尼特旗"游历",笹目到后却冒充喇嘛,长期潜伏在德王领地做谍报工作。德王具有强烈的政治野心,一心想建立"蒙古帝国",欲利用日本人在内蒙古西部扩充自己的势力。"九一八"事变后,德王看到南京政府无力顾及边陲,就想联合各盟旗王公乘机向南京政府讨价还价,以扩充自己的实力,提高自己的地位。1933 年 7 月 26 日,德王和乌兰察布盟盟长云栋旺楚克(即云王)在绥远百灵庙共同倡导召开第一次内蒙古"自治"会议。8 月,日本驻承德特务机关开始对索王和德王进行策反工作。9 月 28 日,德王等在百灵庙召开第二次内蒙古"自治"会议,向南京政府提出实行高度自治的要求。1934 年 3 月,国民党中央政治会议决定在内蒙古设立推行自治的组织机构,派何应钦为蒙古地方自治指导长官。4 月 23 日,"蒙古地方自治政务委员会"(简称蒙政会)在百灵庙正式成立,选云王为委员长,索王和沙王(伊盟盟长沙克都尔札布)为副委员长,但实权掌握在秘书长德王手中。这样,德王就成为日本拉拢的主要对象。日本对于内蒙

---

① 土肥原贤二刊行会编、天津市政协编译组译:《土肥原秘录》,第 122 页。

古西部各盟旗王公所进行的种种威迫利诱阴谋,是企图诱使各盟旗加入或在它的卵翼之下建立傀儡政权。当它对内蒙古西部蒙旗王公以"满"蒙联合的阴谋诱归"满洲国"未成之后,又改用所谓"大蒙古主义"作为煽动的口号。驻北平特务机关长松室孝良对德王发动内蒙古"自治"表示祝贺,要德王"收回"长城以北的蒙古"故土","恢复"成吉思汗的"伟业"。随后,关东军送给德王200支捷克式新枪和一些套筒式旧枪。是年秋,关东军特务机关长土肥原来到苏尼特旗,拉拢德王进一步投靠日本。他对德王说:"你进行蒙古工作怎样?有没有困难?如有困难时,可向我说,我当尽力帮助。"①是年冬,德王指使其亲信宝贵廷同李守信勾结,在内蒙古东部(伪满洲国境内)秘密招兵,并得到关东军的支持。不久,经德王准许,驻苏尼特旗特务机关长宾浦直德在德王家乡设立日本特务机关和架设电台。从此,德王和日本的勾结有了正式的固定关系。

　　1935年1月,关东军在大连召开会议,研究和策划插手华北和内蒙工作问题。4月,关东军司令官南次郎派参谋田中隆吉和蒙事处第二课长石本寅三会见德王。田中表示:"我们日本已经帮助满人建立了'满洲国',现在还要帮助你们建立'蒙古国',今后日、满、蒙可以合作。"②是年夏,日本大使馆北平参赞渡边渡要求德王加强日蒙之间的合作,不必再和南京政府打交道。关东军为进一步拉拢德王,送其飞机一架。满铁株式会社总裁赠给德王整套的电影、照相和放映机一台。7月25日,关东军制订《对内蒙施策要领》,其方针是:"关东军为了有利于对苏作战及为此作准备的平时诸项工作,并以便加强满洲国的国防和统治安全为目的,先图扩大强化内蒙的亲日满区域,随着华北工作的

　　①　德穆楚克栋鲁普:《抗战前我勾结日寇的罪恶活动》,《文史资料选集》(合订本)第22册第63辑,第19页。

　　②　德穆楚克栋鲁普:《抗战前我勾结日寇的罪恶活动》,《文史资料选集》(合订本)第22册第63辑,第21页。

进展,使内蒙脱离中央而独立。"①在施策要领中,对政治工作、军事工作、文化工作、交通政策、经济工作等,都作了详细的规定。随后,关东军副参谋长板垣少将亲自出马拉拢德王。他偕同第二课长石本寅三大佐、参谋田中隆吉中佐等,于9月18日乘专机抵达乌珠穆沁右旗,在索王府与德王密谈,德王说:"前次田中参谋前来我旗,曾提到帮助我们建立'蒙古国'的问题,我们很喜欢,希望日本帮助我们早日实现,并把东西蒙合并起来,完成蒙古独立建国。"板垣表示:"蒙古独立建国,我们日本是愿意帮助的。"②12月,德王抵达长春,拜见关东军司令官南次郎和参谋长西尾寿造,并同板垣和田中隆吉等就所谓"日蒙合作"进行具体会谈。德王表示不满意"满洲国"处理东蒙各旗的办法,希望日本能帮助内蒙先搞一个"独立"的局面,再帮助蒙古"建国"。板垣答复道:"好,我们尽量帮助你们,先送给日币50万元。"田中接着说:"还给你们5000条枪,作为扩充军队之用。"③12月,在日本侵略者的支持下,伪军李守信部占领察东张北、沽源、宝昌、康保、商都、多伦六县。至此,锡林郭勒盟十旗和察东六县陷入日伪魔掌之中。1936年1月,德王以蒙政会名义下令成立"察哈尔盟公署",驻张北特务机关长田中玖任命卓特巴扎布为"察哈尔盟盟长"。这是日本侵略内蒙古西部的一个重要举措。日伪控制了察东,为建立伪蒙政权和侵略绥远打下了基础。

　　日本策动德王的事实,南京政府很清楚。1935年夏,南京政府连续接到傅作义、阎锡山和宋哲元关于德王计划成立独立政府的密报。1936年1月18日,戴笠派驻张家口的特务获得"德王现已宣布自治,改年号为成吉思汗纪元七百三十六(应为七百三十一——引者)年,以红黄蓝白色旗为国旗,伪首都设张北"的情报④。在此紧急的形势下,

---

　　①　[日]岛田俊彦等编:《现代史资料》第8卷,第492页。

　　②　卢明辉:《蒙古"自治运动"始末》,中华书局1980年版,第92页。

　　③　德穆楚克栋鲁普:《抗战前我勾结日寇的罪恶活动》,《文史资料选集》(合订本)第22册第63辑,第26页。

　　④　《中华民国重要史料初编——对日抗战时期》第六编(二),第217页。

南京政府先发制人,指责德王分裂国家。为防止内蒙古西部被德王夺走,于1月25日下令将蒙政会一分为二,另行组织听命于南京和绥远省的绥境蒙政会,将德王所辖的一部分改称察境蒙政会。绥境蒙政会以乌、伊两盟和土默特旗为管辖区域;察境蒙政会以锡、察两盟为管辖区域。绥东四旗并入绥境蒙政会管辖。

"察盟公署"虽经成立,毕竟是地方政权,仅能指挥所属旗县。因此,德王亟需成立统一机构,以号令其他各盟,协助扩编军队,于是开始了筹建"蒙古军总司令部"的活动。2月12日,德王在苏尼特右旗德王府大蒙古包中仿效成吉思汗大祭仪式举行"蒙古军总司令部"成立典礼,并以成吉思汗第三十世孙名义宣读誓词,决心"继承成吉思汗的伟大精神,收复蒙古固有疆土,完成民族复兴大业"①。日本驻苏尼特右旗特务机关长宾浦直德等参加了典礼。关东军参谋长西尾寿造前来祝贺,强调"日蒙携手,亲密合作"。会议推举德王担任"蒙古军总司令部"总司令,李守信为副总司令。日陆军省担心关东军的侵略行为过于显眼,为避免不必要的国际纠纷,要求其在全面吞并内蒙古西部的条件不成熟的情况下,主要通过特务机关及顾问控制德王。日陆军省制定《对内蒙措施实施要领》,规定对内蒙目前工作范围为锡盟、察盟、乌盟及阿拉善地区,使中国政令达不到这些地区。关东军对内蒙古军政府的指导,应依靠隐蔽和内部进行工作,主要通过特务机关进行,以最小限度的日人顾问团等辅佐之。在军政府管辖区域内,以亲日"满"为基准,以建设蒙古人的蒙古为根本。

伪蒙古军司令部地处偏僻,不足以扩大"独立"的影响,因此关东军极力怂恿德王将其改为"蒙古军政府",迁往他处。2月21日,驻百灵庙的蒙政会保安队一千余人因不满德王的投日活动,在绥远当局的策动下,由保安科长云继先等率领倒戈投向傅作义,使德王苦心经营的武装瓦解,德王由此对傅怀恨在心,决定正式打出"蒙古军政府"的旗号,

---

① 《伪蒙古联盟自治政府始末》,《内蒙古史资料》第6辑。

公开建立"蒙古国"。4月24日至5月1日，德王在锡盟乌珠穆沁右旗索王府主持召开"第一次蒙古大会"，关东军参谋田中隆吉、横山顺等出席了会议。田中向与会的王公总管们表示："大日本帝国政府体念蒙古民族的落后，要帮助蒙古独立进步，以继承成吉思汗的事业。"①并将他带来的八音子手枪多支分赠给各盟旗，有实力的王公每人一支，以资拉拢。大会最后一天进行选举，选出云王为伪蒙古军政府主席，索王和沙王为副主席。云王希望德王多负实际责任。5月12日，"军政府"在化德县嘉卜寺粉墨登场。德王在成立典礼上表示，该政权的成立"是为蒙古建国之前，作好进军之准备，积极从事训民养民，扩充兵力，以谋在友邦日本帝国的热心援助下，驱逐党阀，实现蒙古建国"的目的②。成立大会上正式使用成吉思汗纪元七三一年的纪年，悬挂蓝地红黄白条旗。关东军副参谋长今村均、参谋田中隆吉、化德特务机关田中玖、日本顾问村谷彦治郎参加了成立大会。今村祝贺"蒙古军政府"的成立，并强调日蒙亲善，协同一致：完成"蒙古军政府"所负之使命。云王、索王和沙王以正、副主席名义，任命德王为总裁，负实际责任掌握军政大权。伪府成立表示，内蒙古脱离中国隶属走上"独立"道路。这样，德王终于公开背叛祖国，走上投靠日本帝国主义的罪恶道路。

伪蒙古军政府成立后，德王即着手扩充伪蒙古军。兵源除李守信统率的原有部队和从伪满东三盟各旗招来的新兵外，又从锡、察两盟的各旗征来一批新兵。至1936年8月大致编制完成两个军共八个师，另有一个警卫师、一个炮兵团和一个宪兵队。以德王为总司令兼第二军军长，统率五、六、七、八各师；李守信为副司令兼第一军军长，统率一、二、三、四各师和一个直属炮兵队。总兵力约一万余人。"何梅协定"签订后，平绥铁路特务机关长盛岛角芳、羽山喜郎策动王英组织"西北防共自治军"。王英收罗土匪、流氓、失意军人约三四千人，编为五个旅，

---

① 卢明辉：《蒙古"自治运动"始末》，第128页。
② 卢明辉：《蒙古"自治运动"始末》，第132页。

也编入伪蒙古军。这些军队,连级以上都有日本顾问官,是蒙汉伪军的实际指挥者。关东军补给伪军全部武器装备,承诺给德王每月 3000 万日元,战时补助讨伐费 30 万日元;日本令德王所部驻嘉卜寺,李守信部驻察哈尔张北及庙滩,王英部驻尚义、商都,伪蒙古军第二军第七师穆克登宝部驻百灵庙。关东军一面帮助德王扩编内蒙古伪军,一面鼓动他在"外交"上"应和满洲国缔结协定"①。德王于 6 月偕同李守信等人再访问长春,在关东军的安排下,与伪满外交部缔结所谓"共同防共军事同盟、互派代表、经济提携"的"蒙满协定"。根据这个协定,伪满派遣玉春为驻伪蒙代表,伪蒙古军政府派金永昌为驻满代表。这样,伪蒙、伪满双方正式建立了"外交关系"。此后,德王又按照关东军的旨意,派伪军政府外交署长陶克陶赴冀东,与伪冀东防共自治政府殷汝耕会商,双方政权缔结了以"政治上共同防共,经济上互相支援"为内容的所谓"蒙冀协定"。这样,关内外三个傀儡政权连成一气,汉奸、蒙奸融为一体,共同充当日本侵略中国的走卒。

第三节　国民党第五次全国代表大会

一　国民党四届六中全会

自 1931 年 11 月 12 日国民党第四次全国代表大会后,依照国民党党章每两年召开一次全国代表大会的规定,第五次全国代表大会应于1933 年 11 月召开。是年 3 月 30 日,国民党中常会开会,决定于 7 月 1日召开临时全国代表大会;讨论关于提前召集国民大会,和第五次全国代表大会是否照常举行等问题,并通令海内外各级党部选举代表。后因忙于"剿匪"工作,加上国民党西南执行部反对召集临全代会,6 月 1日,国民党中常会以"时局关系,筹备不及"为由,决定停开临时全国代

---

① 　内蒙古政协:《内蒙古文史资料》第 6 辑。

表大会,径于 11 月 12 日召开第五次全国代表大会,已选出之临全大会代表,即作为五全大会代表。9 月 28 日,国民党中常会复以西南陈济棠、李宗仁电请五全大会延期,和"剿匪"工作正在进行,决定五全大会延期一年举行。1934 年 10 月 23 日,蒋介石电请国民党中央将五全大会展期召开。25 日,国民党中央召开第一四三次常会,决定:(一)延期举行五全大会;(二)定 12 月 10 日举行四届五中全会。随后召开的四届五中全会议定于 1935 年 11 月 12 日召开第五次全国代表大会。

依照历来惯例,全国代表大会开会以前,须举行一次中央全会。1935 年 11 月 1 日,国民党四届六中全会在南京举行。是日,北平清华大学、燕京大学、汇文中学、天津中西女子中学等 11 校学生自治会联名呈请国民党六中全会,要求政府尊重约法精神,开放言论、集会、结社自由,禁止非法逮捕青年,并将呈文以快邮代电发给全国各机关、团体、学校。呈文中说:"奠都以来,青年之遭杀戮者,报纸记载约三十万人之多,而失踪、监禁者更不可胜计。杀之不快,更施以活埋;禁之不足,复加以毒刑。地狱现形,人间何世!'九一八'事变,三日失地万里,吾民岂不知尸责者谁,特以外患当前,不愿与政府歧趋。然政府则利用此种心理,借口划一国策,熬煎逼迫,无所不至。昔可以'赤化'为口实,今复可以'妨碍邦交'为罪名,而吾民则举动均有犯罪之机会矣。杀身之祸,人人不敢必免,吾民何辜,而至于斯!""著作乃人民之自由,而北平一隅,民国二十三年焚毁书籍竟达千万种以上。……此外刊物之被禁,作家之被逮,更不可胜计。焚书坑儒之现象,不图复见于今日之中国,此诚吾民百思莫解者矣。"①呈文反映了广大人民群众对国民党内外政策的不满和改弦更张的强烈要求。

出席六中全会的中委百余人,各机关代表及党部职员共千余人,"其人数之多,为历届记录所未有"②。原先参加过反蒋的冯玉祥、阎锡

---

① 《大公报》(天津),1935 年 11 月 5 日。
② 汪精卫:《第四届第六次中全会开会词》,《申报》1935 年 11 月 2 日。

山,经蒋介石亲自邀请,也参加了会议,"尤使大会精神粹厉奋发"①,
"显示国内趋于团结"②。

　　会前,蒋介石于 10 月 19 日致电冯玉祥说:"中央第六次全体会议
举行在即,党国要计,均待商讨,甚盼大驾早日惠莅首都,共商一切。谨
电速驾,不胜祷企!"③23 日冯玉祥复电说:"国事至此,惨过于印度,耻
甚于高丽,如不急谋补救,来日大难,实有不忍言及者。"他提出关于党
务、政治、外交、军事共十三条建议,供蒋参考,其中关于党务者有:"一、
开放党禁。凡能共同救国,无论个人或团体,应一律包容,以期集中力
量,挽救危机。此条不论如何说法,非诚不能动人,非诚不能感人。二、
解放言论。欲使人人能担负救亡责任,必使人人有发表意见机会,然后
始能集众思,广众益,共谋国是。三、真正团结。消极方面,凡同志间已
往有意见隔阂,应竭力化除,完全消释。积极方面,邀请展堂北来,但精
卫亦不必离京,并与哲生、右任等诸同志,真诚相见,无话不说,共决大
计。四、大赦政治犯。在宽字厚字上包容一切,使各能竭其所长,以报
国家。"关于政治者:"一、非获得民心,不能救国,欲全国一致救亡,必先
得民心,即凡人民所喜者兴之作之,否则除去之。"关于军事者:"一、立
即准备发动抗日军事,不抗日必亡,要不亡只有抗日。二、急速充实陆
空军备。"电文最后说,以上各点,"所关民族至巨,敢请决断施行。祥之
行止,只求有利于国于民,任何牺牲,皆无顾惜也"④。蒋介石接电后,
即复电冯:"国难至此,洵非集中国力,不足以挽救危亡。尊论诸端,皆
先得我心者也。六中全会在即,中央同仁均盼兄如期来京出席,弟尤切
望把晤,俾得亲承教训,而慰契阔之思。务祈即日命驾,无任祷盼!"⑤
与此同时,10 月 13 日,蒋介石由开封乘飞机抵达太原,往访阎锡山,邀

---

①　《国民党四届六中全会记》,《国闻周报》第 12 卷第 44 期。
②　《蒋总统秘录》第 10 册,第 74 页。
③　《蒋冯书简》,中国文化信托服务社 1946 年版,第 1 页。
④　《蒋冯书简》,第 1 页。
⑤　《蒋冯书简》,第 2 页。

请他赴京参加大会,阎亦表示同意。蒋介石日记记载:"由川飞陕、豫入晋,访问阎百川,商谈国事;彼面允入京,参加大会,并表示拒绝'华北自治运动'。此实为华北局势转危为安之先着也。"①26日,蒋又特派专机前往迎接②。

全会开幕当日,由国民党中常委、行政院院长汪精卫致开会词。礼成后,中委齐集阶前摄影后转身退上后阶。正在此时,晨光通讯社一名叫孙凤鸣的青年记者因痛恨汪精卫的亲日倾向,挤入人丛中一连朝他开了三枪。汪立即倒地,经急送中央医院抢救后脱险。全会仍照预定日程继续举行。

因第五次全国代表大会即将举行,一些方针大计均留待五全大会讨论,故这次全会无甚重要议案,实际上是五全大会的一次预备会议。在这次全会上,冯玉祥联合李烈钧、程潜、柏文蔚、蔡元培等共22人提出了《救亡大计案》,要求:一、切实保障人民言论、出版、集会、结社、居住、信仰之完全自由,理由是"本党主义重在解放六大自由,载之宣言,并迭经决议实行保障,现进行制定宪法,前项自由更应保障"。二、大赦政治犯,理由是"共和国家,原应实行政党政治,连年以政见不同,致遭缧绁者颇不乏人,现危亡益迫,正国家用人之时,应请颁布大赦,以系人心"。三、精诚团结。四、充实军备。五、注意防灾救灾等七项,并获得全会作为首要议案予以通过③。这在一定程度上反映了人民群众实现抗日和民主的迫切要求。但人们更注意关心的是它能否施行的问题。李公朴在一篇短文中说:提案"决依法切实保障,这当然是一件可喜的事,但我们知道过去政府对于保障人民言论信仰等的自由,也曾有过很多的决议,但总是议而不行,等于废纸。我们希望这一次的决议能够做

---

① 《蒋总统秘录》第10册,第65页。

② 《民国阎伯川先生锡山年谱长编初稿》第5集,台湾商务印书馆发行,第1860页。

③ 中国国民党中央执行委员会训练委员会编:《中国国民党历次会议宣言及重要决议案汇编》第2册,1941年版,第610—611页。

到'切实施行'四个字"①。

　　全会共开了五天,通过了《〈中华民国宪法草案〉案》、《对于党务报告案》、《努力生产建设以图自救案》、《教育改革案》等案。11 月 6 日闭幕,于右任致闭幕词说,这次全会,"中央执监各委员除远在海外及少数直接指挥剿匪之官长外,几乎是全体到会参加,可算是第四届中央的第一次盛会";充分表现了"精诚团结的历史精神","可以说异常圆满"。他强调为了救亡图存,必须进一步增强团结,"集中国力和充实民力","来挽救环境的艰难"②。冯玉祥在日记中记:"为抗日南来,为抗日来赴会,不是为位置,不是为分赃的,不是为骂人的。""六中全会今日闭幕了,一切办法均改为少长有序,整齐严肃了,不似以前之乱七八糟。"③

二　国民党第五次全国代表大会的召开

　　继四届六中全会后,在"一心一德,励精图治","矢勤矢勇,继往开来","集中全党意志","发扬革命精神"④等口号下,于 11 月 12 日至 23 日在南京接开了国民党第五次全国代表大会。到会中委 103 人,代表 405 人,是历届代表大会中人数最多的一次。大会开幕前,国民党中央为"完成统一,齐一意志计",曾派戴季陶、马超俊携蒋介石的亲笔信飞粤,邀请两广重要人物李宗仁、陈济棠、白崇禧等入京,共商国是。冯玉祥、阎锡山等几次电促粤桂中委北上赴会,说:"救亡图存,刻不容缓,欲达最大目的,必须举国奋起,聚天下智能,同赴国难,乃克有济。各地同志,咸集中枢,商决大计,尤为至要,故弟等先期入京,尽瘁襄助。……

————————

　　①　李公朴:《新闻检查制度》,《读书生活》第 3 卷第 1 期,1935 年 11 月 10 日。
　　②　《中央日报》,1935 年 11 月 7 日。
　　③　《冯玉祥日记》第 4 册,第 632、634 页。
　　④　《国民党五全代会记(一)》,《国闻周报》第 12 卷第 45 期,1935 年 11 月 18 日。

中央同人极望诸公命驾晋都,救民在斯,救国在斯,唯衡察之。"①胡汉民当时在国外,大会前国民党中央及冯玉祥、阎锡山电促其回国,胡亦有回国的表示。大会开幕后,又决议电请他"早日返旆,共荷艰巨"②。

国民党西南执行部的成员集会磋商应否出席五全大会问题,意见不一。国民党元老邹鲁主张参加,说:"国家民族到这种危紧严重的时候,还不急谋团结御侮,决不是我们革命党人应有的行为,也不是同志对同志的态度,更不足使全国同胞深信我们忠于党国的一贯精神。"③萧佛成、陈济棠、林云陔等都表示赞成,并决定北上。随后,李宗仁致电大会说:"大会至大无上之任务,在确定举国一致之对外国策,则过去因对外而起之内在矛盾自可迎刃而解。""如大会痛下决心确定办法,任何使命,宗仁决不敢辞。……倘徒备议席,复何裨时艰。"④萧佛成因病不能出席,致电林森、于右任说:"弟深为国危至此,惟有真诚相见,以团结之精神,赴国家之急难,始足以御侮救亡。现各同志均能共本此旨,悉力以赴,民族生存,党国复兴,端赖于是。弟虽因病,尚须调摄,然必自奋勉,以随诸公之后也。"⑤李宗仁、陈济棠、白崇禧虽未前往参加,邹鲁和林云陔、黄旭初、张任民、韦云淞等数人均赴会。邹为元老派重镇;林系广东省主席、陈济棠的心腹,完全可以代表陈;黄为广西省主席,"模范省领袖";张是第四集团军参谋长,韦是重要师长,完全可以代表李宗仁和白崇禧。因此舆论认为:"如此人物,其分量尽可代表整个的两广,纵令陈、李、白三人不来,京粤合作的阵容,已算充分表现出来了。"⑥还

---

①　《一周间国内外大事述要》,《国闻周报》第 12 卷第 44 期,1935 年 11 月 11 日。

②　《国民党五全代会记(一)》,《国闻周报》第 12 卷第 45 期,1935 年 11 月 18 日。

③　邹鲁:《回顾录》,独立出版社 1946 年版,第 455 页。

④　《益世报》(天津),1935 年 11 月 18 日;《救国时报》(巴黎),1935 年 12 月 28 日。

⑤　《国民党五全代会记(一)》,《国闻周报》第 12 卷第 45 期,1935 年 11 月 18 日。

⑥　短评:《两广重要代表到京》,《大公报》(天津),1935 年 11 月 12 日。

说："今日举行之大会,出席代表之盛,实包罗过去各派,现今各省。阎百川之南下,足使全国人士对华北现状得到一种慰安;冯焕章之弃嫌入京,自贻实际政治军事领袖一种恢宏大度之风范;而西南代表之多数贲临,实开党内团结之纪元。"①"民国十八年以来所未有之盛况也"②。中国共产党的巴黎《救国时报》的评论也指出:"国民党各派的首领纷集南京,差不多为蒋介石当权以后少见的现象。""久苦国民党各派割据内哄祸国殃民政策的全国人民,也多少为之耳目一新。"③

11月12日,林森致开会词说："这次参加大会的代表及中央委员人数,超过了历届的纪录,内部的团结情形较之四次代表大会时更有增进";同时指出,国难比四全大会时严重十倍,"我们应该讨论如何鼓起全国的热诚,集中全国的心思财力,以共济艰危的方案"。他要求全体党员"牺牲自由与贡献能力","我们要以党内牺牲自由的精神,来感动全国国民都为国家来牺牲自由;我们又必须加倍刻苦贡献能力,才可以团结全国同胞,人人贡献能力,为国家效命"④。

大会推举蒋介石、汪精卫、于右任、孙科、林森、张继、戴季陶、居正、邹鲁、陈果夫、冯玉祥、阎锡山、顾孟馀等二十三人为主席团,由叶楚伧任秘书长。孙科、张继分别作中央执行委员会和中央监察委员会党务报告,蒋介石作政治报告,何应钦作军事报告。

蒋介石在11月19日第四次大会上所作的关于对外关系的政治报告中说:"苟国际演变不斩绝我国家生存、民族复兴之路,吾人应以整个的国家与民族之利害为主要对象,一切枝节问题当为最大之忍耐,复以不侵犯主权为限度,谋各友邦之政治协调,以互惠平等为原则,谋各友邦之经济合作;否则即当听命党国,下最后之决心。中正既不敢自外,

---

①　《祝五全代会》,《大公报》(天津),1935 年 11 月 12 日。
②　《一周间国内外大事要述》,《国闻周报》第 12 卷 45 期,1935 年 11 月 18 日。
③　《救国时报》(巴黎),1935 年 12 月 28 日。
④　《中央日报》,1935 年 11 月 13 日。

亦决不敢自逸。质言之,和平未到完全绝望时期,决不放弃和平,牺牲未到最后关头,亦决不轻言牺牲。……果能和平有和平之限度,牺牲有牺牲之决心,以抱定最后牺牲之决心,而为和平最大之努力,期达奠定国家复兴民族之目的。"①大会接受了蒋介石提出的上述方针,全体代表无异议予以通过,确定"授权政府在不违背方针之下,政府应有进退伸缩之全权,以应付此非常时期外交之需要"②。这是国民党第一次表明了对日本侵略比较强硬的态度,标志着国民党已从一贯妥协退让的立场,开始向抗日方面的转变。

国民党蒋介石的上述转变,不只是表现在五全大会上。此前不久的某日,汪精卫请蔡元培共进晚餐,蔡"苦劝他改变亲日的行为,立定严正的态度,以推进抗战国策"③,并说:"关于中日的事情,我们应该坚定,应该以大无畏精神抵抗;只要我们抵抗,我们的后辈也抵抗,中国一定有出路。"一面说着,一面两行热泪已经流到杯中④。6月19日,国民党开中央政治会议,行政院长兼外交部长汪精卫及汪派外交次长唐有壬报告华北对日外交谈判经过,蔡元培、吴稚晖等相继发言,指责汪派对日妥协无度,糜烂地方。蔡元培站起来质问汪精卫:"对日外交究持何策? 际此时局,殊有请外交当局说明的必要。"汪答:"对日外交这几年来均持'忍辱求全'四字而行,现在亦复如是。"蔡又问:"忍辱云云,我辈固极明白,求全如何,却望予以解释。"汪避而不答。吴稚晖发言讥讽说:"求全两字极易解释,简而言之,是只忍辱以后求整个国家能完完全全送给敌人,勿兴抗敌之师,反而糜烂地方罢了。"⑤汪精卫为此愤然退席。中政会不予理会,继续开会,向汪发难。于右任大骂汪是汉奸卖国贼,孙科更拍案怒斥汪等"一二小人公然卖国",盛怒之下将桌上茶杯

① 《中央日报》,1935 年 11 月 20 日。
② 《中央日报》,1935 年 11 月 20 日。
③ 罗家伦:《伟大与崇高》,《中央日报》(重庆),1940 年 3 月 24 日。
④ 王世杰:《追忆蔡先生》,《中央日报》(重庆),1940 年 3 月 24 日。
⑤ 《处于内外夹击中汪精卫之两重病因》,《中兴报》(香港),1935 年 8 月 4 日。

震翻滚地摔碎。6月下旬,南京政府监察院对行政院北平政务整理委员会的当事者黄郛、殷汝耕、袁良等六人媚日卖国行径提出弹劾,矛头仍然指向汪精卫。与此同时,国民党全国各省市党部联合电呈中央,抨击汪精卫"主持对日外交,过于软弱",提出惩戒汪和唐有壬两人;冀、平省市党部工作人员,因华北事件被迫返京后,亦联合京中各党政机关的反汪派向中央党部请愿,要求惩处汪精卫及其左右①。汪于是于6月30日托病离京赴沪,住进了医院,随后又赴青岛疗养。行政院务由副院长孔祥熙暂代。《国闻周报》当时发表一则简评说:"自河北事件发生以来,汪先生身当其冲,心力交瘁,以致旧病复犯。……汪先生的病,不是普通所谓政治病,但得病则由于政治。他的赴沪就医,反映着国家局面,在所谓冀察事件解决后,依然棘手与不安。"②邵元冲8月14日的日记亦曾记其事说:"此数月中,汪因华北外交屈辱,备受国人指摘,中央亦多不满,故称病青岛。"③

9月,蒋介石在日本《经济往来》杂志上发表《如何改善中日关系》的文章,针对日本占领东北和在华北推行自治运动,指出:"中日两国悬案极多,然而中日关系的最大障碍,是满洲问题。日本的大陆政策,在满洲的支配,而中国则有保持领土的必要,于是中日关系便演成现在的难局。满洲问题如不能圆满解决,中日关系是无改善可能的。""中国是一个完全自主独立的国家,我们领土与行政的根本原则,绝无放弃之可能。"并说:"中国对日本的妥协让步,毕竟有一定的限度。"④蒋介石在10月30日的日记中写道:"日寇又向华北提出'撤销军分会与撤换北平市长'之要求,闻之不胜气愤,舍备战外,更无第二条路矣。"⑤邹鲁在五全大会前即已根据他的观察,认为说蒋不抗日是不对的,因此主张放

---

① 《处于内外夹击中汪精卫之两重病因》,《中兴报》(香港),1935年8月4日。
② 《一周简评·汪院长病假》,《国闻周报》第12卷第26期,1935年7月8日。
③ 《邵元冲日记》,上海人民出版社1990年版,第1305页。
④ 《中央周报》第378期,1935年9月2日,按:此为中文原文。
⑤ 《蒋总统秘录》第10册,第65页。

弃"倒蒋"的口号①。后又对人称:"蒋先生热诚抗日。""中央已决定抗日。"②另据冯玉祥 11 月 15 日日记记载,蒋对人说:"对日非抗不可。"③又 30 日日记记载:"中央决定抗日,蒋先生一定抗日。"④就在蒋介石作报告的第二天,即 11 月 20 日,蒋还致电保定的商震说:"如平津自由行动,降敌求全,则中央决无迁就之可能,当下最大之决心;望兄毅然拒绝,切勿赴平,与中央共同存亡为盼。"⑤在此期间,蒋介石与日本驻华大使有吉明会谈时,就有关"华北自治"问题明确表示:"作为中国,对引起违反国家主权完整,破坏行政统一等之'自治'制度,绝对不能容许。"⑥翌年 1 月,蒋介石向全国中等以上学校校长和学生代表演讲时说:"如果和平交涉不能成功,最后当然只有一战,政府方面正在努力准备最后的牺牲。"⑦

五全大会通过了《中国国民党党员守则案》、《实施宪政程序暨政治制度改革案》、《召集国民大会及宣布宪法草案案》、《确定救党救国原则案》、《切实推行地方自治以完成训政工作案》等有利于抗日的决议案。大会宣言指出:"第五次全国代表大会举行于国难严重之今日,纵观近年国势之变迁,审察吾国家今后生存之出路,检查过去之工作,深觉吾人此日若不舍弃个人之一切,贡献所有之能力,合同团结,以自效于国家,则革命大业将有中断之危,而民族前途有不可想象之惧。"为此提出了关于"建设国家,挽救国难"的十条措施,即一、崇道德以振人心;二、兴实学以奠国本;三、弘教育以培民力;四、裕经济以厚民生;五、慎考

---

①　邹鲁:《回顾录》,第 455 页。

②　邹鲁:《回顾录》,第 458、459 页。

③　《冯玉祥日记》第 4 册,第 639 页。

④　《冯玉祥日记》第 4 册,第 647 页。

⑤　《蒋总统秘录》第 10 册,第 75 页。

⑥　日本驻华大使有吉明向外务大臣广田之第 1290 号报告(1935 年 11 月 21 日),《日本外交年表及主要文书(1840—1945)》下卷"文书",第 310—311 页。

⑦　《中华民国重要史料初编——对日抗战时期》绪编(一),第 747 页。

铨,严考绩,以立国家用人行政之本;六、尊司法,轻讼累,以重人民生命财产之权;七、重监察,励言官,以肃官方而伸民意;八、重边政,弘教化,以固国族而成统一;九、开宪治,修内政,以立民国确实巩固之基础;十、恪遵总理遗教,恢复民族自信,确立正当之对外关系,以保持国家独立平等之尊严,而达世界大同之目的;并且表示:"吾人处此国难严重之时期,所持以应付危局者,亦唯有秉持总理'人定胜天'与'操之自我则存,操之在人则亡'之二大遗训,以最大之忍耐与决心,保障我国家生存民族复兴之生路。在和平未至完全绝望之时,绝不放弃和平,如国家已至非牺牲不可之时,自必决然牺牲,抱定最后牺牲之决心,对和平为最大之努力。"①

尽管五全大会在有的决议中仍诬称共产党"为民族复兴之大患",要求继续肃清陕甘红军,但由于华北局势日益严重,民族矛盾进一步上升,国民党内部反日倾向的增长,以及蒋介石第五次"围剿"的得手,共产党和红军已不成为他的心腹之患,反共和"攘外必先安内"已不是这次大会的主题。博古在一篇文章中分析指出:"在国民党及南京政府内部的分化和斗争的基础上,产生了南京政府政策的动摇,他取消了某些以前的基本口号,把它放在第二位。……在五全大会上,国民党几年来的基本政治口号,攘外必先安内的口号,是暗淡下去了;'剿共''反共'的口号,在大会的宣言的基本纲领是不见了,训政时期宣布了结束,准备召集国民大会,对于叛逆殷汝耕下了讨伐令,这些都是明显的变更。"②

大会选举中央执行委员 100 人,中央候补执行委员 50 人,中央监察委员 40 人,候补监察委员 18 人;此外还有由主席团拟定名单,经大会一致通过的中央执行委员及候补执委 30 人,中央监察委员及候补监委 22 人,总人数共计 260 人,为历届最多者,具有较广泛的代表性,"开

---

①　《中央日报》,1935 年 11 月 24 日。

②　博古:《论民主共和国的口号》,《火线》第 66 期,1936 年 11 月 30 日。

国民党之新纪元"。其中军界占 40％强,党务占 10％,政界占 30％,边疆占 5％,教育界占 10％。舆论称"诚可谓党政军三位一体,中央干部之充实,为国民党有史以来所未有也"①。蒋系人马得票最多,其中蒋介石得票第一,为 495 票,其次为陈立夫、陈果夫、何应钦;汪精卫所想举出的人选不独没有被选上,而且原来属于汪系的中执监委白云梯、邓飞黄、范予遂、郭春涛都纷纷落马,唐生智只得了一个候补执委,其部属何键、刘建绪反倒凌驾于他之上②。正是对日本的侵略态度如何,导致了上述选举结果的这种现象。五全大会于 11 月 23 日闭幕。

　　五全大会后,邹鲁对记者说:"此次全会盛况,为历届大会所未见",充分表现出"精诚团结,共赴国难之精神"③。他同时也指出,必须有共赴国难的办法,中央如无切实之办法,则各方同志不能不各本其热忱责任,以谋救国之途径,不特将意见益见分歧,恐人更将从而欺骗恫吓进而拆台,"党不堪问,国更不堪问矣!"④邹韬奋在一篇短文中更直接了当地指出:"这次五全大会能举出几百个中央委员,所提的议案怎样多,所发的宣言怎样好,这都不是老百姓所注意的。老百姓所注意的,只是要问已发出的'支票''兑现'的问题。"⑤

　　11 月下旬,在蒋介石指示下,由阎锡山、冯玉祥、唐生智、张学良、何应钦、朱培德会拟了《国防计划》方案,分国民训练、民兵训练、军实制造、要塞构成、交通建设等六项。同时,阎锡山与陈仪、张群、黄郛、熊式辉、杨永泰、黄绍竑还奉示会拟了《三十年防守国策》(又称《三十年自力更生国策》)。该文件指出:"今日言自存,非自力更生不可。欲图自力更生,舍增加国力外别无办法。于此国难迫切之时而言增加国力,深有

　　①　稚言:《历届国民党中央人数统计》,《国闻周报》第 12 卷第 47 期,1935 年 12 月 2 日。

　　②　陈公博:《苦笑录》,现代史料编刊社 1981 年出版,第 219 页。

　　③　《中央日报》,1935 年 11 月 25 日。

　　④　《邹鲁在纪念周报告精诚团结共赴国难》,《申报》,1935 年 11 月 19 日。

　　⑤　《大众生活》第 1 卷第 1 期,1935 年 11 月 16 日。

赶不及之慨。但此为立国之有效方法，虽为时已迟，亦必须努力于此，以图补救。""若只在外交上用力，纵获一时之胜利，终难泯将来之祸患，且恐愈演愈烈也。"因此他们提出增加国力，即集中人力，发展物力的主张。集中人力方面，提出疏通、团结、组织、训练，中央与地方，人与人间，应确实疏通隔阂，精诚团结；民众方面，应组织训练，统一意志，尤应注重实施适合现代中国人之教育，以作育人才，使达举国一致，自力更生之目的。发展物力方面，要求增进科学技能，开辟造产途径。为达到上述目的，要求详计划，专责成，严考核，当赏罚，并说："以我国今日之处境，危亡迫切，已至眉急，若仍按经常办法，以图自力更生，万难赶及，必须以非常方法，增加速度，用促猛进。"①

三　国民党五届一中全会和二中全会

继国民党五全大会后，接着于 12 月 2 日召开了五届一中全会。会议重大决议是订于 1936 年 5 月 5 日公布中华民国宪法草案，11 月 12 日召开国民大会，设立宪法草案审议委员会，由主席团指定叶楚伧、李文范等十九人组成；国民大会组织法及代表选举法交审议委员会草拟原则，呈交常会发交立法院迅速决议公布；各省应赶办地方自治，完成训政工作，以巩固宪政之基础。

全会通过中央执行委员会组织大纲案，改组了中央领导机构。中央常务委员会添设主席、副主席，"为国民党之创举"②。胡汉民为主席，蒋介石为副主席，其他常委为汪精卫、冯玉祥、丁惟汾、叶楚伧、孔祥熙、邹鲁、陈立夫，秘书长由叶楚伧兼任。组织部长张厉生，宣传部长刘芦隐；中央政治之最高指导机关政治会议改为政治委员会，对中央执行委员会负责，委员为张静江、阎锡山、李烈钧、张学良、宋子文、陈果夫、

---

① 《民国阎百川先生锡山年谱初稿》第 5 集，第 1872—1873 页。
② 《五届一中全会记》，《国闻周报》第 12 卷第 48 期，1935 年 12 月 9 日。

唐生智、顾孟馀、何应钦等二十五人；添设主席、副主席，主席为汪精卫，副主席为蒋介石，秘书长为顾孟馀（不久由朱家骅代）。大会还通过了国民政府主席及各院院长人选，主席仍为林森。由于汪精卫因伤病未愈，请辞行政院院长，由蒋介石接任行政院院长，副院长孔祥熙；立法院院长孙科，副院长叶楚伧；司法院院长居正，副院长覃振；考试院院长戴季陶，副院长钮永建；监察院院长于右任，副院长许崇智。

12月12日，中政会通过了行政院各部、会的人选：内政部长蒋作宾，外交部长张群，财政部长孔祥熙，军政部长何应钦，海军部长陈绍宽，教育部长王世杰，实业部长吴鼎昌，交通部长顾孟馀，铁道部长张嘉璈，蒙藏委员会委员长黄慕松，侨务委员会委员长陈树人。13日，国民政府免去褚民谊行政院秘书长职，由翁文灏继任。18日，又特任阎锡山、冯玉祥为军事委员会副委员长；免去蒋介石总参谋长兼职，由程潜继任。

国民党中枢改组，由胡、汪、蒋三人分担党政责任，舆论认为自1925年孙中山逝世以来，"三巨头始终未能完全合作"，"党国三公，多年以来，总是天南地北，意见参商，这次能有机会合作，是政府的幸事，也是国民的幸事"[1]。"显示着集体集权的形式"，是"最值得注意的事"[2]。另外，蒋介石网罗非党员的"财界重镇"张嘉璈、吴鼎昌参加国务，分任铁道、实业两部部长，"此为从来所无"[3]。同时以学术界名人翁文灏、蒋廷黻分任行政院秘书长及政务处长，"颇为世人所注目"[4]。"是以就中央新局全体而观，实质上精神上，皆得表现某种程度的举国一致之色彩，且实网罗中国一部分人才之精英"；"此乃表现国难已演至最大最急之阶段是也"[5]。舆论还认为，阎锡山、冯玉祥担任军事委员

① 　马季廉：《可宝贵的时机》，《国闻周报》第12卷第49期，1935年12月16日。
② 　《中枢新局》，《国闻周报》第12卷第49期。
③ 　社评：《政府改造之时局的意义》，《大公报》（天津），1935年12月13日。
④ 　《一周间国内外大事述要》，《国闻周报》第12卷49期，1935年12月16日。
⑤ 　社评：《政府改造之时局的意义》，《大公报》（天津），1935年12月13日。

会副委员长,程潜任参谋总长,在军事行政上,也"是一件很可注意的问题"。这几年来,军政由蒋介石大权独揽,现在阎、冯二人参加,"自然加重了统率的意义";程潜几年不参与中央政治,是与所谓留沪中委在一起,和两广军人也很亲密,"此次入长参部,也是大家共同负责的一个重要表现"①。"阎、冯、程三位之参加军政最高统率机关,使得全国军队更巩固了统一的壁垒"②。冯玉祥在宣誓就职的答词中表示:"奉命之日,异常慌悚。当兹外患日亟,国将不国,玉祥既为党员,又系军人,念国家兴亡匹夫有责之义,不敢稍有规避之心,愿本愚诚,追随各位同志之后,效命国家。……竭诚辅佐蒋委员长,努力复兴民族之工作,确【恪】尽救亡图存之责任,赴汤蹈火在所不辞。"③

　　这次改组,国民党中央虽然形式上是胡、汪、蒋三驾马车并立,采"集体集权"的形式,但实际上是蒋的权力得到很大加强。蒋派在党政二方面均占大多数。在中常会、中政会,蒋介石虽屈居副主席职,但因胡汉民从欧洲回国后,国民党中央虽曾电请他晋京主持中常会,并派出许崇智、叶楚伧、陈策等前往劝驾迎迓,邹鲁五全大会返回广东后,也敦促他启程,胡的反南京态度虽有缓和,但他对蒋的积恨难消,始终犹豫不决,再加上西南对他殷切挽留,终未能成行,随后不久即因脑溢血逝世,蒋于是成了中常会事实上的主持人;汪精卫因被枪击受伤,一个时期内不能主掌中枢,蒋又成了中政会的主持人,除顾孟馀外,汪派在中枢不剩一人。舆论因此说"此系蒋氏专政加强之表示"④。蒋介石的亲信秘书陈布雷也由此得出结论:"自兹,蒋公遂躬负党政军重职于一身。"⑤五全大会通过的《确定救党救国原则案》中,第一条即规定:"为冲破目前危局,统一全党意志,集中全民力量起见,应授权于本党文武

①　《大公报·短评》(天津),1935 年 12 月 19 日。
②　《中枢新阵营》,《国闻周报》第 12 卷第 50 期,1935 年 12 月 23 日。
③　《冯玉祥日记》第 4 册,第 666 页。
④　《救国时报》(巴黎),1935 年 12 月 28 日。
⑤　《陈布雷回忆录》,廿世纪出版 1949 年印行,第 53 页。

兼赅、伟大崇高之领袖,使之统筹一切,全党同志听其指挥。"①五届一中全会只不过把这一规定付诸实践而已。

1936年7月10日至14日,为了解决两广事变问题(详后),研究对日本侵略的方针政策,国民党在南京召开了五届二中全会。这次全会秉承五全大会既定的方针进行,参加中委一百六十余人,"各地委员躬负重责或久未来京者,无不专莅首都,共襄大计"②。全会推定蒋介石、孙科、冯玉祥、于右任、丁惟汾、居正、陈果夫、王法勤、孔祥熙九人为主席团,叶楚伧为秘书长。13日,决议撤销西南执行部及西南政务委员会,其在西南指导党务政治之同志,均应集中中央,共同负责。同时还通过了组织国防会议及粤桂两省军事政治之调整案。决定组织国防会议,并通过国防会议条例。其第一条说:"为整理全国国防,特设置国防会议,讨论国防方针及关于国防各重要问题。"③指定李宗仁、白崇禧、陈济棠、刘峙、张学良、宋哲元、傅作义、余汉谋等十八人为国防会议成员。

关于成立国防会议,蒋介石解释说"主要的意义,就是希望各地方的军事当局,能够共同一致,来中央参加讨论,对于各项决议办法,大家可以彻底明了。一旦发生事变,也可以团结一致,共同负责来抵御外侮。"④7月14日,国民政府发布命令,特派蒋介石为国防会议议长,汪精卫为副议长;阎锡山、冯玉祥、程潜、朱培德、唐生智、孔祥熙、何应钦、李宗仁、白崇禧、陈济棠、张学良、宋哲元、杨虎城、傅作义、余汉谋等三十人为国防会议会员。同日,冯玉祥日记中记:"连日开会,其最大事件:开国防会议,而其中之事件又为陈、李、白如何下台。""我思之甚久,觉得不妥,故对介石说,如冒【贸】然取消,恐对大局不利,莫若设一最高

---

①　《中国国民党历次代表大会及中央全会资料》下,光明日报出版社1986年版,第314页。

②　《中央党务月刊》第96期,1936年7月。

③　《时事新报》,1936年7月15日。

④　中国国民党党史委员会编:《先总统蒋公思想言论总集》第14卷,台湾中国国民党中央委员会党史委员会印,第382页。

国防会议,指定七人或九人,容纳陈、李、白在内,可以免除意外。""我对介石谈高级国防会议之重要性,不论如何须留两广同志一条路,以期能和平了事而不伤国家之实力也。介石甚是之。"①

蒋介石代表主席团在全会上作了题为《救亡御侮的步骤与限度》的报告,对他在第五次全国代表大会作的外交报告,作了进一步的解释和说明。他说:"中央对外交所抱的最低限度,就是保持领土主权的完整。任何国家要来侵扰我们的领土主权,我们绝对不能容忍,我们绝对不订立任何损害我们领土主权的协定,并绝对不容忍任何侵害我们领土主权的事实。再明白些说,假如有人强迫我们签订承认伪国等损害领土主权的时候,就是我们不能容忍的时候,就是我们最后牺牲的时候。"还说:"从去年十一月全国代表大会以后,我们如遇有领土、主权再被人侵害,如果用尽政治、外交方法而仍不能排除这个侵害,就是要危害到我们国家民族之根本的生存,这就是我们不能容忍的时候。到这时候,我们一定作最后的牺牲。所谓我们的最低限度,就是如此。"②蒋介石的上述言论,较之五全大会时有了明确的态度。他第一次公开表示决不签订承认伪满洲国的协定,并要确保国家领土和主权的完整。

蒋介石的对外政策为二中全会所接受。全会通过的宣言说:"中国目前形势,非以决死之心求生存,则不能得安全之保障;非举国一致以整齐之步骤谋挽救,则将无逃于各个击破之危机。""国家既处此非常之形势,吾人对内唯有以最大之容忍与苦心,薪求全国国民之团结,对外则决不容忍任何侵害领土主权之事实,亦决不签订任何侵害领土主权之协定。遇有领土主权被侵害之事实发生,如用尽政治方法而无效,危及国家民族之根本生存时,则必出以最后牺牲之决心,绝无丝毫犹豫之余地。"③

---

① 《冯玉祥日记》第 4 册,第 754—755 页。

② 《时事新报》,1936 年 7 月 14 日。

③ 《大公报》(天津),1936 年 7 月 15 日。

14 日,冯玉祥致闭幕词说:"这次二中全会会期虽然不长,但是精神很好。在这样热的天气,大家平心静气聚在一起,讨论一切救亡大计,这样好的光景,在别的地方看不到的,实在是很好的现象。这回大会中最紧要最值得我们特别注意的,就是国防会议。这个会议,可以说是救国会议,实在非常重要的。"①舆论称:"二中全会舍解决时局具体办法外,要以国防会议为其最大的成就。"②

五届二中全会后,南京在处理中日关系问题时,放弃妥协退让政策,采取了强硬立场;同时在外交、军事、经济方面,为抗日积极进行准备工作。正如毛泽东当时所指出:"南京已开始了切实转变。"③

第四节　《中华民国宪法草案》的
制定和颁布

一　《中华民国宪法草案》的制定

1931 年 5 月制定的《训政时期约法》第八十六条,遵照孙中山《建国大纲》第二十二条,规定:"宪法草案,当本于建国大纲,及训政、宪政两时期之成绩,由立法院议订,随时宣传于民众,以备到时采择施行。"④"九一八"和"一二八"事变后,由于外侮日亟,全国人民包括国民党内一部分有识之士要求抗日救亡,实行宪政的呼声日益高涨。1932 年 4 月 7 日,在洛阳召开的国难会议上,会内会外强烈要求结束训政,实施宪政,会议因此超出原定的议题范围,通过决议,要求政府如期结束训政,召集国民大会,制定宪法,在国民大会未召集前,设立中央民意

---

① 《大公报》(天津),1936 年 7 月 15 日。
② 《评坛:论国防会议》,《时事新报》,1936 年 7 月 16 日。
③ 《毛泽东年谱》上册,第 574 页。
④ 《国民政府公报》,法规,第 786 号,国民政府文官处印铸局 1931 年 6 月 1 日印,第 146 页。

机关,定名为国民代表大会,国民代表大会应于民国二十一年十月十日成立。从此,训政与宪政问题便引起社会上的深切注意。

4月下旬,上海"一二八"抗战刚结束,孙科即发表谈话,主张中央召集三中全会,实行宪政,彻底抗日。他说:"国家当此内忧外患交相煎迫之秋,余始终认定惟有彻底抗日,为党国唯一出路;惟欲彻底抗日,则非全国全党一致不可,尤须于最短期内,努力促进宪政,完成训政,建立民主政治。"①同日,孙科发表了《抗日救国纲领草案》一文,其总纲第一条即为"集中民族力量,贯彻抗日救国之使命,于最近期间,筹备宪政之开始";第三条为"于本年十月由立法院起草宪法草案,提交国民大会议决";第四条为"于民国二十二年四月召开第一届国民会大会,议决宪法,并决定颁布日期"②。

孙科的意见当时得到了国民党外许多人士的同情和支持,但也遭到党内汪精卫、于右任等人的反对。他们认为,中国人民程度太低,如不经过国民党的训政,便不能运用民主政治,不能实行宪政;没有国民党,便没有中华民国,而破坏训政,便是破坏国民党和中华民国。汪精卫还对主张实施宪政的某些人士说:"国民党的政权,是由多年革命流血所取得来的,你们有意要求取消党治,你们就去革命好了。"③"训政工作一天没有完成,一天就不能谈宪政。"④5月3日,于右任发表《放弃训政与革命危机》的专文,以纠正孙科的谈话。他认为国民党还在"革命"时期中,不能放弃"训政",否则即是"革命的危机"⑤。

对此,一些积极主张结束训政,实行宪政的爱国民主人士,立即给予批驳。王造时著文指出:国民党不配"训",不能"训","政治的历史告诉我们,既讲训政,决不能讲民主政治"。"国民党以前没有训政,固然

①　《中央日报》,1932年4月25日。
②　《中央日报》,1932年4月25日。
③　李璜:《学钝室回忆录》,台北《传记文学丛刊》,第180页。
④　平心:《中国民主宪政史》,上海进化书局1946年第2版,第308页。
⑤　《申报》,1932年5月5日。

是党,即使现在结束训政,仍然是党。我们之所以主张结束训政,不过想取消国民党垄断政权的特殊地位而已"①。他还说:"中国现在是寡头政体,无可讳言。寡头政体时起内讧,又是事实,全国人民不满意于现状,那更是不可否认的现象。老实说,到现在,国民党的统治,已经到了日暮途穷,非变不可的局面了。"他认为变的方法只有两条路可走:一是结束训政,实行宪政,使各党派有公开平等竞争的机会,使政治争斗的方式用口笔去代替枪炮,一般国民来做各党各派最后的仲裁者;另外一条路就是用武力去推翻现状,建立新政权,这就是革命。"在今日强寇已经入室,人民无以聊生的时候,理性告诉我们,最好用和平的改良的方法解决。……我所谓的和平方法,便是实行宪政"。"我们今后如果不行民主共和政体则已,否则只有实行宪政,以法治代替人治"。"宪政是国家长治久安的大计"②。江苏国难救济会也发表一项通电,痛论党治之失,要求在"三个月内结束训政,五个月内制定宪法"③。

　　12月召开的国民四届三中全会上,孙科与伍朝枢、马超俊等二十名中央执行委员联名提出《集中国力挽救危亡案》。该案《关于宪政之准备》一项中提出:"(一)为集中民族力量,彻底抵抗外患,挽救危亡,应于最近期间,积极遵行建国大纲所规定之地方自治工作,以继续进行实行宪政开始之筹备。(二)拟以二十二年一月至六月为宪法起草期间,由立法院起草宪法草案,准于二十二年十月十日将宪法草案发表,以备国民之研讨,为提交国民代表大会之准备。(三)于民国二十三年四月召开第一届国民代表大会议决宪法,并决定颁布日期。(四)宪法颁布后,政府应依照宪法规定地方制度,切实完成地方自治及所有训政时期

---

① 王造时:《对于训政与宪政的意见——批评汪精卫与右任二氏的言论》,《申报》1932 年 5 月 8 日。

② 王造时:《我为什么主张实行宪政》,《时事新报》1932 年 6 月 19 日;参见王造时:《荒谬集》,第 45—57 页。

③ 《申报》,1932 年 4 月 24 日。

未尽工作。(五)假定民国二十三年十月十日为宪政开始日期。"①这一提案修正后获得全会通过,并作出决议:"(一)为集中民族力量,彻底抵抗外患,挽救危亡,应于最近期间积极遵行《建国大纲》所规定之地方自治工作,以继续进行宪政开始之筹备。(二)拟定二十四年二月开国民大会,议决宪法,并决定宪法颁布日期。(三)立法院应速起草宪法草案,并发表之,以备国民之研讨。"②

　　1933年1月,孙科出任立法院院长。他就职伊始,遵照中央决议,罗致专家四十人,成立宪法起草委员会,自己兼任该会委员长,张知本、吴经熊为副委员长,委员共四十余人,并推定张、吴及马寅初、焦易堂、陈肇英、傅秉常、吴尚鹰七人为主稿委员。孙科提出制宪的两条基本指导思想:"第一,我们需要的是五权宪法,因为它是最适合我们的国情和时代需要的;第二、五权宪法必须以三民主义为依归,不但它的精神不应违背三民主义,就是它的内容和形式,也可以应用三民主义的原理来研究,来制定。"③张知本首先遵照孙中山遗教起草宪法,内容分一、基本原则;二、民族;三、民权;四、民生;五、附则,共一百七十一条。脱稿后,张知本因事辞去副委员长职,旋由吴经熊就张稿斟酌损益,写成"总则"、"民族"、"民权"、"民生"、"宪法与保障"共五篇二百一十四条,经孙科同意,于6月7日以吴经熊个人名义发表,以征求各方之批评意见,世称之为"吴稿"。"吴稿"发表后,批评意见甚多。有的认为应当成立独立的宪法起草委员会,而不能由像立法院这样的政府机关负起草宪法的重任,并反对由国民党制定党国的宪法;有的认为宪法应集合全国宪法学者共同草议,不能由个人主稿,以免疏漏。吴经熊友人、当时任立法院编辑处专员的黄公觉撰文答辩,对"吴稿"赞扬备至。

　　"吴稿"发表后,由孙科指定初稿主稿委员焦易堂等七人于8月

31 日至 11 月 6 日开审查会,共开会十八次。审查讨论时,以"吴稿"为基础,加上张知本、陈肇英、陈长蘅分别草就的三个试拟稿作参考,并充分采纳社会各方之批评,就"吴稿"修正为十章一百六十六条,是为主稿七委员之初步草案。宪法起草委员会于 11 月举行会议,逐条审查初稿,共开会十一次,至 1934 年 2 月 23 日第二十四次会议讨论完毕,完成中华民国宪法草案初稿,共分十章一百六十条,3 月 1 日由立法院在报章上公布。宪委会以宪草初稿已经完成,即于 2 月 28 日结束。

宪草初稿公布后,各方名流学者发表了许多批评意见。6 月,孙科请傅秉常、林彬、陶履谦等三十六人组织宪草初稿审查委员会,审查各方所提意见共二百八十一条,交傅、林、陶三委员审查,共开审查会八十二次,决定采用之意见二百一十六条,并附有《总理遗教中关于宪法问题摘要》一文,编成《宪法草案初稿意见书摘要汇编》,刊印成册,以便参考。

随后由孙科主持召开审查委员会会议九次,编成《中华民国宪法草案初稿审查修正案》,全文共分十二章一百八十八条,于 7 月由立法院在报刊上公布,并印送各方面征求意见。9 月 21 日立法院开第六十八次会审查宪草,先后开会八次,至 10 月 16 日完成三读程序,当经出席委员一致议决通过,是为立法院第一次议定之中华民国宪法草案,于 11 月 9 日送呈国民政府转国民党中央审核。

12 月 10 日,国民党四届五中全会开会,将宪法草案提出讨论,并决定交中央常务委员会审查。1935 年 10 月 17 日,中常会审查宪法草案完毕,于第一九二次常会作出如下决议:"一、为尊重革命之历史基础,应以《三民主义》《建国大纲》及《训政时期约法》之精神,为宪法草案之所本。二、政府之组织,应斟酌实际政治经验,以造成运用灵敏,能集中国力之制度。行政权行使之限制,不宜有刚性之规定。三、中央政府及地方制度,在宪法草案内,应于职权上为大体规定,其组织以法律定之。四、宪法草案中有必须规定之条文,而事实上有不能即时施行,或不能同时施行于全国者,其实施程序,应以法律定之。五、宪法条款,不宜繁多,文字务求简明。"①立法院根据上述原则,指派傅秉常、吴经熊、林彬、马寅初、吴尚鹰、何遂、梁寒操七人为审查委员,将宪草逐条审查。10月下旬,立法院三读通过,是为立法院第二次议定之宪法草案。

11月1日,国民党四届六中全会开会,将宪法草案提出讨论,并作出决议:"本会同人认立法院最近修正之宪法草案,大体均属妥善。惟为适应国家现实情势及便于实施起见,似尚应有充分期间,以详尽之研究与讨论。但现在距代表大会为日无多,且代表大会会期甚短,恐亦无暇逐条详商,为最后之决定,因此拟请六中全会将上列理由,连同本宪法草案,送呈第五次全国代表大会,请将宣布宪法草案及召集国民大会日期,先行决定;并对于宪法草案加以大体审查指示纲领,再行授权下届中央执行委员会,为较长时间之精密讨论,提请国民大会议决颁布之。"②

国民党第五次全国代表大会及五届一中全会就中华民国宪法草案作出的决议,已如前述。随后国民党中央指定叶楚伧、李文范等十九人组成宪草审议会。审议会征集蒋介石、汪精卫等各领袖意见,拟具审议二十三条,经国民党中常会通过后送交立法院。立法院奉命后,指定傅秉常等八人先行整理,于1936年5月1日立法院三读修正通过,是为立法院第三次宪法草案。国民党于5月5日公布,定名为《中华民国宪法草案》,简称"五五宪草"。除"五五宪草"外,立法院还拟订了两种重要法规,一是《国民大会组织法》,共二十条,一是《国民代表选举法》,共六十二条,均于5月14日公布。

二　"五五宪草"述评

"五五宪草"全文共八章一百四十八条。其"弁言"说:"中华民国国

---

①　吴经熊、黄公觉:《中国制宪史》下册,商务印书馆1936年印行,第577页。

②　《国民党四届六中全会记》,《国闻周报》第12卷第44期,1935年11月11日。

民大会受全体国民付托，遵照创立中华民国之孙先生之遗教，制兹宪法，颁行全国，永矢咸遵。"①第一章总纲，规定国体、主权、领土、民族、国旗及国都。第二章人民之权利义务，规定"中华民国人民在法律上一律平等；人民有居住、迁徙、言论、著作、出版、通信、信仰宗教、集会、结社之自由，非依法律不得限制之"；有财产、请愿、选举、罢免、创制、复决、考试等权。第三章国民大会，规定国民大会之组织职权及会期，代表之选举任期。第四章中央政府，规定总统及行政、立法、司法、考试、监察各院之职权责任，总统、副总统及各院院长、立法委员、监察委员的任期。第五章地方制度，规定省县市府的职权，省长、县长、市长、省议员、县议员、市议员的任期及选举。第六章国民经济，规定中华民国之经济应以民生主义为基础，以谋国民生计之均足，并规定平均地权、节制资本、发展生产事业等事项。第七章国民教育，规定教育宗旨，以及人民受教育机会一律平等，教育经费之保障，教育事业、学术研究之奖励等。第八章宪法之施行及修正，规定宪法的效力、解释、修正等。

"五五宪草"规定的国家政治体制为五权宪法制度。"宪草"第四章中央政府中，规定设行政、立法、司法、考试、监察五院，各掌行政、立法、司法、考试、监察的最高权，五院平行，不相统属，并在一定程度上可以相互制约。"总统为国家元首，对外代表中华民国"（第三十六条），但既非总统制下的元首，亦非内阁制下的元首，而是五权制下的特设的国家元首。"宪草"规定，总统对外代表国家，依法公布法律，发布命令，统率全国陆海空军，并行使宣战、媾和、缔约，宣布戒严、解严、大赦、减刑、复权，任免文武官员、授予荣典等权，其权力与美国总统制的总统相当。但美国的总统既是国家元首，又是国家的实际行政首脑，直接处理政务，而"宪草"中的总统只是国家元首，不是行政首脑，类似孙中山在1912年南京临时政府时期《临时约法》中规定实行的内阁制的总统。

① 《中华民国宪法草案》，《申报》1936年5月2日，以下未注明出处者均同。

"宪草"中规定"行政院为中央政府行使行政权之最高机关"（第五十五条）。这表明国家行政不由总统负责处理，而由行政院直接负责。行政院设行政会议，由行政院正、副院长及政务委员组成，是行政院的最高权力机关。行政院处理的重要政务，如提出于立法院的法律案、预算案、戒严案、大赦案、宣战案、媾和案、条约案等等，均应由行政会议议决（第六十一条）。总统若对行政事项有意见时，得提交行政会议，不能直接作出决定。总统公布法律发布命令时，须关系院院长之副署（第三十八条）；如遇国家有紧急事变，或经济上有重大变故，须为急速处分时，得经行政会议议决（第四十四条）。"宪草"规定虽然行政院对总统负责，但总统与其他四院均须对国民大会负责；国民大会可以罢免总统、副总统，创制、复决法律，而总统不能解散国民大会。因此，"宪草"规定的总统制，与美国的总统制有明显的区别，是介于美国总统制和英国内阁制之间的一种折衷制度，不过总统制的成分稍多一些。

"宪草"第二章人民之权利义务，沿袭过去历次约法，规定对人民的权利采取"法律间接保障主义"，而不是"宪法直接保障主义"，从第十一条至第十六条均加了"非依法律不得限制"的附加字句。这项规定从"宪草"开始，即遭到许多人士的非议，认为这种规定"殊不妥当"，其理由是："我国无宪政习惯，不能担保立法机关不制定违背宪法之法律，而司法机关又无权保障宪法赋予之权利。""宪法所畀予之自由，皆得以普通法律剥夺之，宪法保障等于虚伪。""人民权利如依法律得以停止或限制，则政府随时可以另定法律以侵夺人民之权利，尚可【何】保障之可言？"①

在"宪草"起草委员会领导人之间，对这一部分条文意见亦有分歧。张知本主张采"宪法直接保障主义"，认为"非依法律"等字样，在宪法里最好不用，"因为假如有了这样的限制，反致宪法的保障精神失掉了，有

---

① 《宪法草案意见书摘要汇编》，立法院宪法初稿审查委员会1934年6月编印，第49—51页。

宪法等于没有宪法无异"。所以他主张把"非依法律"一语一律删掉，"这样才可以限制许多单行法和特别法的产生，可以充分表现宪法的保障精神"①。吴经熊等多数委员则与之相反，主张采取"法律限制主义"，认为宪法是法律的法律，一切的法律都应根据宪法而制定；单行法和特别法如果有违宪的地方，尽可取消或修改；而且现在人民权利被剥夺侵害真正的原因，并不在单行法太多，而在执行官吏未能依法办理所致。20世纪的各国宪法，没有哪一国绝对规定人民的权利是毫无限制的，自由主义已不适用于国际间了。当前中国遇着空前的国难，在此情况下，只有整个的国家，没有人民的自由；而且孙中山曾说过，中国人个人自由太多，团体自由太少了。因此不能不对人民的权利稍加限制。如果不用"依法"字样，将来事实上人民有犯罪嫌疑必须逮捕拘禁时，会借口宪法上没有规定来进行抗拒。所以"依法"的字样还是要保存，以免产生流弊②。

　　讨论结果，吴经熊等人的意见占了上风，只对部分条文作了如下的修正：原条文第三项"人民非依法律，不得逮捕、拘禁、审问、处罚"，修正为"人民有身体之自由，非依法律，不得逮捕、拘禁、审问、处罚"；原条文第八项"人民之居所，非依法律，不得侵入、搜索或封锢"，修正为"人民有居住之自由，其居住处所，非依法律，不得侵入、搜索或封锢"；原条文第十一项"人民有秘密通信、通电之权利，非依法律，不得停止或限制之"，修改为"人民有通信、通电秘密之自由，非依法律不得停止或限制之"③。其他关于言论、出版、集会、结社自由等条文，已写得较明确，照原案不动。孙科也赞同采用法律间接保障主义，说："法治国之通例，未有予人民以绝对之自由者。""彼主张直接保障之说者，亦谓恶法将侵犯民权而无余，而等宪章于具文，不知过去民权之失保障，非法律之不良，行政机关实有以蹂躏之，且宪法颁行以后，法律由民意机关所决议，人

---

　　①　宪委会第五次会议速记录。
　　②　宪委会第五次会议速记录。
　　③　宪委会第五次会议速记录及议事录。

民又得运用创制与复决之权,即有恶法,又何患乎无制。"①初稿主稿人认为宪法一面既授予人民自由权,而一面又说依法律可以限制停止,以剥夺其自由权,未免有些矛盾,所以增加一种规定,即:"本章前列各条所称停止或限制人民自由或权利之法律,以为社会秩序、公共利益或避免紧急危难而制定者为限。"②1934 年 7 月 9 日公布的宪草初稿修正案,为保障民权,又增加一条国家赔偿制度,条文如下:"凡公务员违法侵害人民之自由或权利者,除依法律惩戒外,应负刑事及民事责任,被害人民就其所受损害并得依法律向国家请求赔偿。"③10 月 16 日经立法院通过,以后各次修改稿均未变更。

宪草中关于人民权利采取法律保障主义,允许用法律来限制人民的自由权利的条文,以后一直存在着争议。人们认为与孙中山的民权思想不符。孙中山在 1923 年 1 月 1 日《国民党宣言》中明确说:"确定人民有集会、结社、言论、出版、居住、信仰之绝对自由权。"④后又说:"确定人民有集会、结社、言论、出版、居住、信仰之完全自由权。"⑤所以在宪法上必须采宪法直接保障主义;如果采用限制主义,人民的自由权利可为法律所限制,就有悖于民主政治的原则。"非依法律不得限制",固然是限制政府,使不得在法律以外任意侵犯人民的自由权利,但同时也就是允许立法机关可以限制人民的自由权利。如果立法机关制定一治安警察法,则人民的集会、结社的自由权利便要受到侵犯;如果立法机关制定一新闻纸法,则人民的言论、出版自由便要受到限制。这样一来,宪法上所规定的人民的自由权,便成了具文。

"五五宪草"之制定历时三载,共开会百余次,广泛地征求了意见,七易其稿,是一部在形式和文字上具有资产阶级民主主义色彩的宪法

① 孙科:《中国宪法的几个问题》,《申报》,1934 年 10 月 10 日。
② 宪委会第十四次会议速记录。
③ 吴经熊、黄公觉:《中国制宪史》下册,第 982 页。
④ 《孙中山全集》第 7 卷,中华书局 1985 年版,第 3 页。
⑤ 《孙中山全集》第 9 卷,中华书局 1986 年版,第 124 页。

草案。"宪草"中规定的中央政体,基本上属于一种民主政体,而不是独裁专制政体。尽管它还有不完备和值得商榷批评的地方,但比辛亥革命后任何一部约法都要高出一筹,就某种意义上说,它是中国政治民主化过程的重要一步。舆论评论说:"我国宪政制度的拟议,自君主立宪起,一直到民国十二年的曹锟宪法止,可以说自始至终,离不了'抄袭'的原则。这一次的中华民国宪法草案,虽则不能算十分妥贴,却有一点值得赞扬,就是脱离了抄袭的窠臼,依据总理遗教,自行创立一个崭新的、中国本位的制度。"①一位根本反对颁布宪法、实施宪政、主张领袖独裁的人士也指出:"经过三年之筹备,千百学者之精密讨论,这一部三民主义共和国的宪法草案的内容,大体上不可不谓相当完善。不过宪法之能否发生效力,还在于全国人民之拥护与遵守。"②

按国民党中央原来的规定,应于 1936 年 11 月 12 日召开国民大会,制定宪法,并决定宪法施行日期,后因大会代表未能如期选出,决定延期举行。

第五节　联苏联德制日方针

日本侵略的步步深入,表明中日之战已不可避免。南京国民政府为准备抗击日本侵略者的战争,不得不寻求国际援助。加紧联苏联德外交,即是在这方面采取的重大步骤。

一　中苏复交

南京国民政府于 1928 年断绝了同苏联的外交。"九一八"后,国内有识之士纷纷谴责蒋介石的反苏行径,认为日本人侵是中苏绝交招来

① 金鸣盛:《宪法草案与总统独裁》,《东方杂志》第 33 卷第 15 号,1936 年 8 月 1 日。
② 寒梅:《评中华民国宪法草案》,《新人》周刊第 2 卷第 36 期,1936 年 5 月 9 日。

的恶果,要求中苏复交的呼声日益高涨。主张恢复中苏邦交的,不仅有进步的知识分子、社会团体和舆论界,还包括国民党内的一些上层人士。在朝野人士的共同呼吁下,从1932年4月起,国民政府派代表与苏联政府代表开始商议复交问题。为避免日本从中破坏,谈判采取严格的保密措施,由双方出席国际缩军会议的代表(中方是颜惠庆,苏方为外交人民委员李维诺夫)在日内瓦举行。到12月12日,双方谈判达成协议,宣布正式恢复邦交。

“九一八”后,中苏两国面对着共同敌人的侵略与威胁。日本关东军侵占东三省后,在中苏、中蒙边境地区屯集重兵,滋事寻衅,日本军部扬言要实行“北上”方针。这样,苏联远东地区就处于日本的直接威胁之下。共同的利害和命运,是中苏两国捐弃前嫌,迅速恢复邦交的根本原因。

在中苏复交后的一年多时间里,两国关系发展缓慢。个中原因,主要是蒋介石在集中力量“围剿”红军,他不急于联苏,怕联苏不利其“攘外必先安内”国策的推行。同时,蒋介石也不了解苏联对他当年反苏持何态度,担心“四一二”后这段历史是他改善对苏关系的障碍。

1935年后,蒋介石加快了联苏步伐,这与下述情况有关。首先,由于华北事变后国难日益严重,国民政府急需寻找外援。鉴于“九一八”后美英对南京的要求多是口惠而实不至,又考虑到中日战争爆发后东南沿海必将被日本海军封锁,中国难以从海路获得外援;而中国西北地区与苏联接壤,是接受外援的可靠通道。其次,蒋通过第五次“围剿”,迫使红军主力退出闽赣和鄂豫皖等苏区,在长征过程中实力减弱。在蒋介石看来,到达陕甘的红军已成强弩之末,构不成他的“心腹大患”,蒋便放心地改善对苏关系,加快联苏步伐。再次,了解到苏联的友好态度和联华的迫切心情。1934年暑假,受到蒋介石器重并亲自接见的自由主义学者、清华大学历史系教授蒋廷黻计划访欧,搜集有关历史资料。蒋介石于7月27日在庐山再次召见他,嘱其探测中苏两国合作的可能性。蒋介石通过外交途径告知苏联政府,蒋廷黻是作为他的代表访苏,请苏联通力协助。蒋廷黻在莫斯科受到热情接待。10月16日,苏联副外交人民委员斯托莫尼亚科夫接见他,向他表达了苏联政府对中国特别是对蒋介石的友好情意。斯托莫尼亚科夫对蒋廷黻说:"我们过去和现在一直对中国怀有最真挚、最友好的感情,因苏中两国不仅有共同的边界,而且苏联还因深切同情中国人民为争取平等权利和摆脱帝国主义压迫而进行的斗争。"蒋廷黻问:中苏两国的政治、经济制度不同,不知"这是否会影响苏联政府对中国的政策?"斯托莫尼亚科夫解释说:苏联的对外政策"从来不以什么社会经济的差异和好恶为准绳。我们从国家利益和苏联政府绝对服从世界利益的角度出发,力争同各国哪怕是与我国政治制度不同的国家维持最和睦的关系"。蒋廷黻接着说,中苏两国在 1924 年—1927 年紧密合作后,关系破裂了,"在关系破裂期间,在中国当政的是蒋介石",他问"蒋介石本人是不是恢复中苏友好关系的障碍?"斯托莫尼亚科夫在回答这个敏感问题时说:1927 年后中苏关系的破裂,责任在中国执政当局,但是我们"不要追究往事","也不要感情用事"。他强调:"在确定我们今天同中国的政治关系,特别是同现今蒋介石领导的中国关系时,我们当然绝不能从往事和感情出发,而应从我们两国的共同利益出发,我们真诚希望发展、巩固两国关系"。斯托莫尼亚科夫郑重表示:"对蒋介石,我们把他当成与我们友好国家的领导人一样尊敬他。任何个人因素和偏见都不可能对我们产生不好的影响。"蒋廷黻听后十分满意和高兴,他对斯托莫尼亚科夫表示谢意后说:"蒋介石并不了解苏联的观点,我将马上将我们的谈话报告他。我坚信,这对未来的中苏关系将有重大的影响。"蒋廷黻向苏方介绍了中国政府的外交政策和蒋介石希望改善中苏关系的情况,向苏联政府保证:在任何时候、任何情况下,中国绝不会站在日本一边反对苏联,并说:"在一定的条件下,中国会同苏联肩并肩地抵御来犯的敌人。"[1]

---

[1]　以上引文均见《苏联副外交人民委员斯托莫尼亚科夫与蒋介石的非正式代表蒋廷黻教授的谈话记录》,《苏联对外政策文件集》第 17 卷,莫斯科政治文献出版社 1971 年版,第 640—644 页。

蒋廷黻与苏联外交官员会见后,立刻致电蒋介石报告访苏情况,建议蒋实行联苏方针,电文中说:中苏"利害既同,友谊亟宜培养,互信极宜树立,如此则我外交可添一路线,世界对等阵线可望维持"①。蒋介石复电甚表嘉许②。

为加快联苏,蒋介石采取了一些实际步骤。1935 年 4 月,蒋派其亲信邓文仪以陆军上校军衔去莫斯科,任驻苏使馆首席武官。这位肩负特殊使命的人物,除履行武官职责外,还奉蒋命秘密会见中共驻共产国际代表王明,揭开了国共两党合作抗日秘密谈判的序幕。邓还两次会晤苏联远东军区总司令布留赫尔(即 1927 年前在广州的苏俄军事总顾问加伦将军),将布留赫尔提出的中国应如何抵抗日本侵略的建议派人直接呈报蒋介石。年底,蒋介石派国民党中央核心人物之一陈立夫去苏联,希望与苏缔结反日军事同盟。陈立夫由张冲陪同前往。为躲避日本特务耳目,这次行动采取了严格的保密措施。陈立夫化名李辅臣,张冲化名江融清。圣诞节前,他们乘船先到法国,后转至德国柏林,待命去莫斯科。后来,蒋认为时机不到,命陈等"返国与苏俄大使鲍格莫洛夫在南京交涉"③。

随着中苏邦交的恢复和关系的改善,两国的文化交流日益活跃。1934 年,中国著名画家徐悲鸿在莫斯科和列宁格勒举办中国艺术展览,受到热烈欢迎。1935 年 2 月,中国著名的京剧表演艺术家梅兰芳应邀访苏,他在莫斯科和列宁格勒的演出获得极大成功。苏联驻华大使鲍格莫洛夫评论说:"在近来游俄的各国戏剧家中,没有人能像梅兰芳博士那样的成功,这非是夸大的话。"这位大使认为,梅兰芳在苏演出之所以引起轰动,除"他的戏剧天才"外,还"因为他是中国的戏剧家,是

① 国民政府财政部档案,中国第二历史档案馆藏。
② 《蒋廷黻回忆录》,台北传记文学出版社 1979 年版,第 153 页。
③ 陈立夫:《成败之鉴——陈立夫回忆录》,台北正中书局 1994 年 6 月版,第 199 页。

我们人民一向有最大的同情之大国的戏剧家"①。1935 年 10 月 26 日，
"中苏友好文化协会"在南京成立，约三百人出席成立大会，南京政府立
法院长孙科担任协会会长，监察院长于右任、中央研究院院长蔡元培以
及颜惠庆、鲍格莫洛夫担任名誉会长，十五名国民党要员和社会名流任
协会理事，著名教授张西曼被推选为常务理事。

二　中苏代表会谈

蒋介石加快联苏采取的主要行动，是与苏联驻华大使鲍格莫洛夫
在南京举行会谈。从 1935 年秋到 1936 年西安事变爆发，双方曾会谈
多次。谈判涉及的内容很多，中心议题是中苏联合制日和苏联援华问
题。中方参加谈判的代表除蒋介石外，还有孔祥熙、陈立夫、宋子文、张
群等。

1935 年 10 月 9 日孔祥熙与鲍格莫洛夫谈判时提出：将来"中国被
迫武装抗日"，考虑到"通过海路难以获得任何军需物资"，"中国政府能
否经过新疆从苏联方面得到军需品?"②对此，苏联政府给予肯定性答
复。11 月 15 日，莫斯科电示鲍格莫洛夫："苏联政府同意卖给中国军
需品"，请"通知中国政府"③。

苏联政府此时口头上答应了南京的要求，但在行动上十分谨慎。
其主要原因，一是担心蒋介石对日妥协，尤其害怕蒋联日反苏。1935
年 12 月 28 日，莫斯科外交当局在给鲍格莫洛夫的信中指出："我们赞
成蒋介石关于共同合作和互相帮助反对日本侵略的建议"，"如果蒋介
石真正参加抗日解放战争，我们准备给中国以力所能及的支持"。但同
时指出："同蒋介石缔结互助协定的时机还没到来"，因为"蒋介石仍然

---

① 《苏俄评论》第 9 卷第 5 期，1935 年 11 月 6 日。
② 《苏联对外政策文件集》第 18 卷，第 662、663 页。
③ 《苏联对外政策文件集》第 18 卷，第 662、663 页。

对日本帝国主义的要求实行让步,尽管这种让步比以前少多了……但毕竟不能排除他企图利用同我们的谈判与日本人达成协议的可能"①。1936年初日本抛出"广田三原则"(详后)后,苏联的这种担心就更为严重,几乎中苏每次会谈,苏方代表都要询问中日交涉情况,特别是南京对待"广田三原则"的态度问题。在蒋介石的对日政策还处于摇摆、对日态度还不太明朗的情况下,苏联对援华采取拖延态度是自然的。二是苏联要求蒋介石调整对中共的政策,由"剿共"改为联共。苏联政府认为,国共两党的内战只对日本侵略者有利,蒋只有停止"剿共",与红军结成抗日民族统一战线,才能有效地抵抗日本侵略。莫斯科指示鲍格莫洛夫:在与蒋介石谈判时要表明苏联政府对此问题很关切。南京的"军队同中国红军间不实现统一战线,对日本的侵略进行严重斗争将是不可能的";同时还要向蒋讲明:苏联不准备充当国共两党谈判的中间人,相信"蒋介石本人在没有任何中间人的情况下完全可以同中共谈判"②。

　　蒋介石懂得,为谋求苏联援助,在国内须做出些姿态;同时,他认为第五次"围剿"后转移到陕甘的红军,可用收编的办法予以解决。1936年1月22日,蒋介石直接向鲍格莫洛夫表示:苏联"向他提出的问题中,最重要者莫过于对红军的处理问题,若能对此问题达成协议,其他问题则迎刃而解"。他"要求苏联政府从中斡旋","对红军施加影响",接受他的收编。蒋说,如能这样,"就表明了苏联政府对南京的诚意,南京政府则可成为苏联的忠实盟友"。鲍格莫洛夫郑重回答蒋说:"苏联不拟在国共两党间斡旋",因为这"纯系中国内政"③。两个月后,即3月21日,孔祥熙告诉鲍格莫洛夫,蒋介石已开始同中共秘密谈判。

　　1936年10月,蒋廷黻接替颜惠庆担任驻苏大使。他到任后,与苏

---

①　《苏联对外政策文件集》第18卷,第602页。
②　《苏联对外政策文件集》第18卷,第723页。
③　《苏联对外政策文件集》第19卷,第35—38页。

联外交人民委员李维诺夫和副外交人民委员斯托莫尼亚科夫在莫斯科
会谈数次,想把中苏两国谈判地点从南京移到莫斯科,由于苏方反对未
果。蒋廷黻与苏联外交官员的会谈还涉及中日关系、苏联与新疆关系
以及苏方向蒋廷黻通报日德签订反共协定等有关问题。

三　联德外交

"九一八"事变后,南京国民政府在积极开展对苏外交,争取苏联援
助的同时,也大力开展对德外交,并取得了德国的援助。1933 年 1 月
希特勒在德国上台后,走扩军备战道路,急需中国南方出产的钨、锑等
战略物资;而国民政府不论是为了"围剿"红军,还是为了准备武装抗
日,都需要得到德国的军事援助。这就是 30 年代中期两国关系一度出
现"蜜月"的原因所在。

1933 年 1 月和 7 月,孔祥熙和宋子文先后访德。这两次访问虽未
取得实际成果,但双方增进了了解。不久德国政府无视日本反对,支持
已退役的德国国防军总司令塞克特来华,担任德驻华军事总顾问。塞
克特 1934 年 4 月来华后,大力促进中德两国的政治、经济来往。此前,
德国奥托倭夫公司已与中国签订了筑路合同。此后,该公司又与中方
签订了修建浙赣铁路、湘黔铁路及修复平汉铁路合同。在塞克特努力
下,同年夏南京政府派十七军军长徐庭瑶、交通部副部长俞飞鹏率领军
事民用考察团访问德国,主要目的是考察、购买机械化部队和情报部门
所需器材,并考察德国的交通设施。考察团受到希特勒和德国外交部
长牛赖特的接见。中德贸易最大项目《中国农矿产品与德国工业品交
换实施合同》,是当年 8 月 23 日由孔祥熙同汉斯·克兰(得到德国国防
部、经济部支持的军火销售商)签订,并得到希特勒和德国政府及德国
银行的批准。1935 年 5 月 6 日,德国经济部长兼国家银行总裁沙赫特
致函孔祥熙,认同中国政府与克兰签订的合同,要求中方尽快说明一二
年内计划向德国输出的农矿产品的种类和数量,答应给予中国二千万

马克的信用贷款。不久,德国得到中国提供的二千吨钨砂,德国防部长布隆白立即致函蒋介石和孔祥熙,表示感谢。

经济贸易的发展,促进了两国政治关系的改善。1935年5月,中德将各自在对方的公使馆升格为大使馆。蒋介石称赞这是两国间特别友好关系的象征;希特勒认为这反映了德国精心热切地培养和加深两国长久存在的友好关系的愿望,是两国团结、友谊的象征。

随着华北危机的加深,国民政府为争取外援准备抗日,在联德方面采取了更积极的步骤。1936年2月,国民政府派以资源委员会委员顾振为团长的代表团秘密访德。希特勒2月27日接见代表团。4月8日,顾振和沙赫特分别代表本国政府签订《信用贷款合同》,主要内容是:德国向中国提供一亿马克贷款,中国可随时用之于购买德国工业及其他产品,并规定这笔贷款除南京资源委员会提取少部分用于购买工矿设备和进行技术合作外,其余绝大部分由南京当局用来买德国的军火和兵工设备。抗战前,德国军火输入中国的数量猛增,1936年是2374.8万马克,1937年则为8278.9万马克,其中包括榴弹炮、海岸防卫炮、高射炮、鱼雷快艇、军用车辆和各种枪支等。德国输入中国的军火占中国输入军火总量的80%。与此同时,中国向德国输出的战略物资也逐年增加,如钨砂输德量,1933年3766吨,1934年4385吨,1935年7883吨,1936年8726吨。德国通常进口钨砂占世界钨砂产量的一半,其中60%—70%来自中国。

1936年5月,希特勒派德国南部军区司令莱谢芳访华,作为中国代表团访德的回访。他的主要使命是视察德国军事顾问在华工作情况,培养与密切同蒋介石的关系。

希特勒上台后,在国内建立纳粹党一党专政体制,但当时由职业外交家牛赖特主持的外交部仍有一定独立性,对中日两国保持"中立"立场,使中德关系一度获得发展。但1936年11月德国与日本签订《反共产国际协定》后,中德关系迅速冷淡,日渐恶化。